행운과 복을부르는

토정비결

행운과 복을 부르는
토정비결土亭祕訣

초판 1쇄 인쇄일 2020년 01월 01일
초판 2쇄 발행일 2021년 01월 01일

지은이 도   담 道淡
펴낸이 김 민 철
펴낸곳 문 원 북
디자인 정 한 얼

등록번호 제 4-197호
등록일자 1992년 12월 5일
주   소 서울시 마포구 토정로 222 한국출판콘텐츠센터 422
대표전화 02-2634-9846 팩스 02-2365-9846
이 메 일 wellpine@hanmail.net
홈페이지 http://cafe.daum.net/samjai
ISBN 978-89-7461-450-8

이 도서의 국립중앙도서관 출판사도서목록(CIP)은 서지정보유통지원 시스템 홈페이지
(http://seoji.nl.go.kr)와 국가자료공동목록시스템(http://www.nl.go.kr/kolisnet)
에서 이용하실 수 있습니다. (CIP제어번호 : CIP2019034576)

*파손된 책은 구입처에서 교환해 드립니다.

행운과 복을 부르는

토정비결

원저 토정土亭

편저 도담道淡

머리말

 토정비결을 간략하게 설명하자면, 예언가로 알려진 토정비결(土亭祕訣)의 저자 토정 이지함(李之菡 1517~1578, 조선 선조 때 사람)선생은 본관이 한산(韓山)이요, 자는 형백(馨伯)·형중(馨仲)이고, 호는 수산(水山)·토정(土亭)이며, 시호는 문강(文康)입니다. 삶의 대부분을 마포나루 강변의 토담굴 움막집에서 선비로서 청빈하게 지내 토정이라는 호가 붙었다고 합니다. 목은(牧隱) 이색(李穡)의 후손으로, 현령 이치(李穉)의 아들이며, 북인의 영수 이산해(李山海)의 숙부이기도 합니다.

 일찍이 아버지를 여의고 맏형인 이지번(李之蕃)에게 한학을 배우다 화담 서경덕(徐敬德)의 문하에 들어가 경사자전(經史子傳)을 통달하였고, 서화담의 영향을 받아 주역·역학·의학·수학·천문·지리·기론(氣論)에도 해박하였다고 합니다. 1573년 유일(遺逸)로 천거되어 6품직을 제수를 받아 포천 현감이 되었으나 이듬해 사직하였다고 합니다.

 1578년 아산현감이 되어 걸인청(乞人廳)을 만들어 관내에 기거하는 걸인을 구제하는 일과 노인과 힘없는 아녀자들의 구호에 힘쓰는 등 민생문제의 해결에 큰 관심을 가진, 현대로 말하자면 빈민운동가였다고 전합니다. 또한 토정 이지함 선생은 제자들인 서기, 남궁두, 정개청, 서치무, 남사고 선생들과 같은 걸출한 도인들을 배출하여 우리나라의 도맥을 이어가게 하셨던 분입니다.

토정비결은 토정 이지함 선생이 당시 경제적으로 궁핍하여 생활고에 시달리던 시대적 약자인 서민들을 위하여 주역(周易)의 핵심 384효(爻)를 근간으로 384괘를 만들어 상·하권의 토정비결을 내놓았으나 신기하게도 그 적중률이 높아 무위도식하는 자들이나 위정하는 정치인들의 악용을 막기 위하여 하권에 해당하는 240괘를 버렸다고 전합니다.

지금 전해오는 토정비결은 비록 상권 144괘뿐이지만 그 의미가 인생의 음양의 이치, 즉 달도 차면 기울고 오르막이 있으면 내리막이 있다는 것을 일깨우는 동양철학의 진수를 펼쳐 보인 작품인 것입니다. 토정비결이 맞고 틀리고를 떠나 서민들을 위하는 숭고한 정신을 담은 글이기에 토정 이지함 선생을 가슴깊이 존경해 마지않는 바입니다.

토정비결은 예언서라기보다는 우리가 어찌 살아가야 하는지에 대한 올바른 방향을 제시해 주는 인생의 지침서라고 보면 좋을 것입니다. 인생은 망망대해를 조각배로 항해하는 것이라고 하였습니다. 끝도 보이지 않고 깊이도 알 수 없는 인생의 망망대해에서 토정비결이 마음속의 진정한 등대가 되시기 바랍니다.

이 144괘 토정비결은 원본을 일부 참고하여 편저자 경험을 바탕으로 임의로 보기 쉽고 알기 쉽게 각색하였으니 독자여러분들의 양해있으시기 바랍니다. 인생은 돌고 돈다고 합니다. 돈 역시 돌도 돈다고 합니다. 그러므로 인생이 항상 어려워야한다는 법이 없다는 것입니다. 어려움 끝에는 반드시 좋은 기회가 찾아오는 법이니 인내를 가지고 힘써 노력하면 소원을 성취하시리라 믿어 의심치 않습니다.

道淡 李德和 合掌

5

목 차

토정비결 보는법

토정비결 보는 법

첫 번째 - 내 나이 계산하기

적용하는 나이는 만나이가 아닌 우리 나이로 적용합니다. 예를 들면, 현재가 2020년 3월이라고 하면, 2000년 7월생은 만나이로는 생일이 아직 지나지 않아 만 20세이지만, 우리 나이로는 21세가 되는데, 이는 태아기(胎兒期)에도 태아(胎兒)가 한 사람의 인격체라고 보는 견해이니 태아가 포태(胞胎)되어 어머니 뱃속에 있는 기간도 한 살로 가산(加算)하고, 해가 바뀌면 무조건 한 살을 가산하는 방법이기 때문입니다.

나이 계산법

(현재 년도) - (태어난 년도, 음력) + (태아기 한 살) = 우리 나이

〈예시〉 2000년 (음력) 1월 1일 ~ 12월 31일 사이에 태어난 경우

(2020년) - (2000년) + (태아기 한 살) = 20 + 1 = 21세

두 번째 – 괘상수 찾기 (음력기준)

① 내 나이를 기준하여 제일 먼저 해당하는 상수를 찾는다.

② 다음 태어난 달을 기준하여 중수를 찾는다.

③ 마지막으로 태어난 날을 기준하여 하수를 찾는다.

④ 그리고 숫자를 모두 찾았으면 상수, 중수, 하수의 숫자를 순서대로 본다.

▶ 본 도서의 16페이지 부터 31페이지의 괘상수 조견표를 참조하시면 됩니다.

〈예시〉2000년 음력 9월 12일생 2035년도 토정비결 괘상수 찾기

나이는 (2035년) - (2000년) + (태아기 한 살) = 35 + 1 = 36세이다.

〈표1〉에서 본인 나이가 상수가 된다 (상수 6 된다)

〈표2〉에서 태어난 달이 중수가 된다 (중수 6 된다)

〈표3〉에서 태어난 날이 하수가 된다 (하수 2 된다)

  숫자를 순서대로 보면 662가 된다.

◆ 나의 2035년 토정비결은 662고 책에서 괘상수 662를 찾아서 보면 된다.

1. 상수(음력 나이 기준)첫 번째 해당하는 나이를 찾아 상수를 봅니다.

〈표1〉2035년(36세)

태상수(태세)																			
연령	을묘	갑인	계축	임자	신해	경술	기유	무신	정미	병오	을사	갑진	계묘	임인	신축	경자	기해	무술	정유	병신
	1	2	3	4	5	6	7	8	9	10	11	12	13	14	15	16	17	18	19	20
상괘	3	4	5	6	7	8	1	2	3	4	5	6	7	8	1	2	3	4	5	6
연령	을미	갑오	계사	임진	신묘	경인	기축	무자	정해	병술	을유	갑신	계미	임오	신사	경진	기묘	무인	정축	병자
	21	22	23	24	25	26	27	28	29	30	31	32	33	34	35	(36)	37	38	39	40
상괘	7	8	1	2	3	4	5	6	7	8	1	2	3	4	5	(6)	7	8	1	2
연령	을해	갑술	계유	임신	신미	경오	기사	무진	정묘	병인	을축	갑자	계해	임술	신유	경신	기미	무오	정사	병진
	41	42	43	44	45	46	47	48	49	50	51	52	53	54	55	56	57	58	59	60
상괘	3	4	5	6	7	8	1	2	3	4	5	6	7	8	1	2	3	4	5	6
연령	을묘	갑인	계축	임자	신해	경술	기유	무신	정미	병오	을사	갑진	계묘	임인	신축	경자	기해	무술	정유	병신
	61	62	63	64	65	66	67	68	69	70	71	72	73	74	75	76	77	78	79	80
상괘	7	8	1	2	3	4	5	6	7	8	1	2	3	4	5	6	7	8	1	2
연령	을미	갑오	계사	임진	신묘	경인	기축	무자	정해	병술	을유	갑신	계미	임오	신사	경진	기묘	무인	정축	병자
	81	82	83	84	85	86	87	88	89	90	91	92	93	94	95	96	97	98	99	100
상괘	3	4	5	6	7	8	1	2	3	4	5	6	7	8	1	2	3	4	5	6

2. 중수(음력 태어난 달 기준) 두 번째 태어난 달을 찾아 중수를 봅니다.

〈표2〉 2035년

중수(월건)											
월별	정월	2월	3월	4월	5월	6월	7월	8월	9월	10월	11월	12월
	무인	기묘	경진	신사	임오	계미	갑신	을유	병술	정해	무자	기축
중건	6	2	1	4	2	1	3	1	(6)	4	1	5

3. 하수(음력 태어난 날 기준) 세 번째 태어난 달에서 태어난 날을 보고
하수를 찾습니다.

〈표3〉 2035년

하수(일진)																													
월별/일	1	2	3	4	5	6	7	8	9	10	11	12	13	14	15	16	17	18	19	20	21	22	23	24	25	26	27	28	29	30
1월	3	2	2	2	1	3	3	1	3	2	3	1	1	3	2	2	2	1	1	3	3	1	2	1	3	3	3	3	3	1
2월(소)	1	2	1	1	1	2	2	1	1	3	3	2	2	3	1	1	2	3	3	1	1	1	3	2	3	2	2	3	/	
3월	1	1	3	3	3	2	1	1	2	1	3	1	2	2	1	3	3	3	2	2	2	1	1	2	3	2	1	1	1	1
4월(소)	2	2	3	2	2	2	3	3	2	2	1	1	3	3	1	2	2	3	1	1	2	2	2	2	1	3	1	3	3	/
5월(소)	2	2	2	1	1	1	3	2	2	3	2	1	2	3	3	2	1	1	1	3	3	3	2	3	1	3	2	2	/	
6월	3	3	1	1	2	1	1	1	2	2	1	1	3	3	2	2	3	1	1	2	3	3	1	1	1	1	3	2	3	2
7월(소)	2	3	3	3	2	2	2	1	3	3	1	3	2	3	1	1	3	2	2	2	1	1	3	3	1	2	1	3	/	
8월(소)	1	1	1	2	2	3	2	2	2	3	3	2	2	1	1	3	3	1	2	3	1	1	2	2	2	2	1	3	/	
9월	2	1	1	2	2	2	1	1	1	3	2	2	3	2	1	2	3	3	2	1	1	1	3	3	3	2	2	3	1	3
10월	2	2	2	2	3	3	1	3	3	3	1	1	3	3	2	2	1	1	2	3	3	1	2	2	3	3	3	3	2	1
11월(소)	2	1	1	2	2	2	1	1	1	3	2	2	3	2	1	2	3	3	2	1	1	1	3	3	3	2	2	3	1	/
12월	1	3	3	3	3	1	1	2	1	1	2	2	1	1	3	3	2	2	3	3	1	1	3	3	1	1	1	1	3	

괘상수
662

변 괘   본 괘

감지비坎之比

길함과 영화로움이 함께하는 해입니다. 봄바람이 살랑살랑 부는 복숭아 꽃 향기 가득한 동산에 내 몸이 들어 있으니 신선이 따로 없는 격이로다. 부부가 화합하고 자손이 번성하니 만사가 태평할 운수입니다. 동서남북 사방팔방을 둘러보아도 이롭지 않은 곳이 한 곳도 없는 형국입니다. 어디를 가도 환영하는 형국이니 마음먹은 대로 이루어지는 해입니다. 관록과 재물이 중중하니 세상사가 남부럽지 않은 해입니다.

『토정비결』은 조선시대 선조때(1517년~1578년)때 만들어진 것으로 당시 음력으로 만들어져 큰달(대) 30일, 작은달(소) 29일로 구분되어 있습니다. 그래서 어떤 해는 작은달 29일 밖에 없어 생일이 없는 경우가 있습니다. 그러면 본인이 태어난 달이 큰달(대) 30일 없을 경우, 하수(일진)을 계산하여 해당 괘를 찾으시면 됩니다.

〈예시〉 (음력) 1965년 10월 30일 태어난 사람의 2030년 토정비결

1. 태상수(태세) 7 중주(월건) 3은 있으나 2030년은 10월은 작은달이라 일수(일진)이 없다
2. 일진(일주) 찾는 방법은 인터넷 만세력에 태어난 년, 월, 일을 입력하면 알 수 있다.
3. 계산방법 → (생일 수 + 일진수(표4)) ÷ 3
4. 계산식 ▶ (생일 수(30) + 경진庚辰(19)) ÷ 3
   = 16과 나머지 1 된다. 그러면 나머지 "1" 하수로 정한다.
   ※ 나머지가 없으면 "3"
   (답) 731

괘상수
731

분지간賁之艮

만사형통하는 해입니다. 앞길이 훤하게 열리고 부귀 복록이 날로 새로운 형국입니다. 길성이 몸에 비추고, 물고기가 용문에 이르니 반드시 관록을 얻는 운수입니다. 시험 보는 사람은 합격할 운수요, 결혼 할 사람은 좋은 혼처를 만나는 격이요, 자식을 원하는 사람은 득자할 운이요, 사업하는 사람은 재물이 중중할 운수입니다. 다만 음력 삼월, 유월, 구월, 동짓달은 구설수가 따르리니 명산에 기도하면 가히 액운을 면할 것입니다.

육십갑자에 따른 태상수, 중수(월건), 하수(일진)

〈표4〉

태상수(태세)	甲子 갑자	20	甲戌 갑술	22	甲申 갑신	21	甲午 갑오	18	甲辰 갑진	22	甲寅 갑인	19
중수(월건)		18		14		16		18		14		16
하수(일진)		18		20		19		16		20		17
태상수(태세)	乙丑 을축	20	乙亥 을해	19	乙酉 을유	20	乙未 을미	21	乙巳 을사	17	乙卯 을묘	18
중수(월건)		16		12		14		16		12		14
하수(일진)		19		17		18		19		15		16
태상수(태세)	丙寅 병인	17	丙子 병자	18	丙戌 병술	20	丙申 병신	19	丙午 병오	16	丙辰 병진	20
중수(월건)		14		16		12		14		16		12
하수(일진)		15		16		18		17		14		18
태상수(태세)	丁卯 정묘	16	丁丑 정축	19	丁亥 정해	17	丁酉 정유	18	丁未 정미	19	丁巳 정사	15
중수(월건)		12		14		10		12		14		10
하수(일진)		14		17		15		16		17		13
태상수(태세)	戊辰 무진	18	戊寅 무인	15	戊子 무자	16	戊戌 무술	18	戊申 무신	17	戊午 무오	14
중수(월건)		10		12		14		10		12		14
하수(일진)		16		13						15		12
태상수(태세)	己巳 기사	18	己卯 기묘	19	己丑 기축	22	己亥 기해	20	己酉 기유	21	己未 기미	22
중수(월건)		13		15		17		13		15		17
하수(일진)		16		17		20		18		19		20
태상수(태세)	庚午 경오	17	庚辰 경진	21	庚寅 경인	18	庚子 경자	19	庚戌 경술	21	庚申 경신	20
중수(월건)		17		13		15		17		13		15
하수(일진)		15		19		16		17		19		18
태상수(태세)	辛未 신미	20	辛巳 신사	16	辛卯 신묘	17	辛丑 신축	20	辛亥 신해	18	辛卯 신묘	19
중수(월건)		15		11		13		15		11		13
하수(일진)		18		14		15		18		16		17
태상수(태세)	壬申 임신	18	壬午 임오	15	壬辰 임진	19	壬寅 임인	16	壬子 임자	17	壬戌 임술	19
중수(월건)		13		15		11		13		15		11
하수(일지)		16		13		17		14		15		17
태상수(태세)	癸酉 계유	17	癸未 계미	18	癸巳 계사	14	癸卯 계묘	15	癸丑 계축	18	癸亥 계해	16
월건수		11		13		9		11		13		9
일진수		15		16		12		13		16		14

13

토정비결을 보다보면 내용 중 금성(金姓)이니 목성(木性)이니 하고 자주 나오는데 이는 성씨를 오행(五行)으로 풀이한 것을 말합니다.

그래서 토정비결 독자를 위해 알기 쉽기 오행속성표 (五行屬性表)를 만들어 보았으니 참고하시어 그 뜻을 이해하는데 도움이 되길 바랍니다.

목성 木姓	간(簡)	강(康)	고(高)	고(固)	공(孔)	김(金)	동(董)
	박(朴)	연(延)	염(廉)	우(虞)	유(兪)	유(劉)	육(陸)
	정(鼎)	조(趙)	조(曺)	주(朱)	주(周)	차(車)	추(秋)
	최(崔)	홍(洪)	화(火)				

화성 火姓	강(姜)	구(具)	길(吉)	나(羅)	단(段)	당(唐)	등(鄧)
	변(邊)	석(石)	선(宣)	설(薛)	신(辛)	신(愼)	옥(玉)
	윤(尹)	이(李)	전(全)	정(丁)	정(鄭)	주(奏)	지(池)
	진(陳)	채(蔡)	탁(卓)	함(咸)			

토성 土姓	감(甘)	공(貢)	구(丘)	구(仇)	권(權)	도(都)	도(陶)
	동(童)	명(明)	목(睦)	민(閔)	봉(奉)	손(孫)	송(宋)
	심(沈)	엄(嚴)	우(牛)	임(林)	임(任)	전(田)	피(皮)
	현(玄)						

금성 金姓	경(慶)	곽(郭)	남(南)	노(盧)	두(杜)	류(柳)	문(文)
	반(班)	방(方)	배(裵)	백(白)	서(徐)	성(成)	소(邵)
	신(申)	안(安)	양(梁)	양(楊)	왕(王)	원(元)	음(陰)
	장(張)	장(蔣)	진(晋)	편(片)	하(河)	한(韓)	황(黃)

수성 水姓	경(庚)	고(皐)	기(寄)	남궁(南宮)	노(魯)	동방(東方)	마(馬)
	매(梅)	맹(孟)	모(毛)	모(牟)	변(卞)	복(卜)	상(尙)
	선우(鮮于)	소(蘇)	어(魚)	여(呂)	여(余)	오(吳)	용(龍)
	우(禹)	천(千)	허(許)	황보(皇甫)			

괘상수 조견표

태상수(태세)

연령	경자	기해	무술	정유	병신	을미	갑오	계사	임진	신묘	경인	기축	무자	정해	병술	을유	갑신	계미	임오	신사
	1	2	3	4	5	6	7	8	9	10	11	12	13	14	15	16	17	18	19	20
상괘	4	5	6	7	8	1	2	3	4	5	6	7	8	1	2	3	4	5	6	7

연령	경진	기묘	무인	정축	병자	을해	갑술	계유	임신	신미	경오	기사	무진	정묘	병인	을축	갑자	계해	임술	신유
	21	22	23	24	25	26	27	28	29	30	31	32	33	34	35	36	37	38	39	40
상괘	8	1	2	3	4	5	6	7	8	1	2	3	4	5	6	7	8	1	2	3

연령	경신	기미	무오	정사	병진	을묘	갑인	계축	임자	신해	경술	기유	무신	정미	병오	을사	갑진	계묘	임인	신축
	41	42	43	44	45	46	47	48	49	50	51	52	53	54	55	56	57	58	59	60
상괘	4	5	6	7	8	1	2	3	4	5	6	7	8	1	2	3	4	5	6	7

연령	경자	기해	무술	정유	병신	을미	갑오	계사	임진	신묘	경인	기축	무자	정해	병술	을유	갑신	계미	임오	신사
	61	62	63	64	65	66	67	68	69	70	71	72	73	74	75	76	77	78	79	80
상괘	8	1	2	3	4	5	6	7	8	1	2	3	4	5	6	7	8	1	2	3

연령	경진	기묘	무인	정축	병자	을해	갑술	계유	임신	신미	경오	기사	무진	정묘	병인	을축	갑자	계해	임술	신유
	81	82	83	84	85	86	87	88	89	90	91	92	93	94	95	96	97	98	99	100
상괘	4	5	6	7	8	1	2	3	4	5	6	7	8	1	2	3	4	5	6	7

중수(월건)

월별	1월	2월	3월	4월	윤4월	5월	6월	7월	8월	9월	10월	11월	12월
	무인	기묘	경진	신사	신사	임오	계미	갑신	을유	병술	정해	무자	기축
중건	6	2	1	5	4	3	6	3	2	5	4	1	5

하수(일진)

월별/일	1	2	3	4	5	6	7	8	9	10	11	12	13	14	15	16	17	18	19	20	21	22	23	24	25	26	27	28	29	30
1월	3	3	1	1	2	1	1	1	2	2	1	1	3	3	2	2	3	1	1	2	3	3	1	1	1	1	3	2	3	2
2월(소)	2	3	3	3	2	2	2	1	3	3	1	3	2	3	1	1	3	2	2	2	1	1	1	3	3	1	2	1	3	/
3월	1	1	1	2	2	3	2	2	2	3	3	2	2	1	1	3	3	1	2	2	3	1	1	2	2	2	2	1	3	1
4월	3	3	1	1	1	3	3	3	2	1	1	1	3	1	2	2	1	3	3	3	2	2	2	1	1	2	3	2	1	
윤4월(소)	1	1	1	2	2	3	2	2	2	3	2	2	1	1	3	3	1	2	3	1	1	2	2	2	2	1	3	/		
5월	2	1	1	2	2	2	1	1	3	2	2	3	2	1	2	3	3	2	1	1	3	3	3	2	2	3	1	3		
6월(소)	2	2	2	2	3	1	3	3	3	1	1	3	3	2	2	1	3	1	2	2	3	3	3	2	/					
7월(소)	2	2	2	3	3	2	2	1	2	2	3	1	3	2	2	1	1	2	3	3	1	/								
8월	3	2	1	1	1	2	3	3	2	1	1	3	1	2	2	3	1	1	2	2	2	2								
9월(소)	1	3	1	3	3	1	2	3	3	2	1	2	1	3	3	3	2	2	1	1	/									
10월	3	1	3	2	2	2	2	3	3	1	3	3	3	1	1	3	2	1	1	2	3	3	1	2	3	3	3			
11월(소)	3	2	1	2	1	2	2	1	1	3	2	2	3	1	2	3	3	2	1	1	1	3	3	3	2	/				
12월	3	1	2	1	3	3	3	3	1	1	2	1	1	2	1	1	3	3	2	2	3	1	1	2	3	3	1	1		

태상수(태세)

연령	신축	경자	기해	무술	정유	병신	을미	갑오	계사	임진	신묘	경인	기축	무자	정해	병술	을유	갑신	계미	임오
	1	2	3	4	5	6	7	8	9	10	11	12	13	14	15	16	17	18	19	20
상괘	5	6	7	8	1	2	3	4	5	6	7	8	1	2	3	4	5	6	7	8

연령	신사	경진	기묘	무인	정축	병자	을해	갑술	계유	임신	신미	경오	기사	무진	정묘	병인	을축	갑자	계해	임술
	21	22	23	24	25	26	27	28	29	30	31	32	33	34	35	36	37	38	39	40
상괘	1	2	3	4	5	6	7	8	1	2	3	4	5	6	7	8	1	2	3	4

연령	신유	경신	기미	무오	정사	병진	을묘	갑인	계축	임자	신해	경술	기유	무신	정미	병오	을사	갑진	계묘	임인
	41	42	43	44	45	46	47	48	49	50	51	52	53	54	55	56	57	58	59	60
상괘	5	6	7	8	1	2	3	4	5	6	7	8	1	2	3	4	5	6	7	8

연령	신축	경자	기해	무술	정유	병신	을미	갑오	계사	임진	신묘	경인	기축	무자	정해	병술	을유	갑신	계미	임오
	61	62	63	64	65	66	67	68	69	70	71	72	73	74	75	76	77	78	79	80
상괘	1	2	3	4	5	6	7	8	1	2	3	4	5	6	7	8	1	2	3	4

연령	신사	경진	기묘	무인	정축	병자	을해	갑술	계유	임신	신미	경오	기사	무진	정묘	병인	을축	갑자	계해	임술
	81	82	83	84	85	86	87	88	89	90	91	92	93	94	95	96	97	98	99	100
상괘	5	6	7	8	1	2	3	4	5	6	7	8	1	2	3	4	5	6	7	8

중수(월건)

월별	1월	2월	3월	4월	5월	6월	7월	8월	9월	10월	11월	12월
	경인	신묘	임진	계사	갑오	을미	병신	정유	무술	기해	경자	신축
중건	2	1	5	2	6	3	2	5	4	6	5	2

하수(일진)

월별/일	1	2	3	4	5	6	7	8	9	10	11	12	13	14	15	16	17	18	19	20	21	22	23	24	25	26	27	28	29	30
1월(소)	1	1	3	2	3	2	2	3	3	3	2	2	1	3	1	3	2	3	1	1	3	2	2	2	1	1	1			/
2월	1	1	2	3	2	1	1	1	1	2	2	3	2	2	2	3	3	2	2	1	1	3	3	1	2	2	3	1	1	2
3월	2	2	2	1	3	1	3	3	1	1	1	3	3	3	2	1	1	2	1	3	1	2	2	1	3	3	3	2	2	2
4월(소)	1	1	2	3	2	1	1	1	1	2	2	3	2	2	2	3	3	2	2	1	1	3	3	1	2	2	3	1	1	/
5월	3	3	3	3	2	1	2	1	2	2	2	1	1	3	3	2	3	2	3	2	1	1	3	3	2	1	1	1	3	3
6월(소)	3	2	2	3	1	3	2	2	2	2	3	1	3	3	3	1	1	3	3	2	2	1	1	2	3	3	1	2		/
7월	3	1	1	1	3	2	3	2	2	3	3	2	2	1	3	3	1	3	2	1	1	3	2	2	1					
8월(소)	1	1	3	3	1	2	1	3	3	3	3	1	2	1	1	1	2	2	1	1	3	3	2	2	3	1	1	2		/
9월	1	1	2	2	2	2	3	1	3	3	3	1	3	3	2	1	1	1	3	2	1	2	2	1	3	3	3
10월(소)	2	2	2	1	1	2	3	2	1	1	1	2	3	2	2	2	3	3	2	2	1	1	3	3	1	2	2			/
11월	1	2	2	3	3	3	3	2	1	2	1	1	2	2	1	1	1	3	3	2	2	3	2	1	2	3	3	2	1	1
12월(소)	1	3	3	3	2	2	3	1	3	2	2	2	2	3	3	1	3	3	3	1	1	3	3	2	2	1	1	2	3	/

태상수(태세)

연령	임인	신축	경자	기해	무술	정유	병신	을미	갑오	계사	임진	신묘	경인	기축	무자	정해	병술	을유	갑신	계미
	1	2	3	4	5	6	7	8	9	10	11	12	13	14	15	16	17	18	19	20
상괘	1	2	3	4	5	6	7	8	1	2	3	4	5	6	7	8	1	2	3	4
연령	임오	신사	경진	기묘	무인	정축	병자	을해	갑술	계유	임신	신미	경오	기사	무진	정묘	병인	을축	갑자	계해
	21	22	23	24	25	26	27	28	29	30	31	32	33	34	35	36	37	38	39	40
상괘	5	6	7	8	1	2	3	4	5	6	7	8	1	2	3	4	5	6	7	8
연령	임술	신유	경신	기미	무오	정사	병진	을묘	갑인	계축	임자	신해	경술	기유	무신	정미	병오	을사	갑진	계묘
	41	42	43	44	45	46	47	48	49	50	51	52	53	54	55	56	57	58	59	60
상괘	1	2	3	4	5	6	7	8	1	2	3	4	5	6	7	8	1	2	3	4
연령	임인	신축	경자	기해	무술	정유	병신	을미	갑오	계사	임진	신묘	경인	기축	무자	정해	병술	을유	갑신	계미
	61	62	63	64	65	66	67	68	69	70	71	72	73	74	75	76	77	78	79	80
상괘	5	6	7	8	1	2	3	4	5	6	7	8	1	2	3	4	5	6	7	8
연령	임오	신사	경진	기묘	무인	정축	병자	을해	갑술	계유	임신	신미	경오	기사	무진	정묘	병인	을축	갑자	계해
	81	82	83	84	85	86	87	88	89	90	91	92	93	94	95	96	97	98	99	100
상괘	1	2	3	4	5	6	7	8	1	2	3	4	5	6	7	8	1	2	3	4

중수(월건)

월별	1월	2월	3월	4월	5월	6월	7월	8월	9월	10월	11월	12월
	임인	계묘	갑진	을사	병오	정미	무신	기유	강술	신해	임자	계축
중건	1	4	2	5	4	2	5	3	6	5	2	1

하수(일진)

월별/일	1	2	3	4	5	6	7	8	9	10	11	12	13	14	15	16	17	18	19	20	21	22	23	24	25	26	27	28	29	30
1월	1	2	3	3	1	1	1	1	3	2	3	2	2	3	3	3	2	2	1	3	3	1	3	2	3	1	1	3	2	
2월(소)	2	2	1	1	1	3	3	1	2	1	3	3	3	3	1	1	2	1	1	1	2	2	1	1	3	3	2	2	3	/
3월	2	2	3	1	1	2	2	2	2	1	3	1	3	3	1	1	3	3	3	2	1	1	2	1	3	1	2	2	1	
4월(소)	3	3	3	2	2	2	1	1	2	3	2	1	1	1	1	2	2	3	2	2	2	3	3	2	2	1	1	3	3	/
5월	2	3	3	1	2	3	3	3	3	2	1	2	1	1	2	2	2	1	1	3	2	2	3	2	1	2	3	3	3	
6월	2	1	1	1	3	3	3	2	2	3	1	3	2	2	2	2	3	3	1	3	3	3	1	1	3	3	2	2	1	1
7월(소)	2	3	3	1	2	2	3	3	3	3	2	1	2	1	1	2	2	2	1	1	3	2	2	3	2	1	1	2	3	/
8월	1	3	2	2	2	1	1	1	3	1	2	1	3	3	3	3	1	2	1	1	1	2	2	1	1	3	3	2	2	
9월(소)	2	3	1	1	2	3	2	2	3	3	3	3	2	2	1	3	3	2	2	1	3	3	1	3	2	3	2	3	2	/
10월	2	2	1	3	3	3	2	2	2	1	1	2	3	2	1	1	1	2	2	3	2	3	2	2	2	3	3	2	1	1
11월(소)	3	3	1	2	2	3	1	1	2	2	2	1	3	1	3	3	1	1	1	3	3	3	2	1	1	2	1	3	3	/
12월	2	3	3	2	1	1	1	3	3	3	2	2	3	1	3	2	2	2	2	3	3	1	3	3	3	1	1	3	3	2

태상수(태세)

연령	계묘	임인	신축	경자	기해	무술	정유	병신	을미	갑오	계사	임진	신묘	경인	기축	무자	정해	병술	을유	갑신
	1	2	3	4	5	6	7	8	9	10	11	12	13	14	15	16	17	18	19	20
상괘	8	1	2	3	4	5	6	7	8	1	2	3	4	5	6	7	8	1	2	3

연령	계미	임오	신사	경진	기묘	무인	정축	병자	을해	갑술	계유	임신	신미	경오	기사	무진	정묘	병인	을축	갑자
	21	22	23	24	25	26	27	28	29	30	31	32	33	34	35	36	37	38	39	40
상괘	4	5	6	7	8	1	2	3	4	5	6	7	8	1	2	3	4	5	6	7

연령	계해	임술	신유	경신	기미	무오	정사	병진	을묘	갑인	계축	임자	신해	경술	기유	무신	정미	병오	을사	갑진
	41	42	43	44	45	46	47	48	49	50	51	52	53	54	55	56	57	58	59	60
상괘	8	1	2	3	4	5	6	7	8	1	2	3	4	5	6	7	8	1	2	3

연령	계묘	임인	신축	경자	기해	무술	정유	병신	을미	갑오	계사	임진	신묘	경인	기축	무자	정해	병술	을유	갑신
	61	62	63	64	65	66	67	68	69	70	71	72	73	74	75	76	77	78	79	80
상괘	4	5	6	7	8	1	2	3	4	5	6	7	8	1	2	3	4	5	6	7

연령	계미	임오	신사	경진	기묘	무인	정축	병자	을해	갑술	계유	임신	신미	경오	기사	무진	정묘	병인	을축	갑자
	81	82	83	84	85	86	87	88	89	90	91	92	93	94	95	96	97	98	99	100
상괘	8	1	2	3	4	5	6	7	8	1	2	3	4	5	6	7	8	1	2	3

중수(월건)

월별	1월 갑인	2월 을묘	윤2월 을진	3월 병진	4월 정사	5월 무오	6월 기미	7월 경신	8월 신유	9월 임술	10월 계해	11월 갑자	12월 을축
중건	3	2	1	6	3	2	4	3	1	4	3	5	4

하수(일진)

월별/일	1	2	3	4	5	6	7	8	9	10	11	12	13	14	15	16	17	18	19	20	21	22	23	24	25	26	27	28	29	30
1월(소)	2	1	1	2	3	3	1	2	2	3	3	3	3	2	1	2	1	1	2	2	1	1	3	2	2	3	2	3	2	/
2월	2	3	1	1	3	2	2	2	1	1	3	3	3	1	2	1	3	3	3	3	1	1	2	1	1	1	2	2	1	1
윤2월(소)	3	3	2	2	3	1	1	2	3	3	1	1	1	3	2	3	2	2	3	3	3	2	2	1	3	3	1	/		
3월	1	3	1	2	2	1	3	3	3	2	2	1	1	2	3	2	1	1	1	2	2	3	2	2	2	3	3	2		
4월(소)	2	1	1	3	3	1	2	2	3	1	1	2	2	2	2	1	3	1	3	3	1	1	1	3	3	3	2	1	1	/
5월	3	2	1	2	3	3	2	1	1	1	3	3	3	2	2	3	1	3	2	2	2	2	3	3	1	3	3	3	1	1
6월(소)	3	3	2	2	1	1	2	3	3	1	2	3	3	3	2	1	2	1	1	2	2	2	1	1	1	3	2	/		
7월	3	1	3	2	3	1	1	3	2	2	1	1	3	1	2	1	3	3	3	3	1	1	2	1	1	1	1	1	2	
8월	2	1	1	3	3	2	1	3	3	2	1	1	3	1	1	1	2	2	3	2	2	3	3	3	2	2	2	1	1	3
9월(소)	3	1	3	2	3	1	1	3	2	2	2	1	1	3	3	1	2	1	3	3	3	1	1	1	2	1	1	1	/	
10월	3	3	2	2	1	1	3	3	2	1	1	2	2	2	2	1	1	3	3	1	1	1	3	1	1	3	3	3	2	
11월(소)	1	1	2	1	3	1	2	2	1	3	3	3	2	2	2	1	1	2	3	2	1	1	1	2	2	3	2	2	/	
12월	3	1	1	3	3	2	2	1	1	2	3	3	1	2	3	3	3	3	2	1	2	1	1	1	2	2	2	1	1	1

2024년

단기 4357년·갑진년 용띠

태상수(태세)

연령	갑진	계묘	임인	신축	경자	기해	무술	정유	병신	을미	갑오	계사	임진	신묘	경인	기축	무자	정해	병술	을유
	1	2	3	4	5	6	7	8	9	10	11	12	13	14	15	16	17	18	19	20
상괘	7	8	1	2	3	4	5	6	7	8	1	2	3	4	5	6	7	8	1	2
연령	갑신	계미	임오	신사	경진	기묘	무인	정축	병자	을해	갑술	계유	임신	신미	경오	기사	무진	정묘	병인	을축
	21	22	23	24	25	26	27	28	29	30	31	32	33	34	35	36	37	38	39	40
상괘	3	4	5	6	7	8	1	2	3	4	5	6	7	8	1	2	3	4	5	6
연령	갑자	계해	임술	신유	경신	기미	무오	정사	병진	을묘	갑인	계축	임자	신해	경술	기유	무신	정미	병오	을사
	41	42	43	44	45	46	47	48	49	50	51	52	53	54	55	56	57	58	59	60
상괘	7	8	1	2	3	4	5	6	7	8	1	2	3	4	5	6	7	8	1	2
연령	갑신	계묘	임인	신축	경자	기해	무술	정유	병신	을미	갑오	계사	임진	신묘	경인	기축	무자	정해	병술	을유
	61	62	63	64	65	66	67	68	69	70	71	72	73	74	75	76	77	78	79	80
상괘	3	4	5	6	7	8	1	2	3	4	5	6	7	8	1	2	3	4	5	6
연령	갑신	계미	임오	신사	경진	기묘	무인	정축	병자	을해	갑술	계유	임신	신미	경오	기사	무진	정묘	병인	을축
	81	82	83	84	85	86	87	88	89	90	91	92	93	94	95	96	97	98	99	100
상괘	7	8	1	2	3	4	5	6	7	8	1	2	3	4	5	6	7	8	1	2

중수(월건)

월별	1월	2월	3월	4월	5월	6월	7월	8월	9월	10월	11월	12월
	병인	정묘	무진	기사	경오	신미	임신	계유	갑술	을해	병자	정축
중건	1	6	3	6	5	2	1	5	1	6	4	1

하수(일진)

월별/일	1	2	3	4	5	6	7	8	9	10	11	12	13	14	15	16	17	18	19	20	21	22	23	24	25	26	27	28	29	30
1월(소)	3	2	2	3	2	1	2	3	3	2	1	1	1	3	3	3	2	2	3	1	3	2	2	2	2	3	3	1	3	/
2월	1	1	2	2	1	1	3	3	2	2	3	1	1	2	3	3	1	1	1	3	2	3	2	2	3	3	2	3	3	3
3월(소)	2	1	3	3	1	3	2	3	1	1	3	2	2	1	1	1	3	1	2	1	3	3	3	3	1	1	2	1	2	/
4월(소)	2	2	2	3	3	2	2	1	1	3	3	1	2	2	3	1	1	2	2	2	1	3	1	3	3	1	1	1	1	/
5월	1	1	1	3	2	1	3	2	1	2	3	3	1	1	1	3	3	2	2	3	1	3	2	2	2	3	3	2	3	3
6월(소)	1	3	3	3	1	1	3	3	2	2	1	1	2	3	3	1	2	2	3	3	3	2	1	2	1	1	2	2	2	/
7월	3	2	2	2	1	3	3	1	3	2	1	2	3	2	2	2	1	1	1	3	3	1	2	1	3	3	3	3	3	1
8월	1	2	1	1	2	1	3	2	1	2	3	3	1	1	2	3	3	1	1	1	3	2	2	2	2	3	3	3	3	3
9월(소)	3	2	2	2	1	3	3	1	3	2	1	3	2	2	2	1	1	1	3	3	1	2	1	3	3	1	3	3	3	/
10월	2	2	3	2	2	2	3	3	2	2	1	1	3	3	1	3	1	1	2	2	2	2	1	3	1	3	3	1	1	1
11월	1	1	3	3	3	2	1	1	2	1	2	3	3	2	1	1	3	3	2	2	1	1	2	3	2	1	1	1	1	1
12월(소)	2	2	3	2	2	2	3	3	2	2	1	1	3	1	2	3	3	2	1	1	2	2	2	2	1	3	1	3	3	/

태상수(태세)

연령	을사	갑진	계묘	임인	신축	경자	기해	무술	정유	병신	을미	갑오	계사	임진	신묘	경인	기축	무자	정해	병술
	1	2	3	4	5	6	7	8	9	10	11	12	13	14	15	16	17	18	19	20
상괘	2	3	4	5	6	7	8	1	2	3	4	5	6	7	8	1	2	3	4	5

연령	을유	갑신	계미	임오	신사	경진	기묘	무인	정축	병자	을해	갑술	계유	임신	신미	경오	기사	무진	정묘	병인
	21	22	23	24	25	26	27	28	29	30	31	32	33	34	35	36	37	38	39	40
상괘	6	7	8	1	2	3	4	5	6	7	8	1	2	3	4	5	6	7	8	1

연령	을축	갑자	계해	임술	신유	경신	기미	무오	정사	병진	을묘	갑인	계축	임자	신해	경술	기유	무신	정미	병오
	41	42	43	44	45	46	47	48	49	50	51	52	53	54	55	56	57	58	59	60
상괘	2	3	4	5	6	7	8	1	2	3	4	5	6	7	8	1	2	3	4	5

연령	을사	갑진	계묘	임인	신축	경자	기해	무술	정유	병신	을미	갑오	계사	임진	신묘	경인	기축	무자	정해	병술
	61	62	63	64	65	66	67	68	69	70	71	72	73	74	75	76	77	78	79	80
상괘	6	7	8	1	2	3	4	5	6	7	8	1	2	3	4	5	6	7	8	1

연령	을유	갑신	계미	임오	신사	경진	기묘	무인	정축	병자	을해	갑술	계유	임신	신미	경오	기사	무진	정묘	병인
	81	82	83	84	85	86	87	88	89	90	91	92	93	94	95	96	97	98	99	100
상괘	2	3	4	5	6	7	8	1	2	3	4	5	6	7	8	1	2	3	4	5

중수(월건)

월별	1월	2월	3월	4월	5월	6월	윤6월	7월	8월	9월	10월	11월	12월
	무인	기묘	경진	신사	임오	계미	계미	갑신	을유	병술	정해	무자	기축
중건	6	2	1	4	2	1	6	4	1	6	4	2	4

하수(일진)

월별/일	1	2	3	4	5	6	7	8	9	10	11	12	13	14	15	16	17	18	19	20	21	22	23	24	25	26	27	28	29	30
1월	2	2	2	1	1	1	3	2	2	3	2	1	3	1	3	2	1	1	3	3	2	2	3	1	3	2	2	2	2	2
2월(소)	2	3	3	1	3	3	3	1	1	3	3	2	2	1	1	2	3	3	1	2	2	3	3	3	3	2	1	2	1	/
3월	2	3	3	3	2	2	2	1	3	3	1	3	2	3	1	1	3	2	2	1	1	3	3	1	2	1	3	3	3	3
4월(소)	3	3	1	1	2	1	1	1	2	2	1	1	3	3	2	1	1	2	3	3	1	1	1	3	2	3	2	3	3	/
5월(소)	3	3	1	1	1	3	3	2	1	1	2	1	1	3	2	3	2	2	1	1	2	3	2	2	1	1	2	3	2	/
6월	2	2	2	2	3	3	1	3	3	3	1	1	3	3	2	2	1	1	2	3	3	1	2	2	3	3	3	3	2	1
윤6월(소)	2	1	1	2	2	2	1	1	1	3	2	3	1	1	3	3	2	3	2	3	1	1	3	2	2	3	2	3	1	/
7월	1	3	3	3	3	1	3	2	2	2	3	3	2	2	1	1	2	3	3	1	1	2	3	1	1	3	3	1	1	3
8월(소)	2	3	2	2	3	3	2	2	1	1	2	3	3	1	2	2	3	1	1	3	2	2	1	1	3	3	1	3	1	/
9월	3	2	1	1	1	1	2	2	3	2	2	2	3	2	3	1	1	3	3	1	1	2	3	1	2	2	2	2	2	2
10월	1	2	1	3	3	1	3	3	2	2	3	3	1	1	2	1	1	3	3	2	2	3	2	2	1	1	2	1	1	1
11월	3	2	1	1	1	1	2	2	3	2	2	2	3	3	1	1	2	3	3	1	1	2	2	2	2	2	2	2	2	2
12월(소)	1	3	1	3	3	1	1	1	3	3	2	1	1	2	3	1	2	2	1	3	3	3	2	2	2	1	1	1	1	/

태상수(태세)

연령	병오	을사	갑진	계묘	임인	신축	경자	기해	무술	정유	병신	을미	갑오	계사	임진	신묘	경인	기축	무자	정해
	1	2	3	4	5	6	7	8	9	10	11	12	13	14	15	16	17	18	19	20
상괘	1	2	3	4	5	6	7	8	1	2	3	4	5	6	7	8	1	2	3	4
연령	병술	을유	갑신	계미	임오	신사	경진	기묘	무인	정축	병자	을해	갑술	계유	임신	신미	경오	기사	무진	정묘
	21	22	23	24	25	26	27	28	29	30	31	32	33	34	35	36	37	38	39	40
상괘	5	6	7	8	1	2	3	4	5	6	7	8	1	2	3	4	5	6	7	8
연령	병인	을축	갑자	계해	임술	신유	경신	기미	무오	정사	병진	을묘	갑인	계축	임자	신해	경술	기유	무신	정미
	41	42	43	44	45	46	47	48	49	50	51	52	53	54	55	56	57	58	59	60
상괘	1	2	3	4	5	6	7	8	1	2	3	4	5	6	7	8	1	2	3	4
연령	병오	을사	갑진	계묘	임인	신축	경자	기해	무술	정유	병신	을미	갑오	계사	임진	신묘	경인	기축	무자	정해
	61	62	63	64	65	66	67	68	69	70	71	72	73	74	75	76	77	78	79	80
상괘	5	6	7	8	1	2	3	4	5	6	7	8	1	2	3	4	5	6	7	8
연령	병술	을유	갑신	계미	임오	신사	경진	기묘	무인	정축	병자	을해	갑술	계유	임신	신미	경오	기사	무진	정묘
	81	82	83	84	85	86	87	88	89	90	91	92	93	94	95	96	97	98	99	100
상괘	1	2	3	4	5	6	7	8	1	2	3	4	5	6	7	8	1	2	3	4

중수(월건)

월별	1월	2월	3월	4월	5월	6월	7월	8월	9월	10월	11월	12월
	경인	신묘	임진	계사	갑오	을미	병신	정유	무술	기해	경자	신축
중건	3	6	5	2	5	4	1	6	3	1	5	3

하수(일진)

월별/일	1	2	3	4	5	6	7	8	9	10	11	12	13	14	15	16	17	18	19	20	21	22	23	24	25	26	27	28	29	30
1월	3	1	3	2	2	2	2	3	3	1	3	3	3	1	1	3	3	2	2	1	1	2	3	3	1	2	2	3	3	3
2월(소)	3	2	1	2	1	1	2	2	2	1	1	1	3	2	2	3	2	1	2	3	3	2	1	1	1	3	3	3	2	/
3월	3	1	2	1	3	3	3	3	1	1	2	1	1	1	2	2	1	3	3	2	2	3	1	1	2	3	3	1	1	1
4월(소)	1	1	3	2	3	2	2	3	3	3	2	2	1	3	3	1	3	2	3	1	1	3	2	2	1	1	1	1	1	/
5월(소)	1	1	2	3	2	1	1	1	2	2	3	2	2	3	3	2	1	1	3	3	1	2	2	3	1	1	1	1	/	
6월	3	3	3	3	2	1	2	1	1	2	2	2	1	1	1	3	2	3	2	3	2	1	2	3	3	2	1	1	1	3
7월(소)	3	2	2	3	1	3	2	2	2	3	3	1	3	3	1	1	3	1	3	3	2	1	1	2	3	3	1	2	/	
8월	3	1	1	1	3	3	2	3	2	3	2	2	1	1	2	2	1	3	2	2	3	1	1	1	3	2	2	2	1	1
9월(소)	1	1	3	2	1	3	3	3	3	1	2	1	1	1	2	2	1	3	2	2	1	1	1	3	2	2	1	2	/	
10월	1	1	2	2	2	2	1	3	1	3	3	1	1	1	3	3	2	1	1	2	1	3	1	2	2	1	3	3	3	
11월	2	2	2	1	2	3	2	1	1	1	1	2	3	2	2	2	3	3	2	1	2	1	1	2	3	3	2	2	3	
12월	1	1	2	2	2	2	1	3	1	3	3	1	1	1	3	3	3	2	1	1	2	2	1	3	2	2	1	3	3	3

단기 4360년·정미년 양띠

상수(태세)

연령	정미	병오	을사	갑진	계묘	임인	신축	경자	기해	무술	정유	병신	을미	갑오	계사	임진	신묘	경인	기축	무자
	1	2	3	4	5	6	7	8	9	10	11	12	13	14	15	16	17	18	19	20
상괘	4	5	6	7	8	1	2	3	4	5	6	7	8	1	2	3	4	5	6	7

연령	정해	병술	을유	갑신	계미	임오	신사	경진	기묘	무인	정축	병자	을해	갑술	계유	임신	신미	경오	기사	무진
	21	22	23	24	25	26	27	28	29	30	31	32	33	34	35	36	37	38	39	40
상괘	8	1	2	3	4	5	6	7	8	1	2	3	4	5	6	7	8	1	2	3

연령	정묘	병인	을축	갑자	계해	임술	신유	경신	기미	무오	정사	병진	을묘	갑인	계축	임자	신해	경술	기유	무신
	41	42	43	44	45	46	47	48	49	50	51	52	53	54	55	56	57	58	59	60
상괘	4	5	6	7	8	1	2	3	4	5	6	7	8	1	2	3	4	5	6	7

연령	정미	병오	을사	갑진	계묘	임인	신축	경자	기해	무술	정유	병신	을미	갑오	계사	임진	신묘	경인	기축	무자
	61	62	63	64	65	66	67	68	69	70	71	72	73	74	75	76	77	78	79	80
상괘	8	1	2	3	4	5	6	7	8	1	2	3	4	5	6	7	8	1	2	3

연령	정해	병술	을유	갑신	계미	임오	신사	경진	기묘	무인	정축	병자	을해	갑술	계유	임신	신미	경오	기사	무진
	81	82	83	84	85	86	87	88	89	90	91	92	93	94	95	96	97	98	99	100
상괘	4	5	6	7	8	1	2	3	4	5	6	7	8	1	2	3	4	5	6	7

중수(월건)

월별	1월	2월	3월	4월	5월	6월	7월	8월	9월	10월	11월	12월
	임인	계묘	갑진	을사	병오	정미	무신	기유	경술	신해	임자	계축
중건	6	5	1	6	3	1	6	2	6	5	3	1

하수(일진)

월별/일	1	2	3	4	5	6	7	8	9	10	11	12	13	14	15	16	17	18	19	20	21	22	23	24	25	26	27	28	29	30
1월(소)	2	2	2	1	1	2	3	2	1	1	1	2	1	2	3	2	1	2	2	3	3	2	2	3	1	1	3	3	1	/
2월	1	2	2	3	3	3	2	1	2	1	1	2	2	1	3	1	2	3	2	1	2	3	3	2	1	2	3	2	1	1
3월(소)	1	3	3	2	2	3	1	3	2	2	2	3	1	3	1	3	3	1	1	3	1	2	3	1	1	2	2	1	3	/
4월	1	2	3	3	1	1	1	3	2	3	2	2	3	3	2	2	1	3	2	1	2	1	1	3	2	1	3	1	3	2
5월(소)	2	2	1	1	1	3	2	1	2	3	3	3	3	1	1	1	2	3	3	2	2	3	2	2	2	1	3	1	2	/
6월(소)	2	2	3	1	1	2	2	2	1	1	3	3	1	1	3	3	2	1	2	1	3	3	1	2	3	1	2	3	1	/
7월	2	1	1	3	3	2	2	3	2	1	2	2	2	1	3	3	1	1	3	3	2	1	3	1	2	1	3	2	1	1
8월(소)	2	3	3	1	2	2	3	3	2	2	1	2	1	3	2	1	1	3	1	1	2	2	3	2	1	2	3	3	3	/
9월(소)	1	3	2	2	1	1	3	3	2	1	1	3	3	3	1	3	3	3	2	1	1	1	1	2	1	2	1	3	3	/
10월	3	3	1	2	2	1	2	1	1	2	3	3	1	3	1	1	2	1	1	3	2	2	3	2	1	3	2	1	1	1
11월	2	2	1	3	2	3	3	2	2	1	3	3	1	2	2	1	1	3	2	1	3	3	1	3	2	2	1	1	1	1
12월	3	3	1	1	3	2	2	1	2	3	3	1	1	3	3	1	1	3	3	3	3	2	1	2	1	1	1	1	1	1

태상수(태세)

연령	무신	정미	병오	을사	갑진	계묘	임인	신축	경자	기해	무술	정유	병신	을미	갑오	계사	임진	신묘	경인	기축
	1	2	3	4	5	6	7	8	9	10	11	12	13	14	15	16	17	18	19	20
상괘	2	3	4	5	6	7	8	1	2	3	4	5	6	7	8	1	2	3	4	5
연령	무자	정해	병술	을유	갑신	계미	임오	신사	경진	기묘	무인	정축	병자	을해	갑술	계유	임신	신미	경오	기사
	21	22	23	24	25	26	27	28	29	30	31	32	33	34	35	36	37	38	39	40
상괘	6	7	8	1	2	3	4	5	6	7	8	1	2	3	4	5	6	7	8	1
연령	무진	정묘	병인	을축	갑자	계해	임술	신유	경신	기미	무오	정사	병진	을묘	갑인	계축	임자	신해	경술	기유
	41	42	43	44	45	46	47	48	49	50	51	52	53	54	55	56	57	58	59	60
상괘	2	3	4	5	6	7	8	1	2	3	4	5	6	7	8	1	2	3	4	5
연령	무신	정미	병오	을사	갑진	계묘	임인	신축	경자	기해	무술	정유	병신	을미	갑오	계사	임진	신묘	경인	기축
	61	62	63	64	65	66	67	68	69	70	71	72	73	74	75	76	77	78	79	80
상괘	6	7	8	1	2	3	4	5	6	7	8	1	2	3	4	5	6	7	8	1
연령	무자	정해	병술	을유	갑신	계미	임오	신사	경진	기묘	무인	정축	병자	을해	갑술	계유	임신	신미	경오	기사
	81	82	83	84	85	86	87	88	89	90	91	92	93	94	95	96	97	98	99	100
상괘	2	3	4	5	6	7	8	1	2	3	4	5	6	7	8	1	2	3	4	5

중수(월건)

월별	1월 갑인	2월 을묘	3월 병진	4월 정사	5월 무오	윤5월 무오	6월 기미	7월 경신	8월 신유	9월 임술	10월 계해	11월 갑자	12월 을축
중건	3	2	6	3	2	1	4	3	6	4	3	6	3

하수(일진)

월별/일	1	2	3	4	5	6	7	8	9	10	11	12	13	14	15	16	17	18	19	20	21	22	23	24	25	26	27	28	29	30
1월(소)	2	2	1	3	3	3	2	2	1	1	2	3	2	1	1	1	1	2	2	3	2	2	2	3	3	2	2	1	1	/
2월	2	1	1	2	3	3	1	2	2	3	3	3	3	1	2	1	2	2	2	1	1	3	2	2	3	2	2	3	2	1
3월	2	3	3	2	1	1	1	3	3	3	2	2	1	3	2	2	2	2	3	3	1	3	3	3	1	1	3	2	1	3
4월(소)	2	1	1	2	3	3	2	2	3	3	3	3	2	1	2	1	1	2	2	2	1	1	3	2	2	3	3	2	2	/
5월	2	3	1	1	3	2	2	2	1	1	1	3	3	1	2	1	3	3	3	1	1	1	1	2	2	1	2	1	1	1
윤5월(소)	3	3	2	2	3	1	1	2	3	3	1	1	1	3	3	2	3	2	2	3	3	2	2	1	1	3	3	1	1	/
6월(소)	1	3	1	2	1	3	3	2	2	2	1	1	2	3	1	1	1	1	2	2	3	2	2	2	3	3	3	3	3	/
7월	3	3	2	1	1	1	3	1	3	3	2	2	3	1	1	1	2	2	2	1	1	1	2	2	1	1	1	3	2	2
8월(소)	3	2	1	2	3	2	3	1	1	3	3	2	2	3	1	3	2	2	2	3	1	1	3	3	1	3	3	1	1	/
9월(소)	2	1	1	3	3	2	2	2	1	3	3	3	1	1	1	1	3	2	2	3	3	3	2	2	2	1	2	2	1	/
10월	1	1	2	1	3	1	2	3	3	3	2	2	2	1	3	2	1	1	1	3	2	1	1	1	2	1	2	2	2	2
11월	3	3	2	2	1	1	3	1	2	2	1	1	2	2	2	1	3	3	1	3	3	1	1	3	3	1	1	3	3	2
12월(소)	1	1	2	1	3	2	2	1	3	3	3	2	1	1	2	3	2	1	1	1	2	2	3	2	1	2	2	3	2	/

태상수(태세)

연령	기유	무신	정미	병오	을사	갑진	계묘	임인	신축	경자	기해	무술	정유	병신	을미	갑오	계사	임진	신묘	경인
	1	2	3	4	5	6	7	8	9	10	11	12	13	14	15	16	17	18	19	20
상괘	6	7	8	1	2	3	4	5	6	7	8	1	2	3	4	5	6	7	8	1

연령	기축	무자	정해	병술	을유	갑신	계미	임오	신사	경진	기묘	무인	정축	병자	을해	갑술	계유	임신	신미	경오
	21	22	23	24	25	26	27	28	29	30	31	32	33	34	35	36	37	38	39	40
상괘	2	3	4	5	6	7	8	1	2	3	4	5	6	7	8	1	2	3	4	5

연령	기사	무진	정묘	병인	을축	갑자	계해	임술	신유	경신	기미	무오	정사	병진	을묘	갑인	계축	임자	신해	경술
	41	42	43	44	45	46	47	48	49	50	51	52	53	54	55	56	57	58	59	60
상괘	6	7	8	1	2	3	4	5	6	7	8	1	2	3	4	5	6	7	8	1

연령	기유	무신	정미	병오	을사	갑진	계묘	임인	신축	경자	기해	무술	정유	병신	을미	갑오	계사	임진	신묘	경인
	61	62	63	64	65	66	67	68	69	70	71	72	73	74	75	76	77	78	79	80
상괘	2	3	4	5	6	7	8	1	2	3	4	5	6	7	8	1	2	3	4	5

연령	기축	무자	정해	병술	을유	갑신	계미	임오	신사	경진	기묘	무인	정축	병자	을해	갑술	계유	임신	신미	경오
	81	82	83	84	85	86	87	88	89	90	91	92	93	94	95	96	97	98	99	100
상괘	6	7	8	1	2	3	4	5	6	7	8	1	2	3	4	5	6	7	8	1

중수(월건)

월별	1월	2월	3월	4월	5월	6월	7월	8월	9월	10월	11월	12월
	병인	정묘	무진	기사	경오	신미	임신	계유	갑술	을해	병자	정축
중건	2	6	3	1	5	2	6	5	1	5	4	2

하수(일진)

월별/일	1	2	3	4	5	6	7	8	9	10	11	12	13	14	15	16	17	18	19	20	21	22	23	24	25	26	27	28	29	30
1월	3	1	1	3	3	2	2	1	1	2	3	3	1	2	2	3	3	3	2	1	2	1	1	2	2	2	1	1	1	3
2월	3	2	2	3	2	1	2	3	3	2	1	1	1	3	3	3	2	2	3	1	3	2	2	2	2	3	3	1	3	3
3월(소)	3	1	1	3	3	2	2	1	1	2	3	3	1	2	2	3	3	3	2	1	2	1	1	2	2	2	1	1	1	/
4월	2	1	3	3	1	3	2	3	1	1	3	2	2	2	1	1	1	3	3	1	2	1	3	3	3	3	1	1	2	1
5월	1	1	2	2	1	1	3	3	2	2	1	1	2	3	1	1	1	3	3	2	1	1	3	2	1	1	3	3	2	2
6월(소)	2	1	3	3	1	3	2	3	1	1	3	2	2	2	1	1	1	3	3	1	2	1	3	3	3	3	1	1	2	/
7월(소)	2	2	2	3	3	2	1	3	3	1	3	2	2	1	1	3	2	2	2	2	1	1	3	3	3	1	1	1	1	/
8월	1	1	1	3	2	2	2	3	1	2	3	3	1	1	1	3	3	2	2	3	1	2	2	2	1	3	1	2	3	3
9월(소)	1	3	3	3	1	1	3	2	2	1	2	2	3	3	2	3	3	1	3	2	1	2	1	1	2	2	2	1	2	/
10월(소)	3	2	2	2	1	3	3	1	3	2	1	1	3	2	2	2	1	1	1	3	3	1	2	1	3	3	3	3	3	/
11월	2	2	2	2	2	3	3	2	1	2	2	3	3	2	1	3	3	2	1	2	3	1	1	2	1	3	1	3	3	1
12월	1	1	3	3	3	2	1	1	2	1	3	1	2	2	3	3	2	2	1	2	2	3	1	1	2	3	2	1	1	1

태상수(태세)

연령	경술	기유	무신	정미	병오	을사	갑진	계묘	임인	신축	경자	기해	무술	정유	병신	을미	갑오	계사	임진	신묘
	1	2	3	4	5	6	7	8	9	10	11	12	13	14	15	16	17	18	19	20
상괘	6	7	8	1	2	3	4	5	6	7	8	1	2	3	4	5	6	7	8	1
연령	경인	기축	무자	정해	병술	을유	갑신	계미	임오	신사	경진	기묘	무인	정축	병자	을해	갑술	계유	임신	신미
	21	22	23	24	25	26	27	28	29	30	31	32	33	34	35	36	37	38	39	40
상괘	2	3	4	5	6	7	8	1	2	3	4	5	6	7	8	1	2	3	4	5
연령	경오	기사	무진	정묘	병인	을축	갑자	계해	임술	신유	경신	기미	무오	정사	병진	을묘	갑인	계축	임자	신해
	41	42	43	44	45	46	47	48	49	50	51	52	53	54	55	56	57	58	59	60
상괘	6	7	8	1	2	3	4	5	6	7	8	1	2	3	4	5	6	7	8	1
연령	경술	기유	무신	정미	병오	을사	갑진	계묘	임인	신축	경자	기해	무술	정유	병신	을미	갑오	계사	임진	신묘
	61	62	63	64	65	66	67	68	69	70	71	72	73	74	75	76	77	78	79	80
상괘	2	3	4	5	6	7	8	1	2	3	4	5	6	7	8	1	2	3	4	5
연령	경인	기축	무자	정해	병술	을유	갑신	계미	임오	신사	경진	기묘	무인	정축	병자	을해	갑술	계유	임신	신미
	81	82	83	84	85	86	87	88	89	90	91	92	93	94	95	96	97	98	99	100
상괘	6	7	8	1	2	3	4	5	6	7	8	1	2	3	4	5	6	7	8	1

중수(월건)

월별	1월	2월	3월	4월	5월	6월	7월	8월	9월	10월	11월	12월
	무인	기묘	경진	신사	임오	계미	갑신	을유	병술	정해	무자	기축
중건	5	3	6	5	3	6	4	1	6	3	2	4

하수(일진)

월별/일	1	2	3	4	5	6	7	8	9	10	11	12	13	14	15	16	17	18	19	20	21	22	23	24	25	26	27	28	29	30
1월(소)	2	2	3	2	2	2	3	3	2	2	1	1	3	3	1	2	2	3	1	1	2	2	2	2	1	3	1	3	3	/
2월	2	2	1	1	1	3	2	2	3	2	1	2	3	3	2	1	1	3	3	3	2	2	3	1	3	2	2	3	1	2
3월(소)	2	3	3	1	3	3	3	1	1	3	3	2	2	1	1	2	3	3	1	2	2	3	3	3	3	2	1	2	1	/
4월	2	3	3	3	2	2	2	1	3	3	1	3	2	3	1	1	3	2	2	2	1	1	1	3	3	1	2	1	3	3
5월	3	3	1	1	2	1	1	1	2	2	1	1	3	3	2	2	3	1	1	2	3	1	1	1	3	1	2	3	2	3
6월(소)	2	3	3	3	2	2	2	1	3	3	1	3	2	3	1	1	3	2	2	2	1	1	1	3	3	1	2	1	3	/
7월	1	1	1	2	2	3	2	2	2	3	3	3	2	2	2	1	2	3	1	1	2	2	2	1	1	1	2	2	3	1
8월(소)	3	3	1	1	1	3	3	2	1	1	2	1	2	2	2	1	3	3	3	2	2	1	1	2	3	2	1	2	3	/
9월	2	2	2	2	3	1	3	3	3	1	1	2	2	3	3	1	2	2	3	3	3	1	2	2	3	3	3	2	2	1
10월(소)	2	1	1	2	2	2	1	1	3	2	2	3	2	1	2	3	3	2	1	1	1	3	3	3	2	2	3	1	1	/
11월	1	3	3	3	3	1	2	1	1	1	2	1	3	3	2	2	1	3	2	2	3	1	1	2	2	1	1	1	1	3
12월(소)	2	3	2	2	3	3	2	2	1	3	3	1	3	2	2	1	3	2	2	2	1	1	3	3	1	1	3	3	1	/

태상수(태세)

연령	신해	경술	기유	무신	정미	병오	을사	갑진	계묘	임인	신축	경자	기해	무술	정유	병신	을미	갑오	계사	임진
	1	2	3	4	5	6	7	8	9	10	11	12	13	14	15	16	17	18	19	20
상괘	3	4	5	6	7	8	1	2	3	4	5	6	7	8	1	2	3	4	5	6
연령	신묘	경인	기축	무자	정해	병술	을유	갑신	계미	임오	신사	경진	기묘	무인	정축	병자	을해	갑술	계유	임신
	21	22	23	24	25	26	27	28	29	30	31	32	33	34	35	36	37	38	39	40
상괘	7	8	1	2	3	4	5	6	7	8	1	2	3	4	5	6	7	8	1	2
연령	신미	경오	기사	무진	정묘	병인	을축	갑자	계해	임술	신유	경신	기미	무오	정사	병진	을묘	갑인	계축	임자
	41	42	43	44	45	46	47	48	49	50	51	52	53	54	55	56	57	58	59	60
상괘	3	4	5	6	7	8	1	2	3	4	5	6	7	8	1	2	3	4	5	6
연령	신해	경술	기유	무진	정미	병오	을사	갑진	계묘	임인	신축	경자	기해	무술	정유	병신	을미	갑오	계사	임진
	61	62	63	64	65	66	67	68	69	70	71	72	73	74	75	76	77	78	79	80
상괘	7	8	1	2	3	4	5	6	7	8	1	2	3	4	5	6	7	8	1	2
연령	신묘	경인	기축	무자	정해	병술	을유	갑신	계미	임오	신사	경진	기묘	무인	정축	병자	을해	갑술	계유	임신
	81	82	83	84	85	86	87	88	89	90	91	92	93	94	95	96	97	98	99	100
상괘	3	4	5	6	7	8	1	2	3	4	5	6	7	8	1	2	3	4	5	6

중수(월건)

월별	정월	2월	3월	3월(윤)	4월	5월	6월	7월	8월	9월	10월	11월	12월
	경인	신묘	임진	임진	계사	갑오	을미	병신	정유	무술	기해	경자	신축
중건	3	6	5	4	3	5	4	2	5	4	6	5	2

하수(일진)

월별/일	1	2	3	4	5	6	7	8	9	10	11	12	13	14	15	16	17	18	19	20	21	22	23	24	25	26	27	28	29	30
1월	3	2	1	1	1	1	2	2	3	2	2	2	3	3	2	1	1	1	3	3	1	2	2	3	1	1	2	2	2	2
2월(소)	1	3	1	3	3	1	1	1	3	3	3	2	1	1	2	1	3	1	2	2	1	3	3	3	2	2	2	1	1	/
3월	3	1	3	2	2	2	2	3	3	1	3	1	1	1	3	3	2	2	1	1	2	2	3	2	1	1	1	2	3	3
윤3월(소)	3	2	1	2	1	1	2	2	2	1	1	3	2	2	3	2	1	2	3	3	2	1	1	3	3	3	2			/
4월	3	1	2	1	3	3	3	1	1	1	1	2	2	2	2	3	2	2	1	2	2	1	2	2	3	1	2	3	1	1
5월(소)	1	1	3	2	3	2	2	3	3	3	2	2	1	3	1	3	2	3	1	1	3	2	2	2	1	1	1	1	1	/
6월	1	1	2	3	2	1	1	1	2	2	3	2	2	3	2	2	1	3	1	2	1	2	2	3	1	1	3	1	1	2
7월	2	2	2	1	3	1	2	1	2	2	1	1	2	1	3	2	2	1	3	3	2	2	1	3	3	2	2	2	2	2
8월(소)	1	1	2	3	1	1	2	3	3	1	1	2	2	2	3	2	1	3	2	1	1	2	2	3	2	1	1	1	1	/
9월	3	3	3	3	2	1	2	1	1	2	2	1	1	3	2	2	3	2	3	2	3	3	2	2	3	1	1	1	3	3
10월(소)	3	2	2	3	1	3	2	2	2	3	2	1	3	3	1	3	1	2	1	2	2	3	2	1	3	1	1	2		/
11월	3	1	1	1	3	2	3	2	2	3	3	2	2	1	2	3	3	1	3	3	2	3	1	1	3	2	2	2	1	1
12월(소)	1	1	3	3	1	2	1	3	3	3	1	1	2	3	2	2	3	1	2	1	3	3	2	2	3	1	2	2		/

태상수(태세)

연령	임자	신해	경술	기유	무신	정미	병오	을사	갑진	계묘	임인	신축	경자	기해	무술	정유	병신	을미	갑오	계사
	1	2	3	4	5	6	7	8	9	10	11	12	13	14	15	16	17	18	19	20
상괘	2	3	4	5	6	7	8	1	2	3	4	5	6	7	8	1	2	3	4	5
연령	임진	신묘	경인	기축	무자	정해	병술	을유	갑신	계미	임오	신사	경진	기묘	무인	정축	병자	을해	갑술	계유
	21	22	23	24	25	26	27	28	29	30	31	32	33	34	35	36	37	38	39	40
상괘	6	7	8	1	2	3	4	5	6	7	8	1	1	3	4	5	6	7	8	1
연령	임신	신미	경오	기사	무진	정묘	병인	을축	갑자	계해	임술	신유	경신	기미	무오	정사	병진	을묘	갑인	계축
	41	42	43	44	45	46	47	48	49	50	51	52	53	54	55	56	57	58	59	60
상괘	2	3	4	5	6	7	8	1	2	3	4	5	6	7	8	1	2	3	4	5
연령	임자	신해	경술	기유	무신	정미	병오	을사	갑진	계묘	임인	신축	경자	기해	무술	정유	병신	을미	갑오	계사
	61	62	63	64	65	66	67	68	69	70	71	72	73	74	75	76	77	78	79	80
상괘	6	7	8	1	2	3	4	5	6	7	8	1	2	3	4	5	6	7	8	1
연령	임진	신묘	경인	기축	무자	정해	병술	을유	갑신	계미	임오	신사	경진	기묘	무인	정축	병자	을해	갑술	계유
	81	82	83	84	85	86	87	88	89	90	91	92	93	94	95	96	97	98	99	100
상괘	2	3	4	5	6	7	8	1	2	3	4	5	6	7	8	1	2	3	4	5

중수(월건)

월별	정월	2월	3월	4월	5월	6월	7월	8월	9월	10월	11월	12월
	임인	계묘	갑진	을사	병오	정미	무신	기유	경술	신해	임자	계축
중건	1	4	1	6	3	2	6	2	1	5	2	1

하수(일진)

월별/일	1	2	3	4	5	6	7	8	9	10	11	12	13	14	15	16	17	18	19	20	21	22	23	24	25	26	27	28	29	30
1월	1	1	2	2	2	2	1	3	1	3	3	1	1	1	3	3	3	2	1	1	2	1	3	1	2	2	1	3	3	3
2월(소)	2	2	2	1	1	2	3	2	1	1	1	1	2	2	3	2	2	2	3	3	2	2	1	1	3	3	1	2	2	/
3월(소)	1	2	2	3	3	3	3	2	1	2	1	1	2	2	2	1	1	1	3	2	2	3	2	1	2	3	3	2	1	/
4월	2	2	1	1	1	3	3	1	2	1	3	3	3	3	1	1	2	1	1	1	2	2	1	1	3	3	2	2	3	1
5월(소)	1	2	3	3	1	1	1	1	3	2	3	2	2	3	3	3	2	2	1	1	3	3	1	3	2	3	1	1	3	/
6월	3	3	3	2	2	2	1	1	2	3	2	1	1	1	2	2	3	2	2	2	3	3	2	2	1	1	3	3	3	1
7월	2	2	3	1	1	2	2	2	1	3	1	3	1	1	1	3	3	3	2	1	1	2	1	3	1	3	2	1	2	1
8월(소)	3	3	3	2	1	1	2	3	2	2	1	1	2	2	3	2	2	2	3	3	2	2	1	1	3	3	2	1	3	/
9월	2	3	3	1	2	1	1	1	2	3	2	1	1	2	2	2	1	1	3	2	1	3	2	3	2	1	2	1	3	3
10월	2	1	1	1	3	3	3	2	2	3	1	3	2	2	2	3	1	3	3	1	1	3	3	2	2	1	1	1	1	1
11월(소)	2	3	3	1	2	3	3	3	3	2	1	2	1	1	1	2	2	1	2	1	1	1	3	2	2	3	2	1	2	/
12월	1	3	2	2	2	1	1	1	3	3	1	2	3	1	3	3	3	3	1	1	1	2	1	1	2	2	1	3	3	2

2033년

단기 4366년·계축년 소띠

태상수(태세)

연령	계축	임자	신해	경술	기유	무신	정미	병오	을사	갑진	계묘	임인	신축	경자	기해	무술	정유	병신	을미	갑오
	1	2	3	4	5	6	7	8	9	10	11	12	13	14	15	16	17	18	19	20
상괘	3	4	5	6	7	8	1	2	3	4	5	6	7	8	1	2	3	4	5	6

연령	계사	임진	신묘	경인	기축	무자	정해	병술	을유	갑신	계미	임오	신사	경진	기묘	무인	정축	병자	을해	갑술
	21	22	23	24	25	26	27	28	29	30	31	32	33	34	35	36	37	38	39	40
상괘	7	8	1	2	3	4	5	6	7	8	1	2	3	4	5	6	7	8	1	2

연령	계유	임신	신미	경오	기사	무진	정묘	병인	을축	갑자	계해	임술	신유	경신	기미	무오	정사	병진	을묘	갑인
	41	42	43	44	45	46	47	48	49	50	51	52	53	54	55	56	57	58	59	60
상괘	3	4	5	6	7	8	1	2	3	4	5	6	7	8	1	2	3	4	5	6

연령	계축	임자	신해	경술	기유	무신	정미	병오	을사	갑진	계묘	임인	신축	경자	기해	무술	정유	병신	을미	갑오
	61	62	63	64	65	66	67	68	69	70	71	72	73	74	75	76	77	78	79	80
상괘	7	8	1	2	3	4	5	6	7	8	1	2	3	4	5	6	7	8	1	2

연령	계사	임진	신묘	경인	기축	무자	정해	병술	을유	갑신	계미	임오	신사	경진	기묘	무인	정축	병자	을해	갑술
	81	82	83	84	85	86	87	88	89	90	91	92	93	94	95	96	97	98	99	100
상괘	3	4	5	6	7	8	1	2	3	4	5	6	7	8	1	2	3	4	5	6

중수(월건)

월별	정월	2월	3월	4월	5월	6월	7월	7월(윤)	8월	9월	10월	11월	12월
	갑인	을묘	병진	정사	무오	기미	경신	경신	신유	임술	계해	갑자	을축
중건	3	2	5	3	2	4	3	2	1	5	3	5	4

하수(일진)

월별/일	1	2	3	4	5	6	7	8	9	10	11	12	13	14	15	16	17	18	19	20	21	22	23	24	25	26	27	28	29	30
1월(소)	2	3	1	1	2	3	3	1	1	1	1	3	2	3	2	2	3	3	2	2	2	1	3	3	1	3	2	3		/
2월	2	2	1	3	3	3	2	2	2	1	1	2	3	2	1	1	1	2	2	3	2	2	2	3	3	2	2	1	1	1
3월(소)	3	3	1	2	2	3	1	1	2	2	2	2	1	3	1	3	3	1	1	1	3	3	3	2	1	1	2	1	3	/
4월(소)	2	3	3	2	1	1	1	3	3	3	2	2	3	1	3	2	2	2	3	3	1	3	3	3	1	1	3	3		/
5월	3	3	2	2	3	1	1	3	3	1	1	1	1	3	2	3	3	3	2	3	2	2	1	3	3	1	3	1	1	3
6월(소)	2	3	1	1	3	2	2	2	1	1	1	3	1	2	1	3	3	3	1	1	2	1	1	2	2	1				/
7월	2	1	1	3	3	1	2	2	3	1	1	2	2	1	3	1	3	3	1	1	1	3	3	3	2	1	1	2		
윤7월(소)	1	3	1	2	1	3	1	2	3	1	1	1	3	2	1	1	1	2	2	2	2	3	2	2	3	3	2	3		/
8월	3	3	2	2	1	1	2	3	1	2	2	3	3	3	1	2	1	3	2	2	2	2	1	1	1	3	2	2		
9월	3	2	1	2	3	3	2	1	1	1	3	3	2	2	3	1	3	2	2	2	2	3	3	1	3	3	3	1	1	
10월	3	3	2	2	1	1	2	3	1	3	3	1	1	1	2	2	1	1	2	2	3	1	1	1	3	2	2			
11월(소)	3	2	1	2	3	3	2	1	1	1	3	3	2	1	3	2	2	2	2	3	3	1	3	3	3	1				/
12월	2	1	1	3	3	2	2	3	1	1	2	3	2	3	1	3	3	2	2	3	3	2	2	1	1	3				

2034년

단기 4367년·갑인년 범띠

태상수(태세)

연령	갑인	계축	임자	신해	경술	기유	무신	정미	병오	을사	갑진	계묘	임인	신축	경자	기해	무술	정유	병신	을미
	1	2	3	4	5	6	7	8	9	10	11	12	13	14	15	16	17	18	19	20
상괘	4	5	6	7	8	1	2	3	4	5	6	7	8	1	2	3	4	5	6	7

연령	갑오	계사	임진	신묘	경인	기축	무자	정해	병술	을유	갑신	계미	임오	신사	경진	기묘	무인	정축	병자	을해
	21	22	23	24	25	26	27	28	29	30	31	32	33	34	35	36	37	38	39	40
상괘	8	1	2	3	4	5	6	7	8	1	2	3	4	5	6	7	8	1	2	3

연령	갑술	계유	임신	신미	경오	기사	무진	정묘	병인	을축	갑자	계해	임술	신유	경신	기미	무오	정사	병진	을묘
	41	42	43	44	45	46	47	48	49	50	51	52	53	54	55	56	57	58	59	60
상괘	4	5	6	7	8	1	2	3	4	5	6	7	8	1	2	3	4	5	6	7

연령	갑인	계축	임자	신해	경술	기유	무신	정미	병오	을사	갑진	계묘	임인	신축	경자	기해	무술	정유	병신	을미
	61	62	63	64	65	66	67	68	69	70	71	72	73	74	75	76	77	78	79	80
상괘	8	1	2	3	4	5	6	7	8	1	2	3	4	5	6	7	8	1	2	3

연령	갑오	계사	임진	신묘	경인	기축	무자	정해	병술	을유	갑신	계미	임오	신사	경진	기묘	무인	정축	병자	을해
	81	82	83	84	85	86	87	88	89	90	91	92	93	94	95	96	97	98	99	100
상괘	4	5	6	7	8	1	2	3	4	5	6	7	8	1	2	3	4	5	6	7

중수(월건)

월별	정월 병인	2월 정묘	3월 무진	4월 기사	5월 경오	6월 신미	7월 임신	8월 계유	9월 갑술	10월 을해	11월 병자	12월 정축
중건	1	6	3	6	5	2	1	4	2	6	4	1

하수(일진)

월별/일	1	2	3	4	5	6	7	8	9	10	11	12	13	14	15	16	17	18	19	20	21	22	23	24	25	26	27	28	29	30
1월(소)	3	1	3	2	3	1	1	3	2	2	1	1	1	3	3	1	2	1	3	3	3	1	1	2	1	1	1	1		/
2월	3	3	2	2	1	1	3	3	1	2	2	3	1	1	2	2	2	1	3	1	3	3	1	1	1	3	3	3	2	
3월(소)	1	1	2	1	3	1	2	2	1	3	3	3	2	2	1	1	2	3	2	1	1	1	2	2	2	2	2			/
4월(소)	3	1	1	3	3	2	2	1	1	2	3	3	1	2	3	3	3	3	2	1	2	1	1	2	2	2	1	1		/
5월	2	1	3	3	1	3	2	3	1	1	3	2	2	1	1	1	3	1	3	1	2	1	3	3	3	3	1	1	2	1
6월(소)	1	1	2	2	1	1	3	3	2	2	3	1	1	2	3	3	1	1	1	3	2	3	2	2	3	3	3	2		/
7월	3	3	2	1	1	2	1	3	1	2	2	1	3	3	3	2	2	1	1	2	3	2	1	1	1	1	2	2	3	
8월(소)	2	2	2	3	3	2	1	3	1	2	1	3	1	2	2	2	1	3	1	3	3	1	1	1						/
9월	1	1	1	3	2	2	3	2	1	2	3	3	1	1	3	3	2	2	1	3	2	2	2	2	3	3				
10월	1	3	3	3	1	1	3	3	2	2	1	1	2	3	3	1	2	2	3	3	3	2	1	2	1	1	2	2	2	
11월	1	1	1	3	2	2	3	2	1	3	3	1	1	1	3	3	1	2	2	3	3	2	2	2	3	3				
12월(소)	1	3	3	3	1	1	3	3	2	2	1	1	2	3	3	1	2	2	3	3	3	2	1	2	1	2	1	1	2	/

태상수(태세)

연령	을묘	갑인	계축	임자	신해	경술	기유	무신	정미	병오	을사	갑진	계묘	임인	신축	경자	기해	무술	정유	병신
	1	2	3	4	5	6	7	8	9	10	11	12	13	14	15	16	17	18	19	20
상괘	3	4	5	6	7	8	1	2	3	4	5	6	7	8	1	2	3	4	5	6

연령	을미	갑오	계사	임진	신묘	경인	기축	무자	정해	병술	을유	갑신	계미	임오	신사	경진	기묘	무인	정축	병자
	21	22	23	24	25	26	27	28	29	30	31	32	33	34	35	36	37	38	39	40
상괘	7	8	1	2	3	4	5	6	7	8	1	2	3	4	5	6	7	8	1	2

연령	을해	갑술	계유	임신	신미	경오	기사	무진	정묘	병인	을축	갑자	계해	임술	신유	경신	기미	무오	정사	병진
	41	42	43	44	45	46	47	48	49	50	51	52	53	54	55	56	57	58	59	60
상괘	3	4	5	6	7	8	1	2	3	4	5	6	7	8	1	2	3	4	5	6

연령	을묘	갑인	계축	임자	신해	경술	기유	무신	정미	병오	을사	갑진	계묘	임인	신축	경자	기해	무술	정유	병신
	61	62	63	64	65	66	67	68	69	70	71	72	73	74	75	76	77	78	79	80
상괘	7	8	1	2	3	4	5	6	7	8	1	2	3	4	5	6	7	8	1	2

연령	을미	갑오	계사	임진	신묘	경인	기축	무자	정해	병술	을유	갑신	계미	임오	신사	경진	기묘	무인	정축	병자
	81	82	83	84	85	86	87	88	89	90	91	92	93	94	95	96	97	98	99	100
상괘	3	4	5	6	7	8	1	2	3	4	5	6	7	8	1	2	3	4	5	6

중수(월건)

월별	정월 무인	2월 기묘	3월 경진	4월 신사	5월 임오	6월 계미	7월 갑신	8월 을유	9월 병술	10월 정해	11월 무자	12월 기축
중건	6	2	1	4	2	1	3	1	6	4	1	5

하수(일진)

월별/일	1	2	3	4	5	6	7	8	9	10	11	12	13	14	15	16	17	18	19	20	21	22	23	24	25	26	27	28	29	30
1월	3	2	2	2	1	3	3	1	3	2	3	1	1	3	2	2	1	1	3	3	1	2	1	3	3	3	3	1		
2월(소)	1	2	1	1	1	2	2	1	1	3	3	2	2	3	1	1	2	3	3	1	1	1	1	3	2	3	2	2	3	/
3월	1	1	3	3	3	2	1	1	2	1	3	1	2	1	3	3	3	2	2	1	1	2	3	2	1	1	1	1		
4월(소)	2	2	3	2	2	2	3	3	2	1	1	3	3	1	2	2	3	1	1	2	2	2	1	3	1	3	3			/
5월(소)	2	2	1	1	1	3	2	2	3	2	1	1	3	2	1	1	3	3	3	2	2	3	1	3	2	2				/
6월	3	3	1	1	2	1	1	1	2	2	1	1	3	3	2	2	3	1	1	2	3	1	1	1	3	2	3	2		
7월(소)	2	3	3	2	2	2	1	3	3	1	3	1	1	3	2	2	1	1	3	3	1	2	1	3	3	1	2	1		/
8월(소)	1	1	1	2	2	3	2	2	1	1	3	3	1	2	2	3	1	1	2	2	2	1	3							/
9월	2	1	1	2	2	1	1	3	2	3	3	1	3	3	1	1	2	3	3	2	2	3	2	1	3				1	3
10월	2	2	2	3	3	1	3	3	3	1	1	3	2	2	1	1	2	3	2	2	3	3	3	3	2	1				1
11월(소)	2	1	1	2	2	1	1	3	2	2	3	2	1	1	3	3	2	2	3	1										/
12월	1	3	3	3	3	1	1	2	1	1	2	1	3	1	3	2	2	1	1	2	3	3	1	1	1	1	3			

토정비결 보기

괘상수

111

괘상해설

변괘　　　본괘

건지구乾之姤

봄바람이 불어와 구름을 멀리하니 푸른 하늘이 열리고, 겨울이 지나 따뜻한 봄날을 맞이하니 메마른 고목에 꽃이 피어나는 형국입니다. 또한 얼어붙었던 물길이 열리어 대지를 적시니 작은 물줄기가 마침내 온 세상을 적시는 형국입니다. 고생 끝에 낙이 온다고 하였으니 지금까지의 고통은 마침내 해소되는 해입니다. 다만 아름다움 속에 추함이 감춰진 해입니다.

음력 월별 이달의 운수해설

1월
자식을 원하는 사람은 귀자를 얻는 격이요, 사업을 하는 사람은 새로운 거래처가 생겨서 사업번창을 이루게 되고, 공부하는 사람은 정신집중이 잘 되며 시험 운이 따른다 할 것입니다. 관재구설에 시달리던 사람은 관재 구설이 해소 되는 달입니다.

2월
큰 사업을 하는 사람은 대규모 사업 건을 얻는 달이요, 사업하지 않는 직장인은 업무에 대하여 인정을 받는 달입니다. 가정주부는 서먹했던 가족관계의 긴장이 해소되고, 결혼 전의 총각이나 처녀라면 이별했던 옛 애인에게 연락이 오는 달입니다.

3월 순조롭게만 여겨지던 일들이 인간사에 마(魔-시비 거리가 생기거나, 한 가지 일에 너무 열중하다 보니 주위의 시기심을 사는 좋지 않은 기운)가 끼어들어 뜻하지 않은 어려움에 처하게 되나, 처음 먹었던 마음으로 일로 매진한다면 충분히 극복되는 달입니다.

4월 금전 운은 좋으나 구설수가 따르니 언행을 삼가고 조신하게 행동하여야 좋은 달입니다. 심신이 고달프다고 한탄하지 말고 목적지가 얼마 남지 않았으니 용기를 잃지 않고 하던 일을 착실히 추진 한다면 반드시 좋은 결과를 얻을 수 있는 달입니다.

5월 뜻하지 않게 오랜만에 만난 친구나 지인이 나에게 어려운 부탁을 하여 오니 나는 어찌 할 바를 모르는 형국입니다. 친구나 지인의 소원을 들어 주자니 내 자신이 갑갑하고 도와주지 않자니 인정상 구설에 오를 것 같은 상황이 벌어질 수 있는 달입니다.

6월 등 따습고 배부르니 세상 부러울 것이 없는 달입니다. 그러나 배부르면 엉뚱한 생각을 한다고, 탐욕이 스스로 생겨나서 비도덕적인 생각으로 시간을 보낼 수 있는 달입니다. 이성을 탐하여 관재구설이 끊이질 않는 달이니 차라리 밖에 나가 활동하는 일을 자제해야 흉한 일을 면할 것입니다.

7월 공직에 있는 사람은 승진을 하는 달이요, 자식을 가진 부모는 자식에게 경사가 있는 달이니 안팎으로 경사가 겹치는 달입니다. 자신이 계획하는 일들이 순조롭게 이루어지니 세상 남부럽지 않은 형국입니다.

8월 기다리던 금전도 처음에는 전혀 불가능해 보였지만 나중에 반드시 성취할 것입니다. 저 멀리 들꽃들이 앞 다투어 피는 형국이니 꽃들이 만발하면 아름다운 모습이 저절로 내 눈에 들어 올 것입니다.

9월 세상에서 제일 좋은 해결책은 서로 타협하여 살아나가는 것이 제일이니 무조건 법적으로 해결하려 하지 말고 서로 타협하시기 바랍니다. 특히 화성(火姓)을 가까이 하면 송사가 일어날 수 있고, 만일 송사를 하더라도 패하게 됩니다.

10월 오랜 투병생활을 한 사람은 생명에 지장을 초래할 수도 있으니 각별히 유념하셔야 합니다. 특히 문병할 집 출입을 삼가 하여 신변에 병고가 침범치 않도록 하여야 합니다. 남을 보살피려다 도리어 내가 화를 당하는 형국입니다.

11월 특히 자기 자신이 거주하는 곳에서 동북쪽으로 출행한다면 손재수와 관재수가 따르게 되니 차라리 집안에 가만히 앉아 있는 것이 피해를 보지 않는 방법입니다. 구하고자 하는 것도 때를 만나야 구할 수 있으니 참고 기다리는 인내가 필요한 때입니다.

12월 지금까지 경영하는 일로 만족한다면 명예가 따르고 재물이 안정권에 들어가지만, 그렇지 않고 새로운 일을 추진하는 계획을 세워 밀고 나간다면 지금까지 쌓아 놓았던 모든 것들이 광풍에 흩어지는 티끌처럼 사라질 염려가 있는 달입니다.

건지동인乾之同人

달도 차면 기울고 호박잎도 찬 서리를 맞으면 시들어버리는 법이니, 처음의 부귀영화를 자랑하지 말아야 합니다. 쥐가 곳간에 들어 먹을 것은 풍족하나 곳간 문을 사나운 고양이가 지키고 있는 형국이니 원하는 바를 얻었다하여 경거망동하였다가는 훗날 반드시 후회할 일이 생길 것입니다. 가정사가 불리하니 부부화합하지 못하고 가정불화가 있을 수 있으니 마음을 안정시키고 귀에 거슬리는 말도 세 번 참는 인내가 필요한 해입니다.

음력 월별 이달의 운수해설

1월
산에 가야 범을 잡고 강에 가야지 고기를 잡는 법인데, 산에 가서 고기를 잡으려하고 강에 가서 범을 잡으려하니 만사가 꼬이는 달입니다. 경영하는 일이 처음은 잘 되어가는 듯하지만, 나중에 일이 꼬이게 되니 하지 않음만 못할 것입니다.

2월
1월 달과 운수가 같으니 분수를 지켜나감이 이로울 수입니다. 경영하는 일에 실망하는 순간 이익이 생겨나니 처음에 정성을 다한 결과입니다. 동북쪽에서 횡재를 하는 운수이니 동북쪽에서 재물이 저절로 들어오는 달입니다.

3월 정신없이 출행하다보면 실물수, 즉 물건 등을 잃어버리는 수가 있습니다. 나무에 올라가서 물고기를 잡으려하니 세상 사람들의 웃음꺼리가 되기 쉽습니다. 나의 주장을 한 풀 꺾고 남의 말을 잘 경청하여 좋은 말만 귀담아 듣는 지혜가 필요합니다.

4월 지금껏 얻은 명예와 재물은 물거품처럼 사라지는 달입니다. 재물이 손에 들어온다고 하더라도 나갈 곳이 이미 정하여져 있어 내 손에 남는 것은 없습니다. 금전적으로 어려움을 겪는 달입니다.

5월 마음을 달래려고 여행을 떠나보아도 그 곳에서 만난 사람마저 나를 함정에 몰아넣으니 세상사가 원망스럽기만 한 달입니다. 이리가면 함정이요, 저리가면 구설수이니 내가 설자리가 없어 보이는 때입니다.

6월 집안에 있으면 불안하고 심란하여 바깥출입을 해보나 역시 마음을 달랠 길 없습니다. 특히 남쪽은 불리한데 이곳 출행을 삼가야 됩니다. 음력 오월과 유월은 되는 일없이 계획만 무성한 달입니다.

7월 지성으로 힘써 노력한 결과를 얻는 달입니다. 일엽편주에 몸을 싣고 큰 바다에 나갔으나 바람이 일지 않아 앞으로 나가지 못하니 답답한 마음뿐입니다. 그러나 정성을 다하여 하늘에 기도하니 마침내 순풍이 풀어와 목적지 까지 무사히 항해할 수 있게 됩니다.

8월 금전을 잃으면 조금 잃는 것이요, 신용을 잃으면 많이 잃는 것이요, 건강을 잃으면 모든 것을 잃는다는 말이 있듯이 건강을 잃게 되면 다시 일어나기 어려우니 만사를 제쳐 놓고라도 건강을 챙기는데 힘써야 할 것입니다. 관재수도 조심하여야 합니다.

9월 아무리 애를 써도 나쁜 징조가 침범하니 항상 조심 또 조심하여 지나야 합니다. 관재가 침범하고 명예와 이익이 산산이 흩어지니 이를 누구에게 원망하리요, 지나온 과거를 돌이켜 생각하여 반성하고 경거망동을 삼간다면 가까스로 어려움을 면할 것입니다.

10월 역마살이 임하여 출타를 하면 마음이 가라앉을까 하여 밖으로 나가 보나 오히려 마음 상하는 일이 더 생깁니다. 이번 달도 근신 자중하여 집에서 조용히 지내는 것이 마음을 가라앉히는 데에 더 도움이 됩니다.

11월 출행하면 이롭지 못하니 역시 경거망동하지 말고 입 조심하며 분수에 맞는 언행을 해야 합니다. 부득이 출행을 한다면 북쪽이 불리하니 북쪽은 피하는 것이 상책입니다. 운수가 좋지 못하니 금전적으로 어려움을 겪는 시기이기도 합니다.

12월 하는 일이 잘 되지 않아 새로운 동반자를 찾고자 하나 정작 동반자는 나에게 도움이 되지 않고 해를 끼치니 앞으로 추진할 일이 막막하기만 한 달입니다. 비록 재물은 모으지 못하고 소비하였다하여도 건강은 지킬 수 있었으니 그나마 다행인 달입니다.

건지리乾之履

봄에 피어나는 꽃이 화려함을 더하고 암수 꾀꼬리가 사랑을 나누니 기쁨 중에 또 기쁨이 있을 해입니다. 강가에서 노닐다가 한 줌 모래를 희롱하는데 모래 속에서 사금을 발견한 격이니 이 어찌 기쁘지 아니한가. 만일 재물이 생기지 않으면 자식에게 기쁨이 있으니 겹경사로다. 다만 호사다마라는 말이 있듯이 너무 좋은 일이 겹치면 이 가운데 구설이 생기고 시기하는 자가 생기는 법이니 겸손한 마음을 잃지 않도록 주의해야 합니다. 목성(木性)과 사귀면 이익이 있습니다.

음력 월별 이달의 운수해설

1월
재물이 날로 풍부해지니 기쁨에 절로 흥이 납니다. 좋은 운수가 다시 돌아오니 집안에는 경사요 밖에서는 융숭한 대접을 받습니다. 몸이 금고에 들어있는 형국이니 마음먹은 대로 천금을 희롱하는 형국입니다.

2월
나의 소원을 성취하니 세상 부러울 게 없는 달입니다. 오히려 밖에 나가면 횡재수가 있으니 집에 가만히 앉아 있지 말고 밖으로 활동을 활발히 하는 것이 좋고, 가정 또한 평안하니 밖에 일도 순조롭게 성취됩니다.

3월 혼인을 하지 않은 남녀라면 혼인을 하는 달이요, 자식을 바라는 사람은 자식을 가질 수 있는 달입니다. 생각지 않던 사람이 찾아와서 이익을 안겨주고 가니 기쁨이 두 배입니다. 재물도 생기고 가정도 화평하여지니 이 어찌 기쁜 일이 아닌가.

4월 경영하는 일에 있어서 가까운 사람이 감언이설로 이익을 이야기하여 사업을 확장하게 한다면 반드시 낭패를 볼 수가 있는 달입니다. 그러나 운수가 좋기 때문에 곧 회복을 하는 달입니다. 후반기에 접어들어 몸과 마음이 편안하여지니 이는 하늘이 내린 천복입니다.

5월 그러나 신변에 재앙이 도사리고 있어 화재를 당하거나 상복을 입어 볼 수도 있으니 유의를 하여야 하는 달이기도 합니다. 또한 배우자 궁에 근심이 서려 있으니 질병에 걸리지 않도록 건강에 유의 하여야 합니다. 치성으로 기도하면 가히 액을 면할 것입니다.

6월 작은 이익이 큰 이익으로 변하니 물고기가 용으로 변하는 것 같은 부귀의 형국입니다. 경영하는 일로 바깥출입이 잦다보니 집안 식구들을 소홀히 하게 되어 부부지간에 불화가 있을 수도 있는 형국이니 조심해야 합니다.

7월 재수가 좋아 의외의 금전을 얻으니 웃음이 절로 나오는 달입니다. 그러나 건강이 좋지 않게 되는 달이니 건강에 유념하여 무리한 일에 과로를 피해야 할 것입니다. 금전은 있다가도 없고 없다가도 있는 것이니 건강부터 챙겨야 할 것입니다.

8월 귀인이 서로 앞 다투어 나를 도우니 재물은 물론이요 관록이 몸에 임하는 달입니다. 식구가 한 사람 더 늘어나는 형국이기도 합니다. 그러나 감언이설을 하는 사람을 주의하여야 낭패를 피할 수 있는 것이니 특히 가까이에서 나를 상대하고 있는 친구 등을 주의 하여야 합니다.

9월 일사천리로 경영하는 일이 순조롭게 진행이 되는 달입니다. 구월의 마른 풀이 단비를 만난 형국이니 어려움에서 벗어나는 때입니다. 특히 화성(火姓)을 친하면 훗날 반드시 이익을 취할 수 있으나, 만약 그런 기회가 없다면 지금까지의 복록이 없어지고 마는 결과를 초래할 것입니다.

10월 동업을 하는 사람은 함께 세운 계획이 성사되더라도 이익이 없고 손해가 염려되는 달입니다. 대인관계에서 만남의 기쁨보다 헤어짐의 기쁨이 절실하게 원해지는 달이기도 합니다. 만일 이별이 없으면 구설에 휘말려 곤혹스러운 번민을 하게 될 것입니다.

11월 이달은 구설수가 많이 따르는 달입니다. 그러나 노력하는 만큼의 이익이 있는 달입니다. 길한 별이 몸에 비추니 노력한 연후에 느지막이 복록을 얻는 형국입니다. 토성(土姓)을 가까이 하면 반드시 손해를 보게 될 것이니 유념하여야 합니다.

12월 시험 보는 사람은 시험에 합격하는 달이요, 자식을 원하는 사람은 자식을 얻는 달입니다. 귀인이 동쪽과 서쪽에서 나를 도우니 재앙을 물리치고 가정 화평하게 태평가를 부르는 형국입니다.

리지송履之訟

신선이 한가로이 바둑을 두니 세상만사가 태평한 해입니다. 우물에 살던 연어가 큰 바다로 나가니 내가 하고자 하는 계획이 순조롭게 진행이 되는 해입니다. 몸은 분주하나 마음은 평안하니 남의 외향을 보고 부러워할 것 없습니다. 재물과 복록이 몸에 드니 근심이 사라지고 뜻밖의 횡재도 할 수 있는 시기입니다. 아랫사람과 윗사람이 서로 화목하니 대인관계에 있어서 원만한 결과를 얻는 해이기도 합니다. 다만 여름에는 일에 막힘이 더러 있을 수입니다.

음력 월별 이달의 운수해설

1월 복록이 진진하니 근심걱정이 사라지고 경영하는 일마다 좋은 결과를 얻는 달입니다. 내가 하는 일의 능력 이상으로 평가를 받기 때문에 주위의 부러움을 사기도 합니다. 모든 것이 가정이 화목하기 때문에 이루어지는 것입니다.

2월 비록 봄이지만 이미 꽃은 만개하여 떨어지고 가을과 같은 결실의 열매를 맺으니 일의 성과를 거두는 달입니다. 다만 화성(火姓)을 가까이 하게 되면 뜻하지 않은 재물을 잃는다든지 관재구설을 겪게 되므로 이점을 유념하시기 바랍니다.

3월 다른 사람과 다툼이 있을 수인데, 만일 다투게 되면 관재가 따르니 주의하여야 합니다. 이달의 운수는 좋은 일보다 나쁜 일이 더 많은 달이니 주의하여 넘어가야 합니다. 특히 가까운 친구나 친척들과의 다툼이 없어야 할 것입니다.

4월 물고기가 겨울을 보내고 따뜻한 물을 만나니 ㄱ 누니는 모습이 의기양양한 달입니다. 봄에는 거슬리는 일이 많았는데, 여름으로 접어들면서 막히는 일이 점점 많아질 것입니다. 특히 시비꺼리를 만들지 말아야 관재 구설을 피할 수 있습니다.

5월 집안에 있으면 답답한 마음 어찌할 바를 모르니 원행을 하여보는 달입니다. 만일 그렇지 않으면 물건을 잃어버리는 달입니다. 생각하고 계획하는 일마다 어그러지니 지금까지 하던 일을 묵묵히 참고 견디어 나아가야 합니다.

6월 옛 친구를 만나 회포를 푸는 달입니다. 그러나 그 옛 친구의 입에서 나오는 꿀같이 달콤한 말들은 나에게 무서운 칼로 변하여 돌아올 것입니다. 그렇지 않으면 집안에 우환이 생길 수입니다. 남쪽에서 크게 재물을 잃고 구설에 오를 수도 있으니 남쪽은 피하시기 바랍니다.

7월 일을 추진하는데 있어서 장애가 예상되니 사전에 미리미리 꼼꼼하게 살펴보고 계획을 철저히 세우지 않으면 낭패를 보는 달입니다. 그리고 수성(水姓)이 이로움을 주지 못하니 서로 주고받는 일을 하지 말아야 합니다.

8월 내가 베푼 사소한 적선이 나에게 큰 도움으로 돌아오니 기쁨이 두 배인 달입니다. 아무리 하찮은 것이라도 쓰는 법을 알면 버릴 것이 없는 법입니다. 다만 서쪽이 불리하니 삼가시기 바랍니다. 질병 또한 주의 하여야 합니다.

9월 가을, 즉 음력 칠월, 팔월, 구월에는 금전이 조금 들어오는 달입니다. 다만 대인관계에 있어서 남을 비방하는 말을 서로 주고받지 말아야 합니다. 이익은 생선이나 물고기를 취급하는 장사를 하는 사람에게 있습니다.

10월 만일 이사나 이직을 하게 되면 반드시 후회할 일이 벌어지는 달입니다. 이사나 이직을 하지 않는 것이 좋습니다. 그리고 이성을 가까이하게 되면 구설에 휘말려 낭패를 보게 됩니다. 경영하는 일 역시 결과를 얻기 어렵습니다.

11월 의외로 횡재수가 들어오는 달입니다. 만일 귀인을 만나게 되면 지위와 명예가 상승하니, 공직에 있는 사람은 승진하는 달입니다. 공부하는 학생은 시험으로 인하여 경사가 있을 수입니다.

12월 학이 아홉 구비 언덕위에서 우니 그 소리가 하늘을 뒤덮어 이름을 널리 알릴 징조가 있는 달입니다. 나에게 귀인이 스스로 찾아와 도움을 주니 하는 일이 순조로울 수입니다. 서쪽과 남쪽이 유리한 방향이니 그 곳에서 이익 되는 일을 찾아야 합니다.

괘상해설

변괘　　　본괘

리지무망履之无妄

호랑이를 그리려다가 강아지를 그린 격이니 하는 일이 꼬이는 해입니다. 산속에 묻힌 용이 어지 큰 바다를 그리워하지 않겠는가. 글사를 보아도 흐릿하여 무슨 뜻인지 알 수가 없고 가까운 친구나 친지를 보더라도 그 속마음을 알 수 없으니 답답한 노릇입니다. 좌우에 여럿인 처첩들이 서로 헐뜯고 시기질투를 하여 싸움을 하는 형국이니 신상 주변에 구설이 분분한 운수입니다.

음력 월별 이달의 운수해설

1월　매사에 막힘이 많고 바라는 일이 뜻대로 성취되지 않는 달입니다. 다만 좋은 사람을 만나 간신히 일은 성사 시킬 수 있으나 그 결과는 얻기 어려운 달이기도 합니다. 대인관계에 있어서 잘잘못을 가리려다가는 도리어 피해를 보는 형국입니다.

2월　질병이 몸에 침범하니 일이 무슨 소용이리요. 건강을 잘 챙겨야 하는 달입니다. 희망을 찾을 길이 없으니 답답한 마음뿐입니다. 동쪽과 남쪽에서 돌파구를 찾으니 지금까지의 고생이 보람으로 바뀔 수 있습니다. 금성(金姓)을 가까이하면 낭패를 봅니다.

3월 운수가 좋은 방향으로 바뀌니 하는 일에 보람을 찾는 달입니다. 집안사람들이 나의 마음을 알아주고 마음을 같이 하니 힘을 얻는 달입니다. 식솔이 늘어나고 재물이 나를 따르니 경영하는 일을 성취하게 됩니다. 운수가 대길하니 경영하는 일을 성취할 운입니다.

4월 집안 식구들과 불화가 있으니 일에 막힘이 많은 달입니다. 여름을 시작하는 달이니 마음의 준비를 철저히 해야 하는 달이기도 합니다. 바라고자 하는 일이 제대로 이루어지지 않으니 마음고생을 하는 운수입니다.

5월 거짓으로 말을 하다가 관재수를 겪을 수도 있는 달입니다. 그러니 먼저는 웃은 형국이나 나중에는 우는 형국으로 변하는 운수이니 앞지도 서지도 못하고 엉거주춤한 불편한 마음으로 세월을 보내게 됩니다.

6월 재수가 좋으니 모든 일을 이루는 달입니다. 만일 다른 사람의 도움을 뿌리치지 않고 순수한 마음에서 받아들인다면 반드시 좋은 결과를 얻는 달이기도 합니다. 그러나 남쪽에서 온 사람을 믿게 되면 반드시 재물을 잃을 수이니 각별히 주의 하여야 합니다.

7월 이번 달은 귀인을 만나 덕을 보는 달입니다. 재앙이 소멸되며 질병이 사라지고 반드시 경사가 있는 운수입니다. 자신의 분수를 잘 지켜 겸손 한다면 화가 변하여 복으로 변하는 운수입니다. 정성을 다하여 집안의 터주 신에게 고사를 지내면 만사가 잘 풀릴 것입니다.

8월 이번 달은 손재수가 따르는 달입니다. 토성(土姓)을 가까이 하게 되면 재물을 잃게 되고 화병을 얻게 될 것이니 주의를 요합니다. 동쪽과 서쪽에도 근심거리가 있으니 집안에 있어도 마음이 편하지 않는 운수입니다.

9월 관귀가 발동하는 달입니다 관귀가 발동하니 사소한 시비에도 구설이 생기며, 관청 출입으로 인하여 명예가 실추되는 달이기도 합니다. 아직 때를 만나지 못하여 마음고생을 하는 달입니다. 관재구설이 넘어간 후에는 지난 고생은 한갓 꿈에 불과할 것입니다.

10월 욕심은 가득하니 마음만 앞섰지 뜻은 이루지 못하는 달입니다. 권가(權家)와 김가(金家)가 피해를 줄 수도 있으니 가까이 하지 말아야 합니다. 허울만 좋고 실속이 없어 심신만 고달픕니다. 재물을 잃고서 밤잠을 이루지 못하는 형국입니다.

11월 금전 운이 서서히 좋아지는 달입니다. 이익이 있는 곳은 서쪽과 북쪽이니 이 곳을 출행하면 재물을 얻을 것입니다. 목성(木姓)과 화성(火姓)은 나에게 해를 끼치니 가까이 하지 않는 것이 좋습니다. 뜻밖의 재물을 얻는 횡재수도 잠재되어 있는 달이기도 합니다.

12월 정성이 하늘에 닿으니 하는 일이 순조로운 달입니다. 지금까지의 고난과 역경은 이 달에 모두 해소되니 고생 끝에 낙을 찾은 형국입니다. 지난날의 불편했던 가족관계는 말끔히 사라지고 세월의 뒤안길을 되돌아보며 미소를 머금는 달이기도 합니다.

리지건履之乾

오랜 친구가 배신을 하니 옛 것을 버리고 새것을 취하는 해입니다. 조심하지 않으면 낭패를 볼 운수입니다. 비록 조강지처가 안방에 앉아 있다하여도 옛 조강지처가 지켜보고 있으니 마 음대로 하지 못하고 전전긍긍하는 형국입니다. 시비와 송사가 빈번하니 마음이 산란하여 갈피를 잡지 못하는 형국입니다. 하는 일 마다 액운이 따르니 일을 추진하는 것이 두렵기만 하도다. 허황한 일은 절대로 행하지 말고 정도를 걸어야 탈이 없습니다.

음력 월별 이달의 운수해설

1월 운수가 불리하니 우환이 두려운 달입니다. 동갑내기 지인이 나를 속이니 다 된 밥에 재를 뿌리는 형국입니다. 재물을 구하나 얻지 못하니 마음만 답답할 뿐입니다. 이번 달은 운수가 사나우니 재물 구하기가 어렵도다. 외향적으로는 화려한 생활을 하지만 정작 실속 없는 생활을 누구에게 알릴까.

2월 설상가상이라 하였으니 눈 내린 산중에 서리가 웬 말인가. 어려운 가운데 어려움이 겹치니 갈팡질팡하는 달입니다. 만일 손재수가 아니면 사람을 잃는 형국입니다. 또한 구설을 조심하여야 하니 말조심을 철저히 해야 후회가 없습니다. 서북쪽이 길한 방향이니 경영하는 일에 참고하기 바랍니다.

3월 이번 달은 실물수가 있으니 각별히 주의를 요하는 달입니다. 또한 처궁이 불리하여 부부지간에 다툼이 생길 수이니, 이해심을 발휘하여 슬기롭게 극복하여야 합니다. 출행은 북쪽이 불리한 방향이니 참고하기 바랍니다. 재앙이 서쪽에서 들어오니 서쪽에서 오는 사람을 조심하여야 피해를 보지 않습니다.

4월 재앙이 복록으로 변하니 고목에 꽃이 피는 달입니다. 복성이 내 몸을 비추니 재앙은 사라지고 복록이 찾아오는 달입니다. 다른 사람과 함께 향응을 즐기니 세상사가 모두 나와 함께 즐겁도다. 다만 분수를 지켜야 복록을 지킬 수 있으니 나의 능력 이외의 것은 탐하지 말아야 합니다.

5월 손해를 보지 않으면 구설수가 따르는 달입니다. 돌 속에 묻혀 있는 보석을 얻으려하니 조심하여 돌을 깨야하는 운수입니다. 함부로 돌을 깨면 보석이 상하게 되는 것처럼 경영하는 일에 신중을 기해야 하는 달입니다. 그러니 성심으로 노력하여 일을 추진한다면 반드시 좋은 성과를 얻는 운수입니다.

6월 많이 실천하고 많이 실패하니 하는 일이 무심한 달입니다. 복록이 끊어지고 관록이 멈추니 재수가 막히는 운수입니다. 일에는 마(魔-삿되고 요사스러운 기운)가 끼어서 뜻하지 않는 실수를 하게 되는 달이기도 합니다. 가까운 친구가 나를 배신하고 피해를 주는 운수이고, 구설수가 따르니 입 조심을 하여야 합니다.

7월 이달의 운수는 옛것을 버리고 새것을 취하는 달입니다. 봄 가뭄에 타들어 가던 여린 봄풀이 단비를 만난 격입니다. 새로운 활력을 얻으니 경영하는 일마다 막힘이 없는 운수입니다. 다만 이성을 탐하면 반드시 관재구설이 되어 신상에 피해를 주니 긱별히 유넘하여아 합니다.

8월 동남쪽에서 재물이 들어오는 달입니다. 몸에 재물이 다가오니 태평하게 지내는 달이기도 합니다. 다만 간사한 사람과 가까이 하면 반드시 후회할 일이 생길 것이니 주의 하여야 합니다. 남자는 특히 아름다운 여자를 조심하여야 낭패를 면하고 관재수를 피할 수 있으니 외도를 하지 말아야 후회가 없습니다.

9월 비바람이 몰아치던 밤은 지나고 밝은 햇살이 비추는 아침이 밝아오니 희망을 품는 달입니다. 토성(土姓)을 조심하여야 낭패를 피할 수 있고, 물과 불을 조심하여야 하는 달입니다. 국화꽃이 만발하여 아름다우나 그 아름다움이 찬 서리를 맞으니 길지 못함을 못내 아쉬워하는 형국입니다.

10월 화가 도리어 복이 되어 돌아오는 달입니다. 이 달에 이익은 서쪽에 있고, 이익을 주는 사람의 성씨는 목성(木姓)입니다. 천리관산을 헤매는 사람이 드디어 목적지에 당도하여 한숨 돌리는 형국이니 지금까지의 노고를 슬퍼하거나 아쉬워하지 않아도 되는 형국입니다. 인생은 일장춘몽이니 아무런 후회도 없이 인생을 즐기는 운수입니다.

11월 산에 올라 고기를 구하는 격이니 하는 일이 허망한 달입니다. 남에게 잘해주고 뺨 맞는 격이니 베풀고 바라는 마음이 없어야 시비꺼리가 생기지 않는 법입니다. 만일 송사 중인 사람은 송사를 멈추고, 송사를 하고자 하는 사람은 서로 화해를 하여야만 더 큰 손해를 보지 않는 달이기도 합니다.

12월 관청에 들어가면 불리한 달입니다. 관청에 들어가거나 병문안이나 상가 집을 출입하게 되면 좋지 않는 기운이 심신에 파고들어 심신에 어려움이 따르는 형국입니다. 마지막 달에는 불길한 중에 경사가 있으니 한 해의 노고를 달래줄 수 있는 운수입니다. 가정의 평화가 찾아오니 세상사가 부럽지 않도다.

동인지둔同人之遯

괘상해설

변괘   본괘

떨어진 꽃이 물위에 흘러가니 꽃잎이 어디로 흘러 가는 지 아무도 모르는 형국이로다. 경거망동을 삼가야하는 해입니다. 노인이 술잔을 기울여 취하 니 정신이 혼미하여 몸을 가누지 못하는구나. 술 취한 노인이 걸어가는 방향을 누가 알랴. 자신의 분수를 지키지 못하고 경거망동을 하면 그 결과 를 예측할 수 없는 지경에 이르게 되므로 강태공 이 바늘 없는 낚시로 세월을 낚듯이 인내를 가지 고 때를 기다리는 형국입니다. 둔(遯)이라 함은 피 하다. 달아난다는 뜻입니다.

음력 월별 이달의 운수해설

1월 아직 잔설이 남아 있으니 약초를 구하기 어려운 형국의 달입 니다. 경영하는 일이 더딘 달입니다. 몸은 산골 깊은 곳에 있 으나 마음은 번화한 세상에 있으니 욕망은 들끓어도 욕망을 달성하기 어려운 형국입니다. 운수가 나를 돕지 못하니 분수 를 지켜 행동하여야 낭패가 없을 수입니다.

2월 역마가 몸에 드니 한번은 멀리 출행하여 보는 달입니다. 그렇 다고 하여 경영하는 일이 잘 풀리지는 않는 달입니다. 물론 새로운 일을 계획하여 시작하는 것도 좋지 않은 결과를 가져 오게 됩니다. 또한 가까운 친지가 나를 비방하는 형국이니 절 대로 나의 속마음을 털어 놓지 말아야 훗날 후회가 없습니다.

3월 의외로 복록이 따르니 뜻밖에 성공을 거두는 달입니다. 귀인이 스스로 찾아와 나를 도우니 반드시 성공하는 달입니다. 호사다마라 하였으니 잘 되어가는 일에는 마가 끼는 법, 항상 가까운 곳부터 잘 살펴야 훗날 낭패를 보지 않습니다. 동쪽과 남쪽이 좋은 방향입니다. 뜻밖의 성공은 주위 사람들을 놀라게 할 것입니다.

4월 이른 봄풀 어린 새싹이 된서리를 만난 형국의 달입니다. 신수가 불리하여 손재수가 따릅니다. 어린 소녀가 길을 잃은 형국이니 갈피를 못 잡고 갈팡질팡하는 달이기도 합니다. 만일 손재수가 아니면 관재수가 따르는 형국이니 남의 말을 삼가야하며 시비에 끼어들지 말아야 어려움을 면할 수 있습니다.

5월 근신하는 것이 구설을 막을 수 있는 달입니다. 집안에 있는 것이 밖에 나가는 것보다 유익하니 원행을 삼가야 합니다. 만일 그렇지 않으면 손재가 따르니 재물을 지키기 어렵습니다. 또한 입을 병과 같이 오므려 구설수를 막아야 합니다. 남에게 도움이 되는 말조차 삼가면 구설을 면할 수 있습니다.

6월 이름만 있지 실속이 없는 달입니다. 주변에서 나를 돕는 사람들은 많으나 허울만 좋을 뿐 아무 도움도 되지 못하는 달입니다. 형이야 아우야 하는 사람들도 그 속마음은 나에게 무엇인가 빼앗아 가려는 마음뿐이고 말로만 돕는다고 하고 있으니 참으로 어려운 형국입니다. 늙은 장수가 이름을 내세운다 하여도 이빨 빠진 호랑이 취급을 당하는 운수입니다.

7월 뜻밖의 문서를 얻으니 손에 천금을 희롱해 볼 수 있는 달입니다. 모든 일에 있어서 관록이 임하고 재수가 발동하니 사소한 것부터 이익을 볼 수 있는 달이기도 합니다. 다만 동토가 두려우니 집을 수리한다거나 나무를 자른다거나 흙을 다루는 일들을 반드시 좋은 날을 가려서 해야 합니다.

8월 움직이지 않으면 길하고 움직이면 흉한 달입니다. 분수를 지키고 경거망동하지 말라는 뜻입니다. 집도 없고 갈 곳도 없으니 내 짝을 찾을 여건이 안 되는 형국입니다. 자신의 본분을 충실히 지키고 업무에 충실 한다면 적게나마 우연히 재물을 얻을 수 있는 운수입니다. 가만히 있어도 바람이 몰아쳐 흔들리는 형국이니 주의하시기 바랍니다.

9월 티끌모아 태산을 이루나 재물이 안에서 새니 밑 빠진 독에 물 붓는 달입니다. 수많은 실개천의 물들이 합쳐져 바다를 이루는 형국이나 정작 실개천은 메말라 버리니 바다를 이루어낸 보람이 없는 형국입니다. 겉보기는 남들이 모두 부러워하나 속빈 강정처럼 실속을 차리지 못하는 운수입니다.

10월 삿갓을 쓰고 달을 보는 형국의 달입니다. 삿갓을 쓰고 하늘의 달을 쳐다본들 달이 보일 리 없습니다. 나 자신이 품고 있는 지나친 욕심으로 인하여 올바른 판단을 하지 못하고 먼 미래를 볼 수 없는 형국입니다. 화성(火姓)을 주의하여야 낭패가 없습니다. 그리고 동쪽에 이익이 있습니다.

11월 이달의 운수는 수고로우나 공이 없는 달입니다. 그러나 올바른 마음을 가지고 사람을 대하면 허물이 없을뿐더러 적은 이익도 생기는 달입니다. 동짓달 운수는 물조심과 불조심을 하여야합니다. 구설이 따르기는 하나 시간이 흐르면 자연적으로 해소되니 심각하게 생각하지 않아도 됩니다.

12월 귀인이 옆에서 도우니 금전과 관록이 중중한 달입니다. 가을 추수에 쥐가 곡식창고에 들어 있는 형국이니 식록이 진진한 달입니다. 이번 달에는 흉함이 사라지고 길함이 많은 운수입니다. 한 해의 고단함은 가정의 화목이 해소를 하여주니 가화만사성을 이룬다면 만사형통할 것입니다.

괘상해설

변괘   본괘

동인지건同人之乾

뜻을 세움에 있어서 강변에 푸르른 풀처럼 힘차고 청 청한 해입니다. 만사가 형통하니 집안이 번창하고 사 해에 이름을 날리는 운수입니다. 음력 일월, 이월, 삼 월은 뜻밖의 성공을 할 것이요, 음력 오월과 유월에는 하는 일이 모두 순조롭게 풀리는 운수입니다. 목마른 용이 물을 마시는 격이니 기쁜 일이 도처에 있습니다. 자손을 원하는 집은 득남하며, 관록을 원하는 사람은 승진할 것입니다. 귀인이 스스로 찾아와 도움을 주니 용이 여의주를 얻은 것과 같은 형국입니다.

음력 월별 이달의 운수해설

1월
식구수가 늘어나고 논밭이 늘어나는 달입니다. 재물 운이 왕 성하니 벌과 나비가 꽃 속에서 노니는 것과 같은 형국입니다. 오랜 가뭄에 단비를 만난 격이요, 낡은 것을 버리고 새것을 취하니 비록 작은 이익일지라도 나중에 큰 이익으로 돌아오 는 운수입니다. 몸도 건강하고 운도 좋으니 재물이 절로 따르 는 운수입니다.

2월
운세가 길하게 뻗어나가는 달입니다. 낙낙 장송이 잎을 무성 하게 뽐내는 형국이요, 재수와 관록이 중중하여 벼슬을 하는 형국이니 세상 부러울 것이 없는 운수입니다. 큰 바다에 살던 용이 물을 만나니 그 재주가 변화무쌍함을 자랑하는 운수입 니다. 화창한 봄날 백화가 앞 다투어 피어나는 형국입니다.

3월 뜻밖의 성공을 거두어 이름을 사방에 알리는 달입니다. 귀인이 스스로 찾아와 도움을 주니 큰 이익을 보는 운수입니다. 가문 하늘에 단비를 만난 격이요, 봉사가 지팡이를 얻은 격이고, 사마가 짐을 얻은 격이니 경영하는 일에 박차를 가하는 운수입니다. 나 자신 스스로 도덕과 이름이 높으니 이웃의 칭송을 받을 수입니다.

4월 시비를 가까이 하면 구설이 따르는 달입니다. 시비가 있는 곳에는 가지 말아야 하며, 수신 적덕하여 집안을 일으키는 것이 현명한 처신입니다. 그러나 재물 운은 좋으니 재산을 늘리는 기회를 잡을 수 있는 운수입니다. 다만 북쪽이 불리하니 북쪽에서 만난 사람과 시비를 하면 관재구설이 따르게 되니 주의하여야 합니다.

5월 경영하는 일이 순조롭게 진행되는 달입니다. 계획하여 실천하는 일마다 순조롭게 풀려나가니 기쁨을 누리는 운수입니다. 동북쪽에 이익이 있으니 이 곳에서 만나는 사람과 인연을 맺으면 훗날 재물을 취할 수 있을 것입니다. 구설이 조금 있기는 하나 나중에 무난히 해소될 것입니다. 공직에 있는 사람은 승진하는 운수입니다.

6월 일신이 평안하고 재수가 흥왕한 달입니다. 가는 곳마다 환영하니 세상 살 맛이 절로 나는 운수입니다. 사방에 봄바람이 불고 친구와 심사유곡에 들어 술을 대작하니 신선이 따로 없도다. 다만 먼 길을 가지 말고 집에 있으면 대길한 운수입니다. 한가하면서도 편안하니 재수가 대길한 까닭입니다.

7월 두 사람이 합심하여 대업을 성취하는 달입니다. 음력 칠월의 운수는 대길하며, 동쪽과 서쪽에 좋은 일이 있을 수입니다. 맑게 개 인 밤하늘에 밝은 보름달이 떠오르니 휘황한 자태를 뽐내는 운수입니다. 또한 목성(木姓)이 스스로 찾아와 도움을 주니 나와 목성(木姓)의 마음이 하나 뇌어 대업을 이루는 운수로다.

8월 쥐가 곡식이 가득 찬 창고에 드는 형국의 달입니다. 자손을 원하는 집안은 득남할 것이요, 아름다운 원앙이 안방을 찾아드는 형국이니 처궁에 경사가 있을 운수입니다. 또한 관록이 몸에 따르니 세상 부러울 것이 없도다. 쓸모없는 돌을 쪼는데 돌 속에서 옥을 얻는 격이니 힘들이지 않아도 복록이 굴러들어 오는 운수입니다.

9월 길성이 집안을 비추니 재수가 흥왕한 달입니다. 이른 봄 가랑비와 동풍에 겨우내 쌓였던 눈이 녹듯이 경영하는 모든 일들이 순조롭게 풀리는 달입니다. 맑은 가을 밤하늘에 떠있는 보름달을 벗 삼아 유유자적 거문고를 타고 노니니 신선이 부럽지 않은 운수로다. 다만 밖에 나가면 심란하고 집안에 있으면 평안하리라.

10월 가뭄에 어린 싹이 단비를 만나니 더욱 푸른 형국의 달입니다. 귀인이 스스로 찾아와 도움을 주고 재물이 날로 왕성해지니 세상에 부러울 게 없는 운수입니다. 달밤에 홀로 높은 곳에서 거문고를 타니 천상천하 유아독존의 경지에 이르는 운수로다. 마침내 원하는 재물과 이익을 취하는 수로다.

11월 마침내 꽃이 떨어지고 탐스런 열매를 맺는 달입니다. 동짓달의 운수는 일을 경영함에 있어서 순조롭게 풀리는 달입니다. 재수가 대길하니 세상 사람들이 모두 부러워합니다. 꿈속에서도 곰이 재주를 부리고 내가 이익을 챙기니 현실에서야 무슨 말을 더 하리요. 재수가 나만을 위해서 존재하는 듯 하도다.

12월 청하지도 않은 불청객도 후한 대접을 하니 세상 사람들이 모두 칭송하는 달입니다. 잠시 시비를 가까이 하게 되어 구설이 따르나 일신이 형통하니 구설은 스스로 물러날 것이요, 심신을 노닐고자 출행하여도 재수가 길하도다. 만사가 마음먹은 대로 이루어지니 왕상이 부럽지 않은 운수입니다.

괘상해설

변괘   본괘

동인지무망同人之无妄

나의 마음을 알아주는 이 없고 사방을 둘러봐도 나의 일가친척은 보이지 않도다. 올해는 외로움을 뼈저리게 느끼는 해입니다. 혈혈단신이 너무도 고독하구나, 세상천지에 나를 알아주고 아껴줄 사람이 어디 있단 말인가. 뜻은 있으나 이루지 못하니 누구를 탓할 것인가. 혹독한 겨울 뒤에는 반드시 화창한 봄이 오는 법이니, 지금은 곤고하여도 인내하여 외로움을 극복한다면 새로운 희망이 열릴 수 있는 것입니다. 타향살이를 한탄치 말라 언젠가는 자리를 잡을 날이 찾아오리라.

음력 월별 이달의 운수해설

1월
불이 있어도 따뜻하지 않고 강이 있어도 깊지가 않은 것처럼, 인간관계로 도움을 청하려 하나 가까운 지인이 있어도 나에게 전혀 도움이 되지 못하는 달입니다. 집안에 있으면 길하나 출행하면 흉합니다. 흉한 방위는 남쪽이니 참고하시기 바랍니다. 아무튼 나의 일을 경영하는데 있어서 억지로 사람을 구하지 말아야 이롭습니다.

2월
이달은 귀인이 스스로 찾아와 나를 돕는 달입니다. 목성(木姓)과 금성(金姓)이 나를 돕는 사람입니다. 귀인을 만나게 되니 고진감래라. 쓰디 쓴 고생은 가고 달콤한 편안함이 찾아오는 달입니다. 마침내 쇠붙이가 용광로에 들어갔다 나오니 훌륭한 기물을 만들 수 있는 여건이 마련되는 형국입니다.

3월 천리타향에 혈혈단신인 것처럼 누구하나 손 벌릴 곳 없는 달입니다. 원진살(서로 다투거나 흉보고 헐뜯어 서로를 등지게 하는 흉살)이 발동하니 일마다 다툼과 막힘이 많다. 운수가 막히고 명이 불리하니 마침내 구설이 따르고 재물이 흩어지는 달입니다. 일가친척을 둘러봐도, 친구를 둘러봐도 도움을 청할 길이 없는 형국입니다.

4월 병마와 관재 구설이 따르는 달입니다. 경거망동하거나 분수를 지키지 않으면 심신이 피로하여 병마가 침범하고 신경이 날카로워 시비꺼리가 자연 발생하며, 그로 인하여 관재구설이 야기되는 달입니다. 잘못하면 남과 다투다가 크게 다치는 경우가 생기게 되는 형국이니 각별히 주의 하여야 하는 운수입니다.

5월 만사형통하는 달입니다. 귀인이 스스로 찾아와 나를 도우니 풀리지 않던 일들이 하나 둘씩 해결되는 달입니다. 금전 운이 좋아지니 재물도 서서히 쌓여가는 형국입니다. 길성이 집안에 비추니 가정에 평화가 찾아오고 웃음소리가 담장 밖으로 흘러넘치니 심신이 평안을 찾는 달입니다.

6월 집안에 활기가 넘치는 달입니다. 집안이 화목하니 과년한 자식이 있는 집에서는 혼사가 오고 갈 수 있는 달이기도 합니다. 마음속이 공허하여 멍하니 하늘을 바라보는 모습으로 인생무상을 느껴보는 달이기도 합니다. 마음이 공허하니 경영하는 일이 부질없어 보이기도 합니다. 명산을 찾아 기도한다면 공허한 마음을 잡을 수 있습니다.

7월 금전 운이 좋지 않아 재물이 주머니에서 새어나가는 달입니다. 집에 있으면 이익이 없고 밖에 나가거나 원행하면 이익이 있는 달입니다. 마음을 바로 하면 구설이 사라지고 복록이 들어옵니다. 가을 달빛 높은 누각에서 몸이 꽃 사이에서 노닐고 있으니 차라리 세상일 잊은 신선이 될까나.

8월 여색을 가까이하여 손해를 볼 수 있는 달입니다. 여색을 멀리하여야 경영하는 일에 마가 끼지 않는 법입니다. 일에 시작은 있고 끝은 없으니 하는 일이 허황한 형국입니다. 그리고 남의 초상집을 가지 말아야 합니다. 상문 살이 들어 있는 달이니 혹여 초상집을 갔다가 흉살을 집으로 달고 들어올까 두렵도다.

9월 음력 구월과 시월에는 한 번 웃고 한 번 우는 달입니다. 즉 좋은 일도 있고 나쁜 일도 있는 달입니다. 이 달의 운수가 길흉이 상반이니 자신의 본분을 잘 지켜서 나쁜 일이 발생하지 않도록 해야 합니다. 병마가 찾아 올 수도 있는데, 만약 병마가 찾아오면 남쪽에 있는 병의원을 찾는 것이 유익합니다.

10월 배를 만들어 큰 바다에 띄우나 바람이 불어 주질 않아 배가 앞으로 나가지 못하는 형국의 달입니다. 경영하는 일이 계획만 거창하고 실천하기 어려우니 빛 좋은 개살구 꼴이 됩니다. 혹여 친구가 경영하는 일에 개입하거든 믿어서는 안 됩니다. 친구를 믿으면 반드시 후회할 일이 발생합니다. 적막한 봄 볕 나루터에 꾀꼬리 홀로 우는 형국이로다.

11월 일이 손에 들어오니 무언가를 성취할 달입니다. 작은 것을 성심껏 구하다가 큰 것을 얻는 형국입니다. 심신이 편안해 지고 재수가 좋으니 횡재수도 보입니다. 마음이 한가로우니 가정이 평안해지고 경영하는 일이 순조롭게 풀려나가 결국 원하는 재물을 얻게 되는 달입니다.

12월 귀인을 만나나 실속이 없는 달입니다. 우연한 기회에 나를 도와주는 귀인을 만나나 말만 풍성했지 정작 실질적인 도움이 되지 않는 달입니다. 경거망동하게 되면 일을 그르치게 되고 재물이 빠져 나갈 수도 있는 형국입니다. 매사를 신중에 신중을 기한다면 마침내는 소원성취를 하게 될 것입니다.

무망지부无妄之否

재난은 찾아오고 만사가 형통하지 못하니 심신이 고단한 해입니다. 타향이나 타국에 있는 몸이 이곳 저 곳 의지처가 없이 떠돌아다니 마음마저 쓸쓸하구나. 들려오는 집안 소식은 우환이 많다고 하니 속상한 마음을 누구에게, 어디에서, 무엇으로 풀까나. 만경창파에 조각배를 띄우니 위태하기가 그지없는 형국입니다. 가랑비와 하늬바람이 불어오는데 헛된 꽃만 만발하니 마음만 산란하도다. 밥은 한 그릇이나 숟가락은 열인 형국입니다.

음력 월별 이달의 운수해설

1월 가까운 친척이나 가족에게 병고가 있거나 슬하에 근심이 있는 달입니다. 육충(六沖, 계획이 깨지거나 다툼이 있는 수)이 발동하니 처음은 길하다 하나 나중에는 다툼이 생겨 길한 것이 흉한 것으로 변하는 형국입니다. 집을 나와 어느 곳을 가야 이익이 생기는가 하니, 내 고향에서는 이익이 없고 땅 설고 물 설은 타향에서 이익을 구하는 형국입니다.

2월 길한 일과 흉한 일이 한 번씩 교차하는 달입니다. 좋은 일과 나쁜 일이 번갈아 찾아드니 울고 웃는 인생사의 쓴 맛과 단 맛을 보는 달입니다. 몸이 밭 갈고 있는 농부의 형국이니, 밭 갈이 하며 백 가지 만 가지 생각을 하여 본들 바깥일을 도모하는 것은 역부족인 달입니다. 또한 일가친지들이 냉정하니 자신의 힘으로 모든 일을 헤쳐 나가는 달입니다.

3월 금전 운은 있어 재물은 취할 수 있으나 상복을 입을까 염려되는 달입니다. 몸이 길 한가운데 있어 어찌 할 바를 모르니 재수가 없는 형국입니다. 만일 여의치 않다면 관재구설이 따를 수도 있으니 항상 입 조심을 해야 하는 운수입니다. 어쨌든 이달의 운수는 한 번은 좋고 한 번은 근심이 생기는 달입니다.

4월 이번 달은 송사 건(재판을 받거나 경찰서에 간 일이 생기는 것)이 있어 분주한 달입니다. 그러니 남과 다투거나 시비가 생기는 일을 절대 하지 말아야 합니다. 모든 흉사가 입으로부터 생겨나는 것이니 입단속을 하게 되면 아무 일도 발생하지 않게 될 것입니다. 다만 대인관계에서는 친한 사람이 되데, 감언이설은 듣지 말아야 이롭습니다.

5월 대인은 길하고 소인은 흉한 달입니다. 대인이라 함은 덕을 갖춘 성인군자의 성품을 가진 사람으로서 자신의 이권에 있어서 오로지 법도에 어긋나는 일을 하지 않고 삿된 언행과 허황한 행동이나 언행을 하지 않는 사람을 말하며, 소인이라 함은 자신의 이익을 추구하는데 있어서는 수단과 방법을 가리지 않는 사람입니다.

6월 이 달은 집안에 있으면 불리하고 출행하면 이익이 있는 달입니다. 산도 내가 보던 산이 아니요, 물도 내가 마시던 물이 아니로다. 산 설고 물 설은 타향에서 몸이 편안하니 역마가 발동한 형국입니다. 이익이 타향에 있으니 타향에서 몸과 마음은 외롭지만 경영하는 일이 순조로울 운수입니다.

7월 수고한 만큼 공은 있으나 처음은 길하고 나중은 흉한 달입니다. 심신이 안정되지 못하여 마음에 번민이 많은 달이기도 합니다. 매사에 조심 또 조심하여 신중을 기한다면 흉한 액은 가히 면할 수 있을 것입니다. 새옹지마라 하였으니 복은 복이 아닐 수 있고, 화는 화가 아닐 수 있습니다.

8월 하는 일마다 허황한 꼴을 당하니 분수를 잘 지켜야 하는 달입니다. 일을 추진하고자 하나 불리한 운수이니 경영함을 자제해야하는 달입니다. 특히 일이 허황하다 하였으니 내 것을 놔두고 남의 것을 탐하였다가는 낭패를 보기 쉬운 달이기도 합니다. 이 달은 분수를 지키는 것이 상책입니다.

9월 작은 재물은 얻을 수 있으나 질병이 침범하기 쉬운 달입니다. 어룡이 때를 잃으니 조화를 부릴 수 없어 마침내 활기가 없는 운수입니다. 그리고 몸에 질병이 침범할 수이니 미리 액막이를 하여야 합니다. 출행 시 서쪽과 남쪽이 가장 길한 방향이니 참고하여 피해를 보지 않기를 바랍니다.

10월 강을 건너려 나룻 터에 도착하였으나 마침 대기하는 배가 없어 강을 건너지 못하고 발을 동동 구르는 형국의 달입니다. 그리고 남의 말을 믿으면 낭패를 보는 달이니 남의 말을 믿게 되면 허울만 좋고 실속이 없으니 마음의 중심을 잘 잡아야 합니다. 마음은 급하고 여건은 안 갖춰지는 달입니다.

11월 신수가 불리한 달이니 횡액(횡래지액橫來之厄의 준말, 객지나 타향에서 뜻밖의 재난을 당하는 것)을 주의 하여야 합니다. 특히 재물이 들어오면 반드시 재앙이 생겨나는 달이니 재물에 대한 욕심을 버리고 금전적으로 어려움을 겪는다고 하여도 참고 견뎌야 이롭습니다. 차라리 돌아다니지 말고 집에 있는 것이 최선책입니다.

12월 최선을 다하여 일을 하였으나 그 결과를 얻지 못하는 달입니다. 다른 사람과 같이 동업을 한다면 성과를 보지 못하는 달이기도 합니다. 또한 사소한 일로 구설수에 오르니 억울하기 짝이 없는 달이기도 합니다. 몸과 마음이 지치니 질병이 때를 기다렸다는 듯이 침범하는 운수이기도 합니다.

괘상해설

변괘　　본괘

무망지리无妄之履

사방팔방에서 나를 돕는 사람이 많으니 이 어찌 기쁘지 아니한가, 가난한 사람은 부자가 될 운수요, 천한 사람은 귀하게 되는 해입니다. 뭇 사람이 나를 도와 농사를 지어주니 올 한 해 걱정은 어디에도 없도다. 칠년 동안의 큰 가뭄이 이제 해갈이 되니 이 어찌 기쁘지 아니한가. 응달에도 봄기운이 스며드니 활로를 되찾는 운수로다. 관록과 재물이 따르니 이름이 사방에 떨쳐지는 운수입니다.

음력 월별 이달의 운수해설

1월
봄바람이 따스하게 불어오니 만물이 화하여 생겨나는 달입니다. 배씨(裵氏) 성을 가진 사람을 가까이하면 이익이 생기는 운수입니다. 또한 목성(木姓)도 나를 도와주니 기쁨이 저절로 찾아오는 형국입니다. 우연히 찾아온 귀인이 도와주니 뜻밖의 재물을 얻어 소원을 성취하는 형국입니다.

2월
명예는 얻을 수 있으나 재물 운은 불리한 달입니다. 비록 재수는 있다하여도 재물을 취할 수 없고 도리어 손해를 볼 수 있는 형국입니다. 그러니 금전 관리에 항상 신중하여야 손해를 줄일 수 있습니다. 남과의 돈거래를 하지 않는 것이 상책입니다. 빛 좋은 살구가 맛이 없어 개살구라 하는구나.

3월 차분히 분수를 지켜 가만히 있으면 길하고 경거망동하여 움직이면 흉한 달입니다. 음력 일월, 이월, 삼월은 길함과 흉함이 반반이니 항상 구설수를 조심하여 자신의 분수를 지키는 것이 좋습니다. 고기가 큰물에 노니니 의기양양한 자태를 뽐내는 구나. 다만 분수를 지키면 그 자태를 유지하리라.

4월 꽃이 떨어지고 열매를 맺는 형국의 달입니다. 이 달은 반드시 경사수가 있는 달입니다. 자식을 원하는 사람은 자식을 얻게 될 것이요, 공직에 있거나 직장을 다니는 사람은 승진을 하는 운수입니다. 남과 다투지만 않는다면 모든 액이 스스로 물러는 형국입니다.

5월 바깥에서 재물을 구하거나 탐을 내며는 반드시 구설이 따른 달입니다. 일을 도모하나 그 결과를 얻을 수 없는 달입니다. 음력 오월과 유월에는 얻으려 하다가 도리어 잃는 형국이니 가만히 있으면 중간이라도 간다는 말처럼 자중하고 있어야 합니다. 자기 꾀에 자기가 당하는 꼴이 되고 마는 것입니다. 특히 동업은 불가합니다.

6월 신수는 보통 운이지만 재수는 불안하니 금전이 따르지 않는 달입니다. 동산에 꽃이 화려하게 피어나니 벌과 나비가 찾아와 희롱하는 구나. 벌과 나비가 떠나 버리면 꽃은 시들어 버리니 분수를 모르고 벌과 나비를 찾으려 한다면 낭패를 보게 됩니다. 관록을 얻지 못하면 도리어 구설이 따르니 힘을 얻지 못하면 당하고 마는 것입니다.

7월 뜻 밖에 귀인을 만나 횡재를 할 수도 있는 달입니다. 음력 칠월과 팔월에는 굶주린 사람이 밥을 얻는 형국입니다. 목마른 용이 물을 만나는 격이니 힘을 얻은 용의 변화는 누구도 예측할 수 없도다. 또한 쥐가 곡식이 가득한 창고에 드는 형국이니 식록이 진진하고 마음이 여유로와 하는 일이 순조로울 운수입니다.

8월 먼 곳에서 소식이 오니 옛 친구가 귀인이 되어 주는 소식이로다. 여러 사람들이 도와주니 재수가 좋은 달입니다. 동쪽 정원에 또 다시 봄기운이 찾아드니 떠났던 벌과 나비가 다시 찾아오는 형국입니다. 금잔에는 잘 익은 술이요, 옥쟁반에는 산해진미가 가득한 형국이니 경영하는 일이 모두 순조로울 운수입니다.

9월 길성이 몸으로 들어오니 내 이름은 사방에 떨칠 수 있는 달입니다. 때를 기다려오던 국화 꽃망울이 어느 날 아침 문득 일시에 만개를 한 형국입니다. 옥쇄가 내 손에 들어오는 형국이니 만인이 내 앞에 조아려 하례하도다. 자식을 원하는 집에서는 자식을 얻을 운수입니다.

10월 부모님에게 근심이 없으면 자식에게 근심이 생기는 달입니다. 깊어가는 가을 밤 슬피 울며 날아가는 기러기는 어디로 가는 것인가. 그 가는 길을 모르는 구나. 근심으로 밤을 지새우니 마음만 공허하도다. 작게 얻고 많이 나가니 재수가 신통치 못한 운수입니다. 세월 탓만 하고 있으니 마음만 괴롭도다.

11월 작은 것을 구하려다 큰 것을 얻는 달입니다. 경영하는 모사가 여유로우니 하는 일이 모두 순조로울 운수입니다. 한 집안에 재물이 넉넉하니 집안사람 모두가 화평한 운수입니다. 사방에서 기쁜 일이 생겨나니 몸과 마음이 태평한 운수입니다. 이 모든 복록이 사람에게 달렸으니 평소 인간관계에 소홀함이 있어서는 안 될 것입니다.

12월 분수에 넘치는 일을 경영하면 반드시 낭패를 볼 수 있는 달입니다. 분수를 지켜 적은 것을 쌓아 태산을 이루니 만인이 우러러 보는 형국입니다. 토성(土姓)을 가까이 하면 횡액을 당할 수 있으니 유념하여야 합니다. 문서로 인한 낭패, 특히 부동산 거래는 불리하니 낭패를 볼까 두려운 운수입니다.

무망지동인无妄之同人

날은 저물어 어두운데 추적추적 내리는 가을비는 나그네의 발길을 무겁기만 하구나. 어두운 밤길을 나 홀로 걸어도 누구하나 반겨 맞이하여 불 밝혀 줄 이 없는 해입니다. 운수가 불리하여 구하고자 하여도 구하지 못하니 경영하는 일이 부진한 해입니다. 또한 사소한 일로 자존심이 무너지니 가슴 깊이 아려오는 눈물을 흘려 볼 운수입니다. 그러나 지성으로 기도하면 음력 칠월과 팔월 사이에 금성(金姓)이 도와주는 운수입니다.

음력 월별 이달의 운수해설

1월
봄풀이 갑작스런 된서리를 맞으니 성장을 멈추는 달입니다. 출행을 조심하여야 하며, 차라리 집안에 가만히 있으면 길하나 원행하면 흉한 일을 당하는 달이기도 합니다. 계획했던 일이 순조롭지 못하여 자꾸 어긋나기만 하고, 기다리는 사람은 오질 않으니 마음이 답답한 운수입니다.

2월
경거망동하면 횡액을 당할 수도 있는 달입니다. 동업하는 사람이나 직장에서 같은 일을 함께 하는 사람은 서로 의견이 맞질 않아 사소한 충돌이 많아지는 시기입니다. 또한 다른 사람의 말을 듣게 되면 반드시 손해를 보는 경우가 발생하니 이점을 유념하여야 하는 운수입니다.

3_월 음력 삼월은 집안의 우환이 있을 수 있는 달입니다. 그 우환으로 인하여 한번은 눈물을 흘려야하는 운수입니다. 상극하고 상충하는 시기이니 타인과의 다툼으로 낭패를 보는 달이기도 합니다. 그러니 다른 사람과 상종한다면 반드시 실패가 따르는 달이 됩니다. 자신의 주장을 굽히지 않되 남의 의견도 신중을 기하여 들어주는 배려가 필요합니다.

4_월 이 달은 흉함이 많고 길함이 적은 달입니다. 마음 속 깊이 자리한 남모르는 괴로움이 있으니 하는 일이 모두 부질없어 보입니다. 그 괴로움을 해결하여야 하는데, 여의치가 못하여 차일 피일 시간만 보내는 형국입니다. 우연한 기회에 이성을 만나 사랑을 약속해 보기도 하는 달이기도 합니다.

5_월 몸과 마음이 평안을 찾으니 재운이 좋도다. 그러나 부모에게 근심이 있는 달입니다. 집안을 먼저 안정시키면 길하고 집을 나가 밖을 먼저 살피면 흉한 달이기도 합니다. 비록 운이 좋다고는 하나 좋은 기운은 나중에 들어오니 참고 기다렸다가 좋은 기회를 잡도록 해야 합니다. 여름 동산에 잠시 봄기운이 맴도니 복숭아 꽃과 자두 꽃이 만발하는 형국입니다.

6_월 질병을 얻거나 구설로 어려움을 당하는 달입니다. 사소한 시비가 불씨가 되어 관재구설을 면치 못하게 되는 운수입니다. 남과 다투는 일이나 시시비비를 가리려 하지 말고 무조건 듣는 입장이 되어야 화를 면할 수 있습니다. 동쪽과 남쪽으로 출행하는 것이 불리한 달이니 참고하기 바랍니다.

7_월 음력 칠월과 팔월에는 횡액을 조심해야 하는 달입니다. 횡액은 뜻밖의 재난을 말하는 것입니다. 그리고 평소 알고 지내던 형이야 아우야 하던 친한 사이가 서로 불목하는 원수지간이 되어 이익을 다투게 되는 형국입니다. 그러나 옛 인연을 우연히 만나게 된다면 다행히 그 액을 면하고 이익을 얻을 수 있게 됩니다.

8월 신수가 불길하니 항상 매사에 조심하여야 하는 달입니다. 집을 떠나 원행하면 그 피해가 운수입니다. 특히 동쪽과 서쪽 그리고 북쪽은 불길하니 출행을 삼가야 합니다. 해는 서산에 지는데 발걸음만 바쁜 달입니다. 신수가 예사롭지 않으니 행동 하나 하나를 신중을 기하여 하여야 합니다.

9월 한번 흥하고 한번 망하니 길흉이 상반인 달입니다. 하던 일과 함께 다른 일을 시작하면 반드시 실패수가 있습니다. 새로운 일을 시작하면 안 되는 달입니다. 그러나 남쪽과 북쪽에는 이익이 있으니 출행하려거든 이 양방향으로 가야합니다. 재물이 왕성한 방향입니다.

10월 한번은 실패의 아픔을 맛보는 달입니다. 아랫사람과 윗사람이 서로 화합하지 못하니 길흉이 번갈아 있는 달입니다. 또한 마음이 산란하여 경영하는 일에 실패를 볼 수도 있는 달이기도 합니다. 만일 이사를 하게 된다면 불길하니 현재의 자리를 지켜내야 낭패를 면합니다.

11월 남쪽에서 오는 귀인이 우연히 돕는 달입니다. 혹여 상복을 입어 볼 수도 있으나 아기를 낳게 되는 집에서는 그 화를 면할 수도 있습니다. 동짓달과 섣달에는 재물과 복록이 왕성하니 소원성취를 해보는 달입니다. 넓고 어두운 창고에 들어가는 것을 주의하여야 합니다. 어두운 창고에서 사고수를 조심하여야 합니다.

12월 기사회생하는 달이나 관재구설을 조심해야 하는 달입니다. 동쪽으로 출행하는 것은 불리합니다. 금전은 어디에 있는 고 하니 토지, 전답에 있으니 부동산으로 이익을 볼 수도 있는 운수입니다. 오씨(오씨)와 권씨(권씨)를 상대하게 되면 반드시 손해를 봅니다. 박가(박가)와 최가(최가)를 상대하면 반드시 이익을 얻게 될 것입니다.

구지건姤之乾

나무에 올라가 물고기를 구하는 형국이니 아직 때가 이르지 아니한 해입니다. 하는 일마다 막힘이 많으니 전진하여 해도 꼼짝하지 못하는 구나 손톱에 박힌 가시는 보는데, 정작 위태로운 복통은 알지를 못하는 형국이로다. 억지로 사람을 사귀거나 재물을 탐하지 말아야 합니다. 그리하면 반드시 관재가 따를 것입니다. 눈 속에 밭을 일구니 그 고생은 말로 다할 수 없고, 그 열매는 고사하고 씨앗조차 찾을 길이 없도다. 그러니 분수에 넘치는 일을 삼가야 더 큰 어려움을 당하지 않습니다.

음력 월별 이달의 운수해설

1월 이번 달에는 새로운 일을 경영하면 실패를 보는 달입니다. 뜻하지 않는 화가 침범하니 갈팡질팡하는 운수입니다. 재수가 있어 재물은 취할 수 있다하나 처음에만 길하고 나중에는 흉하니 차라리 재물을 취하지 않는 것이 현명합니다. 음력 정월과 이월에는 이러한 기운이 있으니 주의해서 넘어가야 합니다.

2월 이사수가 발동하는 달입니다. 터줏대감이 발동하니 이사를 하지 않으면 우환을 겪게 되는 달입니다. 한밤에 논의 하는 모의는 결코 바람직하지 못하니 야밤에 모여서 꾸미는 계획은 반드시 실패하여 낭패를 보게 됩니다. 그러나 음력 정월, 이월, 삼월까지는 재수가 있으니 재물의 흥왕함을 보게 되리라.

3월 농사를 지어 놓고 추수를 못하는 형국의 달입니다. 질병이 있는 집은 가까이 하지 말아야 합니다. 병마가 찾아들 위험이 있는 달이기 때문입니다. 이 달에는 비록 재수는 있으나 서두르게 되면 이익을 얻지 못하게 됩니다. 항상 순리에 따라 기다리는 인내가 필요한 때입니다.

4월 꽃이 떨어졌는데 열매를 맺지 못하는 격이니 경영하는 일에 소득이 없는 달입니다. 새로운 일을 도모함은 불리하고, 자기 자신의 분수를 잘 지키는 것이 상책이니 하던 일을 지키는 것이 좋습니다. 새로운 일을 모의하고 경영한다 하여도 관계된 사람들이 서로 불화하게 되어 결국 안 좋은 결과가 발생하게 됩니다.

5월 오월 가뭄에 단비를 만나니 그 풀빛이 청초하도다. 서서히 경영하는 일이 풀리는 달입니다. 신수가 대길하고 집안사람들이 화목하니 경영하는 일도 순조로운 운수입니다. 다른 일을 하여도 여유롭고, 뜻밖의 횡재도 기다리고 있으니 가뭄에 단비를 만난 격이라 하겠습니다.

6월 처음은 흉하고 나중은 길한 달입니다. 고진감래라 했으니 고생 끝에 낙이 찾아오는 법입니다. 지난날의 고생을 한탄하지 말고 좋은 기회가 올 때까지 현재의 어려움을 참아내야 합니다. 음력 유월의 운수는 흑백이 분명하도다. 즉 길흉이 분명히 구별되어 나타나니 신중한 언행으로 때를 기다려야 합니다. 원행하게 되면 불리합니다.

7월 만일 손재수가 아니면 관재수가 따르는 달입니다. 이러한 액운을 면하려 한다면 이사를 하여야 합니다. 그리하면 나쁜 액운이 떨어져 나갑니다. 비록 재수가 있다하여도 처음뿐이요, 나중은 흉으로 변하여 낭패를 볼 수 있는 달이기도 합니다. 시비를 가까이 하여도 관재구설이 따르니 주의 하여야 합니다.

8월 화려했던 진시황궁이 불이 나서 석 달 동안 꺼지지 않고 타는 격이니 운수가 불리한 달입니다. 귀살이 집안으로 침범하니 질병이 번질까 염려되는 달이기도 합니다. 집안의 가족들도 서로 화합하지 못하여 가출을 하니 그 마음의 거리가 멀기만 한 운수로다. 이 달은 흉함이 많은 달이니 각별히 주의하여 지내야 합니다.

9월 음력 구월 달과 시월 달에는 득남하는 격이니 집안에 경사가 있는 달입니다. 재성이 집안을 비추니 뜻밖의 재물을 얻는 형국입니다. 구월 단풍이 오히려 모란 꽃 보다 아름다운 형국이니 경영하는바 순조롭고, 구하고자 하는 재물도 얻을 수 있는 운수입니다. 다만 배우자궁에 액이 들어오니 주의 하여야 합니다.

10월 슬하의 자손에게 경사수가 있는 달입니다. 다만 출행하면 불리하니 주의를 하여야 하는데, 피해를 볼 수 있는 방위는 동쪽과 북쪽이 되고, 이익을 볼 수 있는 방위는 서북쪽이 됩니다. 출행하면 불리하다 하였으니 차라리 집안에서 근신하고 있는 것이 좋다고 하겠습니다.

11월 사나운 호랑이가 깊은 함정에 빠져 나오지 못하는 형국이니 의지만 있지 이득이 없는 달입니다. 그래도 재물을 얻을 수 있는 방위는 북쪽이 됩니다. 재물이 나가는 방위는 서쪽이니 주의 하여야 합니다. 만일 목성(木姓)을 가까이 하게 되면 반드시 피해를 보게 됩니다.

12월 심신도 재물도 흥왕하니 온 집안이 화평한 달입니다. 지금까지의 고생을 한탄치 않고 한 해의 마무리를 가족들과 화평하게 지내는 운수입니다. 다른 일에 손대지 않는다면 심신이 편안할 것입니다. 다만 다른 사람과 다툼이 있으면 그 다툼으로 인하여 관재수로 이어지게 되므로 주의하여야 합니다.

괘상해설

변괘   본괘

구지둔姤之遯

큰 불이 났는데 이를 알지 못하고 태평한 나날을 보내고 있는 형국이로다. 큰 불이 대들보를 타고 올라가고 있는데 둥지를 틀고 있는 제비와 참새는 전혀 모르고 있는 형국이니, 큰 재앙이 닥쳐 불길한 운수인 것을 모르고 경거망동하는 해입니다. 목마른 말이 물을 찾아 산에 오르나 샘물이 말라버려 갈증으로 괴로워하는 어려운 운수로다. 이 흉한 형국의 액운을 물리치려면 좋은 방향으로 이사를 가야 합니다. 이사 방위는 서쪽입니다.

음력 월별 이달의 운수해설

1월 나는 새가 날개가 부러져 땅에 떨어진 격이니 크게 놀랄 일이 있는 달입니다. 물에 놀라고 불에 놀랄 일이 발생하는 달이기도 합니다. 불조심을 하고 물가 가까이 가지 말아야 할 것입니다. 음력 정월과 이월에는 한번 흉하고 한번 길하니 어디에 마음을 두어야 할지 모르는 운수이기도 합니다.

2월 다른 사람을 도와주다가 낭패를 당하는 달입니다. 다른 사람에게 호의를 베풀었으나 도리어 물에 빠진 사람 건져주니 보따리 내놓으라는 형국이 되는 달이기도 합니다. 신수가 불길하니 출행함을 자제하여야 합니다. 이번 달에는 가족에게 근심이 생기니 가족의 건강이나 심리를 평안하게 하여야 합니다.

3월 서쪽과 북쪽에서 귀인이 나타나 도와주는 달입니다. 다만 음력 삼월과 사월에는 가족에게 우환이 따르니 미리 명산에 기도하여야 액을 막을 수 있습니다. 안과 밖에 우환이 있으니 치성으로 기도하면 가히 액을 면할 수 있을 것입니다. 심신을 수양한다 생각하고 명산을 찾아가 기도한다면 더할 나위 없이 좋을 것입니다.

4월 얕은 물에서 배를 끌려하는 형국이니 운수가 답답한 달입니다. 다른 사람의 감언이설에 속아 손해를 보게 될 수 있는 달입니다. 마음이 산란하니 자구 집을 나가려는 생각이 드는 달이기도 합니다. 명산에 기도하면 좋지 않은 기운을 미리 막을 수 있게 될 것입니다.

5월 큰 재물은 얻지 못하나 작은 재물은 얻을 수 있는 달입니다. 동쪽에 사는 목성(木姓)이 우연히 찾아와 나를 도와주는 형국입니다. 재수를 말하자면 아무리 정성을 다한다하여도 적게 얻을 것이요, 아무리 욕심을 갖는다하여도 그에 미치지 못하는 운수입니다. 분수를 지켜 최선을 다하면 조금은 얻을 수 있는 운수입니다.

6월 음양이 화합하는 운수이니 바라는 것을 얻는 달입니다. 다른 사람과 힘을 합하여 경영을 한다면 재물을 모을 수 있는 달입니다. 신수도 대길하고 재수도 흥왕하니 원하는 바를 성취할 운수입니다. 조업 즉, 조상의 가업을 대대로 이어서 경영하는 사람보다 자수성가한 사람이 이로운 달입니다.

7월 토기를 쫓다가 사슴을 잡는 격이로다. 사소한 일을 열심히 하니 오히려 큰일과 연결이 되는 달입니다. 음력 칠월과 팔월은 수복이 계속 이어지는 운수입니다. 공직이나 직장에 있는 사람은 관록이 몸에 드니 승진할 운수요, 그렇지 않으면 자손에 경사가 있을 수로다. 이침에는 꽃, 저녁에는 달 사이에서 노니는 형국입니다.

8월

이달은 운수는 나쁘지 않으나 사소한 일을 조심해야 하는 달입니다. 대범하게 큰일은 잘 넘길 수 있으나 사소한 일이 시비가 되어 화근으로 발전하게 됩니다. 분수를 지키는 것이 상책이니 크게 움직이지 말아야 됩니다. 특히 수성(水姓)을 가까이 하게 되면 반드시 피해를 보게 됩니다.

9월

바깥의 재물을 탐하면 그 피해가 생기는 달입니다. 사슴을 보고 말이라 하는 형국이니 내 꾀에 내가 넘어가는 격입니다. 경영하는 일에 머리는 있고 꼬리가 없는 형국이니 노력하여도 결과를 얻기 어려운 달이기도 합니다. 귀인은 어느 쪽에 있는 고 하니 서쪽과 북쪽에 있습니다.

10월

주색을 가까이 하면 반드시 낭패를 보는 달입니다. 흉신이 가정에 침범하니 배우자 궁에 액운이 따르는 운수입니다. 이익은 서쪽과 북쪽에 있습니다. 앞으로 전진하려하나 일이 순조롭지 못하여 막힘이 많은 운수입니다. 주색을 가까이 하여 몸이 고달프고 정신도 혼미하여 판단을 흐리게 하는 형국입니다.

11월

이 달은 비록 재물은 얻는다하여도 다른 사람이 나에게 해를 끼치는 달입니다. 동쪽은 불리하고 서쪽은 이득이 생기는 방위입니다. 화성(火姓)과 금성(金姓)이 나에게 도움을 주는 사람들입니다. 믿었던 사람이 나에게 피해를 주는 형국이니, 마음의 중심을 잘 잡아 서로 간에 우정이 지켜지도록 노력해야 합니다.

12월

복을 주관하는 칠성님에게 기도 하면 흉한 액운을 면하는 달입니다. 혹여 다른 사람과 함께 경영을 한다면 미리 그 마음을 알아 좋은 방향으로 이끌어 주어야 하는 운수입니다. 하늘 높고 땅은 넓은데 길 잃은 산새가 갈 곳은 어디인가, 이리저리 헤매는 형국이로다.

괘상해설

변괘   본괘

구지송姤之訟

당장은 곤고하나 나중에는 크게 이익이 있을 해입니다. 비록 흉년이라 하더라도 굶주리고 헐벗은 자는 풍년을 만나 격이로다 다만 교만하게ㅏ 거만하지 말아야 복록이 들어오는구나. 올해는 뜻하지 않은 횡재수가 있으니 이 얼마나 기쁜 일이 아닌가. 지금은 어려워도 훗날 태평함을 기약하였으니 세상 부러울 것이 없도다. 천리 길을 떠나는 목마른 말이 물을 얻은 격이니 이 보다 기쁜 일이 어디 있겠는가. 꿈속의 나비가 몇 번이고 교화를 하니 그 변화가 무쌍한 해로다.

음력 월별 이달의 운수해설

1월
음력 정월과 이월에는 재성(財星), 즉 재물을 주관하는 별이 내 몸을 비추니 금전 운이 좋은 달입니다. 출행하면 우연히 재물을 얻을 수입니다. 중천에 뜬 조각달이 다시 보름달로 바뀌니 만사가 여유로울 운수입니다. 시절이 화평하고 풍년이 되니 태평세계를 누리는 달이기도 합니다.

2월
목마른 용이 물을 얻으니 반드시 좋은 일이 있는 달입니다. 물속에 있던 용이 구름을 얻어 하늘로 오르니 그 변화가 무쌍하여 만인이 우러르는 운수입니다. 그러나 기쁨 중에 근심이 생길 운수이니 항상 입을 무겁게 하여 구설에 오르내리지 않도록 주의 하여야 하는 달이기도 합니다.

3월 뜻밖의 성공으로 의기가 양양한 달입니다. 공직자는 관록이 있을 운수요, 자식을 원하는 사람은 득자할 운수입니다. 달 밝은 하늘 아래 아름다운 여인이 귀한 옥을 얻은 것 같은 운수로다. 이익은 어느 방향에 있는 고 하니 서쪽과 북쪽의 두 방향입니다. 두 사람 이 합심하여 쇠도 끊을 수 있으니 이 어찌 기쁘지 아니한가.

4월 음력 삼월과 사월에는 화목한 기운이 집안 곳곳에 서리는 달입니 다. 용이 하늘로 오르니 지위가 높은 사람의 덕을 볼 수 있는 운 수입니다. 액운이 사라지고 다시 복이 찾아오니 귀인이 스스로 찾아와 돕는 운수입니다. 집안에 근심이 사라지고 기쁨이 찾아오 니 화기애애한 기운이 가득할 수로다.

5월 이익이 여러 곳에 있으니 하루아침에 천금을 얻을 수 있는 달입 니다. 귀인이 스스로 찾아와 도와주니 그 이익이 적지 않을 운수 입니다. 비가 순하게 내리는데 바람이 불어 비를 조화롭게 흔들 어 주니 백곡이 결실을 맺는 운수로다. 봉이 하늘을 나니 온 세상 이 오색이 영롱한 격이로다.

6월 음력 유월의 운수는 관재수(송사 건이 있다든지, 경찰서 출입을 한다든지 하는 흉살)를 조심해야 하는 달입니다. 다른 사람과 시 비를 가리려고 다투기는 하나 그 결과를 얻지 못하는 답답한 운 수입니다. 다만 재성이 몸을 비추니 뜻밖의 재물을 얻을 수도 있 는 달이기도 합니다.

7월 음력 칠월과 팔월에는 사람으로 인한 재액을 면하기 어려운 달 입니다. 재액을 면하였다 하여도 다른 사람으로부터 속임을 당해 볼 수 있는 운수입니다. 무릇 토성(土姓)을 가까이하면 끊이지 않 는 구설에 휘말릴 수도 있는 운수입니다. 항상 입 조심을 하여 구 설을 경계하여야 합니다.

8월 소망하는 일이 이루어지지 않아 안타까워하는 달입니다. 운수가 풀리지 않아 재물을 구하려 노력하여도 구하기 어려운 달입니다. 분수를 모르고 큰 재물을 탐낸다면 재물로 인하여 낭패를 볼 수 있는 운수입니다. 다행히 쌓아 온 신용이 바탕이 되어 작게나마 재물을 얻을 운수입니다.

9월 음력 구월과 시월에는 반드시 기쁜 일이 있는 달입니다. 경영하는 일을 계획하는 대로 성취를 하니 만인이 모두 부러워할 운수입니다. 음양이 화합하니 만물이 스스로 흥왕한 형국입니다. 보름달이 차올라 누각에 걸리니 천지가 교화하여 태평성대를 이루는 형국이로다.

10월 식구가 늘어나고 토지가 늘어나니 복록이 온전하게 갖추어지는 달입니다. 다만 이성을 가까이하여 탐욕을 즐긴다면 구설을 면하지 못하는 운수입니다. 몸이 꽃밭에 누워 꽃향기에 취하니 그 즐거움을 누구에게 말하겠는가. 이익은 어느 곳에서 볼 수 있느냐 하면 서쪽과 북쪽입니다.

11월 음력 동짓달과 섣달에는 활은 있으나 화살이 없어 정작 구하고자 하는 것을 얻지 못하는 달입니다. 또한 구설이 따를 운수이니 주의해야 합니다. 문서가 공망(空亡)을 맞은 형국이니 흰옷을 입을 운수입니다. 흰옷은 상복을 말하기도 하고 관재수를 말하기도 합니다. 출행은 남쪽 방향이 불리하니 피해야 합니다.

12월 이 달은 분수를 지켜야 길하고 경거망동하면 낭패를 보는 달입니다. 사소한 일로 시비를 가리려 하지 말아야 구설을 면할 수 있는 운수입니다. 분수를 지키는 것이 최선의 방법입니다. 다른 사람과 동업을 하거나 동행을 하는 경우가 있다면 좋은 일과 나쁜 일이 번갈아 일어날 운수입니다.

송지리訟之履

봄비가 소리 없이 내리니 매화가 한 가지에 피어나도
다. 많은 사람들이 도와주니 소망을 성취할 해입니
다. 운수가 대길하여 하는 일이 여유로우니 가정도
화평한 수로다. 원행을 하여 타향에 서 이익을 얻으
니 만사형통이로다. 닭의 무리에 한 마리 봉이 섞여
있으니 만인 앞에 돋보이는 운수입니다. 다만 후반기
의 운수가 따르지 못하니 얻은 재물은 수신 적덕하는
곳에 써야 훗날을 기약할 수 있는 운수입니다. 소망
을 이룬다고 하여 이기적인 언행을 한다면 반드시 그
화가 돌아올 것이니 항상 겸손하고 베푸는 자세를 가
져야 할 것입니다.

음력 월별 이달의 운수해설

1월
음력 정월과 이월에는 이익을 보기 힘든 달입니다. 재물은 들
어오지만 나갈 곳이 이미 정하여져 있어 들어와도 손에 쥘 것
이 없는 형국입니다. 밥은 한 그릇 분인데 숟가락은 열이구나.
비록 일을 계획한다 하여도 이루어지는 것이 별로 없는 달입
니다. 하나를 얻고 하나를 잃는 형국입니다.

2월
출행를 하여 남쪽으로 가면 처음은 힘이 드나 나중에 태평할
운수입니다. 순풍에 돛을 달고 먼 길을 출행하니 마음이 가볍
구나. 동쪽과 서쪽에 볼 것도 많고 들을 것도 많은 형국입니
다. 한마디로 견문을 넓히는 달입니다. 맑은 강에서 고기를 잡
는 격이니 재물이 날로 풍족해 지는 운수입니다.

3월 이사를 하면 좋은 달입니다. 이사를 함에 있어서 지체하면 좋지 않도다. 이사 방향은 어디 인고하니 남쪽 방향이 좋습니다. 음력 삼월과 사월에는 재물을 얻으려 하지 말고 자중하는 운수입니다. 이로운 방향으로 자리를 옮기는 것이 만족하면 큰 탈은 없는 달입니다.

4월 경영하는 일을 여러 곳에서 구하나 그다지 이익을 보지 못하는 달입니다. 만일 이사를 가지 않으면 문서로 인하여 다툼이 생기는 운수입니다. 남과 시비를 다투면 그 피해가 큽니다. 물이 금으로 된 연못으로 들어가니 동으로 만든 동산에 녹이 스는 격이로다. 즉 큰 것을 구하려다가 심신만 상하는 형국입니다.

5월 이 달의 운수는 흉함이 많고 길함이 적은 달입니다. 금성(金姓)을 가까이 하면 반드시 낭패를 보게 되니 주의 하여야 합니다. 특히 송사를 하게 되면 크게 패하니 절대로 재판을 하여서는 안됩니다. 가장 좋은 해결책은 서로 화합하여 타협하는 것이니 인내하여 자존심을 내세우지 말아야 길합니다.

6월 드디어 소망을 이루니 만사가 여유로운 달입니다. 출행하여 멀리 여행을 가면 반드시 이익이 있습니다. 이익은 어느 곳에 있는 고 하니 물가에 있도다. 장사하는 데에도 때가 있으니 좋은 때를 놓치면 안 됩니다. 소망을 이루어 마음이 안정되니 집안에 웃음꽃이 만발한 형국입니다.

7월 이달에 가장 주의하여야 할 것은 멀리 출행하는 것입니다. 음력 칠월과 팔월은 질병을 조심하여야 하는 달입니다. 만일 동업을 하게 된다면, 송씨(宋氏)와 하면 이익이 큽니다. 원행을 하면 낭패를 볼 수 있는 달이니 집안에서 근신 자중하고 있는 다면 낭패 볼일이 없는 운수입니다.

8월 　내가 스스로 구하지 않아도 큰 재물을 얻을 수 있는 달입니다. 달 밝은 창가에 귀인이 찾아와 나를 부르는 형국입니다. 나를 도와 줄 성은 누구 인고 하니, 바로 토성(土姓)입니다. 다만 지나가는 나그네가 말없이 찾아와 나의 재물을 얻어가는 형국이니, 인정에 사로잡혀 어려움을 겪는 운수이기도 합니다.

9월 　음력 구월은 분수를 지켜야 하는 달입니다. 분수를 지킨다면 관록과 재물이 따르는 달입니다. 내가 스스로 구하지 않아도 재물이 손에 들어오는 형국입니다. 마음을 비우니 샘물은 달고 흙은 비옥하여 사시사철 꽃이 피고 풀들이 번성하는 형국입니다. 분수만 지키면 길한 운수입니다.

10월 　하는 일에 요란함이 많으니 구설을 조심해야 하는 달입니다. 신수가 불리하니 경거망동을 하지 말아야 합니다. 일이 꼬이고 복잡해지니 구설이 많은 형국입니다. 비바람을 맞으며 사방팔방 뛰어다니니 갈 곳을 찾지 못하는 형국이로다. 특히 주색을 가까이 하면 낭패를 보게 됩니다.

11월 　좋은 일도 반이요, 나쁜 일도 반인 달입니다. 매사에 거슬리는 일이 많고 시비가 많으니 차라리 집안에 있는 것이 좋습니다. 서쪽 방위에 이익이 있는 달입니다. 재물을 서족에서 취하니 그 이익이 대단히 많은 운수입니다. 적은 것을 쌓아 태산을 이루니 남들이 모두 부러워 하는 형국입니다.

12월 　일신이 편안해지고 모든 일이 순조로운 달입니다. 재수가 대길하니 손으로 천금을 희롱하는 운수입니다. 자손을 원하는 집에서는 득자할 운수입니다. 다만 신변에 병마가 침범하니 질병을 주의 하여야 합니다. 동쪽은 이롭고 서쪽은 불리하니 차라리 출행을 하지 않는 것이 좋습니다.

괘상해설

변괘　　　본괘

송지부訟之否

무슨 일을 하든지 자신의 이름을 낼 수 있으나 관재수에 휘말릴 수도 있는 해입니다. 한 여름 구름이 머무는 곳에 어룡이 못 속에서 노니는 형국이로다. 봄바람에 꽃과 버들가지가 한들거리니 화류춘풍이 따로 없는 운수로다. 다만 경솔한 언행을 한다면 구설과 송사가 따를 지니, 이치에 어긋나는 일에는 처음부터 관심을 갖지 말라. 이름이 사방에 퍼져나가니 만인이 우러르는 운수입니다. 아랫사람과 윗사람이 서로 화합하니 몸과 마음이 안정되는 해입니다.

음력 월별 이달의 운수해설

1월
음력 정월과 이월에는 심신이 의기가 양양한 달입니다. 귀인이 스스로 찾아와 도우니 손에서 천금을 희롱하는 운수입니다. 세 사람이 몸과 마음을 합하니 무슨 재물이든 얻지 못할 것이 없는 형국이로다. 백화가 다투어 피어나니 그 빛이 천리를 가는구나. 원하는 바를 얻는 운수로다.

2월
마음만 앞서고 얻는 것이 없으니 안타까운 달입니다. 여기저기 분주하게 다녀도 구하는 바를 얻지 못하니 한숨만 나오는구나. 강가에서 토끼를 구하는 격이니 엉뚱한 일로 정작 얻어야 할 것을 얻지 못하는 형국입니다. 마음에는 근심이 있으나 친한 벗도 모르고 있으니 그 누가 알아주랴.

3월 음력 삼월과 사월에는 반드시 경사가 있을 달입니다. 음양이 화합하니 만물이 서로 상생하는 격이로다. 역마가 발동하니 원행을 하여 보는 달입니다. 서쪽과 북쪽은 길하고 동쪽과 남쪽은 흉한 방향입니다. 어룡이 구름을 얻어 조화를 부리는 격이니 가히 천금을 희롱하는 운수입니다.

4월 이성을 가까이 하여 색을 탐하면 이익은 없고 손해만 있는 달입니다. 재물을 구하고자 한다면 다른 지방으로 가야 구할 수 있는 형국입니다. 혹여 색을 가까이 하게 되면 망신과 구설을 당하고 재물이 탕진되니 각별히 유의 하여야 하는 달입니다. 이성만 주의 하면 사월 남풍에 하는 일 순조로울 운수로다.

5월 음력 오월과 유월에는 한번은 남과 다툼이 있는 달입니다. 내가 인정을 베풀어도 남이 알아주지 않으니 답답한 운수로다. 이것이 시비꺼리가 될까 염려되는 달입니다. 이 달은 동쪽과 남쪽이 불리하니 출행하지 말아야 합니다. 화중지병이라, 배는 고픈데 그림 속의 떡만 바라보는 운수입니다.

6월 친한 사람을 믿다가 손해를 보는 달입니다. 앞으로 나갈지 뒤로 물러날지 분간을 못하는 형국입니다. 친한 사람을 너무 믿어 손해를 보는 운수입니다. 동쪽과 서쪽을 출행하게 되면 나에게 해를 끼칠 사람이 반드시 따르는 운수입니다. 머리는 있으나 꼬리가 없으니 결과를 얻기 힘든 달입니다.

7월 메마른 연못 속에 사는 어룡이 물을 얻는 형국의 달입니다. 메마른 못 속에 사는 어룡이 물을 얻는 격이니 생활에 활기를 얻는 달입니다. 겨울을 지난 물고기들이 봄물을 얻으니 평화롭게 물속을 노니는 형국입니다. 다만 경거망동하면 흉하고 조용히 지내면 길한 운수입니다.

8월 삼년 가뭄에 단비를 만난 격이로다. 타들어 가는 대지가 단비를 만났으니 만물이 소생하는 달입니다. 두려움이 지나가고 기쁨이 찾아오니 집안과 밖이 모두 태평성대로다. 기운도 왕성하고 재물도 왕성하니 집안이 화평한 운수입니다. 다만 목성(木姓)을 가까이 하면 재산이 줄어드는 운수입니다.

9월 신수가 대길하여 뜻밖의 재물을 얻을 수 있는 달입니다. 금은보화와 비단이 창고에 가득하니 세상 부러울 것이 없는 운수입니다. 다른 사람과 동업한다면 많은 이익을 볼 수도 있는 달입니다. 다만 동남쪽으로 출행하면 손재수가 있으니 피해야 할 방향입니다.

10월 기운도 왕성하고 재물도 왕성한 달입니다. 몸에 기운이 넘치고 재물도 왕성하니 얻고자 하는 소망을 이루는 달입니다. 다만 분수를 지키지 않으면 구설수에 오를 수 있으니 주의 하여야 합니다. 밖에 나가면 보는 눈이 많고 홀로 있으면 귀신이 지켜보니 경거망동을 삼간다면 반드시 이익이 있을 운수입니다.

11월 음력 동짓달과 섣달에는 집안이 화평한 달입니다. 이 달은 횡재수가 아니면 반드시 경사가 있는데 공직자는 승진을 할 수요, 자식을 원하는 사람은 득자할 운수입니다. 이가 친척이 서로 왕래하여 화합하니 집안에 봄기운이 가득한 형국이로다. 호의도 너무 양보하다 보면 다툼이 되니 적당한 배려가 필요한 때입니다.

12월 귀인이 스스로 찾아와 도움을 주는 달입니다. 비루먹은 말이 몸치장을 더하니 그 값이 천배가 되는 형국입니다. 귀인이 찾아와 서로 도움을 주니 뜻밖에 성공을 거두는 달입니다. 재성이 문에 들어오니 복록이 집안에 가득하도다. 다만 화성(火姓)을 가까이 하면 손해를 보는 운수입니다.

괘상해설

변괘　　　본괘

송지구訟之姤

처음은 어려움이 많으나 나중에는 귀인을 만나 기 사회생하는 해입니다. 하얀 이슬이 내리니 가을이 찾아오도다. 여름에 유용하게 쓰이던 부채는 이제 필요 없는 형국이로다. 처음에는 어려움이 많으나 나중에 귀인이 와서 돕는 운수입니다. 나의 이름 이 천지 사방에 가득하나 금궤는 비어 있는 형국 이로다. 옛 것이 지나가고 새 것이 찾아오니 새로 운 마음으로 계획을 세울 수로다. 지금의 곤고함 을 한탄하지 말라. 비온 뒤에 땅이 굳는 것이니 반 드시 훗날 태평함을 이루리라.

음력 월별 이달의 운수해설

1월
음력 정월과 이월은 기쁨 가운데 근심이 생기는 달입니다. 비 록 금전 운은 있으나 재물을 모으기 힘든 형국입니다. 아침에 어렵게 모이는 재물은 저녁이 되어 다시 흩어지니 재물은 하 룻밤의 꿈이 되어버리는 격입니다. 만약 귀인을 만나게 된다 면 반드시 관록과 재물을 얻게 될 것입니다.

2월
이 달은 귀인이 스스로 찾아와 도와 줄 운수입니다. 흰 구름 두둥실 떠도는 깊은 산속에 몸이 드니 세상 풍속을 분간치 못 하는 형국입니다. 어려운 가운데 귀인이 서로 돕는 형국이니 뜻하지 않는 재물을 손에 쥐게 됩니다. 귀인이 찾아와 돕는 것은 순수한 마음으로 세상을 살아온 덕입니다.

3월 몸이 안락하고 마음이 화평한 달입니다. 남쪽에서 우연히 귀인이 찾아와 나를 돕는 운수입니다. 가세가 점점 늘고 집안이 화목할 운수입니다. 고생 끝에 낙이 오도다. 다만 이 달에는 물 조심을 하여야 하는데 수신(水神, 용왕님)에게 지성으로 기도하면 가히 그 액을 면할 것입니다.

4월 처음은 길하고 나중은 흉한 달입니다. 재수를 말하자면 처음에는 원하는 재물을 얻는 듯하지만 나중에는 재물을 잃는 형국입니다. 이 달은 구설수가 따르니 입 조심을 하여야 합니다. 용이 큰 연못 속에 숨으니 조화를 부리지 못하는구나. 숨은 용의 마음을 그 누가 헤아릴까. 악을 멀리하고 선을 취하면 가히 구설을 면하리라.

5월 이 달은 적게 얻고 많이 소비하는 달입니다. 신수가 불리하여 수입은 적고 지출할 곳은 많이 생겨나는 달입니다. 마음을 안정시켜 분수를 지키면 길하나, 경거망동하여 움직이면 반드시 흉함을 면치 못하는 형국입니다. 동쪽에서 구한 재물은 결국 좋지 못한 결과를 가져오게 됩니다.

6월 육지에서 배를 띄우니 그 고생이 심한 형국의 달입니다. 안 되는 일을 억지로 추진하니 주변의 비웃음과 더불어 고생은 고생대로 하게 되는 운수입니다. 먼 곳에서 소식이 오니 어느 시절에 고향에 돌아갈꼬. 고생 끝에 고향생각이 절로 나는구나. 형제자매지간에 불화가 있으니 가까운 사람 때문에 액운을 만나는 운수로다.

7월 귀한 별이 내 몸에 들어오니 다른 사람으로 인하여 성공하는 달입니다. 만일 화성(火姓)을 만난다면 우연히 재물을 얻게 됩니다. 이제 사 재수가 들어오니 금전이 나를 따를 수로다. 만일 이성을 가까이하여 색을 탐하면 반드시 후회할 일이 생겨납니다. 올바른 마음을 가진다면 낭패는 없습니다.

8월
다른 사름으로 인하여 피해를 보는 달입니다. 만일 가까운 친구를 믿고 일을 함께 한다면 반드시 후회할 일이 생기는 운수입니다. 옛것을 지키면 길하고 움직이면 불리하니 근신하여야 할 운수입니다. 나중은 풍파가 걷히고 액운이 물러나니 흉함이 도리어 길한 것으로 변하는 운소로다.

9월
집안사람이 서로 불화하는 달입니다. 집안사람들이 서로 불화하니 잘 되던 일도 그르치게 되는 운수입니다. 질병과 고생이 침범하니 심신이 고달픈 운수로다. 운수가 나빠 물건을 잃어 버릴 수 있는 달입니다. 흉한 일이 많고 길한 일이 적으니 마음고생을 하여보는 달입니다.

10월
이사를 하면 길한 달입니다. 옛 터전은 불리하니 자리를 옮겨 앉는 것이 좋은 운수입니다. 흰눈이 천지에 가득한데 다행히 적은 재물을 얻을 운수로다. 재물은 어디 있나 하면 땅에 있으니 부동산으로 이익을 보는 달입니다. 여름옷을 벗고 겨울옷을 입으니 그 마음이 새롭구나.

11월
음력 동짓달과 섣달은 구설수가 있는 달입니다. 금년의 운수는 좋지 않으니 분수를 지키는 것이 상책입니다. 흉년 가운데 홀로 풍년을 만난 격이니 남모르는 재물을 얻을 운수입니다. 구설 가운데 다행히 재물 운이 들어오니 마음은 불편하나 몸은 평안한 운수입니다.

12월
귀인이 찾아드니 반드시 경사가 있는 달입니다. 재성이 문에 비치니 재물을 구하기가 여유로운 달입니다. 마음먹은 일을 하려다가 멈추면 반드시 손해가 따르는 운수입니다. 한번 마음먹으면 실천을 해야 이익이 있습니다. 금년의 운수는 분수를 지키는 것이 상책입니다.

괘상해설

변괘   본괘

쾌지대과夬之大過

위험은 있으나 근신하고 경거망동하지 않는다면 허물은 없으며 결국 뜻한 바를 성취하는 해입니다. 낮에는 맡을 살고 밤에는 글을 읽으니 반드시 급제하여 금의환향하는 운수로다. 처음의 운수를 고달프다고 하지 말라. 반드시 고생 끝에는 낙이 찾아오는 운수로다. 양을 길러 소로 바꾸니 이익이 멀지 않도다. 근심이 서서히 사라지고 일신이 편안해지니 하는 일마다 이익이 있으리라.

음력 월별 이달의 운수해설

1월 이성을 만나 기쁨이 있는 달입니다. 만일 혼인이 아니면 듯하지 않은 재물을 얻는 달이기도 합니다. 하늘은 스스로 돕는 자를 돕는다고 하였습니다. 즉 노력하는 자에게 반드시 복을 주는 것입니다. 하는 일에 최선을 다하면 반드시 성취하는 운수 입니다.

2월 재물이 따르는 달입니다. 길성이 찾아드니 슬하에 경사가 있는 달입니다. 만일 횡재를 하지 못하면 도리어 화가 미치게 됩니다. 욕심을 버리고 하는 일에 최선을 다하여야 길합니다. 노력한 보람은 반드시 찾아오니 현재의 어려움을 지혜롭게 극복하기 바랍니다.

3월 원하는 일이 성취되는 달입니다. 복숭아꽃이 만발하니 집안도 화기애애한 형국입니다. 달은 밝고 하늘은 맑으니 마음 또한 평화로운 형국입니다. 운수가 막힘이 없으니 도처에 좋은 일이 많이 생기는 달입니다. 몸과 마음이 태평하니 매사가 순조롭게 이루어지는 달입니다.

4월 구설수를 조심해야 하는 달입니다. 고목이 봄을 만나 꽃을 피우고 싹을 틔우는 격이니 새로운 일을 시작해 보는 운수입니다. 친구지간에 서로 경쟁을 하니 다툼을 조심하여야하는 운수입니다. 서로 이해하고 돕는 관계를 넘어서면 예의범절로서 인간관계를 가져야 순탄합니다.

5월 자신의 소원을 성취하는 달입니다. 샘물이 모이고 모여 바닷물을 이루고 티끌이 모여 태산을 이루는 격입니다. 운수가 좋으니 재물과 이성이 스스로 나를 따르는 달입니다. 다만 목성(木姓)을 멀리하여야 신수가 편한 운수입니다.

6월 처음은 이로우나 나중이 불리한 달입니다. 재물과 이성을 함부로 탐하여 관재구설이 따르는 형국이니 과도한 욕심을 버리고 수도하는 마음으로 지내야 하는 달입니다. 대인관계를 지혜롭게 하여 일에 대한 마무리를 잘 한다면 반드시 목적한 바를 달성할 수 있는 달이기도 합니다.

7월 이성으로 인하여 실패수가 있는 달입니다. 주색을 가까이 하면 그 피해가 이루 말할 수 없이 클 것입니다. 술과 여자 조심, 술은 남자나 여자를 부르고 남자나 여자는 이성을 마비시킵니다. 주색으로 인하여 병을 얻게 된다면 그 약을 구하기란 대단히 어려울 것입니다.

8월 처음은 어려우나 나중에 일이 풀리는 달입니다. 가뭄 끝에 단비를 만나는 격이니 고생 끝에 낙이 오는 형국입니다. 남이 나를 해치는 운수이니 가까운 친구도 조심스럽게 대하여야 합니다. 노력한 끝에 좋은 결과를 얻으니 인생을 다시 한 번 음미해 보기도 하는 달입니다.

9월 이달은 귀인이 스스로 나를 돕는 달입니다. 음력 구월과 시월에는 하늘에서 나에게 복을 주는 형국이니 내가 노력한 것 보다 만족한 결과를 얻어 보는 달입니다. 오곡이 풍성하고 곳간마다 곡식이 가득한 형국입니다. 결국 크게 길한 일이 있고 귀인이 스스로 돕는 달입니다.

10월 길성이 집안을 비추니 경사가 있는 달입니다. 길신이 가정을 도우니 우환이 사라지고 경사가 겹치는 운수입니다. 가는 곳마다 기쁜 일이 생겨나는 형국입니다. 그러나 나를 시기하고 질투하는 무리들이 있으니, 그들은 금성(金姓)과 목성(木姓)을 가진 사람들로 조심해야 합니다.

11월 소원성취를 하는 달입니다. 재물을 구하는데 욕심을 부리지 아니하니 마음이 편안한 형국입니다. 금관옥대를 하여보니 지위가 상승하는 운수이기도 합니다. 동짓달과 섣달에는 반드시 소원을 이루는 달입니다.

12월 분수를 잘 지키면 부귀와 영화가 따르는 달입니다. 물고기가 큰 바다로 나아가니 그 기운이 전도양양한 운수입니다. 부귀를 이룬 집 앞에 만인이 우러르고 조아리니 세상 부러울 것이 없는 형국입니다. 그러나 분수를 지키지 못하고 경거망동하면 부귀와 영화는 한낱 물거품에 시니지 않을 것입니다.

쾌지혁夬之革

쇠가 용광로에서 나오니 반드시 훌륭한 그릇을 만들어 내는 운수로다. 처음은 곤궁하나 나중에는 대길한 해입니다. 옛것을 고치고 새것을 만들어내니 허물이 변하여 자랑이 되는 운수입니다. 마음 씀씀이가 청렴결백하니 관재가 두렵지 않으며 만인의 우러름을 받는 한 해입니다. 한 가지 마음으로 경영하는 일에 임한다면 반드시 성공을 거두는 운수입니다. 다만 한 가지를 얻으면 한 가지를 잃는 것이 세상의 이치이니 그렇다고 너무 마음 상해하지 않아야 훗날을 기약할 수 있습니다.

음력 월별 이달의 운수해설

1월
구설수가 따르는 달입니다. 이번 달에는 작은 구설수에 휘말릴 염려가 있는 운수입니다. 관귀가 문 앞에 당도하니 관재구설수가 두려운 형국입니다. 시비에 끼어들지 않으면 관재구설은 스스로 물러납니다. 남과 다투는 일을 삼가고 과도한 욕심을 부리지 않으면 편히 지나갈 것입니다.

2월
이성 운과 직업 운이 좋은 달입니다. 달 밝은 창가에 아름다운 사람을 대하는 형국입니다. 기다릴 줄 아는 마음으로 마음을 굳고 바르게 가진다면 명리가 반드시 따르는 달입니다. 이사를 하거나 직업을 바꾼다면 점차 좋은 여건의 환경을 가지게 될 것입니다.

3월 금전과 명예가 따르는 달입니다. 성공하여 이름을 알리니 사방에서 사람들이 찾아드는 형국입니다. 길성이 문에 비추니 복록이 스스로 들어오는 형국입니다. 만일 식구가 늘어나지 않으면 뜻밖의 횡재수가 있는 달이기도 합니다.

4월 남을 돕고 후한 재물을 얻는 달입니다. 용이 맑은 구슬을 얻은 형국이니 기쁜 일이 도처에서 나를 반기는 운수입니다. 귀하고 좋은 일을 함에 있어서는 주저함이 없이 신속하게 하여야 되는 것입니다. 다른 사람과 일을 도모하면 반드시 큰 재물을 얻게 되는 달입니다.

5월 처음은 곤고하나 나중에 태평하게 되는 달입니다. 복숭아꽃과 자두 꽃이 피었는데 이른 아침에 광풍이 불어 꽃을 떨어드리니 하던 일이 중단되는 형국입니다. 다행히 나를 돕는 사람이 있어 나를 도우니 모든 일이 순조로운 운수입니다. 꾀꼬리가 버들가지에서 노니니 황금빛이 찬란한 형국입니다.

6월 하는 일은 바쁘나 이루지 못하는 달입니다. 술을 가지고 누각에 오르니 가히 신선이 부러울 것이 없는 형국입니다. 하는 일은 많으나 이득이 없는 운수입니다. 이 달의 운수는 모든 일이 허망하게 이루어지는 것이 없는 형국입니다. 초심으로 돌아가서 때를 기다리는 지혜가 필요합니다.

7월 순리를 따르면 반드시 이득을 보는 달입니다. 따뜻한 물이 금당을 채우니 원앙 한 쌍이 물결을 일으키며 유유자적 노니는 형국입니다. 이익이 따르는 방향은 동쪽과 남쪽이 모두 길합니다. 항상 북쪽에 있는 사람과 함께하면 좋은 일이 많이 생겨나는 달입니다.

8월 심신을 바로 한 결과 나의 이름을 세상에 알리는 달입니다. 마침내 큰 그릇을 이루어내니 입신양명하여 뜻을 이루는 달입니다. 하늘은 스스로 돕는 사람을 도우니 마침내 크게 운수 형통하는 운수입니다. 두 삼의 마음이 하나가 되는 형국이니 복록이 계속 이어져 나가는 달입니다.

9월 이동수와 변동수가 있는 달입니다. 맑게 갠 밤하늘에 밝은 달이 떠오르니 천지가 환한 형국입니다. 이사를 하면 이익이 있을 운수입니다. 어느 방향으로 이사를 하느냐 하면 동쪽으로 이사하면 이익이 있을 운수입니다. 새로운 환경이 만들어지니 하는 일도 새로운 형국입니다.

10월 분수를 지키지 않으면 낭패를 보는 달입니다. 남을 해치고 내가 이익을 차지하면 처음은 좋은듯하나 나중은 낭패를 보는 운수입니다. 만일 분수를 지키고 경거망동하지 않는다면 반드시 목적달성에 가까워지는 달입니다.

11월 마음이 뒤숭숭하고 일이 손에 잡히지 않는 달입니다. 마음속에 근심이 있으니 누가 나의 마음을 헤아려 주리오. 만일 시험에 합격하지 않으면 자식에게 경사가 있을 운수입니다. 밖에 나가면 불리한 일이 생기니 가만히 집에서 자중하고 있으면 액을 면하는 운수입니다.

12월 처음은 곤란을 겪으나 나중은 태평한 달입니다. 최가, 박가, 김가, 정가와 함께 일을 도모하면 불리합니다. 한겨울 여관의 불빛이 처량하니 내 신세도 처량한 형국입니다. 굳건히 고난을 견디어 낸 결과가 반드시 연말에 결실을 보니 논 밭의 곡식이 가득한 달입니다.

괘상해설

변괘　　　본괘

쾌지태夬之兌

평지에서 광풍이 일어나니 사람이 놀라고 재물이 흩어지는 해입니다. 용이 머리와 꼬리를 구분하지 못하니 하늘로 승천하지 못하는 구나. 비리에 연루된 재물을 탐하다가는 반드시 관재 수에 휘말리는 운수로다. 말이 벼랑 끝에서 달리고 있으니 대단히 위태로운 운수로다. 집안에서 나가지 말아야 하며 만일 문밖을 나서면 사소한 시비꺼리도 만들지 말아야 낭패를 면할 수 있는 해입니다. 강을 건너려 하나 배가 없으니 발만 동동 구르는 형국입니다.

음력 월별 이달의 운수해설

1월　앞길을 보지 못하고 헤매는 달입니다. 말이 험준한 산길에 접어든 격이니 앞으로 가지도, 뒤로 물러서지도 못하는 어려운 형국입니다. 남의 말에 휩쓸려 부화뇌동한다면 얻는 것 보다 잃는 것이 더 많은 달입니다. 어두운 밤에 등불이 없이 길을 가는 형국이니 어려움이 따르는 달입니다.

2월　이 달도 1월 달과 같은 형국의 달입니다. 이달의 운수 역시 지난달과 같으니 경거망동을 주의해야 합니다. 마음속에 근심이 있으나 누구하나 나의 마음을 알아주는 사람이 없는 형국입니다. 하지만 남과 더불어 일을 도모하면 그 이익이 적지 않은 달입니다.

3월 안팎으로 어려움이 따르는 달입니다. 물고기와 용이 물을 잃은 형국이니 한 번은 곤란을 겪는 운수입니다. 어려움에 처하면 한 번은 편법적인 방법으로 어려움에서 빠져나오는 형국입니다. 집안에 우환이 있으니 반드시 어려운 일을 겪어보게 될 것입니다.

4월 어찌할 바를 몰라 우왕좌왕하는 달입니다. 하루 종일 굶는 형국이니 입이 써서 음식을 대하여도 그 맛을 알지 못하는 운수입니다. 행인이 길을 가는데 어린 초동이 앞장서니 불안한 형국입니다. 남을 너무 가까이 하면 반드시 후회할 일이 생기는 달입니다.

5월 관재구설에 시달리는 달입니다. 오월과 유월에는 관재구설이 따르니 항상 조심, 또 조심해서 언행을 해야 하고, 나쁜 일은 절대로 가까이 해서는 안 되는 달입니다. 이름만 있을 뿐 나를 알아주는 사람하나 없는 운수입니다. 관재구설에 휘말리니 한 번은 놀랄 일이 있습니다.

6월 경거망동하고 분수를 모르면 화를 당하는 달입니다. 이 달은 작은 것을 탐내하다가 큰 것을 잃는 형국입니다. 동서로 분주하게 움직이나 분수를 지켜 안정할 줄 모르니 안타까운 형국입니다. 자꾸 일을 도모하면 불리하고 조용히 분수를 지킨다면 무사히 넘어갈 것입니다.

7월 얻고자 하는 것을 얻기 어려운 달입니다. 깊은 산속에서 물고기를 구하는 형국이니 결국 하는 일에 결과가 없는 운수입니다. 나의 마음이 천 갈래 만 갈래이니 누가 나의 마음을 알아줄까. 남과 다투게 되면 재물을 잃고 불리하게 됩니다.

8월 매사 막힘이 많으니 답답한 달입니다. 이십년의 지난 세월이 아련히 꿈만 같은 형국의 달입니다. 많은 일을 처리하지 못하고 있으니 반드시 마음이 편치 못한 달입니다. 하는 일 마다 막히니 마음에 병이 드는 형국입니다.

9월 손재수와 구설수가 따르는 달입니다 달이 구름에 가려지니 좋은 달을 보지 못하는 형국입니다. 흉신이 명궁에 들어오니 물 조심을 하여야 합니다. 손재수와 구설수가 간간히 따르니 마음이 산란하고 괴로운 운수입니다.

10월 하는 일이 허망하고 내환이 있는 달입니다. 시작함도 없고 끝냄도 없으니 뜬구름을 잡는 것 같은 운수입니다. 하는 일이 모두 꿈과 같고 허망한 형국입니다. 집안에 우환이 있으니 심산유곡에 들어가 산신에 기도하면 어느 정도 그 액운을 면할 것입니다.

11월 구설수가 있으나 이사나 원행하면 길한 달입니다. 동짓달과 섣달에는 그냥 그런대로 평평한 달입니다. 금성(金姓)을 가까이 하면 반드시 구설에 휘말려 어려움을 겪게 되는 운수입니다. 할 일은 많으니 이사하여 안정한 다음 일을 추진한다면 좋은 일이 있는 운수입니다.

12월 길한 일과 흉한 일이 함께 있는 달입니다. 이 달의 운수는 길흉이 서로 상존하는 달입니다. 원행하면 불리하고 갑작스런 일을 당하기 쉬운 달입니다. 원행이나 출입을 자주하면 반드시 흉한 일을 당할 운수이니 출행을 삼가야하는 운수입니다.

태지곤兌之困

처음은 길한 듯하나 나중에 흉한 해입니다. 자신의 분수를 모르고 경거망동하면 어려움을 당하게 되는 운수입니다. 연못 속의 물고기가 물이 줄어드니 살아갈 방법이 없는 형국입니다. 봄풀이 서리를 맞은 격이요, 갓을 쓰고 개고기를 파는 모습이니 이치에 맞지 않는 일로 인하여 낭패를 보거나 분수를 지키지 않아 어려움을 자초하는 형국입니다. 육친 간에도 덕이 흩어지므로 원수처럼 지내게 되는 운수입니다. 올해에는 물조심과 불조심을 해야 합니다.

음력 월별 이달의 운수해설

1월
생각은 많으나 실천이 안 되고, 믿는 도끼에 발등 찍히는 형국의 달입니다. 몸이 객지에서 떠도니 언제나 집으로 돌아갈까. 생각은 많으나 편할 날이 없는 운수입니다. 남의 말을 믿다가 발등 찍히는 격이요, 친구에게 배신당하는 운수입니다.

2월
주변 여건이 따르지 않아 일의 추진이 지지부진한 달입니다. 모래로 밥을 짓는 격이니 하는 일이 허망한 운수입니다. 늙은 용이 물을 잃고 강가에서 슬피 우는 형국입니다. 이치가 아닌 일은 군자는 탐내지 아니 하는 법이니 정도를 걸어야 탈이 없습니다.

3월 분수를 모르고 경거망동하면 남에게 피해를 보는 달입니다. 다른 일에 관심을 두어 남과 경쟁하면 남이 나를 해치는 형국입니다. 원행을 삼가라, 원행하면 반드시 후회할 일이 벌어지는 달입니다. 분수 외의 것을 탐하면 도리어 나를 해치는 결과를 얻는 운수입니다.

4월 처음은 곤고하나 나중은 태평한 달입니다. 심년의 빙고를 치른 사람이 우연한 기회에 명의를 만나 회복하는 형국입니다. 곤고함을 한탄하지 말라, 처음은 손해지만 나중은 이익을 보는 운수입니다. 침착하게 자중하여 밖에 나가지 않으면 남 보기는 없어 보이지만, 실속은 챙기는 운수입니다.

5월 시비와 구설이 따르는 달입니다. 고요한 산중에 비가오니 개천이 넘쳐흘러 나를 편히 쉬지 못하게 하는 형국입니다. 남의 말을 믿고 일하면 반드시 손재수가 따르는 운수입니다. 남들이 시비하는 곳에 끼어들지 말아야 구설수를 면할 수 있는 달입니다.

6월 어려움 중에 복을 받는 형국인 달입니다. 이슬이 연잎에 떨어지니 또르르 구르는 이슬방울이 아름다운 형국입니다. 어려움이 있어도 무난히 해결된다는 의미요, 귀인이 나를 돕는데 남쪽으로 가면 그렇게 되는 운수입니다. 헛된 일이라고 생각하며 한 일이 실속 있는 일로 변하는 운수입니다.

7월 동분서주하여도 큰 실속이 없는 달입니다. 칠월과 팔월에는 열심히 하여도 하는 일이 허망한 형국입니다. 재물운이 발동하니 출행하면 좋은 일이 있는 달입니다. 토성(土姓)이 방해를 하니 매사에 어려움이 따르는 운수입니다.

8월

재물을 모아도 나가는 재물이 많은 달입니다. 밝은 달이 수풀을 비추니 미인이 스스로 찾아오는 형국입니다. 일에 시작은 있고 마무리가 없으니 결과를 얻기 어려운 운수입니다. 재물이 저절로 나가니 다른 일을 경영하지 말고 하던 일에 최선을 다해야 합니다.

9월

사소하고 보잘 것 없는 일도 최선을 다하면 이익이 있는 달입니다. 이익이 어느 쪽에 있는가 하면, 남쪽에 있습니다. 맛있는 술과 안주로 미인과 대작하는 형국입니다. 위태로운 중에 이익이 있고, 허망한 중에 실속이 있는 달입니다.

10월

허망한 일로 실망하지만 가끔 귀인이 돕는 달입니다. 이 달의 운수는 이름도 없고 실속도 없는 달입니다. 귀인이 돕는 형국인데, 박가(朴家), 송가(宋家)가 귀인입니다. 큰 일을 경영하면 실속도 없고 이름도 없을 것입니다.

11월

이달은 손재수가 있는 달입니다. 큰일을 도모하지 말라, 반드시 실패수가 따르는 운수입니다. 재효가 극함을 당하니 재물도 없어지고, 재효는 처궁이니 처에게도 불길함이 있는 운수입니다. 수성(水姓)을 가까이 하면 재물에 손해가 잇을 것입니다.

12월

손재수와 관재구설수가 따르는 달입니다. 밤길을 가는 나그네가 등불을 잃어버린 형국입니다. 재수가 불리하여 손재가 극심할 운수입니다. 만일 구설이 없으면 관재수가 따르는 운수이니 깊은 산속에서 산신에게 치성 드리면 가히 액을 면할 수 있는 달입니다.

괘상수
222

괘상해설

변괘　　본괘

태지수兌之隨

길한 것이 흉으로 변하는 해입니다. 마른하늘에 번개 요, 음산한 비가 추적추적 내리는 형국이니 몸과 마음 이 산란하고 뜻하지 않은 재앙을 낭하는 운수입니다. 밝은 달을 구름이 가려 그 빛을 막는 형국이니 갑작스 런 일을 당하여 낭패를 보는 운수입니다. 다만 재물은 동쪽에서 구하고 북쪽이 유익한 방향이로다. 꽃잎이 떨어지자 광풍이 불어 닥치는 형국이니, 좋은 일 뒤에 는 반드시 재앙이 도사리고 있는 운수입니다. 만사 잘 된다고 경거망동하면 큰 코 다치는 형국입니다.

음력 월별 이달의 운수해설

1월
처음은 흉하나 나중에 길한 달입니다. 먼저 흉하고 나중에 길 하니 재물이 진진할 운수의 달입니다. 혹여 소복을 입어 볼 수도 있으니 초상집에 가지 말아야 합니다. 밝은 달이 구름에 가려지니 달빛을 볼 수 없는 형국입니다.

2월
구설수가 있어보는 달입니다. 초나라에 들어가 조나라와 도 모하니 구설이 많을 운수입니다. 대인관계에 신경 써야한 달 입니다. 신수가 불길하고 질병이 찾아드는 좋지 않은 운수입 니다. 하는 일마다 막힘이 있으니 원행하면 역시 불리한 달입 니다.

3월 처음은 곤란을 겪으나 나중에 길한 달입니다. 삼월과 사월에는 먼저는 곤란을 겪고 나중에는 길하게 되는 형국입니다. 좋은 터로 이사를 한다면 반드시 복록이 진진할 것입니다. 만일 귀인을 만나게 되는데, 귀인을 제대로 알아보고 잘 대한다면 재수가 대길 할 것입니다.

4월 어렵게 재물을 얻는 달입니다. 근심하고 있는 중에도 기쁨을 기대하니 음모를 꾸미는데 기이함이 있는 형국입니다. 재물이 동쪽에 있으나 재물을 얻는다하여도 그 절반은 잃게 되는 운수입니다. 길성이 문에 비추니 재물이 들어오는 운수이기도 합니다.

5월 작은 것을 탐내다가 큰 것을 잃는 형국입니다. 농부가 때를 놓치니 생활에 어려움이 찾아오는 형국입니다. 작은 일로 화를 내거나 어려움을 참아내지 못하면 반드시 큰일을 도모함에 있어 어려움을 초래할 것입니다. 금성(金姓)이 불리하니 가까이 하면 반드시 손재수가 따를 것입니다.

6월 식구가 늘거나 재물을 얻는 달입니다. 이달의 운수는 이름만 있지 실속이 없는 달입니다. 만일 횡재가 있거나 식구가 늘어나는 형국의 달입니다. 목성(木姓)이 불리하니 그 말을 믿고 행하면 반드시 손재수가 잇는 운수입니다.

7월 재물이 들어오나 구설이 따르는 달입니다. 칠월과 팔월에는 재물이 들어오는 운수입니다. 관귀가 길을 지키고 방해를 하고 있으니 출행하면 불리한 달입니다. 재수가 오랫동안 막혀 있었으나 하루아침에 재물을 얻게 되는 형국입니다.

8월 마음도 산란하고 몸도 아플 수 있는 달입니다. 이달의 운수는 초상집을 피해야 하는 달입니다. 마음속에 고민이 있으니 세상사가 허황한 운수입니다. 만일 재물을 잃지 않으면 질병으로 고생할 수 있는 운수의 달입니다. 건강관리를 철저히 해야 합니다.

9월 어려움에서 일시적으로 해방되는 달입니다. 길신이 와서 도와주니 하는 일이 모두 여유로운 달입니다. 그러나 금성(金姓)을 가까이 한다면 피해를 볼 수이니 삼가고 상대하지 말아야 합니다. 만일 금성(金姓)을 가까이 한다면 하는 일마다 이루지 못할 것입니다.

10월 재물은 들어오나 시비와 구설이 있는 달입니다. 따사로운 바람과 보슬비가 내리니 경작하는 전답을 늘리고 조상님을 잘 받드는 형국의 달입니다. 재물은 어디에 있냐하면 남쪽에 있습니다. 주작이 발동하니 시비와 구설이 있을 수 있는 달이니 입단속을 잘 해야 합니다.

11월 이달은 불조심을 해야 하는 달입니다. 동짓달과 섣달에는 불조심을 해야 하는 달입니다. 미리 대비하여 불조심을 한다면 무사히 넘어갈 것입니다. 재수있기를 원한다면 시장으로 나가서 구하면 소원 성취하는 운수입니다.

12월 나가도 머물러도 이익이 없는 달입니다. 집에 있어도 답답하고 나가도 내가 노닐 곳이 없는 형국입니다. 목성(木姓)과 상대함이 불리하고 북쪽 방향이 불리하니 조심해야 합니다. 북쪽과 남쪽 두 방향에서는 나를 도와주는 사람이 적은 달입니다.

괘상해설

변괘　　본괘

태지쾌兌之夬

기쁨이 있으면 슬픔이 생기고, 슬픔이 있으면 기쁨이 생기며 좋은 일이 있으면 나쁜 일이 생기니 인생 무상함을 느끼는 해입니다. 기쁨과 근심이 교차하니 허송세월을 할까 염려되는 운수로다. 화려하고 향기로운 꽃이 변소에 떨어지니 아무리 향기로운 꽃이라도 그 향기를 잃어버리는 운수로다. 올 여름에는 물 조심을 하여야 합니다. 초생 달이 아직 둥글지 못하니 뜻은 있어도 때를 만나지 못한 형국입니다. 만남은 잠시 뿐이요, 이별은 영원한 운수로다.

음력 월별 이달의 운수해설

1월
좋은 일과 나쁜 일이 함께 하는 달입니다. 어둠을 등지고 밝음으로 향하니 움직임에 있어서 빛을 발하는 형국입니다. 길함과 흉함이 서로 반반이니 한 번은 기쁘고 한 번은 흉한 운수입니다. 봄 복숭아요, 가을 국화라. 근심과 기쁨이 서로 공존하는 운수의 달입니다.

2월
이달은 불조심을 해야 하는 달입니다. 밝은 달이 구름 밖으로 나오니 천지가 환한 형국입니다. 하는 일 마다 순조롭고 원하는 바를 성취할 수 있으나 호사다마라. 특히 화재를 조심해야 합니다. 명산을 찾아 기도 하면 흉한 것이 도리어 길한 것으로 바뀌는 운수입니다.

3월 변화가 있는 형국으로 금전이 따르는 달입니다. 용을 타고 하늘로 오르고, 범을 타고 산천을 뛰어 넘으니 변화가 많은 운수입니다. 해가 되는 방향은 동쪽과 남쪽 두 곳입니다. 재물과 복록이 흥왕한 운수이니 식구가 늘고 재산이 늘어나는 형국의 달입니다.

4월 구설과 가정에 불화가 있을 수 있는 달입니다. 남과 모사를 꾸미고 꾀하면 반드시 구설이 따를 운수이니 남의 말을 믿지 말아야 합니다. 금슬에 금이 가니 부부간에 정이 떨어지는 형국입니다. 다시 화합하는 계기를 만들어야 합니다. 구설이 분분하니 입단속을 철저히 해야 합니다.

5월 재물이 들어 왔다가 다시 나가는 달입니다. 따스한 바람이 불어오니 얼음이 녹고 물리 흘러 물고기가 물위로 뛰는 형국입니다. 비록 재물 운은 있으나 들어오면 나가는 운수의 달입니다. 화성(火姓)은 불리하니 가까이 하면 반드시 손해를 보는 운수입니다.

6월 출행하면 손재수가 있는 달입니다. 근신을 해야 하는 달입니다. 출행하는 것은 불리 하니 두문불출해야 하는 운수입니다. 서쪽은 불리하여 그 쪽으로 가면 손해를 보게 되는 운수입니다. 만일 그렇지 않으면 가정에 우환이 있으니 조심해야 합니다.

7월 기쁜 가운데 관재구설이 있는 달입니다. 타향에서 고향을 바라보니 구름 덮힌 산이 만 리에 있는 형국입니다. 가정에 경사가 있을 수이니 반드시 귀한 자식을 얻는 운수입니다. 만일 질병이 아니면 관재수와 구설수가 따르는 달이니 주의 하여야 합니다.

8월

집에 있어도, 나가 있어도 마음이 답답한 달입니다. 만일 시험에 합격하지 않으면 반드시 경사로운 일을 보는 운수입니다. 들어오면 마음이 슬프고, 나가면 몸이 수고로운 형국입니다. 나가되 행할 수 없고, 물러가되 머무를 수 없는 진퇴양난의 운수입니다.

9월

어려운 가운데 희망이 보이기 시작하는 달입니다. 기다리던 비가 때 맞춰 내리니 가히 풍년을 점쳐 볼만한 운수입니다. 만일 그렇지 않으면 집에 질병이 발생하는 운수입니다. 가운이 왕성한 운수이니 구름에 가려진 달이 다시 구름 밖으로 나오는 형국의 달입니다.

10월

남을 도와주고 험담하지 않으면 경사가 있는 달입니다. 공로는 남보다 내가 더 쌓으나 수고롭기만 하고 막힘이 많은 달입니다. 다른 사람을 탓하지 말라, 집안에 그 원인이 존재할 것입니다. 귀인이 많이 도움을 주니 반드시 재물을 얻는 운수입니다.

11월

뿌린 대로 거두는 달입니다. 봄에 밭을 갈고 가을에 거두어들임은 본래 세상의 바른 이치입니다. 만일 관록을 입지 않으면 뜻밖에 횡재를 하는 운수입니다. 이익이 동쪽에 있는데 반드시 꾀하는 일을 성취하는 운수의 달입니다.

12월

하는 일은 순조로우나 자손에 근심이 있는 달입니다. 구름에 가려졌던 달이 나오니 세상이 밝은 형상입니다. 아무도 없는 마을에 홀로 외로이 사람을 기다리니 공연히 마음이 슬픈 형국입니다. 자손에 근심이 생길 운수이니 미리 미리 명산에 기도하여 액운을 막아야 하는 달입니다.

괘상해설

변괘   본괘

혁지함革之咸

하는 일마다 때를 놓치니 아쉬움이 많은 해입니다. 봄에 이미 단풍을 맞으니 하는 일이 부질없도다. 어느시기가 좋은 기회인지 누구도 모르는 그니. 좋은 기회를 놓치고 후회하는 형국입니다. 사냥꾼을 피하여 숨어있는 사슴이 오히려 사나운 호랑이를 만난 형국이니 이리해도 저리해도 어려움을 당하는 운수입니다. 매사를 지체하면 손해요, 속히 진행하면 이익이 있을 운수입니다. 먼저 도를 닦아 악심(惡心)을 버리고, 옛것을 버리고 새것을 취하면 만사가 형통하리라.

음력 월별 이달의 운수해설

1월 재물과 명예가 따르는 운수의 달입니다. 이달의 운수는 가히 재물이 따르는 형국입니다. 이익은 어느 방향에 있느냐 하면, 서쪽입니다. 만일 식구가 늘지 않으면 반드시 명예와 지위가 상승하는 운수입니다.

2월 뜻하는 바를 성취하는 달입니다. 마음이 풍족하고 뜻이 높으니 재물을 구함에 있어 여유로운 형국입니다. 재물 운이 흥왕하니 재물의 근원이 넓고 큰 운수입니다. 재물을 주관하는 별이 문에 비추니 큰 재물이 문 앞에 다다르는 형국의 달입니다.

3월 근심과 구설이 따르는 달입니다. 올바른 마음으로 덕을 닦고 수양을 하면 이익이 그 가운데 있는 형국입니다. 만일 몸에 병이 없으면 반드시 구설이 따르는 달입니다. 슬하에 근심이 있으니 남쪽에 가서 그 약을 구해 보는 달입니다.

4월 원행을 하여 소원성취를 해 보는 달입니다. 푸르고 푸른 하늘에 달이 밝으니 그 빛이 밝고 밝은 형국입니다. 복성이 팔자에 있으니 원행하면 좋은 일이 있는 운수입니다. 범사가 여의로우니 소망하는 바를 성취하는 운수의 달입니다.

5월 한 번 웃고 한 번 우는 운수의 달입니다. 하는 일이 여의치 못하니 한 번 이루고 한번은 실패하는 운수입니다. 순풍에 돛을 단 격이니 앞길이 전도양양한 형국입니다. 하는 일에 허망함이 있는 형국이니 모사를 꾸미는 일은 이롭지 못한 운수의 달입니다.

6월 사람으로 인하여 해를 보는 달입니다. 잠깐 비가 오나 싶더니 잠깐 개인 날이 되는 형국이니 변화무상한 달입니다. 은인은 어디에 있는가 하면 동쪽의 목성(木姓)입니다. 사람으로 인하여 실패 수가 있으니 그 피해가 적지 않은 달입니다.

7월 가족에게 근심이나 우환이 있는 달입니다. 한 가지 매화가 한 집을 빛내는 형국입니다. 어려움이 계속 이어지니 이 어찌 운명이라 하지 않을 것인가. 만일 아내에게 근심이 없으면 어머니에게 근심이 생기는 운수의 달입니다.

8월 마음이 산란하고 하는 일이 허망한 달입니다. 비록 부를 이루었다고는 하나 모두 허망함뿐인 형국의 달입니다. 비록 재물은 왕성하다하나 얻은 것의 반은 없어지는 운수입니다. 사사로운 마음이 다시 생겨나니 하는 일에 모두 피해가 있어보는 달이기도 합니다.

9월 얻으려 해도 얻지 못하고 나아가려 하나 막힘이 많은 달입니다. 남의 말을 들으면 반드시 불리함을 겪어 보는 형국의 달입니다. 신수가 막힘이 많으니 욕심을 버리고 나아가려해도 얻는 것이 없는 운수입니다. 이른바 경영을 함에 있어서 반드시 허망함을 겪어보는 달입니다.

10월 한 번은 얻고 한 번은 잃는 달입니다. 이달의 운수는 얻는 것과 잃는 것이 서로 반반인 형국입니다. 만일 나무를 다루는 일이 아니면 농업 경영으로 이익을 보는 운수입니다. 남쪽에서 오는 사람이 해를 끼치는 운수입니다.

11월 남의 재물을 탐하면 해를 입는 달입니다. 비온 뒤에 봄 산에 백가지 꽃이 피어나는 형국의 운수입니다. 남의 재물을 탐하면 반드시 흉한 일을 당하는 운수입니다. 토성(土姓)을 가까이 하면 반드시 손해를 보는 운수의 달입니다.

12월 가정을 잘 지켜야 순조로운 달입니다. 이익이 남쪽에 있는데 우연히 귀인이 찾아와 돕는 형국의 운수입니다. 흉신이 침노하니 가정이 불화하는 운수의 달입니다. 혹여 도둑이 들어 물건을 훔쳐가는 우수이니 집단속, 문단속을 잘해야 하는 운수의 달입니다.

괘상수

232

괘상해설

변괘　　　본괘

혁지괘革之夬

깊은 산중 야밤에 호랑이를 만나니 진퇴양난의 형국
이라. 뜻밖의 낭패를 당하는 해입니다. 하는 일에 실
력은 있으나 막힘이 많으니 힘만 빠지는 형국입니다.
다른 사람들이 나를 해치고자 하니 마음이 불안하도
다. 그러나 크게 불리하지 않은 운수로다. 백호 살이
괘에 임하니 산모는 산고가 있을 것이요, 중환자가
있는 집에서는 상복을 입을 수도 있는 운수입니다.
뒤 늦게 길한 별이 문에 비치니 가히 복록이 풍족하
도다. 명산에 기도하면 어려움이 해소될 것입니다.

음력 월별 이달의 운수해설

1월
욕심을 부리게 되면 얻지 못하고 잃게 되는 달입니다. 이달의
수는 얻음은 적고 잃음이 많은 운수입니다. 길성이 문에 비치
니 기쁜 일이 많은 형국입니다. 만일 헛된 욕심을 품고 일을
한다면 반드시 곤란한 일을 당해 보는 운수의 달입니다.

2월
질병이 아니면 관재구설을 겪어 보는 달입니다. 복숭아와 자
두나무가 봄을 만났으니 꽃이 피고 열매가 맺는 형국의 달입
니다. 시비에 참여하게 되면 그 파장이 심하게 되는 운수입니
다. 만일 관재구설이 아니면 질병이 침범하는 운수의 달입니
다.

3월

스스로 진실하면 재물을 얻어 보는 형국의 달입니다. 저작거리에 호랑이가 숨어 있는 것은 그 거짓을 전하는 자의 모함인 것이니, 남에게 속아 볼 수 있는 형국의 달입니다. 동쪽과 남쪽에 재물이 뜻 밖에 문에 들어오는 형국의 운수입니다. 스스로 음모를 꾸미나 남이 그것을 먼저 알아차리는 달입니다.

4월

편안한 가운데 위험이 따르는 달입니다. 남을 가까이 하게 되면 질병을 얻어 볼 수도 있는 달입니다. 서산에 해는 지는데 생각하는 바가 무엇인가. 마음을 잡지 못하는 형국의 운수입니다. 관재구설을 조심해야 하니 편한 중에 위태함이 있는 운수의 달입니다.

5월

실물수가 있고 기쁜 일도 있는 달입니다. 붉은 은행과 푸른 복숭아가 능히 사람을 미혹하는 것처럼 어려움을 알지 못하고 겉만 보고 일을 처리하다 낭패를 보는 형국입니다. 길하고 상서로운 기운이 몸에 드니 반드시 기쁜 일이 생기는 달입니다. 실물수가 있으니 출입을 조심하여야 하는 달입니다.

6월

가정사에 좋지 못한 일이 생겨보는 달입니다. 달이 구름에 들어가니 좋은 달을 보지 못하는 형국의 달입니다. 만일 실물수가 아니면 부부 궁이 좋지 못한 운수의 달입니다. 다행히 귀인을 만나게 되면 가히 불의의 사고 수는 면하는 달이 될 것입니다.

7월

뜻하지 않는 일을 당해 보는 달입니다. 청산은 뜻이 있으나 녹수는 정이 없는 형국의 달입니다. 한마디로 떡 줄 사람은 생각도 않는데 김칫국부터 마시는 형국의 운수입니다. 맹호가 수풀에 나오니 그 형세가 당당한 모습의 형국입니다. 달리던 토끼가 범을 만난 격이니 동분서주하는 날입니다.

8월 모든 일이 허사로우니 근신하는 달입니다. 흉함이 변하여 복으로 변하니 마음에 근심이 일시적으로 사라지는 달입니다. 시운이 아직 이르니 분수를 지켜 조용히 주변을 지켜야하는 운수입니다. 산속으로 들어가니 세상사 근심이 사라지는 형국의 달입니다.

9월 구설과 근친 간에 다툼이 발생하는 달입니다. 형제의 괘효가 극을 당하니 형제 궁에 근심이 있는 달입니다. 만일 그렇지 않으면 관재가 생겨나는 달입니다. 만일 남과 서로 시비를 한다면 구설수가 생겨날 수 있는 달이니 경거망동을 삼가야 하는 달입니다.

10월 항상 좋은 인연과 함께해야 불상사가 생기지 않는 달입니다. 등잔 밑이 어두운 법이요, 먹을 가까이 하면 먹물이 튀어 검은 물이 드는 형국의 달입니다. 착한 이는 가까이 하고 악한 이는 멀리해야 탈이 없는 달입니다. 좋은 때를 기다려 행동하여야 불상사가 없는 달입니다.

11월 재물을 얻으나 몸에 병이 찾아오는 달입니다. 이 달의 운수는 밖에서 재물을 취하는 운수입니다. 신수가 불길하니 가히 질병을 조심해야 하는 달입니다. 몸이 편하고 근심이 사라지니 태평하고 평안하게 지내는 형국의 달입니다.

12월 소망을 이루는 달이지만 사람을 조심해야 하는 달입니다. 구름이 흩어지고 달이 나오니 소망을 이루는 형국의 달입니다. 만일 출행하고자 할 때에는 마땅히 서쪽으로 가여 이익이 있는 달입니다. 목성(木姓)인 사람이 반드시 나를 해치는 운수이니 조심해야 하는 달입니다.

괘상해설

변괘   본괘

혁지수革之隨

물속의 용이 여의주를 얻은 격이니 무궁한 발전을 이루는 해입니다. 호랑이가 날개를 얻으니 비호(飛虎)가 되는 형국입니다. 하는 일마다 날개를 단 듯 일사천리로 진행이 되니 만인이 부러워하는 운수입니다. 집안에 화기가 가득하니 태평가가 절로 흘러나오는 운수입니다. 귀인이 항상 나를 도우니 경영하는 일이 반드시 성공하는 운수입니다. 재운이 좋으니 만사가 여유롭도다. 다만 남이 하는 말을 너무 귀담아 듣는다면 관재구설에 휘말릴 수도 있는 형국이니 주의하기 바랍니다.

음력 월별 이달의 운수해설

1월
재물이 날로 늘어나는 형국의 달입니다. 천지가 서로 순응하니 만물이 화생하는 형국의 달입니다. 쥐가 곡식창고에 들어 있는 격이니 재물의 이득이 크게 통하는 운수의 달입니다. 사람 수를 더하고 하루하루 천금을 더 쌓아가는 형국의 달입니다.

2월
하는 일이 순조로운 달입니다. 달이 요순시대에 나오니 하늘과 땅을 모두 밝히는 형국의 달입니다. 고향으로 돌아가는 기러기 떼와 함께하는 형국이니 발걸음이 천리를 가는 형국으로 아주 전도양양한 운수입니다. 재물과 복덕이 흥왕하니 황금계곡을 부러워하지 않는 운수의 달입니다.

3월

하던 일에 시비수가 생겨 보는 달입니다. 가운이 흥왕하니 식구가 늘고 토지가 늘어나는 운수의 달입니다. 말이 와전이 되어 돌고 도니 시비가 끊이지 않는 운수입니다. 경영하고 있는 일을 남이 가로채니 운수가 막히는 달입니다.

4월

실물수와 횡액이 따르는 달입니다. 이 달의 운수는 동쪽과 남쪽에 이익이 있는 달입니다. 도둑을 조심해야 하고 실물수를 조심해야 하는 달입니다. 흉한 귀신이 나의 몸을 침범하려 하는 형국이니 뜻밖의 사고를 조심해야 하는 운수의 달입니다.

5월

좋은 일과 나쁜 일이 상반하는 달입니다. 비록 일을 도모하기는 하나 남에게 해를 입을 수 있는 달이니 조심하여야 합니다. 만일 벼슬 하지 못하면 의외로 횡재수가 있는 달입니다. 서쪽 사람을 가까이 하게 되면 해를 입을 수 있는 운수이니 몸조심을 해야 하는 달입니다.

6월

남과 함께 일을 해보는 달입니다. 남과 더불어 일을 도모하게 된다면 그 이익을 보게 될 수 있는 운수입니다. 모든 일이 이루어지는 형국이니 많은 사람들이 나를 우러러 보는 형국의 운수입니다. 헛된 욕심은 나를 해치는 결과를 가져오는 법이니 남의 것을 탐내지 말아야 하는 달입니다.

7월

어려운 형국에서 벗어나는 달입니다. 만일 횡재를 하지 않으면 집안에 경사가 있을 운수의 달입니다. 가문 날에 단비를 만나니 잠자던 소가 풍성한 풀을 얻는 형국의 운수입니다. 하는 일이 길하여 하고자 하는 모든 일들이 순조롭게 풀려나가는 형국의 달입니다.

8월 재물과 명예가 따르는 달입니다. 재성이 명궁을 비추니 경영 하는 바가 이루어지게 되는 운수의 달입니다. 이익이 멀리에 있으니 멀리 나가면 재물을 얻는 달입니다. 나의 이름이 사방 에 전하여 지니 모든 사람이 나를 우러러 보는 형국의 달입 니다.

9월 경거망동을 하지 않으면 자리를 지킬 수 있는 달입니다. 머리 에 월계수 꽃을 꽂은 격이니 모든 사람들이 나를 우러러보는 형국의 달입니다. 술과 여자를 가까이 하면 명예가 실추되는 운수이니 조심해야 하는 달입니다. 소인처럼 행동하면 불리 하고 군자처럼 행동하면 길한 달입니다.

10월 어려운 시련을 이겨내고 목적달성 하는 달입니다. 가문 하늘 에 큰비가 퍼부으니 가뭄이 일시에 해소되는 형국의 달입니 다. 천리 밖의 외로운 나그네가 입신양명하는 운수의 달입니 다. 나쁜 것은 가고 좋은 것은 오니 스스로 만금을 이루는 운 수의 달입니다.

11월 원하는 바를 성취해 보는 달입니다. 동짓달과 섣달에는 기쁜 일이 몸에 임하는 운수입니다. 수복이 함께하는 형국이니 그 이름이 먼 곳과 가까운 곳에 모두 퍼지는 형국의 운수입니다. 이름이 사방에 떨쳐지니 많은 사람들이 나를 흠모하고 우러 르는 달입니다.

12월 사람만 조심하면 태평한 운수의 달입니다. 길가에 집을 지으 나 완성할 날이 기약 없는 형국의 달입니다. 마음속에 근심이 없으니 편안한 곳에 태평히 지내는 형국의 달입니다. 화성(火 姓)과 가까이 하면 재물을 손해 보는 운수의 달입니다.

수지췌隨之萃

괘상해설

변괘　　　본괘

집안에 머물면 불안하고 출타하면 마음이 한가로울 운수로다. 뜻하지 않은 일로 서로 다툼이 있을 운수요, 시작은 있으나 결과가 미약한 해입니다. 재수는 평범하나 마음이 산란하여 어찌할 바를 모르는 형국입니다. 아무것도 아닌 일로 남과 다투게 되는 운수이기도 합니다. 적막한 봄 숲에서 꾀꼬리가 홀로 우는 격이니 배우자나 이성과 마음이 서로 멀어지는 형국입니다. 다행히 동쪽과 북쪽에서 반드시 좋은 일이 있는 해이니 힘들더라도 용기를 잃지 말아야 합니다.

음력 월별 이달의 운수해설

1월 집안에 있으면 불편하고 나가면 편한 운수의 달입니다. 높은 곳에 올라 멀리 바라보니 저 멀리 바다가 삼천리나 되는 듯 펼쳐 보이는 형국의 달입니다. 서쪽과 북쪽은 불리한 방향이니 그 방향으로는 출행하지 말아야하는 운수입니다. 집안에 있으면 불편하니 나가면 마음 편한 달입니다.

2월 고진감래라 처음은 고단하나 나중에는 태평할 운수의 달입니다. 운수가 고르지 못하니 괴로움이 있고 근심이 많은 달입니다. 길운이 서서히 돌아오니 하는 일 마다 순조로울 운수입니다. 집안에 근심이 있으니 나가면 길한 운수의 달입니다.

3월 원행하여 보는 달입니다. 날을 받아 행장을 꾸리니 멀리 강남까지 가는 형국의 운수입니다. 깊은 산에서 길을 잃는 격이니 동쪽과 서쪽을 분별치 못하는 형국의 운수입니다. 마음에 정한 곳이 없이 떠도니 일함에 있어 허황함을 맛보는 달입니다.

4월 재물 운이 좋은 달입니다. 작은 것을 쌓아 큰 것을 이루는 격이니 재물과 복록이 가득한 운수입니다. 노인은 배를 두드리고 아이는 즐거운 웃음을 웃으니 길한 운수의 달입니다. 귀한 별이 집안을 비추니 귀인이 나를 돕는 형국의 운수입니다.

5월 정성을 다하면 재물을 얻는 운수의 달입니다. 오류문 앞에 꾀꼬리가 둥지를 잃는 형국의 운수입니다. 이익은 어디에 있는고 하니 쌀과 나무에 이익이 있는 형국입니다. 지성으로 기도하여 그 액을 없애면 재수가 길함을 얻는 달입니다.

6월 소원을 이루는 달입니다. 장사로써 재물을 얻는 형국이니 널리 논밭을 얻는 운수입니다. 솔바람 부는 곳에 달도 밝으니 복록을 편안히 누리는 운수의 달입니다. 기쁨으로 남을 대하니 하는 일마다 성취하는 운수의 달입니다.

7월 하나를 얻고 하나를 잃는 달입니다. 진나라가 쫓던 사슴을 잃어 천하가 함께 그 사슴을 쫓는 형국의 달입니다. 재물이 집에 들어오나 그 반은 잃는 운수입니다. 먼저 목성(木姓)을 알면 재앙이 변하여 복이 되는 형국의 운수입니다.

8월 관재구설을 조심해야 하는 달입니다. 구름과 비가 공중에 가 득하니 큰 비가 오려는 형국의 달입니다. 겨우 구설은 면하였 으나 뜻밖에 관재를 입어보는 운수의 달이니 지성으로 기도 하여 면해 보는 달입니다. 얻어도 지키기 어려운 형국의 달입 니다.

9월 구설수를 조심해야 하는 달입니다. 호랑이와 표범이 서로 싸 워 길을 막고 있는 형국의 운수입니다. 동쪽과 서족에서 일을 구하나 그 뜻을 이루지 못하는 운수의 달입니다. 구설을 조심 하지 않으면 송사가 두려우니 항상 경거망동하지 말아야 하 는 달입니다.

10월 허망한 욕심을 버리고 자숙해야 되는 달입니다. 비록 경영하 는 일은 있으나 잘 이루어지지 않는 운수입니다. 공연히 고집 을 부리면 반드시 그 해를 입는 운수의 달입니다. 허황한 욕 심을 부리게 되면 도리어 해를 입는 운수의 달입니다.

11월 남의 꼬임으로 인한 재물을 멀리해야 길한 달입니다. 새가 옛 둥지에 돌아오니 독수리가 날개를 펼치는 형국의 달입니다. 재물이 집에 들어오지만 더 큰 욕심을 부리면 도리어 피해를 보는 운수입니다. 동쪽의 금성(金姓)이 나를 꾀이면 해를 입 을 수 있는 달입니다.

12월 모든 사람을 겸손하게 대하면 복록이 들어오는 달입니다. 재 물 운이 비로소 돌아오니 하는 일에 길함이 있는 운수의 달 입니다. 항시 족함을 알고 근신하는 것이 상책인 운수입니다. 항상 드러내 놓고 일을 하지 않는다면 마침내 큰 이득을 얻 는 운수의 달입니다.

수지태隨之兌

욕심을 버리고 매사에 정성을 다하면 재앙이 사라지고 반드시 이익을 얻을 수 있는 해입니다. 강태공이 펴진 낚시 바늘을 드리운 뜻은 때를 기다리는 마음이라. 자신의 분수를 알고 처신 한다면 반드시 좋은 때를 만나리라. 올해는 이사를 하면 나쁜 액운을 물리칠 수 있는 형국입니다. 변화가 많은 운수이나 처음은 곤란을 겪다가 나중에 반드시 기사회생하는 운수입니다. 경영하는 일이 서서히 풀려나가는 형국이니 서두르지 말아야 합니다.

음력 월별 이달의 운수해설

1월
근심과 우환이 있어 보는 달입니다. 운수가 불길하여 부모에게 근심과 우환이 있을 운수입니다. 초상집에 가면 혹여 잡귀가 붙어 신병이 들릴까 염려되니 초상집에 가지 말아야 하는 달입니다. 비록 일을 구하나 원치 않는 일이 되는 운수의 달입니다.

2월
비록 몸은 고달프나 재물 운이 들어오는 달입니다. 내 코가 석자인데 어찌 남의 일을 생각할 여력이 있겠는가, 내 앞가림부터 해야 할 형국입니다. 이월의 봄바람에 복숭아꽃이 만발한 형국입니다. 신수는 불리하나 재물 운은 좋은 달입니다.

3월 재물 운이 들어오는 달입니다. 재성이 문에 들어오니 재물이 스스로 들어오는 형국의 운수입니다. 부귀와 영욕이 순간에 지나지 않으니 과욕은 금물인 달입니다. 마음이 산란하니 꿈을 꾸어도 심란한 꿈만 꾸는 운수의 달입니다.

4월 재물을 멀리하면 시비를 면하는 달입니다. 이달의 운수는 재물의 이익을 말하지 못하는 달입니다. 서쪽에 길함이 있으니 반드시 재물과 비단을 얻는 곳인 것입니다. 남을 믿고 행동하면 반드시 시비에 휘말리게 되는 운수의 달입니다.

5월 이사수가 있는 달입니다. 이동변동수가 발동하니 이사하면 길한 달입니다. 분수를 지킴에 편안함이 있고 재해가 침범하지 않는 달입니다. 신변에 적은 해를 끼치는 것은 수성(水姓)의 성을 가진 사람 때문인 운수입니다.

6월 사람에게 약간의 손해를 보는 달입니다. 이달의 운수는 적은 재물이 들어오는 운수의 달입니다. 동쪽과 남쪽은 대길하나 북쪽과 서쪽은 불길한 방향인 달입니다. 처음 보는 사람을 가까이 하면 손해를 보는 운수의 달입니다.

7월 하는 일에 허망함이 있는 달입니다. 나무에 올라가 물고기를 구하려 하니 그림에 그려진 떡을 먹으려 하는 형국의 달입니다. 밖으로는 노적가리가 쌓여 있고 안으로는 영화로움을 누리는 운수의 달입니다. 조용히 있으면 대길하고 움직이면 해를 보는 운수의 달입니다.

8월 뜻하지 않은 재물을 얻어 보는 달입니다. 천상의 맑은 복숭아가 천년의 결실을 맺는 형국의 운수입니다. 동쪽과 서쪽에서 뜻하지 않은 재물을 얻는 운수의 달입니다. 재복이 몸에 따르는 형국이니 결국 재물을 얻게 되는 운수의 달입니다.

9월 허욕을 버려야 재물을 지킬 수 있는 달입니다. 여하튼 재수는 재물을 반을 얻고 반을 잃는 형국입니다. 화성(火姓)을 가까이 하면 도리어 불미함이 있는 운수의 달입니다. 재수가 불길하니 남의 재물을 탐하지 말아야 하는 운수의 달입니다.

10월 재물이 따르나 관재구설을 주의해야 할 달입니다. 구월의 단풍이 목단 꽃보다 나은 형국의 운수입니다. 재성이 몸에 따르니 재물의 샘이 끝이 없는 형국의 달입니다. 혹여 관재가 있을 운수이니 미리 산신에 기도하여 액운을 막아야 하는 운수의 달입니다.

11월 어려운 가운데 재물을 취해보는 달입니다. 닭의 울음소리와 개 짖는 소리가 새벽에 들려오니 허전한 마음을 달래보는 형국의 달입니다. 동짓달과 섣달에는 매사에 이루어지는 것이 없는 운수입니다. 동쪽과 서쪽에서 뜻밖의 재물을 얻어 보는 운수의 달입니다.

12월 구설이 있는 달이니 경거망동하지 말아야 하는 달입니다. 사소한 일로 구설이 들여오는 운수입니다. 비록 지혜는 있다하나 때를 만나 좋은 흐름을 타는 것만 못한 운수의 달입니다. 신상에 위태로움이 있을 운수이니 경거망동하지 말아야 탈이 없는 달입니다.

수지혁隨之革

관재구설수와 이별수가 따르니 남과 다투지 말아야 하는 해입니다. 얻었다가 다시 잃으니 허망한 운수로다. 재수가 불리하니 적게 얻고 많이 나가는 운수입니다. 욕심을 부려 남의 것을 탐하지 말고 심신을 안정하게 되면 반드시 좋은 일이 있을 운수입니다. 올해는 물조심과 불조심을 하여야 합니다. 봉황이 오동나무를 떠나는 형국이니 집안에 근심이나 질병이 찾아올 운수로다. 흉몽을 자주 꾸는 운수이니 심신이 편치 못한 운수입니다.

음력 월별 이달의 운수해설

1월
질병과 근심이 침범하는 달입니다. 질병이 침범하니 몸이 편안할 날이 없는 형국의 운수입니다. 나의 마음은 정직하나 세상 일이 애매한 것들이 많은 형국의 달입니다. 만일 몸에 액운이 다르지 않으면 자식에게 근심이 있을 운수의 달입니다.

2월
재물을 잃을 운수의 달입니다. 달리는 말이 길을 잃은 격이니 앞으로 나아가려 하나 나아가기 어려운 형국입니다. 일을 도모하려다가 이루지 못하니 손재가 적지 않은 운수입니다. 명산에 기도하고 정성을 드리면 가히 액운을 면할 수 있는 달입니다.

3월 남과 다투지 말고 가정을 잘 돌봐야 하는 달입니다. 이것은 길고 저것은 짧다고 다른 사람과 다투지 말아야 하는 형국입니다. 마음의 근심은 없으나 재수는 불리한 달입니다. 가정불화가 있으니 풍파가 종종 발생하는 운수의 달입니다.

4월 관재구설을 주심해야 하는 달입니다. 몸과 미움을 수망하던 실수를 막을 수 있는 운수입니다. 관귀가 어둠에서 발동하니 원행함을 삼가야 하는 달입니다. 손을 감추고 문에 드니 친한 벗과 정을 나누지 못하는 형국의 달입니다.

5월 시비를 멀리해야 되는 달입니다. 꽃이 동산 속에서 웃고 있으니 나비들이 스스로 날아드는 형국의 운수입니다. 심신이 불안한 상태이니 남과 시비를 하지 말아야 하는 운수입니다. 수성(水姓)을 가까이 하면 모든 일이 무너지는 형국이 되는 달입니다.

6월 스스로 겸손하여야 어려움이 물러나는 달입니다. 굶주린 자가 풍년을 만난 격이니 생활이 넉넉한 운수의 달입니다. 스스로 겸손하여 남의 시선을 피하여야 심신을 보존하는 형국의 운수입니다. 가만히 집에 있는 게 상책이요, 출행하면 불리한 달입니다.

7월 화재를 조심해야 하는 달입니다. 이달의 운수는 가히 화재가 염려되는 달입니다. 서 있어도 불안하고 앉아 있어도 불안하니 좌불안석의 운수입니다. 물과 불을 조심하여야 하는데, 특히 불조심을 해야 하는 달입니다.

8월 신중을 기하여 일을 하니 그 이득이 있는 달입니다. 좋은 새는 나무를 가려서 앉고, 어진 선비는 벗을 가려서 사귀는 법입니다. 벗을 사귐에 있어서 신중하지 않으면 도리어 벗에게 피해를 입는 형국입니다. 작은 것으로 큰 것을 이루는 형국이요, 모든 하천이 바다로 흐르는 것 같은 운수입니다.

9월 사람으로 인해 실망해 보는 달입니다. 내 마음에 근심이 있는데 그 누가 나의 아픔을 알아주겠는가. 태을이 명궁을 비추니 관록이 몸에 임하는 형국의 달입니다. 화성(火姓)이 나에게 해를 끼치니 화성(火姓)을 가까이 하지 말아야 하는 달입니다.

10월 고진감래의 달입니다. 형산백옥이 그 빛을 감춘 형국의 달입니다. 한결 같은 마음으로 일을 한다면 성공은 눈앞에 오는 운수입니다. 길한 것과 흉한 것이 서로 반반이나 고통은 다할 것이요, 길함은 다가오는 운수의 달입니다.

11월 구설을 조심해야 하는 달입니다. 낚싯대를 동해에 던지니 물고기가 스스로 물려오는 형국의 달입니다. 만일 그렇지 아니하면 집안에 놀랄 일이 한 번 생겨보는 운수입니다. 구설수가 있으니 말을 조심해야 하는 달입니다.

12월 집에 있으면 불편하고 나가면 편안한 형국의 달입니다. 동쪽 동산에 봄이 돌아와 백화가 만발한 형국의 운수입니다. 집에 있으면 불편하고 나가면 오히려 마음이 편안한 운수의 달입니다. 이가(李家)와 김가(金家)와는 같은 일을 하면 불리하게 되는 달입니다.

괘상해설

변괘　　본괘

대과지쾌大過之夬

감언이설에 속아 볼 수 있는 해입니다. 다른 사람의 말을 듣지 말라. 허황함이 기다리는 형국이도다. 봉래산에 들어가 신선을 찾으니 허망함이 앞서는 형국입니다. 일확천금의 욕심이 가득하여 일을 그르칠 수 있는 운수입니다. 등잔 밑이 어둡다고 가까이 있는 것을 보지 못하고 먼 곳에서 찾아헤매는 형국입니다. 다행히 귀인을 만나 도움을 받을 수 있는데, 귀인이 어디 있는가 하니, 동쪽과 남쪽에 있도다. 무리한 허욕을 삼가야 길합니다.

음력 월별 이달의 운수해설

1월
하는 일에 있어서 허망한 경험을 해보는 달입니다. 이달의 운수는 헛된 일로 놀라보는 운수의 달입니다. 모든 일에 손해가 있는 형국이니 차라리 집에 가만히 있는 것만 못한 운수의 달입니다. 북쪽에서 온 기쁜 일은 도리어 좋지 않은 일로 변하는 형국이니 주의해야 하는 달입니다.

2월
다른 사람에게 속아보는 운수의 달입니다. 바다 속에서 옥구슬을 구하는 격이니 좋은 구슬을 알아보지 못하는 형국의 달입니다. 다른 사람의 말을 듣지 말라 헛된 망상의 일들이 많을 운수의 달입니다. 친한 벗을 믿으면 손재수가 따르니 주의해야 될 운수입니다.

3월 작은 근심으로 마음고생을 해 보는 달입니다. 이달의 운수는 까마귀가 백로로 변하는 형국의 달입니다. 집안에 작은 근심거리가 생기니 마음이 불편한 운수의 달입니다. 위아래의 기둥이 허약한 형국이니 매사에 기본을 잘 지켜야 탈이 없는 달입니다.

4월 분수를 지켜야 마음이 편안한 달입니다. 재물을 멀리하는 대인은 길하고 재물에 얽매이는 소인은 해가 있는 달입니다. 분수를 지켜 도를 즐겨야 몸이 편하고 근심이 없는 달입니다. 재물 운은 있으니 허송세월하지 말고 힘써 일을 해야 하는 달입니다.

5월 이사를 하여 보는 운수의 달입니다. 해는 저물고 갈 길은 먼 형국이니 구하는 바가 순조롭지 않은 운수의 달입니다. 이사를 하거나 직업을 바꾸면 흉한 것이 변하여 길 한 것으로 바뀌는 형국의 달입니다. 좋은 때를 기다려 움직여야 하고 경거망동하면 해를 보는 달입니다.

6월 노력하여도 그 성과를 얻지 못하는 달입니다. 작은 것을 버리고 큰 것을 얻으나 오히려 해가 되는 운수의 달입니다. 부질없이 욕심 부리면 몸과 마음만 고달파지는 운수입니다. 다른 사람과 일을 도모하면 오히려 피해를 보는 형국의 달입니다.

7월 관재구설수가 따르는 달입니다. 이달의 운수는 가히 재물을 얻어 보는 운수의 달입니다. 송사가 끊이질 않으니 금전적인 손해를 보는 운수의 달입니다. 가정이 평안하지 못하니 남과 시비하거나 다투지 말아야 하는 달입니다.

8월
원하는 재물을 얻어 보는 달입니다. 이름이 나고 기운이 왕성하니 가만히 있어도 재물이 들어오는 형국의 달입니다. 재물 운이 좋으니 금전과 곡식이 들어오는 운수의 달입니다. 돌을 쪼아 금을 얻는 형국이니 반드시 재물을 얻는 운수의 달입니다.

9월
상복을 입어 볼 수도 있는 운수의 달입니다. 가을바람이 소소하니 기러기가 짝을 잃은 형국의 달입니다. 운수가 불리하니 반드시 상복을 입을 운수의 달입니다. 만일 이사를 하던지 원행을 한다면 흉한 일을 면할 수 있는 운수의 달입니다.

10월
원하는 바를 성취해 보는 달입니다. 두 사람의 마음이 같으니 같은 일을 하는 데에 반드시 성취함이 있는 달입니다. 만일 관록을 얻지 않으면 자손을 얻는 기쁜 일이 생기는 달입니다. 화성(火姓)을 가까이 하면 재물을 얻는데 유익함이 있는 운수의 달입니다.

11월
구설과 질병이 따르는 달입니다. 원수가 서로 화합하는 형국이니 근심이 사라지고 기쁨이 생겨나는 형국의 달입니다. 남의 말을 믿고 따르면 반드시 낭패를 보는 운수의 달입니다. 운수가 좋지 않으니 질병을 조심하여야 하는 운수의 달입니다.

12월
경거망동하지 말아야 흉함을 면하는 달입니다. 비록 재물은 얻으나 지키기 어려운 운수의 달입니다. 매사 하는 일에 막힘이 많으니 계획이 어긋나는 운수의 달입니다. 집에 있으면 길하고 문 밖을 나가면 피해가 있는 운수의 달입니다.

대과지함大過之咸

경거망동을 하면 모든 일이 물거품이 되는 해입니다. 내 몸 하나 지낼 곳 없으니 하는 일도 없구나. 사나운 호랑이 두 마리가 서로 다투니 사냥꾼이 다가오는 것도 모르는 형국입니다. 마음이 맞지 않는 두 사람이 한 방안에 있으니 다툼이 많은 형국이로다. 사공이 많으면 배가 산으로 가는 이치이니, 내 발등에 떨어진 불씨도 못 끄면서 남의 일에 참견하다 시비가 붙는 형국입니다. 세상 물정을 모르고 경거망동하였다가는 크게 낭패를 볼 운수입니다.

음력 월별 이달의 운수해설

1월　금전적으로 막힘이 있는 달입니다. 집에 재산이 없는 형국이니 생활이 곤란한 달입니다. 가는 길에 덕이 없으니 밖에 나가도 이롭지 않은 형국의 운수입니다. 가신이 발동하니 재물운이 좋지 않은 운수의 달입니다.

2월　재물은 들어오나 건강을 주의해야 하는 달입니다. 칼 빛이 번개 같으니 그 빛을 보는 정신이 혼미한 형국의 달입니다. 가는 곳마다 재물이 따르니 사람들이 우러러보는 운수의 달입니다. 상가 집에 가지 말아야 하니 그렇지 않으면 해를 입는 달입니다.

3월 구설수가 따르는 운수의 달입니다. 위아래가 불화하니 구설이 끊이지 않는 운수의 달입니다. 수성(수성)을 가까이 하게 되면 길한 곳에서 흉함을 만나는 형국이 되는 달입니다. 만일 가족에게 근심이 없으면 질병이 있는 달입니다.

4월 노력을 하여도 원하는 바를 이루지 못하는 달입니다. 신년동안 칼을 갈았으나 정작 그 칼날을 시험해 보지 못하는 형국의 달입니다. 분수를 지키면 길하나 구하고자 하는 재물은 얻지 못하는 운수의 달입니다. 재물의 근원이 마른 격이니 차라리 재물을 구하지 않는 것이 편한 달입니다.

5월 아무리 노력하여도 재물을 얻기 어려운 형국의 달입니다. 쥐가 쌀 곳간을 잃은 격이니 재물 길이 끊긴 형국의 달입니다. 도로에서 방황하는 꼴이니 수고롭기만 하고 공이 없는 운수의 달입니다. 수고하고도 공을 얻지 못하니 운명이라 생각하고 지내면 속편한 달입니다.

6월 구설수가 따르는 달입니다. 벌과 나비가 꽃을 찾아 헤매나 봄은 이미 가고 여름이 찾아오는 형국의 달입니다. 도모하는 일이 많으나 제대로 되는 일이 없는 운수의 달입니다. 말다툼을 조심하지 않으면 끊임없는 구설에 휘말리게 되는 운수의 달입니다.

7월 관재수와 구설수가 다시 찾아오는 달입니다. 큰물을 건너려 하나 나루터의 물가는 끝없이 이어져 있어 건너가기 어려운 형국의 달입니다. 시비가 있는 곳에 가면 해를 입을 수 있으니 참견하지 말아야 하는 달입니다. 관재와 구설이 자주 침범하니 조심해야 하는 달입니다.

8월 노력을 하나 재물을 잃는 달입니다. 달이 물결 속으로 지니 어룡이 삼키는 형국의 달입니다. 길한 일이 흉한 일로 변하는 격이니 공연히 심력만 낭비하는 달입니다. 동쪽을 가가이 하면 재물을 잃는 운수이니 주의해야 하는 달입니다.

9월 재물은 들어오나 반드시 분수를 지켜야 길한 달입니다. 문서상에 길함이 있으니 반드시 재물을 얻는 달입니다. 문밖에 나서면 횡액이 따르는 운수이니 조심해야 하는 달입니다. 분수에 맞지 않는 재물을 구하면 반드시 허망한 일을 당하는 달입니다.

10월 하는 일에 장애가 따르는 달입니다. 목마른 사람이 우물을 파지만 물이 나오지 않는 형국의 달입니다. 하는 일마다 막힘이 많으니 마음이 산란한 운수의 달입니다. 일에 실패수가 따르니 구하고자 하는 일을 얻지 못하는 운수의 달입니다.

11월 고진감래의 달입니다. 굶주린 사람이 밥을 얻은 격이요, 금옥이 집안 가득한 형국의 운수입니다. 옛 직업을 지키고 새 업을 시작하지 말아야 길한 운수입니다. 꽃피고 수풀 우거진 누각에서 귀인을 만나는 형국이니 하는 일이 잘되는 달입니다.

12월 원하는 바를 성취하는 달입니다. 이달의 운수는 굶주린 매가 먹이를 얻는 형국의 달입니다. 수신제가하니 복록이 다투어 나에게 찾아드는 운수입니다. 박가(朴家)와 김가(金家)는 불리하고 목성(木姓)이 나를 따르고 돕는 달입니다.

대과지곤大過之困

괘상해설

변괘　본괘

해가 욱일승천하는 상이니 집안이 화평하고 지위가 상승하는 해입니다. 신수가 대길하니 원하는 바를 성취할 운수입니다. 집안이 화평하고 관록이 중중하니 천지에 기쁨이 가득하도다. 봉황이 합궁하여 새기를 낳으니 상서로운 일을 보게 될 운수로다. 다만 이성을 탐하면 망신수가 있을 운수로다. 좋은 일에는 마(魔, 좋지 않은 일)가 많이 끼는 법이니 항상 입 조심을 하여 구설에 오르지 않도록 신경 써야 합니다. 그렇지 않으면 경영하는 일에 차질이 생기는 형국입니다.

음력 월별 이달의 운수해설

1월　재물과 관록이 따르는 달입니다. 비로소 대운을 만나니 하는 일마다 소원 성취하는 운수의 달입니다. 재물이 먼 곳에 있으니 출행하면 가히 얻을 수 있은 달입니다. 만일 관록을 얻지 않으면 자손을 얻는 경사가 있을 운수의 달입니다.

2월　원하는 바를 이루고 이성이 나를 따르는 달입니다. 이달의 운수는 기쁜 일이 많은 달입니다. 동쪽과 남쪽에 재물이 흥왕하니 갈 방향을 잘 잡아 소득을 얻는 달입니다. 깊은 골에 봄이 찾아오니 이루지 못할 일이 어디 있으리오.

3월 노력하는 만큼 얻지 못하는 운수의 달입니다. 화기애애함이 문에 이르는 격이니 만물이 화생하는 형국의 달입니다. 경영하는 일은 많을 것이나 이루어지는 것은 별로 없는 운수의 달입니다. 봄바람이 살랑 부는 삼월에 만물이 기지개를 켜는 형국의 달입니다.

4월 경거망동하여 출행하면 손해를 보는 달입니다. 남쪽의 논밭두렁과 북쪽의 논밭두렁에 벼와 기장이 흩어져 있는 형국이니 마음이 산란한 운수입니다. 밖에 나감은 불리하고 집에 있음이 길한 운수입니다. 용이 하늘 문에 닿는 격이니 영귀하게 성공을 거두는 운수의 달입니다.

5월 운수가 대통하는 달입니다. 운수가 대통하니 한 집안에 평화가 찾아오는 형국의 달입니다. 만일 관록을 얻지 아니하면 자손에 경사가 있는 운수의 달입니다. 용이 하늘 문을 얻은 격이니 반드시 영귀함이 있는 달입니다.

6월 술과 색을 주의해야 하는 달입니다. 꾀를 쓰면 오히려 피해를 보는 형국이니 꾀를 쓰면 결과를 염려해야 하는 운수의 달입니다. 뜻 밖에 영귀함이 있으니 반드시 귀인의 도움을 받아보는 달입니다. 만일 주색을 가까이 하면 질병이 몸에 침노하는 운수의 달입니다.

7월 고진감래의 달입니다. 만일 부모에게 근심이 없으면 자손에게 놀랄 일이 있는 달입니다. 가물은 날에 단비를 만난 싹의 형국이니 먼저는 힘들고 나중은 편안한 운수의 달입니다. 재물 운이 왕성한 달이니 반드시 재물을 얻는 운수의 달입니다.

8월 가정에 안정과 평화가 있는 달입니다. 대명천지가 도래하니 온 세상이 밝은 형국의 달입니다. 한 집안이 화평한 격이니 어찌 모든 일이 아름다운 모습으로 보이지 않겠는가. 서쪽과 북쪽으로 출행하면 정가(鄭家)와 김가(金家)가 가장 좋은 성씨의 운수입니다.

9월 나가고 들어감이 많고 재물이 따르는 달입니다. 달 밝은 밤 높은 누각에서 음주가무로 즐거운 형국의 운수입니다. 형이냐 아우냐 하는 사이에 재물을 잃는 형국이니 정신 차려야 하는 운수의 달입니다. 재물이 서쪽과 남쪽에서 오니 가히 천금을 얻는 운수의 달입니다.

10월 도둑을 조심해야 하는 달입니다. 꽃이 봄 산에 피니 벌과 나비가 스스로 찾아드는 형국의 달입니다. 재물도 잃고 얻은 것도 잃는 격이니 도적을 조심해야 하는 달입니다. 마른 나무에 봄이 오는 격이니 그 좋은 형상이 다시 찾아오는 새로운 운수입니다.

11월 귀인이 나를 돕는 형국의 달입니다. 운수가 형통하니 의기양양한 달입니다. 쥐가 큰 창고에 들어 있는 격이니 의식이 풍족한 달입니다. 뜻밖의 귀인이 나타나 반드시 나를 돕는 형국의 달입니다.

12월 밖에 있던 재물이 문 안으로 들어오는 형국의 달입니다. 이달의 운수는 밖에 있던 재물이 들어오는 운수의 달입니다. 이익은 어떤 성씨 인고 하니 반드시 정씨(鄭氏)인 달입니다. 만일 그러한 귀인을 만나면 큰 재물을 손에 쥐어보는 운수의 달입니다.

곤지태困之兌

천리타향에서 고향 사람을 만난 격이로다. 생각지도 않은 기쁜 일이 생기는 해입니다. 올해는 함정에서 빠져나오는 형국입니다. 죽을 고비를 겨우 넘기고 기사회생하는 형국입니다. 마음에 번민이 많으나 재수는 좋으니 금전을 취할 운수로다. 마침내 청룡이 구름을 얻어 조화를 부리니 마른 땅에 비를 내리게 하는 형국입니다. 분주하게 노력하니 마침내 그 대가가 생겨나는 운수입니다. 다만 토성(土姓)을 가까이 하면 손해를 보게 됩니다.

음력 월별 이달의 운수해설

1월 가정은 화평하나 구설수가 따르는 달입니다. 만물이 시생하는 형국의 달이니 기쁜 일이 있어보는 운수의 달입니다. 식구가 늘고 토지가 느는 격이니 가정에 기쁨이 가득한 형국의 달입니다. 다른 사람과 말다툼을 하게 되면 구설이 따르는 달입니다.

2월 인내하고 기다리면 자연히 좋은 일이 찾아오는 달입니다. 오랫동안 도를 닦아 물고기가 용으로 변하는 형국의 달입니다. 봄풀이 단비를 만나니 수복이 스스로 찾아드는 형국의 달입니다. 흉함이 변하여 길함으로 변하니 가산이 흥왕하게 되는 달입니다.

3월
수고하나 얻지 못하는 달입니다. 이달의 운수는 게를 잡았으나 다시 물에 놓아주는 형국의 달입니다. 신상이 불안하니 재물은 반드시 멀리 있은 형국의 운수입니다. 수고하고도 공이 없으니 신수가 불안한 달입니다.

4월
남녀가 화합하여 경사가 생기는 달입니다. 남녀가 화합하니 반드시 경사가 있는 달입니다. 오랜만의 회포를 푸니 비로소 성취함을 얻는 운수의 달입니다. 만일 관록이 아니면 자손에 경사가 있는 달입니다.

5월
분주한 가운데 이익을 얻어 보는 달입니다. 음양이 서로 어울리니 만물이 빛을 발하는 형국의 운수입니다. 두 사람의 마음을 합하니 어려운 일도 신속히 이루어지는 형국의 달입니다. 분주하고 쉴 틈 없이 일을 하니 마침내 큰 이익을 얻는 달입니다.

6월
마음이 산란한 달입니다. 동쪽과 서쪽에 길이 있으니 타향에서 분주하게 일해 보는 달입니다. 바쁜 손놀림과 번개 같은 계산을 하여도 정작 얻는 것이 없는 달입니다. 내 마음 속에 번뇌와 한이 있지만 누구에게도 말하지 못하는 심정이 있는 달입니다.

7월
어렵게 일을 하여도 결과를 늦게 얻는 달입니다. 백배, 천배의 이익을 보는 일은 농사가 장사만 못한 이치의 형국인 달입니다. 노력하여도 힘들다는 의미입니다. 곤고한 뒤에 길함이 있으나 그 이익은 오래 지나야 되는 운수의 달입니다. 곤고한 중에 도리를 얻으니 가히 형제를 하는 운수의 달입니다.

8월 우연히 귀인이 도와주는 달입니다. 경영하는 일은 속전속결하면 이익이 있는 운수의 달입니다. 우연히 귀인을 만나니 천금이 스스로 찾아오는 형국의 달입니다. 복숭아나무와 자두나무가 봄을 만난 격이니 꽃피고 열매 맺는 결실의 달입니다.

9월 재물이 스스로 따르는 달입니다. 이달의 흉함은 상가 집에 가는 것이니 상가 집을 삼가야 하는 달입니다. 몸의 기운이 왕성하니 뜻을 얻어 고향에 오는 형국의 달입니다. 몸이 편하고 마음이 편한 형국이니 모든 일을 구함에 있어 길한 운수의 달입니다.

10월 사람이 나를 따르니 자연히 소원을 이루는 달입니다. 남쪽이나 북쪽으로 가면 의식이 풍족한 운수입니다. 나를 돕는 사람이 많으니 자연스레 성공을 거두는 운수의 달입니다. 다른 사람으로 인하여 일이 이루어지는데 그 방향은 북쪽입니다.

11월 건강에 유의해야 하는 달입니다. 연못에 있는 고기가 그물에 잡힌 고기보다 나은 형국의 운수입니다. 마른 나무에 봄이 오는 형국이니 하는 일을 새롭게 추슬러야 하는 운수의 달입니다. 운수가 흉하여 상복을 입을 수도 있고 병을 얻을 수도 있으니 주의해야 하는 달입니다.

12월 근심이 사라지고 기쁨이 들어오는 달입니다. 만일 귀인을 만나면 큰 재물을 얻어 보는 운수의 달입니다. 길성이 명궁에 드니 근심이 흩어지고 기쁨이 생기는 운수의 달입니다. 서쪽이나 북쪽으로 가게 되면 반드시 재물을 잃게 되는 운수의 달입니다.

곤지췌困之萃

곤란한 일들이 모이고 모여 마침내는 크게 어려움을 당하는 해입니다. 그러나 이를 참고 인내한다면 반드시 기사회생할 수 있는 운수입니다. 삼 년 동안 가뭄이 드니 그 피해를 가히 짐작하고도 남음이 있는 해입니다. 서산에 달도 지고 까마귀 울음소리 가득하니 산중에 세 홀아비가 세상을 원망하며 눈물짓는 형국입니다. 처음의 곤고함을 한탄하지 말라. 나중에 좋은 일이 있을 수로다. 명산에 기도하면 경영하는 일이 순조롭게 풀릴 수 있도다.

음력 월별 이달의 운수해설

1월
분수를 모르면 흉한 일을 겪는 달입니다. 이달의 운수는 적은 이익을 보는 운수의 달입니다. 분수 밖의 재물을 탐하다가 낭패를 볼 수 있으니 좋지 않은 꾀를 쓰지 말아야 하는 달입니다. 가는 길이 순탄하지 못하니 강을 건너지 말아야 하는 형국의 달입니다.

2월
약간의 근심은 있으나 무탈하게 지나가는 달입니다. 토성(土姓)은 해로우니 가까이 하면 해가 있는 운수의 달입니다. 문밖을 나서서 서쪽으로 향하니 혹여 귀인이 나를 도울 수도 있는 형국의 달입니다. 자손에 근심은 있으나 그다지 손해가 없는 달입니다.

3월 몸과 마음이 평안하지 못한 달입니다. 아무리 재주 있는 부인이라도 실없이는 바느질이 어려운 법이라. 하는 일에 재주는 많으나 여건이 되지 않는 형국의 달입니다. 몸이 곤경에 처해 있으니 거처하는 곳이 불안한 운수의 달입니다. 곤란함이 적지 아니하니 머무는 곳이 불안한 형국입니다.

4월 재물 운이 좋지 못한 형국의 달입니다. 비록 일을 도모하긴 하나 재물이 별로 이익이 없는 운수의 달입니다. 가는 길이 첩첩 산중이니 내 고향을 찾지 못하는 형국의 달입니다. 물을 거슬러 올라가는 배요, 옆바람을 맞으면 가는 배의 형국이니 일이 뜻대로 이루어지지 않는 달입니다.

5월 마음먹은 대로 이루기 어려운 운수의 달입니다. 마음이 뜬구름 같으니 이루어지는 일이 없는 운수의 달입니다. 이익이 동쪽에 있으니 반드시 재물을 얻어 볼 수 있는 달입니다. 만일 여색을 즐기면 괴이한 일을 당하게 되는 형국의 달입니다.

6월 입단속을 해야 이익이 있는 달입니다. 가는 길에 위험함이 도사리고 있으니 출행하면 이롭지 못한 운수의 달입니다. 귀하고 천함은 운수에 달려 있으니 사리사욕을 바라지 말아야 하는 달입니다. 경영하는 일을 남에게 얘기하지 말아야 유익한 운수의 달입니다.

7월 마음이 편안하지 못한 달입니다. 이달의 운수는 흉한 것이 많고 길한 것이 적은 운수의 달입니다. 해와 달이 밝지 못한 형국이니 신상에 곤란함이 따르는 달입니다. 마음에 번민이 있어 평안하지 못한 운수의 달입니다.

8월 시비와 구설수가 있어 보는 달입니다. 다른 사람의 재물이 우연히 집에 들어오는 달입니다. 백가지 일을 함에 있어서는 신중하게 처신함이 최상인 형국의 달입니다. 시비를 가까이 하게 되면 구설수를 면하지 못하는 운수의 달입니다.

9월 고진감래 운수의 달입니다. 장차 길한 운수기 도래하는 형국이니 너무 낙심하지 않아도 되는 운수의 달입니다. 이후로부터는 차차 운수가 형통하게 되는 형국의 달입니다. 길한 운수가 점차 도래하니 하는 일에 길함이 있은 달입니다.

10월 길한 운이지만 구설수를 조심해야 하는 달입니다. 경거망동하게 되면 횡액이 따르는 운수의 달입니다. 명리를 이루니 이를 치하하는 손님이 문전성시를 이루는 형국의 달입니다. 만일 서쪽으로 가게 되면 손재수와 구설수가 따르게 되니 주의해야 하는 달입니다.

11월 신중한 행동으로 재물을 얻어 보는 달입니다. 즐거움은 끝을 보지 못하는 법이요, 욕심은 길지 못한 형국의 달입니다. 재물이 동쪽에 있으니 나가면 가히 얻을 수 있는 운수의 달입니다. 이익이 되는 성씨는 권가(權家)와 박가(朴家)가 길한 운수의 달입니다.

12월 좋은 기회를 잡는 달입니다. 눈이 장안에 가득하니 긴 옷자락을 늘어뜨리고 높은 곳에 누워있는 것 같은 형국의 운수입니다. 반드시 형통함이 있으니 이 기회를 잃지 말아야 하는 운수의 달입니다. 음양이 화합하는 형국이니 만물이 다시 회생하는 운수의 달입니다.

곤지대과困之大過

일을 경영하는데 곤란함이 있으니 매사 조심해야 하는 해입니다. 깊은 산중에 기거하는 가난한 스님의 형국이로다. 심산유곡에 홀로 있으니 찾는 이 하나도 없도다. 음양이 화합하지 못하니 만사가 이루어지지 않는구나. 세상일에 흥이 나질 않으니 허송세월을 보내는 형국입니다. 앞을 보아도 산이요, 뒤를 보아도 산이니 답답한 운수로다. 늦게 분수를 아니 흉함이 변하여 길한 것으로 변하는 형국입니다. 궁하면 통하게 되는 것이 세상 이치이거늘 세월을 한탄하지 말고 하는 일에 정성을 다하라. 그러면 살길이 열리리라.

음력 월별 이달의 운수해설

1월
수고하고 배신당해 보는 달입니다. 일도 없고 직업도 없으니 수고한다고는 하나 누가 알아주지도 않는 운수의 달입니다. 곁에 있는 사람의 말을 듣다가 낭패 볼 수 있는 운수의 달입니다. 비록 재물은 있으나 마땅히 쓸 곳이 없는 달입니다.

2월
지성으로 정성을 드리면 소원을 이룰 수 있는 달입니다. 슬하에 경사가 있으니 아들을 얻을 수 있은 달입니다. 재물이 북쪽에 있으니 구하면 가히 얻을 수 있는 운수입니다. 먼저 조왕신에게 빌고 그 다음 성조께 빌면 가히 소원을 이룰 수 있는 달입니다.

3월 운수가 불리한 달입니다. 만일 서로 다투는 일이 없으면 구설수가 따르는 운수의 달입니다. 운수가 사나우니 어찌 한탄의 한숨소리가 절로 나오지 않으리오. 서쪽과 남쪽에 손재수가 있으니 이 방향으로는 출행함이 마땅치 않은 달입니다.

4월 구설이 따르고 노력한 대가가 없는 달입니다. 수레를 밀어 산에 올라보아도 그 노력의 대가는 없는 달입니다. 주작이 발동하니 간간히 구설수가 따르는 운수의 달입니다. 화성(火姓)을 조심해야 하니 그를 상대하면 이롭지 못한 운수의 달입니다.

5월 인생의 허망함을 아는 달입니다. 남쪽으로 움직이면 길한 것이 변하여 흉한 것으로 변하는 형국의 달입니다. 옛날의 영화가 꿈만 같이 생각나는 허망함을 맛보는 달입니다. 만일 좋은 인연을 만나게 된다면 횡재할 수도 있는 운수의 달입니다.

6월 운수가 풀리는 듯하다 다시 어려움이 찾아오는 달입니다. 광풍이 홀연 휘몰아치니 꽃잎이 떨어지는 형국의 달입니다. 운수가 있는 곳에서는 사람이 아무리 노력한다하나 그 운을 막지 못하는 법입니다. 하는 일에 막힘이 많으니 일을 구하여도 성과가 없는 달입니다.

7월 재물 운은 있으나 아직은 시기상조인 달입니다. 이달의 운수는 재앙이 물러가고 복이 들어오는 달입니다. 매사에 조심하지 않으면 재물을 잃어버릴 수 있는 달입니다. 벗이 동쪽과 북쪽에 있으니 시비가 있을 수 있는 형국의 운수입니다.

8월 눈앞의 이익을 보고도 얻지 못하는 달입니다. 바다에 들어가 옥구슬을 구하니 이익이 눈앞에 보이는 듯한 형국의 달입니다. 이른바 경영하는 일들이 허망한 형국이니 허탈한 달입니다. 날고자 해도 날 수 없는 형국이니 인생의 허망함을 맛보는 달입니다.

9월 구설수가 따르고 마음이 편하지 않은 달입니다. 수심이 얼굴에 가득한 형국이니 나가도 집안에 있는 것만 못한 달입니다. 비록 재물 운은 있으나 신상에는 이롭지 못한 운수의 달입니다. 구설이 몸에 따르나 이를 막으려고 송사를 하는 것은 마땅하지 못한 운수입니다.

10월 욕심을 부리면 재물을 잃는 달입니다. 바람이 수풀을 흔들어 놓으니 낙엽이 우수수 떨어지는 형국의 운수입니다. 욕심을 내면 도리어 실패수가 있는 운수의 달입니다. 만일 손재수가 없으면 횡액을 두려워해야 하는 운수의 달입니다.

11월 적은 재물은 들어오나 배신을 당해보는 달입니다. 반드시 작은 재물이 있으니 그 방향은 북쪽입니다. 남의 말을 믿고 따르면 음해를 당하는 운수의 달입니다. 뒤늦게 좋은 말을 얻어 천리를 가게 되는 운수이니 인내하고 기다리면 좋은 결과가 있는 달입니다.

12월 적은 재물을 얻어 보는 달입니다. 만일 노력을 게을리 한다면 수복은 얻기 어려운 운수의 달입니다. 운수가 열려있기는 하나 작지도 않고 크지도 않은 분수에 맞는 운수입니다. 동쪽과 북쪽에 작은 재물 운이 있는 달입니다.

대유지정大有之鼎

먼저는 손재수가 있으나 나중에 이익을 보는 해입니다. 갈 길이 바쁜 나그네가 강을 건너려 하나 배는 이디기고 물새민 나는 형국이로다. 해는 시고 어두운데 등불 없이 밤길을 어찌 가야할꼬. 올해는 명예가 손상되지 않으면 건강을 잃는 운수이니 주의하여야 합니다. 동분서주 하기는 하나 일이 순조롭지 못한 운이기도 합니다. 반드시 때를 기다려야 하니 망령되게 언행하면 낭패를 볼 수 있는 운수입니다. 만일 이사를 하면 가히 그 액이 반감되리라.

음력 월별 이달의 운수해설

1월
남의 일을 하다가 손해를 보는 달입니다. 이달의 운수는 재물을 구하면 가히 얻을 수 있는 운수의 달입니다. 다른 사람과 함께 일을 도모하면 반드시 손해를 보는 운수의 달입니다. 만일 재물 운을 묻는다면 북쪽이 가장 길한 방향의 달입니다.

2월
한 번은 귀인이 도와주는 달입니다. 집에 있으면 길하고 움직이면 후회할 일이 생기는 형국의 달입니다. 동남쪽에 이르니 귀인이 길을 인도하는 형국의 달입니다. 만일 이사하지 않으면 자손에게서 놀랄 일을 당해 보는 달입니다.

3월 재물은 들어오나 구설이 따르는 달입니다. 금성(金姓)은 이롭지 못한 사람이니 서로 만남을 삼가야 하는 운수의 달입니다. 앞길이 열렸으니 반드시 재물에 이익을 보는 달입니다. 운수가 사나우니 구설이 따르는 달이니 주의해야 합니다.

4월 구설수가 따르는 달입니다. 음력 사월과 오월에 액운이 찾아오니 마땅히 모든 행동을 삼가야합니다. 나를 해칠 사람이 있는데 반드시 북쪽에 있는 사람입니다. 다른 지방으로 여행을 하면 구설이 따르는 운수의 달입니다.

5월 상복 입을 수도 있는 달입니다. 복숭아꽃이 흐드러지게 피었는데 돌연 칼바람이 이는 형국이니 뜻하지 않는 액운이 찾아오는 운수의 달입니다. 운수가 불길하니 혹여 소복을 입어볼까 두려운 달입니다. 물고기와 용이 물을 잃는 격이니 처음과 끝이 불리한 형국의 달입니다.

6월 길함과 흉함이 반반인 달입니다. 명산에 기도하면 근심이 흩어지고 기쁨이 생겨나는 형국의 달입니다. 재앙이 변하여 복으로 되는 형국이니 길흉이 서로 반반인 달입니다. 이달은 가히 재물의 근원을 얻는 형국이고 능히 귀신을 물리치는 운수의 달입니다.

7월 분수를 지켜야 길한 달입니다. 재물 운은 나쁘지 않으나 몸에 병이 찾아올까 염려되는 달입니다. 음력 7월, 8월, 9월은 가히 분수를 지켜야 마땅한 운수의 달입니다. 허망한 일을 손대면 반드시 손해를 보는 운수의 달입니다.

8월 재물 운이 그다지 좋지 않으나 숨통은 트이는 형국의 달입니다. 헛된 욕심으로 재물을 탐하면 종래에는 이롭지 못한 운수의 달입니다. 마음을 바로 잡고 몸을 닦으면 백가지 재앙이 물러나는 형국의 달입니다. 재수가 조금 통하니 이로움이 농업에 있는 운수의 달입니다.

9월 이별수의 이사주기 띠르는 달입니다. 끼림이 물읨에 이니 원앙이 흩어지는 형국의 운수입니다. 음력 9월의 운수는 질병을 조심해야 하는 달입니다. 만일 무사히 이러한 운수를 지나게 된다면 이로움이 사방에서 찾아오는 형국의 달입니다.

10월 귀인이 나를 돕는 형국의 달입니다. 깊은 산에 작은 토끼가 호랑이 떼를 막아내고 있는 형국의 달입니다. 우연히 귀인을 만나니 나를 돕고 나를 부추기는 형국의 운수입니다. 남쪽은 마땅치 않고 북쪽으로 가는 것이 마땅한 달입니다.

11월 과거는 흘러갔고 새날이 오는 형국이니 소원을 이루어 보는 달입니다. 분수를 지키고 편히 있으면 재앙을 면하는 운수의 달입니다. 옛것이 지나고 새로운 것이 찾아오니 몸과 마음이 평안한 형국의 달입니다. 작은 것을 큰 것으로 바꾸니 그 이익이 아주 큰 운수의 달입니다.

12월 일가친척을 조심해야 하는 달입니다. 재물이 사방에 있는 형국이니 큰 재물이 들어오는 운수의 달입니다. 육친에 덕이 없으니 오히려 은혜를 준 사람이 원수가 되는 운수입니다. 동쪽과 서쪽 양방향에서는 일을 도모함이 불리한 달입니다.

괘상해설

변괘　　본괘

대유지리大有之離

하는 일마다 순조롭게 이루어지는 해입니다. 파랑 새가 혼담 소식을 전해오니 홀아비가 새장가를 드는 형국입니다. 꽃에 벌과 나비가 모여드니 만사가 화락하도다. 물고기가 용으로 변하니 변화가 무쌍한 운수로다. 하고자 하는 일을 성취하는 해입니다. 식구가 늘어나고 전답과 가세가 늘어나는 운수입니다. 금성(金姓)이 스스로 찾아와 도와주니 기쁨이 배가되는 형국입니다. 사람들이 스스로 찾아와 머리를 조아리니 세상사가 남부럽지 않도다. 금년의 운수는 반드시 기쁜 일이 있을 운수입니다.

음력 월별 이달의 운수해설

1월
순풍에 돛을 달고 항해하는 형국의 달입니다. 귀성이 문에 비추니 귀인과 서로 만나는 형국의 운수입니다. 순풍에 돛을 달고 항해하는 형국이니 앞길에 막힘이 없는 운수의 달입니다. 재물과 복록이 끊이지 않고 아들을 얻는 경사가 있는 달입니다.

2월
소원을 성취해 보는 달입니다. 그름을 헤치고 달이 나오니 푸른 바다와 하늘이 나타나는 형국의 달입니다. 음력 이월의 복숭아와 자두 꽃이 때를 만나 피는 형국의 운수입니다. 이름이 사방으로 전해지니 만인이 나를 우러르는 운수의 달입니다.

3월 질병과 구설이 침범하는 달입니다. 혹여 질병이 침범할 수도 있는 달이니 미리 산천을 찾아 기도하면 면하는 달입니다. 구설이 있는 운수이니 입을 병뚜껑 닫듯이 굳게 지켜야 하는 달입니다. 다행히 점괘에 길성이 있으니 죽을 곳에서 구사일생하는 운수의 달입니다.

4월 고진감래하는 달입니다. 이달의 운수는 자손에 경사가 있는 운수의 달입니다. 화성(火姓)을 가까이 하지 말아야 내가 하는 일에 방해를 받지 않는 운수의 달입니다. 먼저 큰 것을 얻는 운수이니 나중에 반드시 영화가 있은 운수의 달입니다.

5월 사업과 가정이 모두 안정되는 달입니다. 다행히 운수가 돌아오는 형국이니 복록이 스스로 내게 찾아오는 운수의 달입니다. 버들가지는 어둡고 꽃은 밝으니 풍류가 끊이지 않는 형국의 운수입니다. 먼저 큰 이익을 얻고 나중에 안정을 얻는 운수의 달입니다.

6월 남과 다투어 보는 달입니다. 남국의 봄이 돌아오니 백가지 꽃이 다투어 피는 형국의 달입니다. 마음을 곧게 하고 때를 기다리면 반드시 흥하는 운수의 달입니다. 남과 다투게 되면 피해는 있으되 이익은 얻을 수 없는 운수의 달입니다.

7월 나중에 반드시 재물을 얻는 운수의 달입니다. 재성이 문에 들어오는 형국이니 반드시 횡재수가 있는 달입니다. 먼저 손해 보고 나중에 이익을 보는 형국이니 고진감래의 달입니다. 기쁨의 소리가 높은 누각에 까지 미치니 기쁨이 집안에 가득한 형국의 달입니다.

8월 귀인이 돕는 달입니다. 낚싯대를 깊은 연못에 던져서 황금 물고기를 낚아 올리는 형국의 달입니다. 귀인이 서로 나를 돕는 형국이니 이익이 그 가운데 있는 달입니다. 재물이 서쪽에 있는데 뜻밖의 재물을 얻는 형국의 달입니다.

9월 관재수와 구설수가 있는 달입니다. 깊은 산에서 갈 길을 잃은 격이니 갈 길이 아득하기만 한 형국의 달입니다. 겨우 구설수를 면하는가 싶더니 관재수가 기다리고 있는 형국의 달입니다. 많은 사람들이 나를 피하니 소망을 이루기 힘든 형국의 달입니다.

10월 문서를 잡는 달입니다. 복숭아와 자두 꽃은 이미 시들어 떨어졌으나 단풍과 국화가 아름다운 형국의 달입니다. 문서에 길함이 있고 논밭에서 이익이 있는 운수의 달입니다. 마음을 정직한 데에 두니 세상풍파에 흔들림 없이 나아가는 형국의 달입니다.

11월 소원성취해 보는 달입니다. 원행을 하면 불리한 일을 당해보는 운수의 달입니다. 적은 것을 쌓아 큰 것을 이루는 형국이니 갑부가 부럽지 않은 운수의 달입니다. 사나이가 뜻을 얻은 형국이니 의기가 양양한 달입니다.

12월 실물수가 있는 달입니다. 이달의 운수는 실물수가 염려되는 운수입니다. 하는 일이 여의치 못하니 세상 일이 허망한 형국의 달입니다. 만일 아는 사람 중에서 금성(金姓)이 나를 도우면 반드시 기쁜 일이 있는 운수의 달입니다.

대유지규大有之睽

괘상해설

변괘　　본괘

머리는 있으나 꼬리는 없고 다른 사람과 등을 지는 해입니다. 매사에 황당한 일을 당하니 대낮에 도깨비를 만난 격이로다. 일에 두서가 없어 그 결과를 예측하기 어려운 운수로다. 먹구름이 태양을 가리니 대낮도 한 밤중인 형국입니다. 앞날을 예측할 수 없으니 전전긍긍하는 운수입니다. 달도 차면 이지러지는 법이요, 호박잎도 서리를 맞으면 떨어지는 법이라. 친한 사람에게 사기를 당하는 운수이니 매사에 중심을 잘 잡고 행동해야 하는 운수입니다.

음력 월별 이달의 운수해설

1월　손재수와 질병이 있어보는 달입니다. 범이 단풍나무 숲에서 소리를 내니 어두운 골짜기에서 길을 잃는 형국의 달입니다. 만일 손재수가 아니면 질병이 몸에 침노하는 형국의 운수입니다. 해가 구름 속에 들어가니 밝히고자 해도 밝히지 못하는 답답한 형국의 달입니다.

2월　하는 일에 막힘이 많은 달입니다. 배가 얕은 물로 향하니 땅에 닿아 앞으로 나가지 못하는 형국의 달입니다. 배가 강기슭에 멈춰선 형국이니 마음이 처량한 운수의 달입니다. 세상사가 뜬 구름 같아 처음에는 길하고 나중에는 흉한 운수의 달입니다.

3월 질병이 침노하는 달입니다. 사방을 돌아보아도 일가친척이 없는 형국이니 내 몸은 어디로 가야 하는가를 고민하는 형국의 달입니다. 명산에 찾아가 기도하면 흉한 운수를 면해 보는 달입니다. 상문살이 와서 질병이 있는 운수이니 조심해야 하는 달입니다.

4월 경거망동을 삼가야 하는 달입니다. 해가 구름 속에 들고 구름은 해를 덮는 형국의 운수입니다. 경거망동한 행동으로 출행하면 흉한 일을 겪게 되는 운수의 달입니다. 사람으로 인해 해가 있으니 특히 금성(金姓)을 멀리 해야 하는 달입니다.

5월 뜻밖의 어려움을 겪어 보는 달입니다. 복숭아와 자두 꽃이 만발한데 갑자기 광풍이 몰아치는 형국의 달입니다. 재물 운이 서서히 일어나니 집안이 흥왕한 운수의 달입니다. 편안히 마음 다스리고 집안에 있으면 이익이 그 가운데 있는 형국의 달입니다.

6월 욕심을 부리면 손해를 보는 달입니다. 작은 것으로 큰 것을 바꾸니 재수가 대통하는 운수의 달입니다. 남의 재물을 탐하게 되면 도리어 손해를 보는 운수의 달입니다. 만일 관재수가 아니면 구설을 면하기 어려운 운수의 달입니다.

7월 일시적인 금전적 어려움을 겪어 보는 달입니다. 인적 없는 산길에 도적이 칼을 품고 기다리는 형국의 달입니다. 새가 날개가 상하여 날려고 해도 날지 못하는 형국의 달입니다. 모든 일은 순서가 있는 법이니 급하게 서두르면 손해를 보는 운수의 달입니다.

8월 하는 일이 부진한 달입니다. 이지러진 달이 다시 둥근 달이 되어 세상을 밝히니 의심난 일을 판단해 보는 달입니다. 천지가 비록 넓다하나 내 몸 둘 곳이 없는 형국의 달입니다. 고통과 힘든 시절이 이어지고 기쁨과 근심이 섞여 있는 형국의 달입니다.

9월 손재수가 있는 달입니다. 이달의 운수는 흉신이 침범하는 운수의 달입니다. 도둑이 들까 가히 두렵고 재물을 잃을까 가히 두려운 형국의 달입니다. 눈에 보이지 않는 손해가 천금을 이루는 운수의 달입니다.

10월 재물은 들어오나 문서를 조심해야 하는 달입니다. 뜻하지 않은 재물이 들어오는 운수의 달입니다. 도모하는 일은 비록 많으나 이루어지는 일은 하나도 없는 운수의 달입니다. 특히 토성(土姓)을 가까이 하면 문서를 취하는데 이롭지 못한 운수의 달입니다.

11월 가정불화가 있어보는 달입니다. 이달의 운수는 높은 곳에서 떨어짐을 가히 염려해야 하는 달입니다. 먼 길을 나가면 반드시 그 해를 입어보는 운수의 달입니다. 가정이 불화하게 되어 공연히 손해를 보는 운수의 달입니다.

12월 가정에 액운이 있는 달입니다. 만일 질병이 침노하지 않으면 부모님에게 근심이 있을 운수의 달입니다. 흉신이 발동하니 부부 궁에 액운이 있는 운수의 달입니다. 하는 일이 여의치 못하니 세상이 허망한 형국의 달입니다.

규지미제睽之未濟

매사에 막힘이 많으니 여의하지 못한 해입니다. 심한 종창이 생기니 용한 의원도 고치기 어려운 형국입니다. 가신(家神)이 발동하여 불안하니 집안에 우환이 생기는 해입니다. 경영을 올바로 하려하나 반대로 진행이 되니 답답한 운수로다. 우연히 얻은 재물이 화근이 되는 형국입니다. 사소한 욕심이 화를 부르는 상입니다. 올해는 물조심, 불조심을 하여야 하는 운수입니다. 세월의 무상함을 한탄치 말고 명산에 기도하면 작게 가고 크게 받을 수 있도다.

음력 월별 이달의 운수해설

1월
구설수가 따르는 달입니다. 지신(地神)이 발동하니 반드시 구설이 생겨보는 달입니다. 만일 손재수가 없으면 우환이 끊이지 않는 운수의 달입니다. 다른 사람의 재물을 탐하지 말아야 선량한 재물이 손실을 보지 않는 달입니다.

2월
하는 일에 마장이 따르는 달입니다. 세 사람 가운데 한 사람이 불량한 사람인 형국의 달입니다. 경영하는 일이 될 듯하다 되지 않는 운수의 달이기도 합니다. 마른 나무가 서리를 만난 형국이니 살길이 막막한 운수의 달입니다.

3월 욕심을 버리면 평안한 달입니다. 굶주린 사람이 밥을 얻었으나 숟가락이 없어 못 먹는 형국의 달입니다. 달이 기울어 서쪽 창가에 비추니 괴이한 꿈으로 시달려 보는 형국의 달입니다. 탐욕이 끊임이 없으면 복이 변하여 재앙으로 변하는 운수이니 주의해야 하는 달입니다.

4월 경거망동을 하지 말고 안정을 취해야 하는 달입니다. 옛것을 지켜 평안함을 찾고 다른 일을 도모하지 말아야 어려움이 없는 달입니다. 달이 검은 구름에 가려지니 그 빛을 보지 못하는 형국의 달입니다. 다른 사람과 함께 일을 도모해 보나 도무지 성공을 해 보지 못하는 운수의 달입니다.

5월 귀인은 도우나 경거망동을 주의해야 하는 달입니다. 동쪽과 남쪽에서 귀인이 찾아와서 돕는 형국의 운수입니다. 무심코 던진 한 마디가 일파만파 되어 되돌아오는 달이니 말조심을 해야 하는 달입니다. 분수 밖의 일을 꾀한다면 반드시 실패가 따르는 달입니다.

6월 하는 일에 막힘이 있는 달입니다. 서로 사이좋게 마주보고 세상사를 의논하는 것 같지만 그 속마음은 닫혀있는 형국이니 답답한 달입니다. 음력 유월과 칠월에는 백가지 일에 마장이 생기는 달입니다. 하는 일에 엎어짐이 많으니 남을 조심하여야 하는 운수의 달입니다.

7월 욕심을 버리면 안정되는 달입니다. 앞으로 나가려고 하나 길이 없으니 이일을 어찌해야하나 하고 한탄하는 운수의 달입니다. 작은 것을 탐내다가 큰 것을 잃는 운수이니 소탐대실(小貪大失)의 운수는 어쩔 수 없는 달입니다. 옛 것을 지켜 안정을 하면 흉한 일이 변하여 길한 일이 되는 운수의 달입니다.

8월 재물 운이 들어오는 달입니다. 이달의 운수는 적은 재물 운이 있는 운수의 달입니다. 가문 싹이 비를 만난 격이니 먼저는 흉하고 나중은 길한 운수의 달입니다. 이성을 가까이하면 반드시 손해를 보는 운수의 달입니다.

9월 분수를 지키면 무탈한 달입니다. 낯선 사람을 사귀고 놀면 피해를 보는 달입니다. 생겨나는 허망한 욕심을 버리지 못하면 도리어 그 피해를 보는 달입니다. 서쪽과 북쪽 이 양방이 가장 이롭지 못한 방향이니 주의해야 하는 달입니다.

10월 구설수가 따르는 달입니다. 이달의 운수는 횡액이 가히 두려운 운수의 달입니다. 매사에 막힘이 많은 운수이니 경거망동하지 말아야 하는 달입니다. 목성(木姓)을 조심하지 않으면 구설이 침노하는 운수의 달입니다.

11월 욕심을 버리면 화평한 달입니다. 일 년의 재물 운은 변화한 도시의 한겨울에 있는 형국의 달입니다. 눈앞의 이익만 취하다 보면 낭패를 볼 수 있는 운수의 달입니다. 집안에 경사수가 찾아드니 자손에 경사가 있을 운수의 달입니다.

12월 어려움 가운데 재물이 들어오는 달입니다. 이달의 운수는 모래를 쪄서 밥을 짓는 형국의 운수입니다. 우연히 재물이 들어오는 운수의 달입니다. 화성(화성)이 와서 도우면 적은 재물을 가히 얻을 수 있는 운수의 달입니다.

괘상해설

변괘　　본괘

규지서합睽之噬嗑

음양이 화합하니 결실을 맺을 해입니다. 자손을 원하는 집에서는 득남할 운수요, 결혼 못한 사람은 결혼을 할 수 있는 해입니다. 삼춘에 꽃이 피고 떨어지니 열매를 맺는 형국입니다. 만인이 화락하니 매사가 순조로울 운수입니다. 구름이 흩어지고 달이 나오니 그 빛이 영롱하도다. 헌 옷을 벗고 새 옷을 입으니 마침내 금의환향하는 운수로다. 봄 가뭄에 단비를 만나니 봄꽃이 만개한 형국입니다.

음력 월별 이달의 운수해설

1월
원하는 바를 성취해 보는 달입니다. 이달의 운수는 꽃이 봄 동산에 만발한 형국의 달입니다. 남들이 많이 돕는 운수이니 재물 운이 길한 운수의 달입니다. 봄이 화원에 찾아드는 형국이니 생남할 경사가 있는 달입니다.

2월
한 번 웃고 한 번 우는 달입니다. 만일 벼슬을 하지 못하면 반드시 재난과 액운이 따르는 운수의 달입니다. 운수가 크게 형통하니 길한 일이 도처에 있는 형국의 달입니다. 생남할 경사가 있고 모든 일이 갖추어지고 순탄하게 이루어지는 운수의 달입니다.

3월 이사수가 있는 달입니다. 갖가지 아름다운 꽃들로 온 도시가 화려한 형국의 달입니다. 만일 이사를 하지 않으면 상복 입을 염려가 있는 운수의 달입니다. 꽃이 피고 열매 맺는 형국이니 일에 성공함이 많은 운수의 달입니다.

4월 경거망동하면 낭패를 보는 달입니다. 동쪽의 목성(木姓)이 우연히 찾아와 나에게 힘을 실어주는 형국의 달입니다. 무리한 횡액이 눈앞에 닥치는 형국의 달입니다. 이가(李家)나 박가(朴家)가 나를 돕는 형국의 달입니다.

5월 재물이 들어는 달입니다. 이달의 운수는 흉한 일이 많고 길한 일이 적은 운수의 달입니다. 재물이 문에 들어오는 형국이니 동쪽과 북쪽에서 재물이 왕성한 운수의 달입니다. 헛되게 움직이면 해롭고 현실성 있게 일을 도모하면 길한 운수의 달입니다.

6월 고진감래의 달입니다. 산과 들어 봄이 돌아와 꽃의 색깔을 더하는 형국의 달입니다. 뜻밖의 귀인이 우연히 찾아와 힘을 돕는 형국의 달입니다. 흉한 중에 길함을 구하는 형국이니 먼저는 흉하고 나중은 길한 운수의 달입니다.

7월 횡재수가 있는 달입니다. 이달의 운수는 나가고 들어감이 빈번한 운수의 달입니다. 마땅히 동쪽이나 서쪽으로 가면 반드시 횡재수가 있는 운수의 달입니다. 재성이 몸에 임하니 가히 횡재함을 기약해 보는 운수의 달입니다.

8월 재물을 얻는 달입니다. 만일 귀인을 만나게 되면 재물도 왕성하고 몸도 왕성한 형국의 달입니다. 상업적인 이치가 크게 통하니 그 기회를 잘 잡아야 하는 운수의 달입니다. 매사가 여의로우니 몸과 마음이 평안한 운수의 달입니다.

9월 하는 일에 허망함이 따르는 달입니다. 이달의 운수는 곧은 낚시 바늘로 물고기를 낚는 형국의 달입니다. 만일 남의 힘을 얻는다면 빈손으로 성공하는 운수의 달입니다. 그러나 내 마음속의 번민을 그 누가 알아줄까.

10월 소원성취를 해보는 달입니다. 재물이 산과 같고 언덕 같이 쌓인 형국이니 그 복록이 끝이 없는 운수의 달입니다. 식구가 늘고 백가지 복록이 나를 따르는 형국의 운수입니다. 집안이 태평하고 만사가 여의한 운수의 달입니다.

11월 재물을 얻는 달입니다. 추운 계곡에 봄이 오니 가히 풍년이 드는 형국의 운수입니다. 만일 이름이 나지 않으면 재물을 얻는 형국의 운수입니다. 우연한 기회에 귀인을 만나 손에 천금을 희롱하는 운수의 달입니다.

12월 관재구설수를 조심해야 하는 달입니다. 시비를 가까이 하게 되면 구설이 침범하는 운수의 달입니다. 시비에 참여하게 되면 관재구설이 두려운 운수의 달입니다. 목성(목성)을 조심해야 하고 적은 손재수가 따르는 달입니다.

규지대유睽之大有

불길한 운수이니 자중 근신해야 할 해입니다. 활은 있으나 화살이 없으니 들어오는 적을 어찌 막을 수 있으랴. 목이 말라 우물을 파지만 물을 얻기 힘든 형국입니다. 만약 수성(水姓)을 만나면 천금을 얻을 수 있을 운수입니다. 또한 이사를 하게 되면 액운을 조금 면할 수 있는 운수입니다. 한번은 기쁘고 한번은 슬프니 그 원인이 선조의 무덤에 있는 형국입니다. 선조의 무덤을 한 번 돌아볼 수로다. 곤고함을 한탄하지 말라 나중에는 반드시 태평함이 있을 운수입니다.

음력 월별 이달의 운수해설

1월　기운이 쇠진한 달입니다. 범이 진력을 다하니 기운이 쇠진한 형국으로 어찌 생활에 활력이 있으리오. 하는 일에 두서가 없으니 마음과 생각이 정해지기 어려운 형국의 운수입니다. 출행하면 길하니 동쪽이나 남쪽으로 가는 것이 마땅한 운수의 달입니다.

2월　실물수와 관재수가 따르는 달입니다. 이달의 운수는 실물수가 염려되는 달입니다. 음력 이월과 삼월은 하는 일에 거스름이 많은 운수의 달입니다. 만일 원행을 하지 않으면 관재수를 조심해야하는 운수의 달입니다.

3월 어려움이 따르는 달입니다. 만일 질병이 없으면 자손을 얻는 운수의 달입니다. 한 손바닥으로는 소리를 낼 수 없고 많은 입은 막을 수 없는 것 같은 형국의 소원을 이루기 어려운 달입니다. 신상에 위태함이 있으니 사람 많은 도회지에 가지 말아야 하는 운수의 달입니다.

4월 남 좋은 일만 시키는 달입니다. 조개와 까치가 서로 다투는데 어부가 이익을 챙기는 형국의 달입니다. 동쪽은 길하고 남쪽은 해로운 방향의 달입니다. 하는 일에 분수를 지켜 남의 재물을 탐내지 말아야 하는 달입니다.

5월 금전 운이 약한 달입니다. 신수가 불리하니 횡액을 가히 주의해야 하는 운수의 달입니다. 가까운 곳으로부터 시작하여 먼 곳에 이르는 것이 이치이니 작은 것을 쌓아 큰 것을 이루는 형국의 운수입니다. 피해를 주는 사람은 금성(金姓)이니 동업을 하지 말아야 하는 운수의 달입니다.

6월 고진감래의 달입니다. 황량한 산에 날이 저물고 비만 추적추적 내리는 형국의 달입니다. 고목에 봄이 돌아오니 종래에는 빛을 보는 형국의 달입니다. 매사에 막힘이 있으니 심신이 산란한 달입니다.

7월 기쁨과 실망이 교차하는 달입니다. 가문 하늘에 단비가 내리니 오곡백과가 풍성한 형국의 달입니다. 몸은 왕성하나 재물은 물러나는 형국으로 얻음과 잃음이 각각 반반인 형국의 달입니다. 분수를 지키고 살아야 하고 망령되이 행동하면 실패가 따르는 형국의 달입니다.

8월 마음을 다스리고 자중해야 하는 달입니다. 사방에서 초나라 노래가 들리는 형국이니 나를 이롭게 하는 사람이 없는 운수의 달입니다. 마음에 정한 바가 없으니 뜻밖의 일을 당해 보는 운수의 달입니다. 도모하는 일에 어두운 그림자가 드리워 졌으니 때를 기다려 행동해야 하는 운수의 달입니다.

9월 때를 기다려 움직여야 하는 달입니다. 서쪽과 북쪽에 길함이 있으니 필시 여인의 도움을 받는 운수의 달입니다. 그러나 종 래에는 좋지 않으니 이도 또한 운명이요, 남을 원망한 들 무슨 소용이리요. 도모하는 일이 분명하지 않으니 기회를 보아 행동해야 하는 운수의 달입니다.

10월 질병을 앓아 보는 달입니다. 고목에서 벌레가 생겨나는 형국 이니 밖은 화려하나 속은 비어있는 형국의 달입니다. 이달의 운수는 질병을 조심해야 하는 달입니다. 길한 날을 택하여 미리 액을 물리치면 가히 액운을 면하는 달입니다.

11월 경거망동하면 해를 보는 달입니다. 조용히 안정하고 있으면 길하나 움직여 경거망동하면 해를 보는 운수의 달입니다. 목 성(木姓)과 동업을 한다면 가히 재물을 얻을 수 있는 운수의 달입니다. 분수 밖의 일을 행하지 말아야 하는 달입니다.

12월 구설수가 따르는 달입니다. 밝은 달빛으로 별빛이 흐리니 까마 귀와 까치가 밝음을 찾아 남쪽으로 날아가는 형국의 달입니다. 크게 가문 때에 단비를 만나 기쁨을 얻는 형국의 달입니다. 본래 이익 본 것도 없고 피해 본 것도 없는 데 구설수가 따르는 형국 의 달입니다.

괘상수

331

괘상해설

변괘　　본괘

리지여離之旅

집안에 있으면 심란하니 출행하여 심란함을 달래는 해입니다. 출행이라 함은 외방에서 경영하는 것이라. 쥐가 창고에 든 격이니 경영을 함에 있어서 천금을 희롱하는 운수입니다. 비록 마음은 어지러우나 경영하는 일에 전념을 한다면 좋은 결과를 갖는 해입니다. 비록 재물 운은 좋다하나 몸이 천근 만근이 되니 병마가 찾아 들까 염려되는 운수입니다. 우연히 귀인이 와서 도와주니 뜻밖의 재물을 얻는 형국이로다. 다만 현무가 발동하여 실물수가 따르니 주의하여야 합니다.

음력 월별 이달의 운수해설

1월
욕심을 버려야 관재구설을 면하는 달입니다. 봄이 고국에 돌아오니 만물이 다시 살아나는 형국의 달입니다. 의식이 풍족한 운수이니 무엇을 더 바랄 것이 있겠는가. 재물을 탐하게 되면 관재수가 생겨나는 운수이니 조심해야하는 달입니다.

2월
재물이 들어오는 달입니다. 한 조각구름에 상서로운 기운이 감도는 형국이니 좋은 일이 있을 달입니다. 용이 작은 시냇물에 있는 형국이니 큰 것을 구하기는 어려운 형국이니 지금을 만족해야 하는 달입니다. 재물운의 때를 만나니 우연히 천금을 얻는 운수의 달입니다.

3월 소원을 이루는 달입니다. 봄바람 삼월에 복숭아꽃이 만발한 형국의 달입니다. 길성이 운명에 드니 가히 관록을 얻는 운수의 달입니다. 근심이 흩어지고 기쁨이 생기는 운수이니 신수가 태평한 달입니다.

4월 귀인이 나를 돕는 달입니다. 동풍에 가랑비가 내리니 복숭아와 자두 꽃이 봄을 희롱하는 형국의 달입니다. 귀인이 나를 도우니 가히 천금을 희롱하는 운수입니다. 꽃이 봄 숲에 피는 형국이니 자손을 얻는 운수의 달입니다.

5월 재물을 얻는 달입니다. 음력 오월과 유월에는 재물이 산과 언덕을 이루는 형국의 달입니다. 문을 나서니 크게 길하여 의외의 재물을 얻는 운수의 달입니다. 경영하는 일이 사람으로 인하여 성사되는 운수의 달입니다.

6월 귀인이 나를 돕는 달입니다. 재물로 성공하든 관록으로 성공하든 반드시 성공하는 달입니다. 많을 것을 갖추고 이루니 뜻밖의 재물을 얻어 보는 운수의 달입니다. 가운이 왕성하고 귀인이 나를 돕는 운수의 달입니다.

7월 하는 일에 막힘이 많은 달입니다. 남과 도모하는 일에 반드시 재물의 이익이 따르는 운수의 달입니다. 건조하고 찬바람이 저녁에 일더니 오동나무가 가을을 알리는 형국의 달입니다. 서쪽의 여자를 믿지 말라 끊이지 않는 구설이 따를 운수의 달입니다.

8월 자손에 경사가 있을 달입니다. 움직이지 않고 있으면 길하고 움직이면 허물을 얻는 형국의 달입니다. 집에 경사가 있는 우수이니 자손에 경사가 있을 운수입니다. 만일 그렇지 않으면 관록을 얻는 운수의 달입니다.

9월 소원을 이루어 보는 달입니다. 가문 하늘에 단비가 내리니 오곡백과가 풍년을 이루는 형국의 달입니다. 경영하는 일은 남으로 인하여 성사되는 운수의 달입니다. 이달의 운수는 매사에 길함이 있는 달입니다.

10월 고진감래의 달입니다. 이달의 운수는 근심이 흩어지고 기쁨이 생기는 달입니다. 동원의 복숭아와 자두나무가 비로소 그 열매를 맺는 형국의 달입니다. 꽃이 타향에 피니 밖에 나가면 재물을 얻는 운수의 달입니다.

11월 집안에 경사가 있는 달입니다. 소망한 일은 반드시 성취되는 운수의 달입니다. 원앙이 서로 고개를 비비는 격이니 처궁에 경사가 있을 운수의 달입니다. 힘써 노력한다면 반드시 재물의 이익을 보는 달입니다.

12월 착한 마음으로 일하면 의외의 횡재수가 있는 달입니다. 귀신의 눈은 번개와도 같으니 음한 일을 짓지 말아야 하는 달입니다. 재물로 인하여 마음이 상하는 운수이니 헛된 욕심을 부리지 말아야 하는 달입니다. 분수를 지키고 안정되게 있으면 의외의 횡재를 하는 운수의 달입니다.

리지대유離之大有

옛것이 지나가고 새것이 오는 해입니다. 매사가 불리하니 마음을 안정시켜야 하는 운수입니다. 상복을 입어보는 해이기도 합니다. 흉신이 숨어들어 오니 가정이 불안하도다. 윗사람과 아랫사람이 서로 불화하니 만사가 순조롭지 못한 상이로다. 친지에게 근심이 없으면 슬하에 근심이 있을 운수입니다. 다행히 이익이 동남쪽에 있는 운수입니다. 결국 흉함이 극에 달하면 길함으로 바뀌는 법이니 명산을 찾아 지성으로 기도하면 가히 액운을 면할 수 있는 해입니다.

음력 월별 이달의 운수해설

1월
소원을 이루기 어려운 달입니다. 고목은 봄이 없으니 꽃이 피는 것을 바라기 어려운 형국의 달입니다. 만일 그렇지 아니하면 집안이 불안한 형국의 운수입니다. 만일 금성(金姓)을 가까이 하면 손재수를 면하기 어려운 운수의 달입니다.

2월
먼저는 길하고 나중은 흉한 달입니다. 집을 떠나 어디로 가는고 하니 몸이 도시에서 노는 형국의 달입니다. 신수가 비색하여 그 허물을 벗고자 하여도 벗지 못하고 얻지 못하는 형국의 운수입니다. 남의 말을 믿으면 먼저는 길하고 나중은 흉한 운수의 달입니다.

3월 귀인을 만나는 달입니다. 만일 원행하지 않으면 반드시 이사를 하는 운수의 달입니다. 벼슬을 하여도 쉽게 물러날 운수요, 농사를 하여도 이익이 없는 운수의 달입니다. 다행히 귀인을 만나게 되면 횡액을 면해 보는 달입니다.

4월 차분히 때를 기다려야 하는 달입니다. 집에 있으면 수심이 차고 나가면 마음이 편안한 운수의 달입니다. 마음을 바르게 하고 몸을 닦아 천명을 기다려야 하는 달입니다. 불전에 기도하면 흉이 변하여 길함이 되는 운수의 달입니다.

5월 인내하면 복이 되는 달입니다. 이익이 문서에 있는데 그것은 농업에 관한 일이라. 가신이 나를 도우니 흉한 것이 가고 복이 오는 운수의 달입니다. 재운이 왕성하니 재물과 비단이 차고도 넘치는 형국의 운수입니다.

6월 경거망동하지 말아야 길한 달입니다. 만일 질병이 없으면 가히 구설이 침노하는 운수의 달입니다. 먼저 집터에 제사를 지내면 혹여 그 흉액을 면하게 되는 달입니다. 망령되이 행동하지 말고 평안함을 지켜 때를 기다려야 하는 운수의 달입니다.

7월 마음을 수양해야 하는 달입니다. 길하고 좋은 날을 가려 제당에 기도하며 때를 기다려야 하는 운수의 달입니다. 송사수가 있으니 남과 다투지 말아야 하는 운수의 달입니다. 하는 일에 무너짐이 많으니 이를 어지하나.

8월 일에 대한 결과를 얻기 어려운 달입니다. 하는 일에 해결됨이 없으니 머리는 있고 꼬리는 없는 형국의 달입니다. 남과 더불어 동업을 한다면 목성(木姓)과 함께 함이 유리한 달입니다. 신상에 액운이 따르니 가신에게 기도하여야 무탈한 운수입니다.

9월 아직 때를 기다려야 하는 달입니다. 백가지 일을 성취하는 형국이니 집안에 기쁨이 가득한 운수의 달입니다. 이름이 나고 정신이 왕성하니 한가로운 곳에서 재물을 구하는 형국의 달입니다. 운수가 좋지 않으니 억지로 구하여 하지 말고 때를 기다려야 하는 달입니다.

10월 수신제가 하고 있어야 하는 달입니다. 만일 부모에 근심이 없으면 자손에 놀랄 일이 있는 운수의 달입니다. 목성(木姓)이 이롭지 못하니 거래를 하지 말아야 하는 운수입니다. 때를 기다려 안정을 취하면 괴로운 뒤에 기쁨이 오는 운수의 달입니다.

11월 세상 일이 허망하다는 것을 느껴보는 달입니다. 세상사가 모두 황망하고 일장춘몽과 같은데 과거를 후회하지 말고 정도를 걸어야 하는 달입니다. 만일 액운을 막지 못하면 길함이 흉하게 되는 운수의 달입니다. 남과 더불어 하는 일은 반드시 허황함을 맛보는 운수의 달입니다.

12월 질병을 조심해야 하는 달입니다. 동쪽에 있는 나무가 때때로 바람에 슬피 우는 형국의 달입니다. 신수가 약간 비색하니 질병을 얻어 신음해 보는 운수의 달입니다. 목성(목성)을 가까이 하면 반드시 재앙을 받아 보는 달입니다.

괘상해설

변괘　　본괘

리지서합離之噬嗑

경영하는 일이 반드시 성공하는 해입니다. 남산에 들어 활로 호랑이를 잡으니 화살이 다섯 번을 적중하는 형국이로다. 이떤 일을 경영하든지 확실한 결과를 얻을 수 있는 해입니다. 순조로운 가운데 이익이 있으니 기쁨이 두 배로다. 귀인은 동쪽에 있고 이익은 서쪽에 있으니 사방에서 나를 돕는 형국입니다. 다만 관재수가 따르기는 하나 큰 피해는 없는 형국입니다. 처음은 곤고하나 마침내 성공하는 운수입니다.

음력 월별 이달의 운수해설

1월
원하는 바를 이루어 보는 달입니다. 마른 샘물이 비를 만나 다시 고인 샘물로 변하는 형국의 달입니다. 지성이면 감천이라 반드시 소원을 이루는 운수의 달입니다. 위엄이 사방에 떨쳐지니 의기양양한 형국의 운수입니다.

2월
고진감래하는 달입니다. 때를 기다려 안정을 취하고 있으면 고진감래의 운이 오는 형국의 달입니다. 집안에 자손의 경사가 있는 운수의 달입니다. 칠년 가뭄에 단비가 촉촉이 내리는 형국의 운수입니다.

3월 소원성취를 해 보는 달입니다. 용이 바다를 얻은 격이니 조화가 무궁한 운수의 달입니다. 단비와 기름진 이슬이 초목을 윤택하게 하는 형국의 운수입니다. 운수가 길함을 만나니 반드시 소망을 이루는 운수의 달입니다.

4월 욕심을 버리면 조금의 재물은 얻을 수 있는 달입니다. 벼슬이 높고 관록이 많으니 금옥이 만당한 형국의 운수입니다. 재물은 시장에 있으니 구하면 조금은 얻을 수 있는 운수의 달입니다. 원행은 불리하니 집에 있느니만 못한 운수의 달입니다.

5월 실물수가 있는 달입니다. 실물수가 있으니 매사에 조심하여야 하는 운수의 달입니다. 목마른 자가 마실 물을 얻는 격이요, 배고픈 자가 밥을 얻는 격의 운수입니다. 만일 원행이 아니면 질병이 침노하는 운수의 달입니다.

6월 재물이 들어오는 달입니다. 만일 재물을 얻지 않으면 벼슬을 가히 기약해 보는 운수의 달입니다. 금성(金姓)이나 목성(木姓)이 뜻밖에 나를 돕는 형국의 달입니다. 동풍이 달콤하게 불어오니 봄기운이 화목하고 풍경이 밝은 형국의 운수입니다.

7월 경거망동을 삼가야 하는 달입니다. 음력 칠월과 팔월에는 물고기와 용이 물을 얻는 형국의 운수입니다. 동쪽 정원에 봄이 저물어 가니 벌 나비가 어찌 할 바를 모르고 방황하는 형국의 달입니다. 분수를 지키고 망령스럽게 움직이지 말아야 하는 운수의 달입니다.

8월 귀인이 나를 돕는 형국의 달입니다. 이달의 운수는 좋은 일이 많은 달입니다. 서쪽과 북쪽 양방향에서 귀인이 와 돕는 형국의 달입니다. 귀인은 무슨 성씨인 고 하니 반드시 목성(木姓)인 사람입니다.

9월 귀인이 나를 돕는 달입니다. 개인하는에 달이 뜨니 경치에 빈해 웃음이 절로 나오는 형국의 달입니다. 집안에 상서롭지 못한 기운이 있으니 미리 액운을 막아 넘긴다면 길한 달이 됩니다. 귀인은 어디에 있는 고 하니 반드시 서쪽과 북쪽 방향에 있는 달입니다.

10월 구설을 조심해야 하는 달입니다. 남의 재물을 탐하면 반드시 허황한 일을 당하는 달입니다. 가을을 만난 연꽃이 한 때 만발한 형국의 달입니다. 재수에는 흠이 없는 운수이나 작은 구설이 있는 운수의 달입니다.

11월 재물을 얻는 달입니다. 푸른 파도에 낚시를 던지니 뒤 늦게 그 물고기를 얻는 형국의 달입니다. 재수의 근원이 깊고 기니 손에서 천금을 희롱할 운수의 달입니다. 만일 횡재가 아니면 관록이 몸에 임하는 운수의 달입니다.

12월 순리를 따라야 평안한 달입니다. 삼년을 날지 않았으니 한 번 날았다하면 하늘을 찌를 듯한 형국의 운수입니다. 돌 사이의 가는 물줄기가 쉬지 않고 바다로 흘러 들어가듯이 하는 일이 유순하여 구하고자 하는 바를 가히 얻어 보는 운수의 달입니다.

서합지진嘧嗑之晉

앞으로 나아감이 순조롭지 않으니 하고자 하는 일을 달성하기 어려운 해입니다. 만 리를 출행하는데 갈수록 태산일 운수로다. 매사가 여의치 못하여 불리하니 자리를 빈번하게 옮겨 볼 운수입니다. 근심이 떠나지 아니하니 원행하면 한가하리라. 사소한 일로 다투게 되면 관재구설이 따를 수이니 주의하여야 합니다. 오동나무에 잎이 떨어지니 봉황이 깃들지 않는 형국입니다. 혹여 상복을 입거나 병마가 찾아들 운수입니다.

음력 월별 이달의 운수해설

1월
순리를 따라야 평안한 달입니다. 깊은 산에 늙은 소나무요, 큰 바다에 조각배 같은 운수의 달입니다. 물을 거슬려 배를 항해하니 앞길이 순탄치 못한 형국의 달입니다. 일에 정한 이치가 있으니 흉함이 변하여 길함이 되는 달입니다.

2월
가시덤불을 지고 구들장속에 있는 격이니 사람인가 귀신인가 몰골을 구분하기 어려운 형국의 달입니다. 아래 위 사람이 마음이 서로 다르니 매사 이루어지는 일이 없는 운수의 달입니다. 토성(土姓)과 목성(木姓) 두 성씨가 우연히 찾아와 나를 해치는 달입니다.

3월 노력한 만큼 얻지 못하는 달입니다. 봄 음력 삼 개월 동안은 이익이 없는 달이 되고 여름이 오면 여의한 일들이 많을 운수입니다. 북쪽을 가까이 하면 재산을 탕진할 일이 있을 운수의 달입니다. 비록 노력은 하나 도리어 공이 없는 운수의 달입니다.

4월 원행해 보는 달입니다. 일에는 순서가 있는 법이니 급하게 서두르지 말아야 하는 운수의 달입니다. 심신이 태평한 형국이니 집안에 경사가 있는 운수의 달입니다. 재물이 땅 끝에 있는 격이니 원행하면 길한 운수의 달입니다.

5월 구설수가 있는 달입니다. 수심이 끊이질 않고 구설이 침범하는 운수의 달입니다. 도로에서 낭패수가 있으나 사람들이 모두 입을 닫고 쉬쉬하는 형국의 운수입니다. 사람 목숨을 구해주었으나 도리어 은혜를 원수로 갚는 형국의 운수입니다.

6월 고진감래의 달입니다. 귀인이 나를 도우니 영귀할 때가 있는 운수의 달입니다. 꽃 지고 열매 없는데 광풍까지 부는 형국의 운수입니다. 옛것을 지키고 평상시대로 생활하고 있으면 흉함이 변하여 길함으로 변하는 운수의 달입니다.

7월 적은 재물을 얻는 달입니다. 달 밝은 천산에 두견새가 슬피 우는 형국의 달입니다. 동쪽을 하면 뜻밖에 피해를 당하는 운수의 달입니다. 비록 재물을 얻는 운수이나 얻어서 반은 잃는 운수의 달입니다.

8월 상복을 입어 볼 수 있는 달입니다. 몸을 보전하는 방법은 근신하고 경거망동 하지 않는 것이 제일인 운수의 달입니다. 만일 손재수가 있지 않으면 반드시 상처해 보는 운수의 달입니다. 운수가 이와 같으니 어찌 애석한 일이 아니리오.

9월 실패수가 있는 달입니다. 일이 여의치 못하니 마음에 번민이 많은 운수의 달입니다. 봄꽃이 만발하여 있는데 광풍이 불어 치는 형국의 운수입니다. 집안이 안녕치 못하니 성조 신께 기도해야 하는 운수의 달입니다.

10월 동분서주 하는 달입니다. 몸과 마음으로 노력 한다면 가히 적은 재물은 얻을 수 있는 달입니다. 동분서주하는 운수이니 반드시 분주한 달이 됩니다. 깊은 산속에서 흐르는 물이 쉬지 않고 바다로 흘러가는 형국의 달입니다.

11월 새로운 일을 시작해 보는 달입니다. 구름이 흩어지고 달이 나오니 경치가 다시 새로운 형국의 달입니다. 이달의 운수는 어려운 가운데서 다시 살아나는 운수의 달입니다. 출행하면 이익을 보는 달이니 이는 하늘이 준 그 복이라 할 수 있습니다.

12월 귀인이 나를 도우나 관재구설을 조심해야 하는 달입니다. 때를 기다려 움직이면 반드시 적은 이익이 있는 달입니다. 만일 시비를 가까이 하면 송사가 두려운 운수의 달입니다. 이씨와 김씨 두 성은 반드시 길한 사람들입니다.

서합지규噬嗑之睽

크게 발전이 있을 해입니다. 소년 청춘에 일찍이 부
귀가 흥왕할 운수입니다. 큰 고기가 강에서 바다로
돌아가는 형국이니 경영하는 일이 마침내 뜻을 이
루어 성공을 하는 운수입니다. 단비가 때를 맞추어
내리니 오곡이 만발하도다. 관록이 아니면 횡재수
가 있는 운수로다. 맹호가 수풀 밖으로 나가니 권세
가 세상을 흔들도다. 사해에 이름을 날리고 재물이
진진하니 태평가가 절로 나온다. 혹여 조객살(弔客
煞)이 문에 들어 상복을 입어 볼 수도 있으리라.

음력 월별 이달의 운수해설

1월
재물을 얻는 달입니다. 따사로운 바람과 가랑비 속에 꽃과 버
들이 봄을 희롱하는 운수의 달입니다. 남아가 뜻을 얻었느니
의기가 양양한 형국의 달입니다. 재물이 왕성하고 기운이 왕
성하니 온 집안이 화락한 운수의 달입니다.

2월
운수가 서서히 풀리는 달입니다. 만일 관록을 갖지 못하면 도
리어 흉한 운수의 달입니다. 용이 천문에 있는 형국이니 영귀
함을 기약하는 운수의 달입니다. 운수가 대길한 달이니 반드
시 흥왕하는 운수입니다.

3월 재물이 늘어나는 달입니다. 재물과 복록이 흥왕하니 손에 천금을 흥왕하는 운수의 달입니다. 길성이 집안에 비추니 기쁨이 가정에 가득한 형국의 달입니다. 자맥풍진에 재물을 산 같이 얻는 운수의 달입니다.

4월 귀인이 나를 돕는 달입니다. 음력 사월 남풍에 귀인이 서로 찾는 형국의 운수입니다. 몸이 편하고 마음이 평안하니 백사가 모두 길한 형국의 운수입니다. 뜻밖의 재물이 구하지 않아도 저절로 들어오는 형국의 달입니다.

5월 관재구설을 주의해야 하는 달입니다. 파리가 말 꼬리에 붙어 천리를 가는 형국의 운수입니다. 비록 재물 운은 좋으나 들어오는 것은 적고 나가는 것은 많은 운수의 달입니다. 끊임없는 구설이 송사에 까지 이르는 운수의 달입니다.

6월 때를 만나 소원을 이루는 달입니다. 집안에 들어오면 심란하고 나가면 마음고생이 따르는 운수의 달입니다. 때가오니 운이 합하고 물고기가 용문을 거슬러 올라가는 형국의 운수입니다. 봄바람 가랑비에 초목이 가히 즐거워하는 형국의 달입니다.

7월 길흉이 서로 반반인 달입니다. 이달의 운수는 몸에 우환이 따름을 가히 두려워하는 운수입니다. 서쪽에서 오는 귀한 손님이 나를 천금으로 돕는 형국의 달입니다. 음력 칠월의 운수는 길함과 흉함이 뒤섞여 있는 형국의 달입니다.

8월 분수를 지키고 구설을 조심해야 하는 달입니다. 마른하늘에 단비가 내리니 고목나무에 싹이 다시 돋아나는 형국의 달입니다. 옛것을 지켜 분수를 지키고 다른 일을 경영하지 말아야 길한 달입니다. 타투지 말아야 하니 다투면 구설이 따르는 운수의 달입니다.

9월 건강을 잘 지켜야 하는 달입니다. 재성이 문에 비추니 움직이면 재물을 얻는 운수의 달입니다. 재물은 왕성하나 몸은 힘든 형국이니 먼저는 길하고 나중은 흉한 형국의 운수입니다. 목성(木姓)이 해를 끼치는 운수이니 그와 동업을 하면 안 되는 달입니다.

10월 관재수를 조심해야 하는 달입니다. 만일 관록을 갖지 않으면 자손에 경사가 있는 운수의 달입니다. 관가에 출입하는 일을 만들지 말아야 형살을 면할 수 있는 운수의 달입니다. 다른 사람의 일을 도모하지 말아야지 그렇지 않으면 도리어 그 해를 받는 운수의 달입니다.

11월 귀인이 스스로 도와주는 달입니다. 동짓달과 섣달에는 만사가 순조롭게 이루어지는 달입니다. 우연한 기회에 귀인을 만나게 되니 천금이 스스로 오는 형국의 달입니다. 항상 기쁜 일이 있으니 심신이 태평한 운수의 달입니다.

12월 분수를 지키면 소원을 이룰 수 있는 달입니다. 재물과 비단이 창고에 가득하니 석숭이 부러워할 정도의 달입니다. 금년의 운수는 분수를 지키는 것이 상책인 해입니다. 섣달의 운수는 이름이 사방에 떨쳐지는 운수의 달입니다.

괘상수

343

괘상해설

변괘　　본괘

서합지리噬嗑之離

보물을 구하고자 분주히 사방팔방으로 동분서주할 해입니다. 사방으로 보물을 구하나 산길이요, 물길이라. 막힘이 많은 운수로다. 신상에 고통이 많으니 그 누가 이 마음을 알아주랴. 역마가 발동하니 편히 앉아 쉴 날이 드문 운수입니다. 기쁨과 근심이 서로 교차하니 길함과 흉함을 함께 보는 운수입니다. 헌 집을 다시 수리하니 집안이 늦게야 광채가 나도다. 눈 속에서 죽순을 구하는 격이니 그 고통을 누가 알아주겠는가. 분수를 지켜 명산에 기도하면 조금은 구할 수 있으리라.

음력 월별 이달의 운수해설

1월
재물을 잃는 운수의 달입니다. 우물 안의 개구리 격이니 소견이 넓지 못함을 한탄하는 운수의 달입니다. 산길에서 말달리는 격이니 길이 험해 곤란을 겪는 형국의 달입니다. 얻는다하여도 많이 잃는 격이니 도리어 없느니만 못한 형국의 운수입니다.

2월
고진감래하는 달입니다. 배회하며 하늘을 우러르며 다니지만 결국 돌아오는 길에 재물을 얻는 격이니 시간을 허비한 연후에 길한 운수입니다. 일을 도모한 연후에 성공을 가히 바라보는 형국의 운수입니다. 재물이 길 도중에 있는 형국이니 출행하면 가히 얻을 수 있는 운수의 달입니다.

3월 몸과 마음이 바쁜 달입니다. 천리 타향에 고독한 혼자의 몸인 형국인 달입니다. 남의 말을 믿으면 황당한 꼴을 당해보는 운수의 달입니다. 아침에 동쪽에 있고 저녁에 서쪽에 있는 형국이니 분주함은 피할 수 없는 운수의 달입니다.

4월 구설수를 조심해야 하는 달입니다. 해가 깊은 구름에 드는 식이니 동서를 분별치 못하는 형국의 달입니다. 운수가 불길하니 가시밭길을 걸어가는 형국이 두려운 달입니다. 이씨와 박씨 두 성씨가 내일을 몰래 시기하는 운수의 달입니다.

5월 최선을 다하면 반드시 재물을 얻는 달입니다. 길한 날 두 날을 정해서 정성으로 복을 빌어야 하는 달입니다. 이익은 무슨 성씨가 있는 고하니 반드시 수성(水姓)에 있는 달입니다. 우물에 있던 물고기가 바다로 나가는 격이니 그 의기가 양양한 형국의 달입니다.

6월 귀인을 만나는 달입니다. 산에 들어가 도를 닦으니 가히 신선이라 불리는 형국의 달입니다. 귀인은 동쪽에 있고 이익은 남쪽에 있는 운수의 달입니다. 횡액을 조심하지 않으면 흉악한 일을 당하는 운수의 달입니다.

7월 재물이 따르지 않는 달입니다. 이달의 운수는 남으로 인하여 실패해 보는 운수의 달입니다. 하는 일에 많은 장애가 있으니 원행하면 불리한 달입니다. 본래 재물 운이 없으니 몸과 마음이 고단한 운수의 달입니다.

8월 재물을 얻는 달입니다. 피해를 주는 사람은 누구인 고 하니 반드시 화성(火姓) 중에 있는 달입니다. 동쪽과 서쪽 양방향 은 반드시 좋은 일이 있는 방향의 달입니다. 만일 남의 도움 이 있으면 천금을 얻는 달입니다.

9월 고민거리가 생겨나는 달입니다. 원행이 불리하니 분수를 지 켜 안정함만 못한 운수의 달입니다. 기쁨과 근심이 서로 뒤섞 여 있는 형국이니 길함과 흉함이 반반인 달입니다. 일신이 고 단하니 마음속에 번민이 많은 달입니다.

10월 마음고생을 해 보는 달입니다. 가을 삼경에 집을 생각하니 저 절로 탄식이 나오는 운수의 달입니다. 하는 일이 뜻과 같지 않은 달이니 옛것을 지켜 편한 일상을 하여야 길한 달입니다. 동쪽에서 오는 악한 손님으로 인하여 풍파를 겪는 운수의 달 입니다.

11월 구설수가 따르는 달입니다. 가정이 불화하여 풍파가 식지 않 는 형국의 달입니다. 매사가 이루어지는 일이 없는 운수이니 분수를 지킴이 상책인 달입니다. 말을 조심하지 않으면 반드 시 구설수가 따르는 운수의 달입니다.

12월 처음은 얻으나 나중에 잃는 달입니다. 섣달의 운수는 재물을 도모함이 성취되는 달입니다. 가까운 것을 놓고 먼 것을 취하 니 수고로움은 있으나 공로가 없는 운수의 달입니다. 집안에 불평함이 있고 반드시 손재가 따르는 달입니다.

괘상수

351

괘상해설

변괘　　본괘

정지대유鼎之大有

비록 뜻은 하늘에 닿으나 그 뜻을 성사시키지 못하는 해입니다. 양가집 규수가 아이를 낳은 격이니 이치에 맞지 않는 일로 낭패를 보는 해이기도 합니다. 아랫사람과 윗사람이 서로 화합하지 못하니 그 피해가 적지 않은 운수입니다. 때를 기다리지 못하고 일을 행하면 반드시 낭패를 보는 운수입니다. 때 아닌 진눈깨비가 내리니 오고 갈 바를 모르는 형국이로다. 옛것을 고쳐서 새것을 만드니 어려운 가운데서 활로를 찾을 수로다. 나중에는 원하는 재물을 일부 얻으니 그것으로 만족할 운수입니다.

음력 월별 이달의 운수해설

1월
절름발이가 달리고자 하니 반드시 넘어지는 일이 많은 운수의 달입니다. 도처에 불리함이 있으니 운수가 사나운 달입니다. 돌 위에 연꽃을 심는 격이니 그 연꽃을 기다림은 어려움이 따르는 형국의 달입니다.

2월
하는 일에 마장이 따르는 달입니다. 밖은 웃고 안은 찡그리는 격이니 처음은 있고 끝맺음의 결과를 보지 못하는 운수의 달입니다. 남의 말을 들으면 도리어 호망한 결과를 맛보게 되는 운수의 달입니다. 하는 일마다 마장이 많으니 마음이 번거롭고 그 뜻이 어지러운 형국의 달입니다.

3월 길함보다 흉함이 많은 달입니다. 재효가 공망을 만나니 처궁에 액이 있는 운수의 달입니다. 허욕으로 재물을 탐내면 별로 얻는 것이 없는 운수의 달입니다. 소원은 이루기 어렵고 흉함은 많고 길함은 적은 운수의 달입니다.

4월 구설수를 조심해야 하는 달입니다. 늙은 용이 힘이 없어 하늘을 오르기 어려운 형국의 달입니다. 목성(木姓)과 친하게 지내고 김씨와는 멀리해야 하는 달입니다. 만일 시비를 가까이 하면 구설을 당하는 운수의 달입니다.

5월 이사수가 있는 달입니다. 옛것을 버리고 새것을 쫓는 격이니 타향에서 이익이 있는 운수의 달입니다. 물을 거슬러 배를 항해하니 앞으로 나가기가 어려운 형국의 운수입니다. 나가면 길하고 들어오면 흉하니 이사를 하면 길한 운수의 달입니다.

6월 재물은 들어오나 관재구설을 주의해야 하는 달입니다. 한 집안이 화평하니 재물이 스스로 들어오는 형국의 달입니다. 오곡이 풍성하니 볏단이 집안 가득한 형국의 운수입니다. 만일 구설수가 아니면 손재수가 따르는 달입니다.

7월 구설수를 조심해야 하는 달입니다. 초당에 봄이 깊은 형국이니 하루가 더디 가는 형국의 달입니다. 가정에 근심이 있으니 한 해를 어지 넘기나. 사람들이 나를 원수로 여기니 그 피해가 적지 않은 달입니다.

8월 재물을 잃는 달입니다. 재성이 공망을 만나니 실물수를 조심해야 하는 달입니다. 달이 구름에 드니 그 빛을 보지 못하는 형국의 운수입니다. 만일 그렇지 않으면 자손에 근심이 있는 운수의 달입니다.

9월 귀인은 도우려 하나 재물이 따르지 않는 달입니다. 길성이 문에 비추니 귀인이 서로 찾아와 대하기를 청하는 형국의 달입니다. 힘은 능히 태산을 뽑을 만하나 강동은 건너지 못하는 운수의 달입니다. 집안사람이 불화하고 질병이 침노하는 운수의 달입니다.

10월 집안에 어려운 고비가 있는 달입니다. 눈앞의 작은 이익을 보다가 나중에 재물을 잃는 형국의 달입니다. 만일 상복을 입지 않으면 자손에 피해가 있는 달입니다. 목성(木姓)과 금성(金姓) 두 성씨는 반드시 길하여 이익을 주는 사람입니다.

11월 분수를 지키면 재물을 얻는 달입니다. 옛것이 가고 새것을 쫓으니 사방에 봄이 돌아오는 형국의 달입니다. 모든 일을 순리대로 행하면 하는 일이 여의한 달입니다. 날려고 하나 날개가 없으니 분수를 지킴이 마땅한 달입니다.

12월 고진감래한 덕으로 길한 달입니다. 봉황이 암 기린의 뿔에 둥지를 트는 격이니 반드시 높은 지위를 얻을 운수의 달입니다. 재성이 문틈으로 엿보고 있으니 이익이 논밭에 있는 형국의 달입니다. 도처에 재물이 있으니 평안히 태평하게 지내는 운수의 달입니다.

괘상해설

변괘   본괘

정지여鼎之旅

하는 일이 순조로우니 만사가 여의한 해입니다. 청룡이 구름을 얻어 조화를 부리니 가뭄에 단비를 내리는 형국입니다. 하늘과 땅이 조화를 이루니 세상이 화평한 형국입니다. 올 가을에는 반드시 좋은 일이 있을 운수입니다. 구름 밖 뻗어있는 만 리 길을 순풍에 돛 달고 출항하는 격이니 매사 완벽한 준비로 순조로운 발전을 할 운수입니다. 만일 관록을 얻지 못하더라도 천금을 희롱할 운수로다. 남자는 벼슬길에 오르고 여자는 득자할 경사가 있는 해입니다.

음력 월별 이달의 운수해설

1월
재물이 들어오는 달입니다. 쌓은 탑을 놓고 잔치를 하는 형국의 운수입니다. 재물과 비단이 차고 넘치니 도주를 부러워하지 않는 형국의 운수입니다. 이름이 사방에 높으니 만인이 우러르는 형국의 운수입니다.

2월
귀한 자손을 얻는 달입니다. 바람이 뜬 구름을 거두어가니 달빛이 소요하게 비추는 형국의 달입니다. 만일 결혼이 아니면 반드시 귀한 자손을 얻는 운수의 달입니다. 만일 관록이 아니면 반드시 귀한 자손을 얻는 운수의 달입니다.

3월 횡재수가 있고 사람을 조심해야 하는 달입니다. 재물이 타향에 있는 격이니 출행하면 재물을 얻는 운수의 달입니다. 의외로 공명하는 격이니 이 역시 횡재수가 있는 형국의 달입니다. 박가(朴家)를 가까이 하면 반드시 손해가 따르는 운수의 달입니다.

4월 귀인이 돕는 달입니다. 까치가 정원 나무에서 우니 귀인이 와서 돕는 징조의 달입니다. 음력 사월의 운수는 겉은 가난하고 속은 부자인 형국의 운수입니다. 만일 액운을 막지 아니하면 후회할 일이 생기는 달입니다.

5월 재물을 얻는 달입니다. 재성이 문에 드는 격이니 손으로 천금을 희롱하는 운수의 달입니다. 재성이 왕성한 기운을 발하니 손에서 천금을 희롱하는 운수의 달입니다. 만일 횡재수가 아니면 관록이 몸에 따르는 형국의 달입니다.

6월 귀인을 만나고 재물 운이 좋은 달입니다. 만일 귀인을 만난다면 천금을 얻는 운수의 달입니다. 가도가 흥왕하고 자손에 경사가 있는 운수의 달입니다. 남과 더불어 꾀하면 하는 일이 하는 일이 모두 길한 운수의 달입니다.

7월 공명을 얻어 보는 달입니다. 음력 칠월에는 반드시 벼슬을 해보는 운수의 달입니다. 의외의 공명을 얻어 영귀함을 자랑하는 운수의 달입니다. 비록 작은 근심은 있으나 결국 잘 해결되어 형통함이 있는 운수의 달입니다.

8월 재물 운이 좋은 달입니다. 권세가 사방에 있으니 도처에 재물이 있는 형국의 달입니다. 낚시를 푸른 파도에 던지니 마침내 큰 고기를 낚는 운수의 달입니다. 재물이 언덕과 산을 이루니 이 밖에 무엇을 바라는 것이 있겠는가.

9월 소원성취 해보는 달입니다. 푸른 하늘에 밝은 달이 있으니 경치가 아름다운 형국의 달입니다. 동쪽과 북쪽의 두 방향에서 재신이 나를 돕는 형국의 운수입니다. 소원을 성취하고 재물을 구하매 여유로운 운수의 달입니다.

10월 남으로 인하여 재물이 들어오고 남으로 인하여 재물이 나가는 달입니다. 꽃을 옮기고 나무에 접목을 하는 격이니 다른 사람으로 인하여 성공하는 달입니다. 길한 별이 문에 드니 반드시 경사가 있는 운수의 달입니다. 비록 재물과 복록이 있으나 신상에는 피해가 있어 보는 달입니다.

11월 모든 것이 풍부한 달입니다. 용이 밝은 구슬을 얻으니 조화가 무궁한 형국의 운수입니다. 작은 것을 쌓아 큰 것을 이루는 격이니 천금을 가히 이루어 보는 운수의 달입니다. 재물과 곡식이 풍부한 운수이니 이밖에 무엇을 구하려 하리오.

12월 구설을 조심해야 하는 달입니다. 금계가 새벽을 알리니 추운 골짜기에 봄이 오는 형국의 달입니다. 남과 더불어 일을 도모하면 필시 허황한 일을 당하는 운수의 달입니다. 남과 다투게 되면 시비와 구설이 따르는 운수의 달입니다.

괘상해설

변괘   본괘

정지미제鼎之未濟

아직 준비가 되질 않은 상태인데 결과를 얻으려 하는 해입니다. 약소국이 강대국 사이에 끼어 있으니 어느 곳에 의지 할지 모르는 형국입니다. 나의 의지는 어디 가고 자유를 잃었는고. 친한 사람과 함께 도모하면 아무 이익이 없을 운수입니다. 차라리 혼자 경영하는 것에 이익이 있을 수로다. 뜻밖에 공명을 얻으니 훗날 반드시 남은 경사가 있을 운수입니다. 세 번 후회하고 세 번 반성할 운수입니다.

음력 월별 이달의 운수해설

1월 욕심을 부리지 않으면 평안한 달입니다. 흉함이 변하여 길함이 되는 격이니 세상사가 태평한 운수의 달입니다. 집에 있으면 길한 운수이니 외방에 나가지 말아야 하는 달입니다. 재물이 소모되는 운수이니 재리를 탐하지 말아야 하는 운수의 달입니다.

2월 근신 자중하여야 흉함을 면하는 달입니다. 이달의 운수는 관재수가 두려운 운수의 달입니다. 손해 보는 운수이니 목성(木姓)을 가까이 하지 말아야 하는 운수의 달입니다. 해는 서산에 저물고 갈 길은 머니 마음만 바쁜 형국의 달입니다.

3월 구설수가 따르는 달입니다. 시비를 가까이 하면 구설을 면하기 어려운 운수의 달입니다. 타인의 말을 믿으면 반드시 재물을 잃는 운수의 달입니다. 음력 춘삼월에 꾀하는 일은 반드시 허망함이 따르는 운수의 달입니다.

4월 고진감래의 운수입니다. 삼년의 병고를 치르고 있던 사람이 우연히 명의를 만나 병을 고치는 형국의 달입니다. 집에 경사가 있는 운수이니 자손을 얻는 기쁨이 있는 달입니다. 쓰라린 고생을 한탄하지 말라 먼저는 가난하지만 나중에 부자가 되는 운수의 달입니다.

5월 어려운 가운데 재물을 얻는 달입니다. 해는 서산에 지고 나그네가 길을 잃은 형국의 운수입니다. 복성이 운명에 비치니 길한 경사가 모두 모이는 형국의 달입니다. 이익은 어느 방향에 있는 고 하니 북쪽이 가장 길한 방위입니다.

6월 진퇴양난의 달입니다. 이달의 운수는 시비가 구름 같이 이는 형국의 달입니다. 앞으로 나가면 근심이 있고 뒤로 물러서면 힘이 없는 운수의 달입니다. 남의 말을 듣게 되면 하는 일에 허망함이 많이 생기는 운수의 달입니다.

7월 소원을 이루어 보는 달입니다. 의외로 공명을 얻으니 멀고 가까운 곳에 이름을 떨치는 운수의 달입니다. 남의 말을 듣게 되면 구설수가 많이 생기는 운수의 달입니다. 자손에 길함이 있고 재물과 복록이 가득한 운수의 달입니다.

8월 식구를 늘리고 재물을 얻는 달입니다. 두 사람의 마음이 하나 같은 형국이니 남으로 인하여 일이 성사되는 운수의 달입니다. 사람이 늘어나는 운수이니 반드시 자손을 얻는 달입니다. 이익이 출입하는데 있으니 움직이면 이익을 얻는 운수의 달입니다.

9월 액운을 겪어 보는 달입니다. 마음을 바로 히어 수양히면 이익은 그 중에 있는 형국의 달입니다. 비록 재물은 얻으나 액운이 떠나지 않는 운수의 달입니다. 모든 일에 성취함이 있으니 일신이 스스로 평안한 운수의 달입니다.

10월 몸과 마음을 안정시키면 이익이 있는 달입니다. 마음을 편안히 하고 도를 즐기니 몸이 평안하고 근심이 사라지는 운수의 달입니다. 급하게 서두르지 않아도 마침내 재물의 이익을 얻는 운수의 달입니다. 나가면 해를 입는 형국이니 옛것을 지켜 안정함이 최상인 달입니다.

11월 큰 재물을 얻어보는 달입니다. 횡재수가 있는 운수이니 그 기회를 잃지 말아야 하는 운수의 달입니다. 수성(水姓)을 친하게 하면 손에 천금을 희롱하는 운수의 달입니다. 몸도 왕성하고 재물도 왕성하니 모든 일이 순조롭게 이루어지는 운수의 달입니다.

12월 심신이 평안한 달입니다. 재물이 풍족한 운수이니 심신이 스스로 평안을 찾는 달입니다. 가랑비와 동풍에 백가지 풀들이 성장하는 형국의 운수입니다. 집안이 안락하니 재록이 스스로 왕성한 운수의 달입니다.

괘상해설

변괘　　　본괘

미제지규未濟之睽

하는 일에 어려움이 따르는 해입니다. 남의 잘못을 내가 뒤집어쓰니 허망한 꼴을 대하는 운수입니다. 간사한 토끼가 죽었는데 정작 토끼를 잡은 사냥개를 잡아먹자니 인정이 앞서는 격이로다. 이래저래 허망한 운수로다. 해가 서산에 지니 어두운 강을 어찌 건너갈꼬. 비록 명리는 얻었으나 그로인하여 구설이 생겨날 운수입니다. 비록 재수는 있어 금전이 생기나 정작 나갈 곳이 더 많이 생기는 형국입니다. 운수가 불리하여 남에게 피해 입을 운수입니다.

음력 월별 이달의 운수해설

1월
근신 자중해야 하는 달입니다. 가신이 발동하는 운수이니 미리 안택하는 치성으로 액운을 막아야 하는 운수입니다. 운수가 어그러진 형국이니 다른 일을 경영하지 말아야 하는 운수입니다. 해가 서산에 저물었으니 배타는 것이 불리한 형국의 달입니다.

2월
몸과 마음이 심란한 달입니다. 세력이 때를 만나지 못하였으니 영웅호걸이라도 죽음에 이르는 형국의 운수입니다. 친한 사람을 믿지 말아야지 그렇지 않으면 피해를 입는 운수의 달입니다. 심신이 흩어지니 항상 두려움이 따르는 운수의 달입니다.

3월 구설이 따르는 달입니다. 신상에 근심이 많은 격이니 남을 가까이 하지 말아야 하는 운수의 달입니다. 남과 일을 도모하면 음해를 입는 운수의 달입니다. 이십년의 세월이 꿈과 같이 허망한 형국의 운수입니다.

4월 하는 일에 앞이 보이질 않는 달입니다. 푸른 산속 가랑비를 맞으며 처량히 홀로 외로이 서 있는 형국의 운수입니다. 서쪽과 남쪽 두 방향은 출행하지 말아야 하는 운수의 달입니다. 두 손에 떡을 잡고 있는 형국이니 머리와 꼬리를 구별 못하는 형국의 운수입니다.

5월 구설과 실물수를 조심해야 하는 달입니다. 실물수가 있으니 도둑을 조심해야 하는 달입니다. 재앙이 집안에 일거늘 공연히 남을 의심해 보는 운수의 달입니다. 집에 길하고 상서로운 일이 있느니 반드시 처궁에 길사가 있는 형국의 달입니다.

6월 재물을 얻어 보는 달입니다. 자손에 영화가 있고 재물이 흥왕한 운수의 달입니다. 초상집에 출입하면 질병을 얻는 운수의 달입니다. 동쪽과 서쪽 두 방향으로 가면 이익이 있는 운수의 달입니다.

7월 근신 자중해야 하는 달입니다. 구설로 인하여 이익이 생기니 집안이 안락한 운수의 달입니다. 경거망동하면 후회할 일이 생겨나는 운수의 달입니다. 겉은 부유한데 속은 비어 있는 격이니 이일을 어찌할까.

8월 관재구설을 조심해야 하는 달입니다. 탄식할 일이 많은 격이니 하는 일에 장애가 많이 따르는 운수의 달입니다. 물귀신이 문을 엿보는 형국의 운수이니 물가에 가지 말아야 하는 운수입니다. 남이 지은 잘못으로 인하여 누명을 쓰게 되는 운수의 달입니다.

9월 동업을 하면 피해를 보는 달입니다. 급하게 하면 해가 있고 천천히 하면 이익을 보는 운수의 달입니다. 취하기만 하고 살피지 않는 격이니 해만 있고 이익은 없는 운수의 달입니다. 동업을 하지 말라 동업자들의 마음이 각각이니 무슨 이익을 보겠는가.

10월 관록을 얻으나 동업하면 실패하는 달입니다. 고진감래하니 점입가경하는 운수의 달입니다. 만일 관록을 얻지 않으면 자손을 얻는 운수의 달입니다. 두 사람이 마음을 모으나 결국에는 서로 적이 되는 운수의 달입니다.

11월 손재수가 있어 보는 달입니다. 마음에 정한 바가 없으니 나가고 물러섬을 알지 못하는 운수의 달입니다. 십년을 공들여 노력한 것이 하루아침에 허사가 되는 형국의 운수입니다. 북쪽을 가까이 하면 손재수가 따르는 운수의 달입니다.

12월 하는 일이 지지부진한 달입니다. 남의 재물을 탐하면 반드시 허황함을 겪게 되는 운수의 달입니다. 하는 일에 두서가 없으니 유두무미한 운수의 달입니다. 찾는 물건이 동쪽에 있으니 그 도적을 가히 알 수 있는 달입니다.

괘상수

362

괘상해설

변괘   본괘

미제지진未濟之晉

만사가 순조롭게 풀리는 해입니다. 태평한 연회석에
군신들이 함께 모이니 만인이 우러르고 만사형통되는
운수입니다. 직업이 없던 사람도 새로운 직업을 얻어
가정을 꾸리는 형국입니다. 동쪽과 서쪽에서 귀인이
도와주는 형국입니다. 금성(金姓)은 해를 끼치니 가까
이 하지 말아야 합니다. 꽃과 새가 화창한 봄날을 희
롱하는 격이니 항상 여유로움과 즐거움이 따르는 운
수입니다. 청룡이 기운을 회복하니 조화가 무궁할 상
이로다. 재주를 부려 금전을 취하는 경이로다.

음력 월별 이달의 운수해설

1월 하는 일이 순조로운 달입니다. 길성이 문에 비치니 수복이 스
스로 찾아오는 형국의 달입니다. 경영하는 일이 이롭지 않은
곳이 없는 운수의 달입니다. 모든 일이 길하니 세상일이 태평
한 형국의 달입니다.

2월 세상에 이름을 알리는 달입니다. 물고기가 변하여 용이 되는
형국이니 변화를 예측하기 어려운 운수의 달입니다. 뜻 밖에
이름을 얻으니 이름이 사방에 알려지는 형국의 달입니다. 몸
에는 비단 옷을 입고 자손에 경사가 있는 달입니다.

3월 원행하여 재물을 얻는 달입니다. 해와 달이 빛을 발하는 형국이니 기쁜 일이 중중한 운수의 달입니다. 복록이 천 리 밖에 있으니 분주히 사방을 누비는 형국의 달입니다. 재물이 다른 곳에 있는 격이니 출입하면 재물을 얻는 운수의 달입니다.

4월 구설이 있는 달입니다. 길지를 택하여 주거를 안정시키니 풍진이 침노하지 않는 운수의 달입니다. 구름이 흩어지고 달이 나오는 격이니 경색이 한 번 새로운 형국의 달입니다. 재물운은 흠이 없으나 작은 구설이 따르는 운수의 달입니다.

5월 소원을 성취해 보는 달입니다. 봄이 옥수에 깊어 가는데 백화가 다투어 피는 형국의 달입니다. 의식이 풍족한 운수이니 수복이 무궁한 달입니다. 재물과 복록이 몸에 따르는 형국이니 태평한 세월의 달입니다.

6월 큰 재물을 얻는 달입니다. 물고기가 큰 바다에 든 격이니 의기가 파도를 만드는 형국의 달입니다. 목마른 용이 물을 만난 격이니 조화가 무쌍한 운수의 달입니다. 재물 운이 크게 통하였으니 천금을 부러워하리오.

7월 운수가 대통하고 이름이 사방에 알려지는 달입니다. 재물이 흥왕하니 기쁨이 집안에 가득한 형국의 운수입니다. 온 집안이 단란하니 복록이 계속 이어지는 형국의 달입니다. 이름이 사방에 떨쳐지는 만인이 우러르는 형국의 달입니다.

8월 귀인을 만나 성공하는 달입니다. 귀인이 와서 도와주니 자연 성공하는 운수의 달입니다. 만일 귀인을 만나게 된다면 복록이 진진할 운수의 달입니다. 어룡이 파도를 희롱하며 노니는 격이니 먼저는 곤란하나 나중은 영화로운 운수의 달입니다.

9월 귀인이 나를 돕는 형국의 달입니다. 귀인은 어디에 있는 고하니 반드시 남쪽에 있는 형국의 운수입니다. 나의 이름이 사방에 전해지니 사람마다 우러르는 형국의 운수입니다. 반드시 귀인이 있는 방향은 동쪽과 서쪽 두 방향의 달입니다.

10월 달도 차면 기우는 법, 경거망동을 자재해야 하는 달입니다. 명리가 반드시 떨쳐지니 천하에서 으뜸이 되는 형국의 운수입니다. 신수가 대길하니 반드시 재물이 왕성한 운수의 달입니다. 남을 믿지 말아야지 그렇지 않으면 음해가 적지 않은 운수입니다.

11월 허욕을 버리고 경거망동을 해야 무사한 달입니다. 가운이 왕성한 운수이니 집안에 경사가 있는 달입니다. 마음을 맑게 하고 욕심을 줄여야 허물이 없어지는 법이니 과욕을 버려야 길한 달입니다. 금성(金姓)이 불길하니 거래를 삼가야 하는 달입니다.

12월 마음이 안정되고 소원을 이루는 달입니다. 경사가 문에 이르니 인구가 늘어 기쁨이 있는 운수의 달입니다. 소망하는 일이 여의로우니 얼굴에 기쁨이 가득한 형국의 운수입니다. 신수가 이와 같으니 이 밖에 무엇을 더 욕심내겠는가.

미제지정未濟之鼎

괘상해설

변괘　　본괘

만사가 유순하고 화평한 해입니다. 활시위를 당기니 과녁에 적중하는 격이로다. 뜻한 바를 성취하는 한 해가 되리라. 명예와 재물이 모두 길하니 이름이 사방에 떨칠 운수입니다. 관록이 몸에 드니 모든 사람들이 나를 우러르는 형국입니다. 혹여 사소한 세상일을 논하다가 큰 것을 잃을까 염려되도다. 대범한 마음으로 매사에 임하면 세상이 내 것이로다. 집안에 있으면 답답하고 밖으로 나서면 명리가 따르는 해입니다.

음력 월별 이달의 운수해설

1월
집안이 화평한 달입니다. 하늘의 뜻이 중흥한 격이니 아래 백성들이 안락한 형국의 운수입니다. 집안이 화평하고 자손에 경사가 있는 운수의 달입니다. 가도가 순조로우니 그 안락함이 도도한 형국의 달입니다.

2월
귀인이 나를 돕는 달입니다. 늙은 용이 하늘로 올라 넓게 큰 비를 내리게 하는 형국의 운수입니다. 나를 이끌고 선택해 주는 사람이 있으니 자연 영귀함을 얻는 운수의 달입니다. 만일 공명을 얻으면 이름이 사해에 떨치는 운수의 달입니다.

3월 재물이 들어오는 달입니다. 이달의 운수는 길성이 비치는 형국의 달입니다. 다른 사람의 말을 믿으면 길흉이 서로 반반인 형국의 달입니다. 재물이 몸에 따르니 손에 천금을 희롱하는 운수의 달입니다.

4월 동업을 해 보는 달입니다. 심신이 화평하니 이름이 높고 덕이 가득한 형국의 달입니다. 다른 사람과 더불어 같이 도모하면 수고롭지 않고 얻는 형국의 달입니다. 뜰에 난초가 스스로 향기로우니 자손에 경사가 있어보는 형국의 달입니다.

5월 다른 사람이 나를 돕는 달입니다. 화성(火姓)이 와서 도우니 광채가 백배가 되는 형국의 달입니다. 길한 성은 정가(鄭家) 김가(金家) 두 성인 달입니다. 서쪽이 불리하니 그 쪽으로 출행하지 말아야 길한 달입니다.

6월 손재수가 있어 보는 달입니다. 날이 따뜻한 봄날에 만물이 화생하는 형국의 달입니다. 몸이 편하고 마음이 안온하니 모든 일이 만족스럽고 길한 운수의 달입니다. 동쪽 방향으로 행하지 말라 혹여 손재수가 두려운 운수의 달입니다.

7월 출행하여 성공을 하는 달입니다. 성공과 실패가 분분하나 한두 번으로 끝날 문제가 아니로다. 역마가 문에 드니 출타하면 이익을 보는 운수의 달입니다. 도처에 재물이 있으니 심신이 화평하고 기쁜 운수의 달입니다.

8월 자손에 경사가 있는 달입니다. 집안사람이 한 마음으로 임하니 소망이 여의한 운수의 달입니다. 금란이 스스로 향기를 발하니 자손에 경사가 있는 형국의 달입니다. 식구가 늘고 토지가 느는 격이니 가도가 왕성한 운수의 달입니다.

9월 이사수가 있는 달입니다. 양지를 향하는 꽃나무는 봄을 얻기 쉬운 형국의 달입니다. 재물과 복록이 따르니 얼굴에 희색이 만면한 형국의 달입니다. 서쪽은 길하고 남쪽은 흉하니 이사를 해 보는 형국의 운수입니다.

10월 귀인을 만나는 달입니다. 길한 운수가 왕성하니 반드시 좋은 일이 있는 형국의 운수입니다. 우연히 귀인을 만나니 그 사람이 옥과 같은 형국의 달입니다. 티끌모아 태산을 이루는 격이니 그 이치는 절대적이리라.

11월 이름을 세상에 알리는 달입니다. 만일 공명을 얻으면 이름이 사해에 떨치는 운수의 달입니다. 만일 벼슬을 하지 못하면 부모 궁에 해가 있는 운수의 달입니다. 붉은 기운이 서편에 뜨니 반드시 귀인이 있는 운수의 달입니다.

12월 가정이 화평한 달입니다. 구름이 가고 비를 베푸니 만물을 기르는 형국의 운수입니다. 위태한 중에 평안함이 있고 결국에는 길한 이익을 보는 운수의 달입니다. 부부가 화목하고 순조로우니 기쁨이 가정에 가득한 형국의 달입니다.

대장지항大壯之恒

괘상해설

변괘   본괘

초목이 시들어 버리는 형국의 해입니다. 나무에 떨어진 혼이 윤회 환생을 하여야 하는데, 그 생사를 분간하기 어려운 형국의 해입니다. 올해는 버들가지가 된서리를 만난 격이니 매사 불리한 운수입니다. 음양이 서로 화합하지 못하고 다툼이 있으니 소원하는 바를 이루지 못하는 형국입니다. 만 리를 가는 나그네가 갈수록 태산을 만나는 격이로다. 분수를 지키지 못하면 경영하는 일에 반드시 실패가 있으니 주의 하여야하는 해입니다. 재물 운이 있다하여도 마침내는 손해를 보는 운이니 처음을 자랑하지 말고 근신하면 가히 액운을 넘기리라.

음력 월별 이달의 운수해설

1월 어려운 중에 병을 얻는 달입니다. 맹호가 함정에 바진 격이니 용맹함을 펼칠 수 없는 형국의 달입니다. 꽃이 떨어져 열매가 없는 격이니 의지할 곳 없는 형국의 달입니다. 병살이 몸에 침노하니 질병이 있을까 염려가 되는 운수입니다.

2월 욕심을 부리다가 재물을 잃는 달입니다. 먼 곳에 것을 탐하다가 가까운 것을 잃는 격이니 허욕을 품지 말아야 하는 달입니다. 옆의 사람으로 인하여 끊이지 않는 횡액을 겪는 운수의 달입니다. 다른 경영을 하지 말아야 손재수가 없는 달이 됩니다.

3월 원행하여 재물을 얻는 달입니다. 하늘이 내린 첩의 자식은 무슨 수로 피할 수 있겠는가. 재물이 서쪽에 있으니 나가면 손에 들어오는 형국의 운수입니다. 북쪽을 삼가라 오히려 이익이 피해가 되는 방향의 운수입니다.

4월 고진감래하는 달입니다. 본래 소망하는 것은 없으나 그 몸이 상할까 염려되는 달입니다. 남과 다투지 말라 관재수가 두려운 운수의 달입니다. 고통과 고난을 하찮게 여기지 말라 마침내 재물의 이익을 얻게 되는 운수의 달입니다.

5월 가족에게 근심이 있어 보는 달입니다. 할미새가 들판에 있는 격이니 형제가 어려움에 처해 보는 형국의 운수입니다. 집에 작은 근심이 있는 형국이니 자손에 근심이 있어보는 달입니다. 옥녀가 술잔을 바치는 격이니 선경이 꿈같은 운수의 달입니다.

6월 물 조심을 해야 하는 달입니다. 칠년의 큰 가뭄에 초목이 자라지 못하는 형국의 달입니다. 배를 타지 말라 수살이 운명에 침노하는 운수의 달입니다. 장씨나 이씨는 남자건 여자건 간에 해를 끼치는 운수입니다.

7월 재물을 얻어보는 달입니다. 다른 사람의 재물이 우연히 집에 들어오는 형국의 운수입니다. 남과 더불어 일을 성사시키니 이익이 그 가운데 있는 운수의 달입니다. 정성을 다하여 택신에게 기도하면 몸이 편안하고 마음이 평안해지는 운수의 달입니다.

8월 물 조심을 해야 하는 달입니다. 수액이 염려되니 배를 타지 말아야 하는 운수의 달입니다. 불이 아직 붙지 않음과 같고 물이 아직 깊어지지 않음과 같은 운수의 달입니다. 다른 곳에 가지 말라 손해는 있고 이익이 없는 운수의 달입니다.

9월 구설수를 조심해야 하는 달입니다. 초목이 가을을 만난 격이니 한 번은 슬프고 한 번은 근심을 하는 운수입니다. 남과 더불어 논쟁을 하면 구설 시비가 따르는 운수의 달입니다. 정씨와 김씨 두 성은 결국 길한 사람들입니다.

10월 여색을 가가이 하여 낭패를 보는 달입니다. 여자를 가까이 하지 말라 일에 실패가 따를 수 있는 운수의 달입니다. 만일 여색을 가까이하면 반드시 재앙과 화근이 따르는 운수의 달입니다. 움직이면 반드시 후회할 일이 있으니 출행을 삼가야 하는 운수의 달입니다.

11월 재물을 얻는 달입니다. 재성이 문을 엿보는 격이니 몸도 왕성하고 재물도 왕성한 운수의 달입니다. 마음속에 숨은 근심을 누가 알아주리오. 재수가 왕성하니 그 때를 잃지 말고 잡아야 하는 운수의 달입니다.

12월 고진감래의 달입니다. 이달의 운수는 흉함은 많고 길함은 적은 운수의 달입니다. 심신이 산란하니 뜻하지 않은 액운을 당하는 운수의 달입니다. 때를 옮기고 일을 옮기니 흉함이 변하여 길한 것이 되는 운수의 달입니다.

대장지풍大壯之豊

뜻이 높고 덕을 베푸니 반드시 몸이 영귀하게 되는 해 입니다. 명예도 얻고 재물도 왕성하여 가정이 화평하고 만인에게 이름을 날리는 운수입니다. 장안에서 말을 달 리니 봄바람을 가르는 구나. 봄바람이 따사로우니 복숭 아꽃이 화려하도다. 청정한 물이 강에 가득 흐르니 산 그림자가 강에 비추도다. 한마디로 좋다는 뜻입니다. 자손을 원하는 집에서는 득자할 수요, 결혼을 앞둔 규 수가 있는 집안에서는 혼담이 오가고 결혼이 성사되는 운입니다. 다만 호사다마이니 좋은 일이 많으면 반드시 다툼도 따르니 분수를 지키는 것이 필요합니다.

음력 월별 이달의 운수해설

1월
재물과 명예가 따르는 달입니다. 뜻밖에 공명하는 운수이니 이름을 사해에 알리는 운수의 달입니다. 사람이 나가고 재물 이 더하는 격이니 화목한 기운이 자욱한 형국인 달입니다. 도 처에 재물이 있는 격이니 남아가 뜻을 얻는 운수의 달입니다.

2월
재물은 들어오나 시비수가 있는 달입니다. 목성(木姓)과 함께 일을 하면 그 이익이 백 천 배나 되는 형국의 달입니다. 집안 사람이 합심하여 일하니 가도가 흥왕한 운수의 달입니다. 시 비를 가까이 하면 혹여 횡액을 당할 수 있는 달이니 시비를 멀리해야 하는 달입니다.

3월 재물이 따르는 달입니다. 봄 동산에 복숭아 자두나무들이 때를 만나 꽃을 피우는 형국의 달입니다. 봄 언덕의 수양버들이 때를 만나 의기양양한 형국의 달입니다. 재물과 복록이 몸에 따르니 부함이 금곡 같은 운수의 달입니다.

4월 자손에 경사가 있는 달입니다. 작은 것을 살펴 큰 것을 남기니 배 아픔도 모르는 형국의 운수입니다. 아침에 까치가 남쪽에서 우는 격이니 반드시 영귀함을 얻어 보는 운수의 달입니다. 지초와 난초를 보고 기뻐하는 격이니 자손에 영귀함이 있는 운수의 달입니다.

5월 자손에게 역시 경사가 있는 달입니다. 남과 다투게 되면 재물과 명예가 상하게 되는 운수의 달입니다. 만일 그렇지 아니하면 처궁이 불리한 운수의 달입니다. 길하고 상서로운 기운이 문에 임하니 자손이 반드시 귀하게 되는 운수입니다.

6월 가정이 화평한 달입니다. 동남쪽에서 반드시 귀인을 만나게 되는 운수의 달입니다. 재앙이 사라지고 복이 오는 격이니 집안이 화평한 운수의 달입니다. 위 사람과 아래 사람이 서로 화목하니 가도가 스스로 왕성한 형국의 달입니다.

7월 재물을 얻는 달입니다. 만일 횡재수가 아니면 득남하는 운수의 달입니다. 재물 운이 크게 통하니 날로 천금을 얻는 형국의 달입니다. 뜰 앞의 지초와 난초가 홀로 봄빛을 띤 형국의 달입니다.

8월 귀인을 만나는 달입니다. 동쪽의 귀인이 뜻밖에 나를 돕는 형국의 달입니다. 구름 밖의 만 리에서 형제의 안부를 들어보는 형국의 운수입니다. 만일 혼인이 아니면 아들을 얻는 운수의 달입니다.

9월 분수를 지켜야 무탈한 달입니다. 원행을 하지 말라 손재수가 두려운 운수의 달입니다. 들어오면 곤고하고 나가면 이익이 없는 운수의 달입니다. 북쪽을 가까이 하면 해는 있고 이익은 없는 운수의 달입니다.

10월 경거망동을 삼가야 하는 달입니다. 가신이 나를 돕는 격이니 자연히 성공하는 운수의 달입니다. 길한 중에 흉함이 있으니 군자라면 신중한 행동을 하는 달입니다. 집안에 있으면 근심이 있고 경거망동하면 해가 있는 운수의 달입니다.

11월 의식이 풍족한 달입니다. 부처님 앞에 기도하면 흉한 것이 변하여 길한 것으로 되는 운수의 달입니다. 의식이 유여하니 이 밖에 무엇을 더 구하리오. 들어오면 심란하고 나가면 길한 형국의 운수입니다.

12월 재물이 왕성한 달입니다. 몸도 왕성하고 재물도 왕성한 운수이니 태평한 운수의 달입니다. 분수를 지키고 평안을 찾는다면 반드시 대길함이 있는 운수의 달입니다. 목성(木姓)을 가까이 말라 은혜가 오히려 원수가 되는 형국의 달입니다.

괘상수

413

괘상해설

변괘　본괘

대장지귀매大壯之歸妹

만인을 구제 중생하는 해입니다. 목마른 용이 물을 얻은 격이니 조화가 무궁한 운수입니다. 자신의 뜻을 성취하여 부귀 명예를 얻는 형국입니다. 배고픈 사가 밥을 얻으니 이보다 기쁨이 무엇이리요. 가난한 사람은 재물을 얻는 격이요, 신분이 낮은 자는 권세를 얻는 격이로다. 하늘의 이익이 사람에게 미치는 격이니 그 복록이 계속 이어지는 운수입니다. 물려받은 재산이 없는 사람은 반드시 자수성가하여 금의환향하는 운수입니다. 서쪽에서 귀인을 만나는 운수입니다.

음력 월별 이달의 운수해설

1월
소원을 이루어 보는 달입니다. 길하고 경사스러운 일이 문에 이르는 격이니 빈손으로 집안을 일으키는 형국의 운수입니다. 들 밖의 저물어가는 봄에 꽃을 찾다가 열매를 얻는 형국의 운수입니다. 만일 이와 같지 않으면 귀한 자식을 얻는 운수입니다.

2월
재물을 얻는 달입니다. 금방에 이름을 쓰니 이름이 사방에 떨치는 형국의 운수입니다. 출입을 사방으로 하는 격이니 도처에 재물이 있는 형국의 운수입니다. 서쪽과 북쪽 두 방향에 기쁜 일이 중중한 형국의 운수입니다.

3월

의외의 재물을 얻는 달입니다. 재성이 몸에 따르니 뜻밖의 재물을 얻는 운수의 달입니다. 한 번 무르는데 백 번을 응하는 격이니 권위가 변함없는 운수의 달입니다. 북쪽이 길하니 북쪽으로 감이 마땅한 달입니다.

4월

이성을 조심해야 하는 달입니다. 동자는 희희낙락 하고 노인은 배부른 배를 두드리는 형국이니 운수가 태평한 형국의 달입니다. 재물이 있고 권세가 많은 격이니 도처에 춘풍이 부는 형국의 달입니다. 꽃을 찾다가 열매를 얻는 격이니 위엄이 사방에 떨쳐지는 운수입니다.

5월

재운이 왕성한 달입니다. 가운이 길함을 만났으니 기쁜 일이 중중한 운수입니다. 작게 가고 크게 오는 격이니 그 이익은 말로 다 못하는 운수의 달입니다. 이익은 어떤 물건에 있는 고 하니 반드시 물과 금에 있는 운수입니다.

6월

구설수를 조심해야 하는 달입니다. 주작이 진흙을 머금고 있는 격이니 독을 만들고 의를 해치는 운수입니다. 손해는 어느 물건에 있는 고 하니 반드시 쌀과 과일에 있는 운수입니다. 집안이 안락하니 하는 일이 모두 안락한 운수의 달입니다.

7월

다른 사람으로 인하여 피해를 보는 달입니다. 솔 씨앗이 자라나 숲을 이루니 백가지 새들이 와서 기뻐하는 형국의 달입니다. 집안에 있으면 불리하고 밖에 나가면 편안한 운수의 달입니다. 다른 사람을 사귀면 손해가 적지 않은 운수의 달입니다.

8월 집안이 평안한 운수의 달입니다. 사해에서 여유롭게 유유자적하니 문장의 이름이 멀리 퍼지는 형국의 달입니다. 가도가 점점 왕성해지니 범사가 여의한 운수의 달입니다. 다행히 귀인을 만나니 생활이 태평한 운수의 달입니다.

9월 귀인을 만나는 달입니다. 명리가 갖추어져 긴히니 구히지 않아도 스스로 풍족한 형국의 운수입니다. 다행히 귀인을 만나니 생활이 태평한 운수의 달입니다. 복록이 중하고 권세가 많으니 남아가 뜻을 얻은 형국의 달입니다.

10월 뜻한바 소원을 이루는 달입니다. 따스한 바람이 불어오니 백가지 꽃들이 다투어 피는 형국의 운수입니다. 소망이 여의하니 기쁨이 많은 운수의 달입니다. 몸에 복덕이 임하니 날로 천금을 이루는 운수의 달입니다.

11월 몸의 운수가 길함을 만나니 공명을 가히 얻는 운수의 달입니다. 손에 문서를 잡아 희롱하는 격이니 풍성한 기운이 집안에 가득한 형국의 달입니다. 화성(火姓)은 불리하니 서로 사귀어 놀지 말아야 하는 운수입니다.

12월 횡재를 해 보는 달입니다. 명성과 이익을 성취하니 강호에 한 사람인 형국입니다. 세 사람이 같은 마음인 격이니 재물과 이익이 천금을 이루는 운수의 달입니다. 만일 서쪽으로 가면 가히 횡재를 얻는 달이 됩니다.

괘상수
421

괘상해설

변괘　　　본괘

귀매지해歸妹之解

덕을 잃고 살아가는 형국이니 처음은 비록 재앙이 없는 듯 하나 나중에는 반드시 낭패를 보는 형국입니다. 간신히 여우와 삵을 피하나 다시 호랑이 꼬리를 밟는 운수로다. 하는 일에 어려움을 잘 극복하는가 싶더니 뜻하지 않는 어려움이 또 닥치는 해입니다. 세상천지가 넓다하나 이 몸 하나 의지할 데가 없는 형국이로다. 고생을 해도 얻어지는 것이 없으니 한 숨소리만 가련한 형국입니다. 천지 음양이 고르지 못하니 밭에 씨를 뿌려도 싹이 나질 않는 운수입니다. 답답한 운수입니다.

음력 월별 이달의 운수해설

1월 하는 일에 막힘이 많은 달입니다. 강산으로 사람이 가는데 우연히 험한 길을 만나는 형국의 달입니다. 집안이 불편하니 스스로 심란함이 있는 운수의 달입니다. 토끼를 바다에서 구하는 격이니 결국 실패를 하는 운수의 달입니다.

2월 믿는 도끼에 발등을 찍히는 달입니다. 달은 차면 이지러지고 그릇은 차면 넘치는 형국의 달입니다. 집안에 질고가 생기니 심신이 산란한 형국의 운수입니다. 친한 사람을 믿으면 결국 실패를 보는 운수의 달입니다.

3월 재물을 잃는 달입니다. 신운이 불리하니 결국 원수를 만나는 형국의 운수입니다. 만일 손재수가 없으면 횡액이 가히 두려운 운수의 달입니다. 범이 함정에 빠진 격이니 뜻은 있으나 계책이 없는 운수의 달입니다.

4월 구설수가 있어보는 달입니다. 뽕나무와 대마가 들을 덮은 격이니 태평함을 노래하는 형국의 운수입니다. 재성이 몸에 따르니 횡재가 많을 운수의 달입니다. 시비를 삼가야하니 구설수가 따르는 운수의 달입니다.

5월 때를 기다려 일을 해야 하는 달입니다. 스스로 하극상을 만드는 격이니 집안이 평안하지 못한 운수의 달입니다. 이달의 운수는 집안에 있음만 같지 않은 운수입니다. 급하게 일을 도모하지 말라 더디게 한 즉 길한 운수입니다.

6월 길흉이 상반하는 달입니다. 두 갈래 길에 서 있는 격이니 의심스러운 일을 겪어 보는 운수의 달입니다. 운수가 다시 회복하니 결국 생활의 기반을 잡는 운수의 달입니다. 동쪽의 목성(木姓)이 무단히도 해를 끼치는 형국의 운수입니다.

7월 질병이 있어보는 달입니다. 하는 일이 마음에 맞지 않는 격이니 마음에 번민이 많은 운수의 달입니다. 운명이 이르는 곳에는 지혜가 있어도 운명을 거스르지 못하는 달입니다. 질고가 끊이질 않으니 근심이 많은 운수의 달입니다.

8월 관재구설수가 따르는 달입니다. 악살이 침범하는 운수이니 집안에 우환이 끊이질 않는 운수의 달입니다. 만일 이와 같지 아니하면 상복을 입어 볼 운수의 달입니다. 관재수가 있으니 시비를 삼가야 하는 운수의 달입니다.

9월 항상 관재수를 조심해야 하는 달입니다. 관귀가 문에 이르니 집안이 불안한 형국의 달입니다. 그 힘을 다 헤아리지 못하면 하는 일마다 실패를 하는 운수의 달입니다. 손재수가 있는 달이니 토성(土姓)을 멀리해야 하는 달입니다.

10월 어려운 가운데 재물을 얻는 달입니다. 요순임금의 태평천하를 누리는 형국의 운수입니다. 도처에 재물이 있는 격이니 식록이 스스로 족한 운수의 달입니다. 만일 그렇지 아니하면 가정이 불안한 운수의 달입니다.

11월 이별수와 구설수가 따르는 달입니다. 구설수가 있는 운수이니 도처에서 말을 듣는 운수이니 조심해야 합니다. 집안이 불안한 격이니 형제가 이별하는 운수의 달입니다. 운수가 불리하니 손재수와 구설수가 따르는 운수의 달입니다.

12월 작은 재물을 얻어 보는 달입니다. 이달의 운수는 근신하는 중에 기쁨이 있는 운수의 달입니다. 성심으로 노력하면 작은 이익을 가히 얻을 수 있는 운수의 달입니다. 바깥의 재물을 탐하면 도무지 이익이 없는 형국의 운수입니다.

괘상수

422

괘상해설

변괘　　본괘

귀매지진歸妹之震

가까운 사람으로부터 피해를 보는 해입니다. 호형 호제하는 가까운 동갑내기 사람이 피해를 주는 운수입니다. 편안한 중에 불길함이 있는 운수입니다. 경영하는데 뜻은 있으나 일을 성취하지 못하는 상입니다. 지혜도 모자라고 심신도 지쳐있는 형국이니 일을 능히 이루지 못하는 형국입니다. 해는 서산에 넘어가고 어두워지는데, 갈 곳을 아직 정하지 못하고 갈팡질팡하는 형국입니다. 운수가 좋지 않아 좋은 일에도 마(魔)가 끼는 운수입니다.

음력 월별 이달의 운수해설

1월
금전적으로 어려움을 겪는 달입니다. 구름 만 리 밖에 혈혈단신인 형국의 운수입니다. 남쪽의 목성(木姓)이 무단히 나를 해치는 형국의 달입니다. 가운이 크게 불리하니 근심과 곤란이 떠나지 않은 운수의 달입니다.

2월
구설수를 조심해야 하는 달입니다. 이달의 운수는 다른 사람을 집에 들이지 말아야 하는 달입니다. 이익이 서쪽에 있으니 때를 기다려 취해야 하는 운수의 달입니다. 여자를 가가이 하면 해가 있고 구설이 따르는 운수의 달입니다.

3월 가정에 풍파가 있어보는 달입니다. 재성이 공망을 만나니 재물을 구하려하나 얻지 못하는 운수의 달입니다. 가정에 불화가 있는 운수이니 풍파가 종종 일어나는 운수의 달입니다. 비록 길운이라고는 하나 별로 얻는 것이 없는 운수의 달입니다.

4월 고진감래하는 달입니다. 뜻밖의 재물을 조금 성취해보는 운수의 달입니다. 손재수가 몸에 따르니 금성(金姓)을 가까이 하지 말아야 하는 운수의 달입니다. 복록이 사방에 있으니 태평히 지내보는 형국의 운수입니다.

5월 분수를 잘 지켜야 해를 안보는 달입니다. 괴이한 곳에 가지 말아야 한다. 그 곳에 가면 횡액을 당해 보는 운수의 달입니다. 옛일을 생각하니 흐르는 물과 같고 공허한 구름과 같은 형국이로다. 하는 일이 여의치 못하니 이일을 어찌할까.

6월 시비수와 구설수가 따르는 달입니다. 물과 불을 조심해야 횡액을 당하지 않는 운수의 달입니다. 시비수가 있으니 남과 다투지 말아야 하는 운수입니다. 만일 그렇지 않으면 구설수를 면하지 못하는 운수의 달입니다.

7월 경거망동하면 이별을 하는 운수의 달입니다. 동쪽과 북쪽 양방향에 헛된 이름으로 불리는 형국의 달입니다. 만일 언행을 삼가지 않으면 손재를 하거나 이름이 땅바닥에 떨어지는 운수의 달입니다. 기생집에 가지 말라 그렇지 않으면 본처와 이별을 할 수 있는 운수의 달입니다.

8월 이달의 운수는 근심은 흩어지고 기쁨이 생기는 운수의 달입니다. 손재수가 있는 운수이니 범사에 조심해야 하는 달입니다. 금성(金姓)과 목성(木姓) 두 성씨가 나를 해치는 운수의 달입니다.

9월 분수를 지켜 생활해야 하는 달입니다. 경거망동을 하면 횡액을 당하는 운수의 달입니다. 나가면 몸이 수고롭고 들어오면 마음이 편안한 운수의 달입니다. 한 번 슬프고 한 번 근심하니 길흉이 반반인 운수의 달입니다.

10월 정도를 걸어야 하는 달입니다. 삶의 근본인 농사에 힘을 쓰면 의식이 스스로 족한 운수의 달입니다. 동쪽에서 오는 사람은 반드시 원수가 되는 운수의 달입니다. 교활하고 삿된 장소에 가까이 가지 말아야 합니다. 그런 즉 손재를 못 면하는 운수의 달입니다.

11월 어려움을 딛고 성공해 보는 달입니다. 음양이 불합하는 형국이니 부부가 불화하는 운수의 달입니다. 도모하는 일이 뜻과 같으니 자수성가하는 운수의 달입니다. 금년의 운수는 먼저는 흉하고 뒤에는 길한 운수입니다.

12월 재물이 따르지 않는 달입니다. 구름이 서북쪽에서 일어나니 밝은 달이 광채를 감추는 형국의 달입니다. 만일 화성(火姓)을 가까이 하면 손재수를 면하기 어려운 형국의 달입니다. 시작은 있으나 결과가 없는 격이니 세상 일이 뜬구름과 같은 운수의 달입니다.

귀매지대장歸妹之大壯

세운 뜻이 높고 마음이 바르니 반드시 형통할 해입니다. 동산에서 꽃들이 화기애애하니 벌 나비가 날아와 희롱하는 형국이로다. 올해는 운이 왕성하니 반드시 성사할 일이 있는 운수입니다. 만약 경사수가 없으면 직업을 바꾸어 보는 해입니다. 음양이 화합하니 득자할 운수입니다. 작은 것을 쌓아 태산을 이루는 격이니, 뜻한 바를 관철하여 크게 이루어 낼 운수입니다. 산과 연못이 서로 기운을 통하는 격이니 명산에 기도하면 가히 그 뜻을 이룰 운수로다.

음력 월별 이달의 운수해설

1월
남녀지간에 혼인을 하는 달입니다. 비가 순하게 내리고 바람이 고르게 부는 격이니 백곡이 풍성한 운수의 달입니다. 황룡이 구슬을 희롱하는 격이니 반드시 혼인이 있는 운수의 달입니다. 집에 경사가 있는 운수이니 반드시 혼인을 하는 달입니다.

2월
소원을 성취해 보는 달입니다. 재앙이 사라지고 복이 들어오는 운수이니 만사가 태평한 달입니다. 운수가 크게 통하는 격이니 소원을 성취하는 달입니다. 소망이 여의하니 가히 큰 재물을 얻는 운수의 달입니다.

3월 큰 재물을 얻어 보는 달입니다. 한 걸음 두 걸음 하는 사이 연꽃이 저절로 생겨나는 형국의 운수입니다. 재성이 몸에 따르니 날로 큰 재물을 얻는 운수의 달입니다. 사람을 대하고 술을 함께하니 생계의 이치가 그 중에 있는 달입니다.

4월 횡재수가 있는 달입니다. 작은 것은 가고 큰 것이 오니 티끌 모아 태산을 이루는 형국의 운수입니다. 재물 운이 크게 길하니 횡재를 가히 기약해 보는 운수의 달입니다. 재성이 문에 드니 횡재할 운수의 달입니다.

5월 귀인을 만나는 달입니다. 버들이 푸르고 꽃이 붉으니 도회지가 춘색으로 가득한 형국의 달입니다. 다행히 귀인을 만나면 생색을 다섯 배나 내보는 달입니다. 매사가 뜻과 같으니 천금이 가히 모이는 운수의 달입니다.

6월 재물과 관록이 따르는 달입니다. 만일 벼슬을 하지 않으면 자손에 경사가 있는 운수의 달입니다. 재물이 따르고 관록이 따르니 만사가 순조로운 운수의 달입니다. 도처에 재물이 있고 백사가 모두 길한 형국의 운수입니다.

7월 경사가 있어보는 달입니다. 금풍이 저녁에 일어나니 오동이 가을을 울리는 형국의 운수입니다. 길성이 문에 비치는 격이니 가정에 경사가 있는 운수의 달입니다. 사람을 대하고 물건을 접하는 운수이니 온화한 얼굴로 대하는 것이 먼저인 달입니다.

8월 꾀하는 일을 속히 도모하여야 실패가 없다. 지체하면 불리한 운수의 달입니다. 남과 더불어 일을 도모하니 일은 반으로 줄어드나 그 공명은 갑절이 되는 형국의 달입니다. 음양이 화합하는 형국이니 반드시 경사가 있는 운수의 달입니다.

9월 횡재수가 있는 달입니다. 하는 일마다 뜻을 같이 하니 집안이 화평한 운수의 달입니다. 이익이 목성(木姓)에 있으니 가히 사귀면 횡재하는 운수의 달입니다. 소망하는 일이 여의하니 세상 일이 태평한 형국의 달입니다.

10월 구설수를 조심해야 하는 달입니다. 바른 마음으로 수양하고 덕을 쌓으니 복록이 스스로 오는 형국의 달입니다. 옛것을 버리고 새것을 취하는 격이니 일신에 광채가 나는 형국의 달입니다. 이달의 운수는 구설수를 조심해야 하는 달입니다.

11월 재물이 들어오고 횡재를 해보는 달입니다. 의외의 귀인이 나타나 나를 돕고 나를 떠받히는 형국의 달입니다. 재물과 복록이 몸에 임하니 뜻밖에 횡재를 하는 운수입니다. 자손에게 경사가 있으니 화기애애한 기운이 가득한 형국의 달입니다.

12월 다른 사람의 말을 듣지 말고 자신 스스로 재물을 구하면 얻는 달입니다. 서쪽과 북쪽에 길함이 있어 반드시 재물의 이익을 얻는 달입니다. 동쪽이나 서쪽이나 모든 일들이 대통하는 운수의 달입니다. 다른 사람의 말을 듣지 말라 별로 이익이 없는 운수의 달입니다.

풍지소과豊之小過

좋은 일을 별로 없고 흉한 일만 있을 해입니다. 하늘이 무너지고 땅이 꺼지는 형국이니 매사가 뒤틀리는 형국입니다. 눈 내린 들판에 재차 서리가 뒤덮는 형국이니 엎친 데 덮친 격이로다. 문서로 인하여 불리하고 부모 궁에 근심이 있는 운수입니다. 뜻은 하늘에 닿으나 그 뜻을 이루지 못하는 운수입니다. 땅을 파서 샘물을 구하는 격이니 무엇이든 혼신의 힘을 다하여 노력하면 일시적으로나마 좋은 결과를 볼 수도 있는 해입니다. 무슨 일이든 명산에 기도하여 심신을 안정시킨 연후에 실행하도록 하여라.

음력 월별 이달의 운수해설

1월 액운이 많이 따르는 달입니다. 집안에 근심이 있는 운수이니 소복을 입을까 가히 두려운 운수의 달입니다. 집안에 액운이 있는 격이니 남을 원망하지 말아야 하는 운수입니다. 재물은 말과 글에 있으니 농사를 하면 피해를 보는 형국의 달입니다.

2월 실물수를 조심해야 하는 달입니다. 눈 위에 씨앗을 뿌리는 격이니 안전하게 살 수 없는 형국의 달입니다. 실물수가 있으니 도둑을 조심해야 하는 운수의 달입니다. 신수는 태평하나 재물 운은 불리한 운수의 달입니다.

3월 용두사미격의 달입니다. 마귀가 서로 다투어 침노하는 격이니 집안에 슬픔이 있는 운수의 달입니다. 억지로 구하지 말고 편안한 마음으로 분수를 지켜야 하는 달입니다. 머리는 있고 꼬리는 없는 격이니 꾀하는 일을 이루지 못하는 형국의 달입니다.

4월 손해를 보는 달입니다. 비록 재물 운은 있으나 별로 소득이 없는 운수의 달입니다. 서쪽과 북쪽 두 방향은 반드시 손해가 따르는 방향의 달입니다. 이달의 운수는 길흉이 상반하는 운수의 달입니다.

5월 반은 잃고 반은 얻는 운수의 달입니다. 천지 동남에 비로소 평안을 찾는 운수의 달입니다. 먼저는 흉하고 나중은 길한 운수이니 반은 흉하고 반은 길한 운수의 달입니다. 서쪽의 목성(木姓)이 집안에 불리한 형국의 운수입니다.

6월 가까운 친구를 조심해야 하는 달입니다. 물속에 뜬 달을 잡으려 하는 형국이니 빈손을 면하기 어려운 운수의 달입니다. 미리 액운을 예방하면 거의 이 액운을 면하는 달입니다. 친한 친구를 믿으면 반드시 피해를 보는 운수의 달입니다.

7월 사소한 마장들이 괴롭히는 형국의 달입니다. 재물 운을 말한다면 구하여도 얻지 못하는 운수의 달입니다. 마장이 찾아와 희롱하는 격이니 도모하는 일이 점점 멀어지는 형국의 달입니다. 용이 강물을 잃은 격이니 조화를 부리지 못하는 형국의 운수입니다.

8월 마음이 불안하고 어려움이 따르는 달입니다. 이달의 운수는 흉살이 침노하는 형국의 운수입니다. 손재수가 많으니 심신이 불안한 운수의 달입니다. 가내가 평안하지 못한 운수이니 마음 편할 날이 없는 운수의 달입니다.

9월 액운이 물러가고 복록이 오는 격이니 일신이 안락한 달입니다. 봉황이 천리를 나는 격이니 굶어도 좁쌀을 쪼아 먹지 않는 형국의 달입니다. 만일 금성(金姓)을 만나면 의외의 재물을 얻는 달입니다.

10월 고진감래의 달입니다. 재물이 동쪽에 있으니 때를 만나면 스스로 가지게 되는 운수의 달입니다. 신수가 대길하니 집안에 화목함이 있는 운수의 달입니다. 적은 물도 쉬지 않고 흐르는 법이니 반드시 나중에는 바다에 이르게 되는 형국의 달입니다.

11월 욕심이 화를 부르는 달입니다. 재성이 공망을 만났으니 손재수가 적지 않은 운수의 달입니다. 집안에 상서롭지 못한 기운이 있으니 미리 기도하여 예방하는 달이어야 합니다. 분수에 넘치는 재물을 탐하면 반드시 손해가 따르는 달입니다.

12월 옳지 못한 일을 하다가 낭패를 보는 달입니다. 만일 비리에 가담하면 재물을 잃고 이름이 땅에 떨어지는 운수의 달입니다. 만일 이와 같지 않으면 구설이 분분한 운수입니다. 집안일을 남에게 말하지 말아야 길한 운수의 달입니다.

풍지대장豊之大壯

마음이 인자하고 덕을 베푸니 만인에게 신용을 얻는 해입니다. 한가로운 봄 강에 바람마저 불지 않으니 만사가 여의로 울 운수입니다. 연못의 고기가 바다로 나가니 활기가 넘치는 운수입니다. 일신이 영귀하고 재물이 따르는 해입니다. 동쪽과 북쪽의 재신(財神, 재물을 관장하는 신)이 나를 돕는 운수입니다. 다만 시비에 끼어들면 반드시 관재구설로 이어지니 삼가야 낭패를 보지 않습니다.

음력 월별 이달의 운수해설

1월
운수가 대통하는 달입니다. 물고기와 용이 물을 만난 격이니 의기가 양양한 달입니다. 재성이 몸에 임하는 형국이니 천금을 손에 희롱하는 운수의 달입니다. 재물이 풍만하니 큰 집안이 태평한 형국의 달입니다.

2월
동업을 피해야 하는 달입니다. 귀인이 와서 돕는 격이니 하는 일 마다 뜻한 대로 이루어지는 운수의 달입니다. 만일 생남하지 않으면 관록이 몸에 임하는 운수의 달입니다. 친한 사람으로 인하여 피해를 보는 형국이니 같이 일을 하지 말아야 하는 운수입니다.

3월 부부금슬이 좋은 달입니다. 만일 귀인을 만나면 반드시 성공을 하는 운수의 달입니다. 궁에서 쇠북을 치는 형국이니 금슬이 맑고 향기로운 형국의 달입니다. 집안에 경사가 잇는 격이니 기쁨이 가정에 가득한 형국의 달입니다.

4월 재물 운은 잇으나 관재수를 조심해야 하는 달입니다. 고지의 도가 오래가니 작게 가고 크게 오는 형국의 달입니다. 재수가 대길하니 구하지 않아도 스스로 재물이 들어오는 형국입니다. 동쪽으로 오고가는데 관재를 조심해야 하는 달입니다.

5월 소원을 성취해 보는 달입니다. 재물과 곡식이 창고에 가득하니 편안하고 태평한 세월의 운수입니다. 목마른 자가 물을 만난 격이요, 굶주린 자가 풍년을 만난 격의 운수입니다. 다른 사람 말을 믿지 말아야 실패수가 없는 달입니다.

6월 관재구설수가 따르는 달입니다. 만일 출행하지 않으면 이사를 하면 길한 운수의 달입니다. 질병이 있는 가운데 여색으로 인하여 재물을 취하는 형국의 달입니다. 송사로 다투게 되면 구설로 인하여 불리해지는 운수의 달입니다.

7월 원하는 바를 성취 못하고 헛된 노력을 해 보는 달입니다. 일신이 곤고하니 이것이 운수인 것을 어찌할까. 호랑이 굴에 들어가지 않고는 호랑이 시기를 얻지 못하는 형국의 운수입니다. 이달의 재물 운은 구하려 하여도 얻지 못하는 운수의 달입니다.

8월 귀인을 만나는 달입니다. 이달의 운수는 구름이 흩어져 달을 볼 수 있는 형국의 운수입니다. 다행히 귀인을 만나면 생활이 태평해지는 운수의 달입니다. 관록이 몸에 따르는 격이니 이름이 사방에 높은 운수의 달입니다.

9월 흉한 가운데 길함이 찾아오는 달입니다. 어두운 길을 가는 사람이 우연히 밝은 등불을 얻은 격의 운수입니다. 믿음이 사람에게 미치는 격이니 살길을 알려주는 형국의 운수입니다. 재물이 동쪽에 있으니 우연히 재물이 들어오는 형국의 달입니다.

10월 고진감래의 달입니다. 내 가슴에 옥을 안고 진주를 품고 있는 격이나 이를 알아주는 사람이 없는 형국의 달입니다. 재물은 뜻하는 대로 얻는 형국이지만 구설이 조금 따르는 운수의 달입니다. 복록이 몸에 임하니 의식이 풍족한 운수의 달입니다.

11월 재물이 들어오는 달입니다. 길성이 문에 들어오니 화기애애한 기운이 문에 들어오는 형국의 달입니다. 쇠를 연철하여 금을 만드니 적은 것을 쌓아 큰 것을 이루는 형국의 운수입니다. 이름이 높고 복록이 중하니 복록이 산과 같은 형국의 달입니다.

12월 고생 끝에 낙이 오는 달입니다. 집안사람이 같은 마음으로 함께하니 이익이 그 중에 있는 운수의 달입니다. 명산에 기도하면 근심이 흩어지고 기쁨이 생겨나는 운수의 달입니다. 재물과 복록이 풍만하니 한 집안이 태평한 형국의 달입니다.

괘상해설

변괘　　　본괘

풍지진豊之震

숨어 있는 재앙을 알지 못하고 경거망동하는 해입니다. 다리 아래 엎드린 격이니 좋지 않은 일을 그 누가 알아채겠는가. 비단 옷을 입고 그믐밤 한 밤 중에 밤길을 걸어가니 나의 자태를 그 누가 알아주겠는가. 원진살(元嗔煞, 서로 다투고 등을 돌리는 흉살)이 발동하니 길함은 없고 흉함만 생겨나는 형국입니다. 연못에 물이 마르니 비단 잉어가 윤기를 잃은 형국입니다. 하는 일이 뜻대로 되질 않아 힘이 많이 빠지는 형국입니다. 명산에 들어가 심신을 안정시킨 연후에 경영하면 순조로울 수로다.

음력 월별 이달의 운수해설

1월
하는 일에 비하여 수고로움만 있는 달입니다. 소리는 있으나 형상이 없으니 호소할 곳이 없는 형국의 운수입니다. 봄이 지난 뒤에 꽃을 찾으니 수고로움만 있고 공은 없는 운수의 달입니다. 목마를 때 우물을 파는 격이니 힘만 들고 소득은 없는 형국의 달입니다.

2월
실물수가 있는 달입니다. 비밀리에 한 일을 이루기 어려운 형국이니 남에게 베풀지 말아야 하는 운수입니다. 실물수가 있으니 물건을 잘 간수해야 하는 달입니다. 신운이 불리하니 범사를 가히 조심해야 하는 달입니다.

3월 구설과 관재를 조심해야 하는 달입니다. 비록 변화가 있으나 이름만 있지 실속이 없는 운수의 달입니다. 만일 구설수가 아니면 관재수가 두려운 운수의 달입니다. 두 마리 호랑이가 싸우는 형국이니 이기고 지는 것을 알지 못하는 운수의 달입니다.

4월 재물이 들어오는 달입니다. 남쪽이 길하니 출행하면 이익을 얻는 방향의 달입니다. 일도 있고 꾀도 있으니 벼슬을 해 보는 형국의 달입니다. 재성이 문에 드니 가히 재물을 얻어 보는 운수입니다.

5월 소원을 이루기 어려운 달입니다. 문서가 칠살을 띠었으니 까마귀가 백로로 변하는 형국의 달입니다. 백사에 이익이 없으니 구하고자 하여도 얻지 못하는 운수의 달입니다. 본래 재산이 없으니 구하고자 하나 소원을 이루기 어려운 운수의 달입니다.

6월 질병과 구설이 따르는 달입니다. 바람과 비가 불순하니 초목이 오래 버티지 못하는 형국의 달입니다. 범이 북해를 건너는 격이니 풍운이 분주한 형국의 달입니다. 만일 질병이 아니면 구설수를 면하기 어려운 형국의 달입니다.

7월 매매운이 좋지 못한 달입니다. 시운이 불행하니 매사를 이루지 못하는 운수의 달입니다. 문서가 불리하니 매매를 하지 말아야 유리한 달입니다. 비록 노력은 있으나 수고만 있고 공은 없는 운수의 달입니다.

8월
송사가 있어 보는 달입니다. 집안에 불평함이 있으니 반드시 위험한 액운이 따르는 달입니다. 만일 구설이 아니면 질병이 떠나지 않는 형국의 운수입니다. 먼저 송사를 하지 말라 그렇게 하면 먼저는 흉하나 나중은 길한 운수가 되는 달입니다.

9월
횡재수가 있는 달입니다. 때가 돌아오고 운이 트이니 자연히 성공을 하게 되는 운수의 달입니다. 소망이 여의하니 심신이 화평한 운수의 달입니다. 재운이 왕성하니 반드시 횡재하는 운수의 달입니다.

10월
구설수가 있어 보는 달입니다. 십년을 쌓은 공이 하루아침에 허사가 되는 형국의 운수입니다. 다른 사람과 동업을 하는 것은 반드시 실패가 있는 운수의 달입니다. 만일 이와 같지 않으면 끊이지 않는 구설이 있는 운수의 달입니다.

11월
재물을 잃을 수 있는 달입니다. 여관의 차가운 등불에 객의 마음이 처량한 형국의 달입니다. 밖에 나가지 말아야 해를 당하지 않는 운수의 달입니다. 재물을 잃을 운수이니 도둑을 조심해야 하는 운수입니다.

12월
사람으로 인하여 피해를 보는 운수의 달입니다. 재물의 기운이 양양하니 화기가 만당한 운수의 달입니다. 북쪽에서 오는 손님은 종국에는 해를 끼치는 사람이니 주의해야 하는 달입니다. 수성(水姓)이 해로우니 올해에는 가까이 하지 말아야 하는 운수의 달입니다.

괘상수

441

괘상해설

변괘   본괘

진지예震之豫

욕심을 부리면 낭패를 볼 수 있는 해입니다. 양 손에 떡을 잡고 있는 형국이니 욕심을 마음껏 부린 격입니다. 욕심을 누그러뜨리면 낭패를 보지 않을 운수입니다. 복은 두 번을 연거푸 잡을 수 없고 이익은 독점하기 어려운 법이니, 너무 이기적으로 이익을 챙기다가는 반드시 낭패를 보게 되는 운수입니다. 올해는 허욕을 버려야만 심신이 편안하고 집안이 화평해 지는 형국입니다. 너무 교만함도 버려야 다른 사람들로부터 따돌림을 당하지 않습니다.

음력 월별 이달의 운수해설

1월 소원성취하기 어려운 달입니다. 산에 들어가 물고기를 구하는 격이니 하는 일에 허황함이 있는 달입니다. 심신이 물러서고 흩어지는 격이니 항상 두려움이 있는 운수의 달입니다. 머리는 있고 고리는 없는 격이니 하는 일 마다 이루지 못하는 형국의 달입니다.

2월 분주하나 소득이 없는 달입니다. 남쪽으로 북쪽으로 헤매는 형국이니 공연히 분주한 운수의 달입니다. 가정이 불안하고 질병이 침범하는 운수의 달입니다. 일신이 곤고한 격이니 운명으로 받아들여야 하는 달입니다.

3월

욕심을 부리다가 오히려 손해를 보는 달입니다. 이달의 운수는 적은 재물과 이익이 있는 달입니다. 허욕을 부리면 도리어 손해를 보는 운수의 달입니다. 무리하게 재물을 구하는 격이니 허망한 일임을 알게 되는 달입니다.

4월

귀인을 만나는 달입니다. 만일 다투지 아니하면 상복을 입는 운수의 달입니다. 이익이 어느 쪽에 있는 고 하니 반드시 서북쪽인 달입니다. 서쪽과 북쪽 양 방향에 사람이 있어 나를 돕는 운수의 달입니다.

5월

뜻밖의 일로 어려움이 따르는 달입니다. 숫양이 뿔로 찌르는 격이니 도처에 피해가 있는 형국의 달입니다. 비리의 재물은 조심하고 탐내지 말아야 하는 달입니다. 경솔함이 남에게 알려지는 격이니 도모하는 일이 이루어지지 않는 운수입니다.

6월

재물을 지키기 어려운 달입니다. 만일 기도하지 않으면 집안에 질병과 고난이 따르는 달입니다. 목성(木姓)과 친하면 반드시 재물을 얻는 운수의 달입니다. 관귀가 발동하니 밖으로 나가면 재물을 잃는 운수의 달입니다.

7월

출행하는데 조심해야 하는 달입니다. 근래에 얻은 이름은 모두 헛된 이름인 달입니다. 꽃이 지고 열매가 없으니 하나도 기쁜 일이 없는 운수의 달입니다. 위로는 움직이고 아래는 요동치는 격이니 출행을 삼가야 하는 운수의 달입니다.

8월 하는 일에 마장이 따르는 달입니다. 하는 일에 두서가 없으니 일을 구하나 이루지 못하는 운수의 달입니다. 택신에게 기도하고 치성하면 재앙이 차차 물러나는 형국의 달입니다. 머리는 있고 꼬리는 없으니 하는 일을 마무리 하지 못하는 운수의 달입니다.

9월 고진감래하는 운수의 달입니다. 이달의 운수는 근심이 흩어지고 기쁨이 생겨나는 운수의 달입니다. 북쪽에서 오는 손님이 우연히 손해를 끼치는 형국의 달입니다. 동쪽으로 출입하면 가히 재물을 얻는 운수의 달입니다.

10월 이달을 잘 이겨내야 다음 달을 기약하는 운수입니다. 해는 서산에 지고 돌아가는 손님이 길을 잃는 형국의 달입니다. 깊은 산속 깊은 계곡에도 반드시 봄이 오게 되었도다. 만일 손재수가 없으면 상복을 입을 수 있는 운수의 달입니다.

11월 재물을 얻어 보는 달입니다. 재물이 먼 곳에 있으니 나가 구하면 가히 얻을 수 있는 운수의 달입니다. 음양이 서로 화합하는 운수이니 어려운 일도 속히 이루어지는 운수의 달입니다. 좋은 운수가 오는 때에는 복록이 진진한 형국의 달입니다.

12월 믿는 도끼에 발등 찍히는 운수의 달입니다. 남을 믿게 되면 도리어 피해를 입는 운수의 달입니다. 비리를 탐하지 않으면 이 액운이 스스로 소멸되는 운수의 달입니다. 집에 있으면 길하고 경거망동하면 피해를 보는 운수의 달입니다.

괘상수
442

괘상해설

변괘　본괘

진지귀매震之歸妹

경거망동을 하면 반드시 어려움에 처하는 해입니다. 경거망동을 삼가고 분수를 지켜야 낭패를 보지 않는 해입니다. 망망대해에 일엽편주 외도이 떠가는데, 폭풍우가 몰아치니 위태하기 그지없도다. 올해의 운수는 위험이 많이 따르고 성공하기 어려운 해입니다. 북쪽을 조심하여야 합니다. 이익이 도리어 해가 되는 방향입니다. 재물은 동쪽에 있고 목성(木姓)이 나를 돕는 성입니다. 만일 주색을 가까이 하면 반드시 관재구설수가 따르게 되는 형국이니 패가망신하지 않도록 주의 하여야 합니다.

음력 월별 이달의 운수해설

1월
하는 일에 마장이 많은 달입니다. 신수가 곤고하니 다른 곳에 가도 불리한 형국의 달입니다. 친한 사람이 원한을 만들어 모든 하는 일에 방해를 하는 형국의 달입니다. 만일 가정에 우환이 없으면 부모에게 액운이 따르는 운수의 달입니다.

2월
남으로부터 피해를 보는 달입니다. 저무는 춘삼월에 복숭아꽃이 활짝 핀 형국의 달입니다. 매사를 이루지 못하니 신세를 스스로 탄식하는 운수의 달입니다. 남을 좋아 하면 결국 큰일을 그르치게 되는 운수의 달입니다.

3월 분수를 지키는 것이 현명한 달입니다. 근심이 끊이질 않는 운수이니 밤에 잠을 이루지 못하는 달입니다. 백가지 꾀가 있어도 분수 지킴만 못한 운수의 달입니다. 집에 있으면 심란하고 나가도 이익이 없는 운수의 달입니다.

4월 재물이 따르지 않는 달입니다. 다른 업을 경영하지 말라 차라리 홀로 있음만 못한 운수의 달입니다. 물에서 재물을 도모하지 말라 이익은 육지에 있는 형국의 운수입니다. 재물 운은 있어도 모우기 어려운 형국의 달입니다.

5월 재물의 손실을 보는 달입니다. 흉함을 피하여 동쪽으로 가는 격이나 다시 집안에 우환이 따르는 운수의 달입니다. 문 밖출입을 금하고 손님이나 다른 사람을 들이지 않으면 반드시 재물의 손실을 보지 않는 운수의 달입니다. 재물의 흩어짐이 구름과 같으나 후회한들 무슨 소용이리오.

6월 남으로부터 피해를 보는 달입니다. 한 손바닥으로는 소리를 내기 어렵고 혼자 힘으로는 공을 이루기 어려운 형국의 달입니다. 다른 사람의 말을 믿지 말라 재물로 인하여 마음 상하는 일이 있어 보는 운수의 달입니다. 여인을 가가이 하면 질병을 얻는 운수의 달입니다.

7월 구설과 관재수가 따르는 달입니다. 입을 항아리 뚜껑 닫듯이 지키지 않으면 구설수를 면하지 못하는 운수의 달입니다. 고진감래인데 이는 세상 이치인 것이로다. 남과 다투게 되면 송사를 면하기 어려운 형국의 달입니다.

8월 사람으로 인하여 실망해 보는 달입니다. 깊은 산골짜기에서 길을 잃은 격이니 그 길을 일러줄 사람이 어디 있겠는가. 피해를 주는 사람이 목성(木姓)이니 그를 가까이 하면 피해가 있는 운수의 달입니다. 처궁에 근심이 있으니 미리 불전에 기도 하면 그 액을 면하는 달입니다.

9월 시비와 구설수를 조심해야 하는 달입니다. 남쪽과 북쪽이 불리하니 출행하면 이익이 없는 달입니다. 공적인 일이나 사적인 일이나 간에 간섭하지 말아야 하는 달입니다. 가신이 발동하는 운수이니 미리 기도하여 액운을 막아야 하는 운수의 달입니다.

10월 고진감래하는 달입니다. 높은 곳이나 나뭇가지에 오르려 하지 말라 위험에 처하는 운수입니다. 만일 손재수가 없으면 처궁에 근심이 생기는 운수의 달입니다. 고진감래하는 형국이니 결국 형통하는 운수의 달입니다.

11월 분수를 지키면 복록이 따르는 달입니다. 흉귀가 발동하니 물과 불을 조심하고 삼가야 하는 운수의 달입니다. 비록 헛된 이름은 있으나 소득이 없는 운수의 달입니다. 옛 것을 지키고 근면하게 일하면 작은 재물은 얻는 형국의 운수입니다.

12월 횡액이 두려운 달입니다. 새장에 갇힌 새가 새장을 뚫고 하늘로 오르는 형국의 운수입니다. 출행하지 말라 횡액이 두려운 운수의 달입니다. 소망을 이루기 어려우니 마음이 산란한 달입니다.

괘상해설

변괘　　본괘

진지풍震之豊

하는 일도 없고 근심도 없으니 무사태평한 해입니다. 오뉴월에 한가로이 높은 정자에 누워있는 형국이니 몸과 마음이 여유로운 운수입니다. 구름이 흩어지고 광명이 나타나는 형국이니 경영하는 일이 순조롭도다. 봄 동산의 복숭아꽃과 자두 꽃이 만발하니 벌 나비가 춤을 추도다. 뜻 밖에 성공을 거두니 세상 사람들이 부러워하는 운수입니다. 다만 향응에 빠지면 혹여 질병이 찾아 올 수도 있으니 주색을 삼가야 하는 운수이기도 합니다.

음력 월별 이달의 운수해설

1월
남의 말을 믿으면 낭패를 보는 달입니다. 도를 닦고 악을 멀리 하니 마침내 길한 이익을 보는 운수의 달입니다. 몸에 질병이 침노하는 격이니 거처가 불안한 형국의 달입니다. 여자의 말을 듣지 말라 변덕을 부리니 믿기 어려운 운수의 달입니다.

2월
이사를 해 보는 달입니다. 시운이 불리하니 아무 일도 경영하지 말아야 하는 운수의 달입니다. 집안에 불안함이 있으니 이사를 하면 길한 운수의 달입니다. 만일 관록이 아니면 자손을 낳는 운수의 달입니다.

3월 명예와 재물이 따르는 달입니다. 수성(水姓)과 같이 동업하면 재물의 이익을 가히 기약해 보는 운수의 달입니다. 뜻밖에 공명하여 이름이 사방에 펼쳐지는 운수의 달입니다. 비록 구설은 있으나 재물의 이익이 크게 통하는 운수의 달입니다.

4월 가정에 경사가 있어 보는 달입니다. 비가 순조롭게 내리고 바람이 고르게 부니 만물이 스스로 즐기는 형국의 달입니다. 가정에 경사가 있는 격이니 자손에 경사가 있는 운수의 달입니다. 여인을 가까이 하면 명예에 손상이 따르는 운수의 달입니다.

5월 횡액을 주의 하여야 하는 달입니다. 가정이 불화하니 풍파가 끊이지 않는 운수의 달입니다. 마음속에 근심이 숨어 있으니 누가 이를 알아주리오. 횡액이 있는 운수이니 매사에 근신하여 조심하여야 하는 달입니다.

6월 이별수가 있는 달입니다. 이익을 주는 사람은 토성(土姓)이고 피해를 주는 사람은 목성(木姓)인 달입니다. 실물수가 있는 운수이니 미리 기도하여 막아야 하는 달입니다. 해 넘어간 다리 위에서 형제가 이별하는 형국의 달입니다.

7월 기쁨 중에 여자로 인하여 근심이 있는 달입니다. 화성(火姓)이 이롭지 못하니 가까이 하면 피해를 보는 운수의 달입니다. 복록이 만당한 형국이니 근심이 흩어지고 기쁨이 생겨나는 운수의 달입니다. 만일 여자를 가까이 하면 명예에 손상이 있는 달입니다.

8월 비록 재물은 생기는 형국이니 얻으면 반을 잃는 운수의 달입니다. 재물이 공망이 되고 복록이 숨는 격이니 소망이 별로 없는 형국의 달입니다. 목성(木姓)을 믿으면 반드시 허망함을 당하는 운수의 달입니다.

9월 실물수를 조심해야 하는 달입니다. 봄의 성곽에 가랑비가 오니 만물이 모두 즐거워하는 형국의 달입니다. 길운이 이미 돌아오니 귀인이 와서 돕는 운수의 달입니다. 도적을 조심하여야 하는 달이니 실물수가 가히 두려운 운수입니다.

10월 귀인이 나를 돕는 달입니다. 가운이 왕성한 격이니 의식이 풍족한 운수의 달입니다. 사람이 늘고 모든 일이 이루어지는 형국의 달입니다. 이익이 문서에 있으니 귀인이 나를 도와 성공하는 운수의 달입니다.

11월 재물이 따르나 구설이 있는 달입니다. 집안사람이 한 마음이 되니 재물이 스스로 하늘에서 오는 형국의 운수입니다. 원행을 삼가라 구설이 또 침노하는 운수의 달입니다. 위는 맑고 아래는 편안하니 재물이 스스로 밖에서 들어오는 형국의 달입니다.

12월 상업을 하면 재물을 얻을 수 있는 달입니다. 백가지 일이 여의하니 이 밖에 무엇을 더 바라리오. 우물 안의 물고기가 바다로 나가니 그 형상이 태평한 형국의 운수입니다. 재물이 상업에 있으니 재물이 흥왕한 형국의 달입니다.

항지대장恒之大壯

괘상해설

변괘　　본괘

신수가 분주하니 동분서주하는 해입니다. 청산에 나그네 해가 저무니 발걸음만 바쁜 형국입니다. 굶주린 호랑이가 먹이를 구하러 헤메는 형국이요, 도끼를 잡으러 바다로 가는 형국입니다. 관귀가 발동하여 길을 막고 있으니 원행하는 것은 불리합니다. 길은 멀고 짐은 무거우니 지치기 쉬운 달입니다. 흉한 중에 일년 중에서 음력 삼월, 유월, 구월, 섣달이 길한 달입니다. 정성으로 기도하면 귀인이 찾아와 도울 것이니 마침내 기쁜 일이 있을 해입니다.

음력 월별 이달의 운수해설

1월 원행을 하면 분주한 달입니다. 뜻이 높고 마음이 크니 반드시 성공하는 운수의 달입니다. 그러나 목성(木姓)은 삼가 가까이 하지 말아야 하는 달입니다. 관귀가 발동하는 달이니 원행을 하면 불리한 운수입니다.

2월 질병과 근심이 있는 달입니다. 밭 갈지 않고 김매지 않으면 가을에 거둘 것이 없는 형국의 달입니다. 재효가 살을 띠었으니 처궁이 불리한 운수의 달입니다. 상가 근처에 가면 질병을 얻을 수 있으니 삼가야 하는 운수의 달입니다.

3월 이사를 해보는 달입니다. 많은 일들이 허황하니 경거망동을 삼가야 하는 운수의 달입니다. 동쪽으로 이사를 하면 반드시 형통하는 운수의 달입니다. 남의 말을 듣게 되면 공연히 세월만 허비하는 형국의 달입니다.

4월 처음은 길하나 나중은 흉한 달입니다. 귀인이 와서 돕는 격이니 복록이 가볍지 않은 운수의 달입니다. 깊은 밤에 비바람이 몰아치니 동서를 분간하기 어려운 형국의 운수입니다. 마음에도 없는 것들이 생겨나니 집안이 안녕치 못한 운수의 달입니다.

5월 고진감래의 달입니다. 음력 오월의 운수는 말로써 재물이 생겨나는 운수의 달입니다. 농사든 장사든 간에 수고로움이 있어야 재물이 생기는 운수의 달입니다. 만일 소복을 입는 일이 있으면 수고로움을 면하는 운수의 달입니다.

6월 출행하면 불리한 달입니다. 수성(水姓)이나 화성(火姓)과 함께 일하면 불리한 운수의 달입니다. 도로상에 덕이 없는 격이니 출행하면 불리한 운수의 달입니다. 남과 다투면 일에 차질이 있는 운수의 달입니다.

7월 귀인을 만나 기사회생하는 달입니다. 용이 얕은 물에 거하는 격이니 만물이 비로소 생겨나는 형국의 달입니다. 재물을 구하여도 구하기 어려운 형국의 운수입니다. 귀인이 길을 가르쳐 주는 격이니 생계를 계획하는 운수의 달입니다.

8월 고진감래하는 달입니다. 시비를 가까이 하지 말라 송사를 하게 되면 결과를 얻기 어려운 운수입니다. 처음은 곤고하나 나중은 태평하고 먼저는 가난하나 나중은 부자인 형국의 운수입니다. 손재수가 있으니 범사를 조심해야 하는 달입니다.

9월 어려움 중에 이익이 있는 달입니다. 변소에 드나들던 쥐기 큰 곡식 창고에 드는 형국의 달입니다. 피해를 주는 성은 무엇인고 하니 반드시 화성(火姓)에 있는 운수의 달입니다. 음력 구월과 시월에는 이익이 토지에 있는 형국의 달입니다.

10월 고생은 하나 재물을 얻어 보는 달입니다. 이익이 장사에 있으니 반드시 재물을 얻는 운수의 달입니다. 풍진에 빠진 격이니 얻는 바가 별로 없는 형국의 달입니다. 만일 손재수가 없으면 횡액으로 한 번 놀라는 운수의 달입니다.

11월 고진감래하는 달입니다. 우연히 귀인을 만나니 가히 영리를 얻는 운수의 달입니다. 이익은 어느 곳에 있는 고 하니 반드시 서쪽과 북쪽에 있는 달입니다. 신수가 어떠한 고 하니 먼저는 곤고하고 나중은 길한 운수의 달입니다.

12월 분주하고 이익을 얻는 달입니다. 백 가지 일들이 모두 순조롭게 이루어지니 이익이 그 가운데 있는 형국의 달입니다. 하는 일에 분망함이 있으니 운수가 분주한 형국입니다. 명리를 이루니 축하하는 손님이 문전성시를 하는 운수의 달입니다.

항지소과恒之小過

처음엔 진짜와 가짜를 구분하지 못하나 나중에는 진짜와 가짜를 구분하는 형국입니다. 그러나 하는 일이 순조롭게 진행이 되어 종래에는 성공하는 해입니다. 꿈속에서 어진 사람을 만나 진짜와 가짜를 구별하는 형국입니다. 밝은 거울은 거짓이 없으니 하는 일을 항상 공명정대하게 풀어나간다면 좋은 결과를 얻는 형국입니다. 올해의 운수는 흉한 일보다 길한 일이 많을 운수입니다. 처음은 곤고하나 후일은 반드시 태평할 운수입니다.

음력 월별 이달의 운수해설

1월
구설수가 있는 달입니다. 맑은 바람과 밝은 달에 고대광실에 누워있는 형국의 운수입니다. 남과 같이 동업하면 하는 일은 반이나 공은 갑절이 되는 형국의 달입니다. 만일 이와 같지 않으면 구설수가 가히 두려운 달입니다.

2월
근심이 있는 달입니다. 백락이 한 번 돌아보매 값이 세 배나 더한 형국의 달입니다. 집안에 불안함이 있으니 재앙과 화가 끊이지 않는 달입니다. 하는 일에 선영의 뜻이 있으니 소득이 뜻과 같은 형국의 달입니다.

3월 재물이 따르는 달입니다. 구름이 걷혀 푸른 하늘이 드러나니 밝은 달이 스스로 새로운 형국의 운수입니다. 금을 쌓고 옥을 쌓는 운수이니 어찌 도주를 부러워하겠는가. 귀성이 문에 비치니 남으로 인하여 성공하는 운수의 달입니다.

4월 시비수를 조심하면 가히 천금을 얻는 달입니다. 큰 봉황이 날개를 펼치니 구름으로 난 길이 만 리가 되는 형국의 운수입니다. 남과 다투지 말라 시비가 있는 운수의 달입니다. 근검하고 부지런하면 가히 천금을 얻는 운수의 달입니다.

5월 재물 운이 길한 달입니다. 음력 오월과 유월에는 남에게 의뢰하여 재물을 얻는 운수입니다. 사방 중에서 서쪽과 북쪽이 가장 길한 방향의 달입니다. 재물 운이 왕지를 만나니 나는 성공한 사람이리라.

6월 동업으로 성공해 보는 달입니다. 다른 사람을 따라 남쪽으로 가면 만사가 평길함이 있는 운수의 달입니다. 남과 더불어 남쪽으로 가면 백 가지 일이 길함이 있는 운수의 달입니다. 작은 것을 쌓아 큰 것을 이루니 재물과 복록이 진진한 운수의 달입니다.

7월 재물은 얻으나 횡액을 주의해야 하는 달입니다. 두 사람이 같이 동업을 하니 재물을 가히 얻어 보는 달입니다. 금옥이 가득한 형국이니 사람들이 모두 부러워하는 형국의 달입니다. 물가에 가까이 가지 말라 횡액이 몸에 침노하는 운수입니다.

8월 이사수가 있는 달입니다. 옛 터가 이롭지 못하니 이사하면 길한 운수의 달입니다. 여색을 가까이 하면 손제수와 구설수가 따르는 운수의 달입니다. 남쪽에 왕래하면 반드시 큰 이익을 얻는 운수의 달입니다.

9월 홍진비래하는 운수의 달입니다. 음력 구월과 시월에는 물과 불로 한 번 놀라는 운수의 달입니다. 실물수를 조심하라 도적이 가까운 이웃에 있는 형국의 달입니다. 처음은 비록 길함이 있으나 나중은 재앙을 초래하는 운수의 달입니다.

10월 가정에 근심이 생겨보는 달입니다. 농사에 힘씀이 운수의 근본인 형국의 달입니다. 가정이 불평하니 마음이 불안한 운수의 달입니다. 비견이 공망을 만나니 형제간에 근심이 있는 운수의 달입니다.

11월 귀인이 나를 돕는 운수의 달입니다. 용이 천문을 얻었으니 조화가 무궁한 형국의 달입니다. 귀성이 문에 비치니 남으로 인하여 성공하는 운수의 달입니다. 소망이 여의하니 날로 천금을 얻는 운수의 달입니다.

12월 귀인이 스스로 찾아와 나를 돕는 달입니다. 이달의 운수는 꽃을 찾다가 열매를 얻는 운수의 달입니다. 귀인이 와서 돕는 형국이니 때를 만나 성공하는 운수의 달입니다. 양가(梁家)와 이가(李家)와 동업하면 불리한 운수의 달입니다.

괘상해설

변괘　　　본괘

항지해恒之解

모든 일이 순조롭고 태평한 해입니다. 마음먹은 일이 순조롭게 이루어지고 복록이 진진할 운수입니다. 고기가 맑은 연못에서 뛰노는 형국입니다. 봄 동산에 푸른 소나무가 맑은 이슬을 머금는 기쁜 형상입니다. 명예와 이익이 있으니 반드시 이름을 널리 떨치는 운수입니다. 다만 실물수가 있으니 도둑을 조심하여야 합니다. 이사를 하지 않으면 식구가 늘어나는 운수입니다. 혹여 한집에 두 살림은 무슨 일인가.

음력 월별 이달의 운수해설

1월
원하는 바를 성취해 보는 달입니다. 꽃이 봄 산에 만발하니 그 빛깔이 화려한 형국의 달입니다. 명리가 마음을 맞이하니 반드시 기쁜 일이 있는 운수입니다. 천지사방 하는 일이 백발백중하는 운수의 달입니다.

2월
고진감래하는 달입니다. 재물이 선박에 있으니 재물의 이익이 많은 운수의 달입니다. 옛것을 버리고 새 것을 생하는 격이니 백 가지 일들이 여의한 형국의 달입니다. 이달의 운수는 먼저는 흉하고 나중에 길한 운수의 달입니다.

3월 귀인이 나를 돕는 달입니다. 귀인이 와서 돕는 격이니 스스로 천금을 얻는 형국의 달입니다. 황룡이 여의주를 얻은 격이니 반드시 기쁜 일이 생기는 운수의 달입니다. 나는 기러기가 갈대를 물고 어둠을 헤치고 밝음으로 나아가는 형국의 달입니다.

4월 안정을 찾는 달입니다. 도처에 재물이 있으니 이름이 사해에 떨쳐지는 형국의 달입니다. 금성(金姓)이 와서 도우니 성공이 앞에 있는 형국의 운수입니다. 깊은 산 그윽한 골짜기에 잠잘 새가 숲속에 드는 형국의 달입니다.

5월 소원을 이루어 보는 달입니다. 물고기가 변하여 용이 되니 변화가 무쌍한 형국의 달입니다. 식구가 늘고 토지를 더하니 한 집안이 화평한 운수의 달입니다. 가도가 흥왕하니 이밖에 무엇을 바라겠는가.

6월 자손에 경사가 있는 달입니다. 덕을 쌓은 집에는 반드시 경사가 남아 있는 운수의 달입니다. 명산대천을 찾아가 미리 액운을 막아야 하는 달입니다. 집에 길한 경사가 있는 운수이니 자손에 영화가 있는 운수의 달입니다.

7월 음양이 화합하니 만물이 화생하는 운수의 달입니다. 처자에 근심이 있는 운수이니 미리 기도하여 예방하여야 하는 달입니다. 금성(金姓)과 화성(火姓) 두 성씨가 나에게 이롭지 못한 사람들입니다.

8월 고진감래하는 달입니다. 남과 다투게 되면 송사가 일어나 불리하게 되는 달입니다. 다른 경영을 하지 말라 도무지 소망을 이루기 어려운 형국의 달입니다. 만일 횡재수가 아니면 관록이 몸에 따르는 운수의 달입니다.

9월 소원을 이루어 보는 달입니다. 물고기가 큰 바다에서 노니는 형국이니 의기가 양양한 운수의 달입니다. 백가지 일들이 순조롭게 이루어지니 많은 사람들이 공경하고 우러르는 운수의 달입니다. 신수가 대길하니 소망이 뜻과 같이 이루어지는 달입니다.

10월 사람을 조심해야 하는 달입니다. 복숭아꽃이 이미 떨어지니 그 열매를 가히 얻을 수 있는 운수입니다. 토성(土姓)을 가까이 하면 나에게 이롭지 못한 달입니다. 목성(木姓)이 해로우니 거래를 하지 말아야 하는 운수의 달입니다.

11월 귀인이 나를 돕는 달입니다. 신운이 크게 통하니 하는 바가 모두 길한 운수의 달입니다. 마음을 정하여 안정을 하면 기쁜 일이 스스로 있는 형국의 달입니다. 달 밝은 산창에 귀인이 와서 돕는 형국의 달입니다.

12월 서쪽과 남쪽 양 방향에 반드시 재물이 왕성한 운수의 달입니다. 만일 벼슬을 하지 않으면 자손에 경사가 있는 운수의 달입니다. 두 곳의 마음이 같은 마음이니 도모하는 일을 가히 이루어 보는 운수의 달입니다.

해지귀매解之歸妹

액운을 피했으나 다시 액운을 만나는 해입니다. 경거망동하면 액운을 당하는 운수입니다. 잘못을 피하려다가 도리어 원수를 만나는 격이로다. 일은 많은데 공이 없으니 헛수고만 하는 형국이로다. 이성을 탐하면 반드시 액을 당하니 이성을 탐하지 말아야 합니다. 경영하는 일이 꼬이는 형국이니 순리대로 일을 처리해야 하는 운수입니다. 아무리 사이가 나쁜 형제지간도 어려울 때는 형제밖에 없도다. 어려운 순간에 형제의 도움을 받으리라.

음력 월별 이달의 운수해설

1월
기도하여 액운을 막아야 하는 달입니다. 비록 재물은 생기나 얻은 것의 반은 나가는 형국의 달입니다. 집안에 상서롭지 못한 기운이 있으니 미리 기도하여 예방하여야 하는 달입니다. 원행을 하지 말라 움직이면 피해가 있는 운수의 달입니다.

2월
흉해가 많은 달입니다. 누각에 올라 별을 따는 격이요 물속에 비친 달을 움켜쥐려는 형국의 운수입니다. 요괴가 흉해를 만드는 격이니 도모하는 일이 이루어지지 않는 운수의 달입니다. 마신이 흉해를 만드는 격이니 하는 일이 공이 없는 운수의 달입니다.

3월 시비수와 구설수가 따르는 달입니다. 날이 얼마 밝지 못하고 구름이 그 빛을 가리는 형국의 운수입니다. 마음속의 일을 다른 사람에게 털어놓지 말아야 흉함을 면하는 운수의 달입니다. 시비를 가까이 하면 구설수를 면하기 어려운 운수의 달입니다.

4월 고진감래하는 달입니다. 이 무슨 재앙과 액운이 층층이 첩첩이 생겨나는 형국의 운수입니다. 이로써 볼진대 배은망덕 하는 운수의 달입니다. 사방이 길한 방향이라 어느 쪽으로 가든 길한 운수의 달입니다.

5월 기쁨 가운데 근심이 있는 달입니다. 식구가 늘고 토지가 늘어나는 운수이니 기쁨이 가정에 가득한 형국의 달입니다. 이달의 운수는 모래를 일어 금을 얻는 형국의 달입니다. 남의 말을 듣지 말라 하는 일에 허황함이 있는 운수의 달입니다.

6월 뜻밖의 액운을 당해 보는 달입니다. 이달의 운수는 횡액이 가히 두려운 운수의 달입니다. 행인이 길을 잃은 격이요 전투하는 병사가 칼을 잃은 형국의 운수입니다. 문을 나서서 걷고자 하나 횡액이 따르는 운수의 달입니다.

7월 구설수를 조심해야 하는 달입니다. 돌을 쪼아 옥을 보니 절대적으로 공들인 결과의 형국입니다. 바람이 뜬 구름을 물리치니 달빛이 점점 밝아지는 형국의 달입니다. 문서로 인하여 결국에는 구설을 듣는 운수의 달입니다.

8월 남과 다투면 낭패를 보는 달입니다. 이달의 운수는 근심 중에 기쁨을 바라보는 형국의 운수입니다. 날이 청산에 저무는데 길손이 길을 잃은 형국의 달입니다. 남과 다투지 말라 반드시 낭패를 보는 운수의 달입니다.

9월 귀인이 나를 돕는 달입니다. 음력 구월과 시월에는 기도하면 길한 달입니다. 재성이 공망을 만났으니 실물수를 조심해야 하는 달입니다. 동쪽으로 원행하면 금성(金姓)이 나를 돕는 형국의 달입니다.

10월 때를 기다려 일을 처리하여야 하는 달입니다. 남의 말을 믿으면 음해가 따르는 운수의 달입니다. 머리가 없고 꼬리도 없는 격이니 일을 이루기 어려운 형국의 달입니다. 하는 일이 두서가 없는 격이니 때를 기다려 일을 하여야 길한 달입니다.

11월 원행을 삼가야 하는 달입니다. 자월과 축월에는 출행하면 피해가 있는 달입니다. 실물수가 있는 운수이니 도적을 조심해야 하는 달입니다. 분수를 지켜 집에 머무르지 않으면 길에서 원수를 만나는 형국의 달입니다.

12월 구설수를 조심해야 하는 달입니다. 이달의 운수는 길흉이 각각 반반인 달입니다. 재물을 구하나 얻지 못하고 오히려 구설이 침노하는 운수의 달입니다. 남쪽이 길하니 남쪽으로 감이 마땅한 운수의 달입니다.

괘상수
462

괘상해설

변괘　　본괘

해지예解之豫

악한 일을 버리고 착한 일을 해 보는 해입니다. 신수가 길하니 액운은 사라지고 재수가 대길한 운수입니다 만 리 하늘에 구름 한 점 없으니 큰 바다가 푸르고 푸르구나. 근심 걱정이 없으니 안빈낙도 하는 형국입니다. 집안에 액운이 사라지고 웃음꽃이 만발하는 형국이로다. 만일 시비를 가까이 한다면 구설수가 따를 것이니 남과 다투지 말아야 합니다. 귀인이 나를 도우니 아무리 험난한 길도 편안히 가는 운수입니다. 본디 착한 마음으로 세상을 살아가니 만인이 칭송하는 해입니다.

음력 월별 이달의 운수해설

1월
노력한 끝에 소원을 이뤄보는 달입니다. 정월과 이월에는 비로소 재물 복을 얻는 운수의 달입니다. 하늘이 스스로 돕는 격이니 길하여 불리함이 없는 형국의 달입니다. 물고기와 용이 물을 얻은 격이니 그 즐거움이 도도한 형국의 달입니다.

2월
재물이 따르는 달입니다. 봉황이 아침햇살에 우는 격이니 비로소 재복을 얻는 형국의 달입니다. 재물이 몸에 따르니 부유하기가 황금계곡에 든 형국의 운수입니다. 재성이 몸에 따르니 가히 석숭에게 비할 바가 아니리라.

3월 재물이 따르는 달입니다. 봄바람 가랑비에 버들가지가 푸르른 형국의 달입니다. 천종의 복록을 누리는 격이니 만사가 여의한 운수의 달입니다. 신수가 대길하니 도처에서 재물을 얻는 형국의 달입니다.

4월 주색을 조심해야 하는 달입니다. 이달의 운수는 여인을 가까이 하지 말아야 하는 달입니다. 음양이 화합하는 격이니 만물이 화생하는 운수의 달입니다. 다른 사람의 재물이 우연히 집안에 들어오는 형국의 달입니다.

5월 고진감래하는 달입니다. 물을 거슬러 배를 행하는 격이니 풍파가 따르는 운수의 달입니다. 먼저는 곤고하고 나중은 태평한 운수이니 복록이 가볍지 않은 길한 운수입니다. 많은 일이 길하고 곳곳에 재물이 따르는 형국의 달입니다.

6월 집안에 경사가 있는 달입니다. 머리에 계화를 꽂는 격이니 맑은 이름이 멀리 퍼지는 형국의 달입니다. 소망이 여의하니 남아가 뜻을 얻는 형국의 달입니다. 집에 경사가 있으니 어진 소리가 스스로 들리는 형국의 달입니다.

7월 소원을 성취해 보는 달입니다. 물고기와 용이 물을 얻는 격이니 활기가 다시 새로운 형국의 달입니다. 신운이 대통하는 운수이니 도처에 권세가 있는 운수의 달입니다. 길한 방향은 반드시 동쪽과 서쪽인 달입니다.

8월 귀인이 나를 돕는 달입니다. 장원의 벌과 나비의 진가를 누가 알기나 하겠는가. 귀인이 나를 돕는 운수이니 반드시 일에 성사됨이 있는 운수의 달입니다. 의외로 성공하니 재물도 있고 권세도 있는 형국의 운수입니다.

9월 구설을 조심해야 하는 달입니다. 이익과 재물이 사방에 있는 격이니 도처에 봄바람의 형국인 달입니다. 남쪽을 왕래하니 만사대통 하는 운수의 달입니다. 만일 여자를 가까이 하면 혹여 구설이 따를 수 있는 운수의 달입니다.

10월 귀인이 돕는 달입니다. 이익과 재물이 외방에 있는 격이니 원행하면 이익을 얻는 운수의 달입니다. 동쪽과 남쪽 양방향에서 귀인이 나를 돕는 운수의 달입니다. 좋은 기회를 잃지 말라 빈손으로 집안을 일으키는 운수입니다.

11월 실물수가 있는 달입니다. 자월과 축월에는 반드시 경사가 있는 운수의 달입니다. 현무가 관귀를 띠었으니 실물수를 조심해야 하는 운수의 달입니다. 명리가 다 길하니 도처에서 이익을 얻는 형국의 달입니다.

12월 재물의 소원을 이루어 보는 달입니다. 허황한 중에 실속이 있고 거짓을 희롱하다가 진실을 이루는 형국의 달입니다. 재물을 구함에 여의하니 도모하는 일이 순조롭게 이루어지는 형국의 달입니다. 신수가 왕성하고 재수도 왕성하니 어디가 불리한 곳이리오.

해지항解之恒

처음은 찡그리고 나중에는 웃는 해입니다. 옥토끼가 동쪽 산등성이에 오르니 맑은 공기를 들이 마시는 격입니다. 액운이 사라지고 온갖 좋은 일들이 때를 기다리고 있는 형국입니다. 귀인이 스스로 찾아와 나를 도우니 만사가 순조롭게 풀리는 해입니다. 모든 경영하는 일들이 마음먹은 대로 진행이 되니 집안이 화평하도다. 재성이 나를 비추니 재물이 날마다 새롭도다. 이익이 남쪽과 북쪽에 있으나 이 방향에서 얻은 이익은 곧 나가는 형국입니다. 서쪽이 길한 방향이니 서쪽에서 기쁨이 있을 운수입니다.

음력 월별 이달의 운수해설

1월 재물과 경사가 따르는 달입니다. 달 밝은 동창에 아름다운 여인이 옥구슬을 희롱하는 운수입니다. 만일 혼인을 하지 않으면 자손에 경사가 있는 운수의 달입니다. 재물이 언덕과 산 같으니 의기양양한 운수의 달입니다.

2월 자손에 경사가 있는 달입니다. 달 밝은 높은 누각에 풍류 소리가 높은 형국의 달입니다. 재운이 왕성한 운수이니 이익은 전장에 있는 형국의 달입니다. 만일 이와 같지 않으면 자손에 경사가 있는 운수의 달입니다.

3월 원행이 불리한 달입니다. 음력 삼월과 사월에는 먼 길을 가지 말라. 분수를 지킴이 상책이요, 경거망동함이 불리한 운수의 달입니다. 남쪽이 불리하니 출행하지 말아야 하는 달입니다.

4월 이사수가 있는 달입니다. 제비가 한새 둥지에 드는 격이니 이 사할 운수의 달입니다. 봄 동산 복숭아는 꽃이 떨어지고 열매 를 맺는 형국의 운수입니다. 재물이 풍만한 격이니 생활이 태 평한 운수의 달입니다.

5월 티끌모아 산을 이루는 격이니 가도가 흥왕한 형국의 운수입 니다. 만일 삼가지 않으면 구설을 면하기 어려운 형국의 달입 니다. 만일 수성(水姓)을 가까이 하면 반드시 실패수가 따르는 운수의 달입니다.

6월 사람이 먼 곳에 근심거리가 없으면 반드시 가까운 곳에 근심 이 있는 형국의 달입니다. 물에 가까이 가지 말라 친한 사람 이 도리어 해를 끼치는 운수의 달입니다. 만일 다투지 않으면 반드시 송사가 있어 보는 운수의 달입니다.

7월 작은 재물을 얻는 달입니다. 이익이 사방에 있는 격이니 도처 에서 재물을 얻는 형국의 달입니다. 작은 것을 쌓아 큰 것을 이루는 격이니 점차 형통하는 운수의 달입니다. 비록 재물은 생기나 질병이 두려운 운수의 달입니다.

8월 분수를 지켜야 하는 달입니다. 성사됨은 하늘의 뜻이니 억지로 구하지 못하는 운수의 달입니다. 동쪽과 서쪽 양방향에 반드시 길함이 있는 달입니다. 분수 밖의 재물을 탐하지 말라 일에는 정해진 분수가 있는 법이 있도다.

9월 고진감래하는 운수의 달입니다. 길에 나가는 운수가 아니니 나가면 손재가 많은 운수의 달입니다. 청풍명월의 주인은 스스로 있는 법이로다. 자연히 그 이후에는 반드시 재물의 왕성함이 있는 운수의 달입니다.

10월 신속히 일을 처리하면 이익을 보는 달입니다. 수신을 하고 분수를 지키면 재해가 불침하는 형국의 달입니다. 발 빠른 사람이 먼저 얻는 법이니 일은 빨리 판단하는 것이 귀한 달입니다. 재물이 서쪽에 있으니 나간 즉 가히 얻을 수 있는 운수의 달입니다.

11월 하는 일이 형통하는 달입니다. 목마른 용이 물을 얻은 격이요 굶주린 사람이 풍년을 만난 형국의 달입니다. 심신이 화평하니 모든 일이 형통하는 형국의 운수입니다. 쉬지 않고 근면성실하면 재물과 이익이 스스로 오는 형국의 달입니다.

12월 상복을 입어 보는 달입니다. 이달의 운수는 근심이 흩어지고 기쁨이 생겨나는 형국의 운수입니다. 만일 횡재가 아니면 전장에 길함이 있은 운수입니다. 만일 자손을 얻지 못하면 도리어 상복을 입어보는 운수의 달입니다.

괘상해설

변괘   본괘

소축지손小畜之巽

비를 기다리는 형국인데, 구름은 있으나 비가 내리지 않는 해입니다. 좋은 운수는 더디게 나타나는 형국입니다. 돌 위에 다가 연꽃을 심고 손가락으로 쇠를 깎는 격이니 경영하는 일을 성취하기가 대단히 어려운 운수입니다. 수고로운 뒤에는 반드시 공로가 있으니 참고 때를 기다려야 하는 형국입니다. 화중지병이라, 그림의 떡으로 주린 배를 채우려 하니 하는 일마다 만족하지 못하는 형국이로다. 명산에 기도하면 종래에는 흉함이 길한 것으로 변하는 운수입니다.

음력 월별 이달의 운수해설

1월 실패수가 있는 달입니다. 정월과 이월에는 부모에게 해가 있는 운수의 달입니다. 우환과 질병이 연달아 침노하는 형국의 운수입니다. 집에 질병이 있고 하는 일 마다 실패가 따르는 운수의 달입니다.

2월 동업을 해 보는 달입니다. 다른 사람의 잘못으로 인하여 관재구설에 오를 운수의 달입니다. 움직이면 후회할 일이 있고 분수를 지키고 가만히 있으면 길한 운수의 달입니다. 다른 사람과 동업을 하면 이익이 있을 운수의 달입니다.

3월 시비수를 조심해야 하는 달입니다. 뜻이 높고 덕이 중한 운수이니 복록이 스스로 찾아드는 형국의 운수입니다. 비록 재물은 왕성하다하나 질병이 있을까 두려운 운수의 달입니다. 이것이 길다 저것이 짧다하여 다른 사람과 시비를 하지 말아야 하는 달입니다.

4월 언행을 삼가야 하는 달입니다. 양 손에 떡을 들고 어느 것을 먹을까 하고 고민하는 형국의 운수입니다. 집안사람이 불화하니 근심이 떠나질 않는 형국의 운수입니다. 입을 봉하고 말을 하지 않으면 바람이 잦아들고 물결이 잔잔해 지는 형국의 운수입니다.

5월 고진감래의 달입니다. 음력 오월과 유월에는 재앙이 사라지고 복록이 들어오는 운수의 달입니다. 침상에서의 계략은 두 사람만이 아는 것이니 말조심을 해야 하는 운수입니다. 만일 이와 같은 상황이 없으면 반드시 혼인을 하게 되는 운수의 달입니다.

6월 관재수와 손재수를 주의해야 하는 달입니다. 백호가 관귀를 띠니 가장 심상찮은 운수의 달입니다. 손재수가 있으니 화성(火姓)을 멀리해야 하는 운수의 달입니다. 재성이 공망이 되고 복록이 끊어지는 형국이니 손재수가 가히 두려운 운수의 달입니다.

7월 역시 관재수와 손재수를 주의해야 하는 달입니다. 비록 노력은 하나 수고하고 공은 없는 운수의 달입니다. 만일 상복을 입지 않으면 재물의 이익을 가히 기약해 보는 운수의 달입니다. 만일 질병이 없으면 구설이 두려운 형국의 달입니다.

8월 흉한 것이 길한 것으로 변하는 달입니다. 집에 있으면 마음이 심란하고 밖에 나가면 마음이 한가한 형국의 운수입니다. 흉한 것이 도리어 길한 것이 되니 백가지 하는 일이 순조롭게 이루어지는 운수의 달입니다. 작은 일을 참아내지 못하면 반드시 큰 계략을 어지럽게 하는 운수의 달입니다.

9월 때를 기다려 움직여야 하는 달입니다. 바위 위의 한 그루 외로운 소나무요 푸른 바다의 좁쌀인 형국의 운수입니다. 힘이 없는 운수이니 조급하게 서두르지 말고 그 때를 기다려야 하는 운수의 달입니다. 밤 꿈이 산란하니 마음속에 얻어지는 것이 없는 운수의 달입니다.

10월 아직 때가 안 된 상태의 달입니다. 차가운 나무에 꽃이 피는 격이니 그 뿌리와 가지가 아직 연약한 상태의 형국인 운수입니다. 먼저 그 터에 제사하면 가히 이러한 액운을 면하게 되는 운수입니다. 위아래가 서로 거슬리니 어찌 일이 성사되기를 바라겠는가.

11월 재물을 얻는 달입니다. 운수가 이제 돌아오니 이익이 그 가운데 있는 형국의 달입니다. 청풍명월에 홀로 앉아 거문고를 타는 형국의 달입니다. 재수가 왕성하니 반드시 재물을 얻는 운수의 달입니다.

12월 태평한 가운데 액운이 침범하는 달입니다. 일신이 안락하니 세상사가 태평한 운수입니다. 초상집에 가지 말라 불리한 일이 벌어지는 운수의 달입니다. 상중에 충을 만난 격이니 동쪽을 가까이 하지 말아야 하는 운수의 달입니다.

소축지가인小畜之家人

괘상해설

변괘　　　본괘

세운 뜻을 달성하기 어려운 해입니다. 연못의 물고기가 물이 마르니 마침내는 살아날 방도가 없는 형국입니다. 불나비가 등불을 보고 달려드는 격이니, 위험을 모르고 함정에 뛰어드는 형국입니다. 분수를 지키지 못하고 경거망동하면 반드시 액운을 면치 못하는 운수입니다. 어두운 밤길에 길을 찾으려 하나 사방을 분간치 못하는 형국이로다. 노력하여도 일신만 고단하니 세상사가 허무하도다. 시비를 가까이 하면 송사가 두려운 해입니다.

음력 월별 이달의 운수해설

1월
구설수가 따르는 달입니다. 이달의 운수는 가을 서리가 풀을 죽이는 형국의 운수입니다. 시비를 가까이 하면 송사가 불리한 운수의 달입니다. 입 막기를 병뚜껑과 같이 해야만 구설을 면할 수 있는 운수의 달입니다.

2월
뜻한 바를 이루지 못하는 달입니다. 바다에 들어가 금을 구하는 격이니 금을 가히 얻지 못하는 형국의 운수입니다. 서강이 고갈된 격이니 물고기를 얻지 못하는 형국의 달입니다. 몸에 질병이 있는 형국이니 마음속에 괴로움이 있는 운수의 달입니다.

3월 하는 일이 불리한 달입니다. 꽃이 지고 봄이 없으니 나비가 방황하는 형국의 달입니다. 금성(金姓)이 불리하니 사귀고 놀지 말아야 하는 운수의 달입니다. 신운이 불리하니 벗어나고자 하여도 벗어나지 못하는 운수의 달입니다.

4월 귀인이 나를 돕는 달입니다. 몸이 북쪽에 가서 놀면 귀인이 도와주는 형국의 달입니다. 강을 건널 낮이 없으니 출행을 삼가야 하는 달입니다. 동쪽과 북쪽 양 방향에서 귀인이 나를 돕는 형국의 달입니다.

5월 이사수가 있는 달입니다. 화염이 곤륜산에서 일어나니 옥돌이 함께 타는 불리한 형국의 운수입니다. 경영하는 일에서 재물의 이익을 얻지 못하는 운수의 달입니다. 제비가 참새 둥지에 드는 격이니 이사할 운수의 달입니다.

6월 노력에 비하여 소득이 없는 달입니다. 만일 처에게 우환이 없으면 부부간에 다툼이 있는 운수의 달입니다. 도로에서 낭패를 보는 형국인데 사람들이 모두 입을 가리는 격의 운수입니다. 비록 수고로우나 소득을 얻기 어려운 운수의 달입니다.

7월 고진감래의 달입니다. 이달의 운수는 어려움에서 다시 살아나는 형국의 달입니다. 만일 귀인을 만난다면 늦게라도 빛을 보는 형국의 달입니다. 토지나 재물이 비록 왕성하나 빼앗으려는 사람이 많은 형국의 운수입니다.

8월 분수를 지켜야 하는 달입니다. 동풍 가랑비에 버들가지가 청청한 형국의 달입니다. 봄에 밭 갈고 여름에 김매니 분수를 지켜 일을 해야 하는 운수의 달입니다. 달 밝은 사창에 몸이 꽃밭에서 취한 형국의 운수입니다.

9월 근심하고 출타하지 말아야 길한 달입니다. 이달의 운수는 근심 중에 기쁨이 있는 달입니다. 만일 질병이 아니면 자손에 근심이 있는 운수의 달입니다. 집에 있으면 길하고 다른 곳에 가면 불리한 운수의 달입니다.

10월 고진감래의 달입니다. 강상의 푸른 복숭아가 비로소 열매를 맺은 형국의 달입니다. 재물이 왕성한 시기이니 이때를 놓치지 말아야 하는 운수입니다. 몸과 재물이 왕성한 운수이니 생활이 풍족한 달입니다.

11월 실패수가 있는 달입니다. 금옥이 만당하니 사람마다 와서 치하하는 형국의 달입니다. 피해는 어느 방향인 고 하니 남쪽과 북쪽에 있는 달입니다. 남의 말을 듣지 않으면 하는 일에 성사가 있는 운수의 달입니다.

12월 분수를 지키면 이익을 얻는 달입니다. 때를 기다려 활동한다면 작은 재물은 가히 얻을 수 있는 달입니다. 재물과 복록이 겸하여 온전하니 만인이 우러르는 형국의 달입니다. 집을 지키면 길하고 움직이면 불리한 운수의 달입니다.

괘상해설

변괘　　　본괘

소축지중부小畜之中孚

만사가 미더우니 운수가 형통하는 해입니다. 꾀꼬리가 버들가지에 올라 노래하니 세상사가 즐겁도다. 가뭄에 단비를 만났으니 초목이 화창한 형국입니다. 때를 만나 덕을 베푸니 만인이 나를 따르고 하는 일이 순조롭도다. 적은 재물도 크게 불어나니 기쁨이 두 배로다. 깊어 가는 가을에 쥐가 곡식이 가득한 창고에 든 격이로다. 역마가 발동하니 혹여 물 건너 원행할 일이 생길 운수입니다. 종래에는 천하가 태평하니 이름이 세상에 울려 퍼지는 해입니다.

음력 월별 이달의 운수해설

1월
이사수가 있는 달입니다. 전화위복되는 운수이니 얼굴에 기쁜 빛이 만연한 형국의 달입니다. 사람의 환심을 얻는 격이니 무슨 일인들 이루지 못할 것이냐. 터를 옮기고 업을 바꾸면 횡재할 운수의 달입니다.

2월
자수성가 해 보는 달입니다. 쥐가 창고에 든 격이니 의식이 스스로 풍족한 형국의 달입니다. 우연한 기회에 재물을 얻으니 생계가 스스로 풍족한 형국의 운수입니다. 천금이 스스로 오는 격이니 맨손으로 집안을 일으키는 운수의 달입니다.

3월 실물수를 조심해야 하는 달입니다. 도처에 재물이 있으니 원행하여 재물을 얻는 운수의 달입니다. 실물수가 가히 염려되니 도적을 조심해야 하는 운수의 달입니다. 명리가 마음에 맞으니 사람들이 우러러보는 형국의 운수입니다.

4월 분수를 지켜야 하는 달입니다. 먼저 중심을 얻는 격이니 사람들이 나의 뜻을 따르는 형국의 운수입니다. 바른 마음으로 수도를 한다면 복록이 스스로 오는 형국의 달입니다. 뜻 막기를 성같이 하고 편안하게 분수를 지켜야하는 운수의 달입니다.

5월 경거망동을 삼가야 길한 달입니다. 음력 오월과 유월에는 고요하게 지내면 대길한 운수의 달입니다. 이달은 운수는 즐거움이 극에 달하여 슬픔이 생겨나는 운수의 달입니다. 안전하면 길하고 망령되이 행동하면 피해가 있는 운수의 달입니다.

6월 소원을 이루어 보는 달입니다. 이름이 사방에 전하는 운수이니 만인이 우러르는 운수의 달입니다. 이익은 어느 성씨인 고 하니 화성(火姓)과 금성(金姓) 두 성씨인 달입니다. 낙양성 동쪽의 물이 동해로 흐르는 형국의 달입니다.

7월 친구를 조심해야 하는 달입니다. 음력 칠월과 팔월에는 혹여 구설이 있을까 염려되는 운수의 달입니다. 마음속에 품은 일은 남에게 말하지 말아야 피해가 없는 달입니다. 친구를 가까이 하면 재물을 손해 보고 마음이 심란해 지는 운수의 달입니다.

8월 욕심을 부리지 말고 소견을 넓히면 반드시 재물을 얻는 달입니다. 우물 속에서 하늘을 보는 격이니 소견이 넓지 못한 운수의 달입니다. 다른 경영을 하면 반드시 손해를 보게 되는 운수의 달입니다. 동남쪽과 서북쪽에서 만금을 가히 얻는 운수의 달입니다.

9월 귀인이 나를 돕는 달입니다. 부정한 은이 기고 때명힌 운이 오니 손에 천금을 희롱하는 운수의 달입니다. 무릇 경하여하는 것들이 길하지 않은 것이 없는 운수의 달입니다. 동쪽에서 오는 손님이 반드시 나를 돕는 형국의 운수입니다.

10월 재물을 얻는 달입니다. 수시로 변통되는 운수이니 하는 일이 여의한 형국의 달입니다. 길신이 돕는 형국이니 하는 일 마다 성취되는 운수의 달입니다. 몸이 귀하고 이름이 높은 운수이니 재물과 비단이 상자에 가득한 형국의 달입니다.

11월 자손에 경사가 있는 달입니다. 꾀꼬리가 버들가지에 깃드니 가지마다 황금빛으로 빛나는 형국의 달입니다. 만일 관록이 아니면 자손에 경사가 있은 운수의 달입니다. 만일 벼슬을 하지 않으면 횡재할 운수의 달입니다.

12월 고진감래의 달입니다. 이달의 운수는 편안한 가운데 위험이 있는 운수의 달입니다. 이후로부터는 저절로 하는 일 마다 형통하는 운수의 달입니다. 입신양명하니 이름이 사방에 떨쳐지는 형국의 운수입니다.

괘상수

521

괘상해설

변괘　　본괘

중부지환中孚之渙

남에게 어려움을 당하여 심신이 고달픈 해입니다. 특히 도둑과 실물수를 조심하여야 하는 해입니다. 전쟁에서 패배한 장수가 면목 없이 강을 건너 회군하는 형국이니 경영하는 일에 실패가 있을 수 있는 운수입니다. 집안 또한 불안한 형국이니 집안사람들과 다툼이 생기는 운수입니다. 용이 여의주를 잃은 격이니 경영하는 일에 지장이 많을 운수입니다. 나무를 심어도 뿌리가 약하니 열매를 얻기 어려운 형국입니다. 재물도 흩어지고 사람도 내 곁을 떠나니 의지할 것이 없어지는 운수입니다. 명산에 기도하면 재수를 얻으리라.

음력 월별 이달의 운수해설

1월
마음이 산란한 달입니다. 도모하는 일을 이루지 못하니 분분히 자리를 옮겨 보는 운수의 달입니다. 하는 일에 처음과 끝이 없으니 마음이 산란한 형국의 달입니다. 마음이 어지럽게 엮여 있는 삼대 같으니 하는 일에 두서가 없는 형국의 달입니다.

2월
갑작스런 일을 조심해야 하는 달입니다. 친한 사람이 도리어 원수가 되는 격이니 친구를 조심해야 하는 달입니다. 남쪽으로 가지 말라 재물을 탕진할까 염려되는 달입니다. 신수가 불리하니 횡액을 조심해야 하는 달입니다.

3월 질병을 조심해야 하는 달입니다. 이달의 운수는 병살이 와서 침노하는 운수이니 질병을 조심해야 하는 달입니다. 동서로 분주하나 별로 소득이 없는 운수의 달입니다. 만일 상복을 입어보지 않으면 질병이 가히 두려운 운수의 달입니다.

4월 집안에 근심이 있는 달입니다. 가을 풀이 서리를 만난 격이니 수심을 풀지 못하는 운수의 달입니다. 하는 일에 반복되는 일이 많은 격이니 다른 사람을 조심해야 하는 달입니다. 처궁에 근심이 있으니 미리 조왕신께 기도하여야 하는 달입니다.

5월 분수를 지키고 원행을 삼가야 하는 달입니다. 허황한 일을 삼가고 하지 말아야 하는 달입니다. 동쪽이 불리하니 손재가 걱정이 되는 운수의 달입니다. 동쪽을 가까이 하면 불리한 운수의 달입니다.

6월 고진감래하는 달입니다. 꽃이 다 떨어진 곳에 수풀만 우거진 형국의 운수입니다. 보이지 않는 손해가 천금을 이루는 형국의 운수입니다. 조각달이 다시 둥글게 변하니 결국 형통함이 있는 운수의 달입니다.

7월 작은 재물을 얻어 보는 달입니다. 망망대해에서 사방에 풍파를 만난 형국의 운수입니다. 비록 노력함이 없으나 작은 이익을 가히 얻는 운수의 달입니다. 마음과 힘을 기울이지 않아도 작은 재물을 가히 얻어 보는 운수의 달입니다.

8월 시비를 멀리해야 하는 달입니다. 착함을 쫓고 악을 멀리하니 반드시 길한 일이 있는 운수의 달입니다. 백가지 일들 중에 참는 것이 가장 으뜸인 것입니다. 마음에 주장한 바가 없으니 도모하는 일을 이루지 못하는 운수의 달입니다.

9월 이별수가 있는 달입니다. 이달의 운수는 재앙이 점점 사라지는 형국의 달입니다. 동쪽으로 분주하고 서쪽으로 달리는 격이니 분주한 운수의 달입니다. 손재수가 있고 집안사람이 이별하는 운수의 달입니다.

10월 다른 사람으로 인하여 어려움을 겪는 달입니다. 해로운 자가 이익을 주는 형국이니 헛된 가운데 결실이 있는 운수의 달입니다. 눈앞의 이익으로 인하여 그 피해를 몇 십 배로 보는 형국의 달입니다. 의지할 데가 없는 형국이니 신세를 스스로 한탄하는 운수의 달입니다.

11월 남의 말을 믿지 말아야 하는 달입니다. 감언이설을 믿으면 은혜가 도리어 원수가 되는 형국의 운수입니다. 하는 일이 멀고 머니 손재가 많은 운수의 달입니다. 일을 하는데 꾀로써 하니 그 꾀가 이치에 맞지 않는 형국의 운수입니다.

12월 실물수를 조심해야 하는 달입니다. 성패가 많은 운수이니 주의하여 일을 해야 하는 운수의 달입니다. 도적이 가까이 있는 격이니 사람을 믿지 말아야 피해가 없는 달입니다. 분수 이외 것을 탐하면 공연히 마음만 상하는 운수의 달입니다.

괘상해설

변괘　　본괘

중부지익中孚之益

크게 발전하는 해입니다. 복숭아와 자두가 때를 만났으니 그 빛깔이 영롱한 형국입니다. 올해는 비단 길에 꽃을 뿌리니 그 영화가 무궁한 해입니다. 구름이 걷히고 밝은 달이 나오는 형국이니 마음에 있던 해묵은 감정을 씻어버리는 해입니다. 권세가 날로 높아지고 재물이 중중하니 만인이 찾아와 칭송하는 형국입니다. 동쪽에서 재물을 구하면 반드시 이익이 있을 형국입니다. 음양이 화합하니 집안이 화평하고 하는 일이 순조로운 운수입니다.

음력 월별 이달의 운수해설

1월　소원을 이루어 보는 달입니다. 금을 쌓고 옥을 쌓으니 당시의 석숭인 형국인 운수입니다. 하는 일 마다 형통하니 의기가 양양한 운수의 달입니다. 마음을 정직하게 하면 하는 일 마다 여의한 운수의 달입니다.

2월　귀인이 돕는 형국의 달입니다. 동쪽이나 남쪽에서 귀인이 나를 돕는 형국의 운수입니다. 하늘이 스스로 도우니 길하여 불리함이 없는 형국의 운수입니다. 재물의 이익을 이루니 반드시 성공하는 운수의 달입니다.

3월 고진감래의 달입니다. 벼슬이 높고 재물이 많으니 이름이 사해에 떨치는 운수의 달입니다. 구름이 흩어지고 달이 나오니 경색이 가히 아름다운 형국의 달입니다. 좋은 운이 돌아오니 만사가 여의한 운수의 달입니다.

4월 집안에 경사가 있는 달입니다. 집에 경사가 있으니 재물의 이익이 가히 얻어지는 운수의 달입니다. 벼슬이냐 재물이냐 귀인이 곁에 있어 돕는 형국의 달입니다. 이달의 운수는 처궁에 기쁨이 있는 운수의 달입니다.

5월 다른 사람을 믿으면 손해 보는 달입니다. 경영하여도 재물을 얻기 어려운 운수의 달입니다. 서쪽에서 오는 사람이 반드시 재물에 손해를 끼치는 형국의 운수입니다. 미리 기도하고 방지하면 이 액운을 면하는 운수의 달입니다.

6월 소원을 이루어 보는 달입니다. 뜻밖에 공명을 하니 이름이 사방에 떨쳐지는 운수의 달입니다. 우뢰와 비가 한 번 지나가니 만물이 생겨나는 형국의 달입니다. 만일 벼슬을 하지 않으면 생남할 운수의 달입니다.

7월 명예를 얻어 보는 달입니다. 봄풀이 비를 만나니 그 빛의 푸름이 갑절이나 되는 형국의 달입니다. 공명이나 재물이 소망하는 뜻대로 이루어지는 운수의 달입니다. 손재수가 있으니 토성(土姓)을 멀리해야 하는 운수의 달입니다.

8월 전화위복의 달입니다. 화성(火姓)이 와서 도우니 전화위복하는 운수의 달입니다. 재앙이 가고 복록이 오니 천신이 나를 돕는 형국의 운수입니다. 길성이 몸에 따르니 만사가 대길한 운수의 달입니다.

9월 재물을 얻는 달입니다. 밝은 달 아래 높은 누각에 기쁜 노래 가락이 높이 들리는 형국의 운수입니다. 재물이 어느 곳에 있는 고 하니 북서쪽과 북북서쪽에 있는 달입니다. 경영하는 일이 반드시 성공하는 달입니다.

10월 구설수가 따르는 달입니다. 노인은 배를 두드리고 동자는 희희낙락하는 형국의 운수입니다. 천지가 서로 응하는 격이니 소원이 여의한 운수의 달입니다. 재수는 흠이 없으나 약간의 구설수는 따르는 달입니다.

11월 분수를 지키면 재물이 흩어지지 않는 달입니다. 봄이 돌아와 날이 따뜻하니 초목이 무성한 형국의 운수입니다. 길성이 몸에 따르니 기쁜 일이 중중한 운수의 달입니다. 비록 재물은 왕성하나 도모하는 일이 이루어지지 않는 운수의 달입니다.

12월 향응이 많은 달입니다. 쥐가 쌀 곳간에 들어간 격이니 식록이 풍부한 운수의 달입니다. 동쪽으로 가고 서쪽으로 가도 재물과 복록이 차고 넘치는 형국의 달입니다. 수성(水姓)이 불리하니 주고받는 일을 하지 말아야 하는 달입니다.

괘상수

523

괘상해설

변괘 　　본괘

중부지소축中孚之小畜

하고자 하는 일이 뜻대로 되지 않아 불만이 많아지는 해입니다. 사나운 호랑이 두 마리가 서로 싸우니 보는 사람이 더 두려운 형국입니다. 내가 경영하는 일이 남에게 피해를 볼까 걱정이 되는 운수입니다. 흉함은 많으나 길함이 적으니 이 일을 어찌할꼬. 이성을 가까이 하면 반드시 낭패를 볼 운수입니다. 경영하는 일도 두서가 없이 갈팡질팡하는 형국입니다. 명산에 찾아가 지극정성으로 기도하고 마음을 가라앉히면 귀인이 나타나 스스로 도움을 주는 해입니다.

음력 월별 이달의 운수해설

1월 주색을 조심해야 하는 달입니다. 하는 일이 떠가는 구름과 같아 모이고 흩어짐이 무상한 달입니다. 험로를 순조롭게 가는 격이니 헛된 중에 결실이 없는 운수의 달입니다. 만일 여색을 가까이 하면 재물의 손해를 면하지 못하는 운수의 달입니다.

2월 일을 하여도 별로 소득이 없는 달입니다. 나그네 가는 길이 해는 저무는데 돌아가는 발걸음이 바쁘기만 한 형국의 운수입니다. 사소한 일로 인하여 놀라는 일이 많은 형국의 운수입니다. 재수를 말한다면 얻어서 반은 잃는 형국의 달입니다.

3월 사기를 당해 보는 달입니다. 분수 밖의 일을 행하면 오히려 손해를 보는 운수의 달입니다. 하는 일마다 불리하니 마음이 산란한 형국의 달입니다. 좋은 운수가 떠나가는 격이니 사방에서 사기를 당할 수 있는 운수의 달입니다.

4월 남과 다툼이 있어 보는 달입니다. 음양이 고르지 못한 운수이니 도모하는 일을 이루지 못하는 달입니다. 남과 다투게 되면 몸을 상하는 운수의 달입니다. 남과 다투게 되면 구설이 따르는 운수의 달입니다.

5월 송사와 시비가 따르는 달입니다. 물을 거슬러 배를 저어 올라가는 격이니 수고만 있고 공은 없는 운수의 달입니다. 시비를 가까이 하면 송사를 하게 되는 운수의 달입니다. 남의 초상집에 가면 질병을 얻을 수 있는 운수의 달입니다.

6월 선길후흉하는 달입니다. 경거망동하면 가지고 있는 재물이 불리한 형국의 운수입니다. 무리하게 행동하면 눈앞에서 횡액을 당하는 운수의 달입니다. 먼저는 길하고 뒤에는 흉한 운이니 신수가 어쩔 수 없는 달입니다.

7월 손재수가 따르는 달입니다. 복록은 왕성한 운수이나 별로 소득이 없는 달입니다. 손재수가 있으니 남산에 치성하면 가히 액운을 면하는 달입니다. 만일 삼가지 않으면 손재가 가히 염려되는 운수의 달입니다.

8월 어려움이 좀처럼 해소되지 않는 달입니다. 홀로 한 바퀴를 도는 외로운 달이 쓸쓸하게 사방을 비추는 형국의 운수입니다. 이익이 없는 일을 삼가여 간섭하지 말아야 하는 운수의 달입니다. 하는 일에 허황함이 있으니 칠성에게 기도하여야 하는 달입니다.

9월 고진감래하는 달입니다. 오색구름이 뭉게뭉게 피어오르는 형국이니 경사가 중중한 운수의 달입니다. 목성(木姓)을 가까이 하면 내가 하는 일에 불리함이 있는 달입니다. 재수는 비록 좋으나 신수는 불리한 운수의 달입니다.

10월 재물을 얻는 달입니다. 도처에 재물이 있는 격이니 이름이 사방에 높은 형국의 운수입니다. 재앙은 사라지고 복록이 흥하는 격이니 그 기쁨을 가히 알 수 있는 운수의 달입니다. 몸이 외방에 가서 노는 형국이요 재물이 왕성한 운수의 달입니다.

11월 구설수가 따르는 달입니다. 질병을 얻어 근심이 생기는 운수이니 미리 액운을 막아야 하는 달입니다. 옛 일을 지키면 재앙이 없을 것이니 어찌 다른 업을 바라겠는가. 시비를 하게 되면 혹여 구설이 두려운 형국의 운수입니다.

12월 손재수가 있는 달입니다. 우뢰는 있는데 비가 오지 않으니 하늘의 뜻을 어찌 측량하겠는가. 실물수가 있는 운수이니 도적을 조심해야 하는 운수의 달입니다. 만일 화성(火姓)을 가까이 하면 손재가 적지 않은 운수의 달입니다.

괘상해설

변괘　　　본괘

가인지점家人之漸

올해는 마음먹은 일을 추진하는 해입니다. 이무기가 머리에 뿔이 돋아나니 용으로 변하여 하늘로 승천하는 격입니다. 미약하던 운수가 길성을 얻어 승승장구하는 운수로 변하는 형국입니다. 뜻밖에 성공을 거두니 관록이 몸에 따르는 형국입니다. 물을 구하려 샘을 파니 뜻밖에 약수를 얻도다. 음양이 화합하니 하는 일이 순조롭도다. 처음은 곤고하나 나중에는 크게 얻을 운수입니다. 가세가 늘지 않으면 식구가 늘어날 해입니다.

음력 월별 이달의 운수해설

1월
고진감래하는 달입니다. 집에 있으면 근심이 많고 밖에 나가면 괴로운 형국의 운수입니다. 쇠가 연로에 들어가는 격이니 마침내 큰 그릇을 만들어내는 형국의 달입니다. 마음이 정직하니 복록을 얻음이 무쌍한 운수의 달입니다.

2월
마음이 산란한 달입니다. 아침에 변하고 저녁에 고치는 조변석개를 하면 하는 일을 이루기 어려운 달입니다. 동 위에 나무를 심으니 그 뿌리가 안착하기 어려운 형국의 운수입니다. 하는 일이 마음과 같지 않으니 심신이 산란한 형국의 달입니다.

3월 재물을 잃는 달입니다. 대인은 길하고 소인은 흉한 운수의 달입니다. 소를 팔아 밭을 사는 격이니 가도가 점점 융성해지는 운수의 달입니다. 밖은 부유하나 안은 빈곤한 형국이니 이름만 있고 실속이 없는 형국의 달입니다.

4월 지성이면 감천인 형국의 달입니다. 정성이 이르는 곳에 쇠도 뚫고 돌도 뚫는 기적이 일어나는 법입니다. 뜻하는 바가 여의하니 하는 일 마다 형통하는 운수의 달입니다. 정성스런 마음으로 구하면 못 이루는 것이 없는 운수의 달입니다.

5월 고진감래하는 달입니다. 귀인이 와서 돕는 격이니 발신할 운수의 달입니다. 금옥이 만당한 운수이니 부유하기가 석숭과 같은 운수입니다. 먼저는 곤란하고 나중은 길한 운수이니 근심이 흩어지고 기쁨이 생겨나는 운수의 달입니다.

6월 구설수가 따르는 달입니다. 비록 분한 마음이 있다하여도 참으면 덕이 되는 운수의 달입니다. 서두르면 도달하지 못하는 격이니 안정하여 때를 기다려야 하는 운수의 달입니다. 만일 다투지 아니하면 구설수가 있는 운수입니다.

7월 귀인이 나를 돕는 달입니다. 이지러진 달이 둥글게 변하는 격이니 매사가 뜻한 대로 이루지는 운수의 달입니다. 가문 하늘에 비가오니 만물이 회생하는 형국의 달입니다. 동쪽의 귀인이 뜻밖에 나를 돕는 운수의 달입니다.

8월 재물이 따르는 달입니다. 산과 계곡에 봄이 오니 백화가 다투어 피는 형국의 운수입니다. 착한 것을 취하고 악한 것을 멀리하니 복록이 스스로 찾아오는 형국의 달입니다. 신수가 평길하니 재수가 흥왕한 운수의 달입니다.

9월 소원을 이루어 보는 달입니다. 길한 사람을 하늘이 돕는 격이니 마침내 크게 형통하는 운수의 달입니다. 창밖에 노란 국화가 때를 만나 만발한 형국의 달입니다. 재물과 복록이 온전히 갖추어진 형국이니 금옥이 만당한 형국의 달입니다.

10월 주색을 삼가야 하는 달입니다. 청룡이 물을 얻은 격이니 조화가 무궁한 형국의 운수입니다. 여색을 가까이 하면 재물을 잃고 이름이 땅에 떨어지는 운수입니다. 경영하는 일은 반드시 성공하는 달입니다.

11월 입조심을 해야 하는 달입니다. 재앙과 복록에는 문이 없으니 사람이 부르는 바로 인하여 발생하는 법입니다. 송사에 참여하면 불리한 운수의 달입니다. 매사 경사가 많으나 경거망동하면 피해를 보는 운수의 달입니다.

12월 남을 믿으면 손해 보는 달입니다. 동쪽에서 오는 손님이 우연히 해를 끼칠까 염려되는 운수의 달입니다. 남의 말을 믿으면 도리어 아름답지 못한 결과를 가져오는 달입니다. 이달의 운수는 별로 이익이 없는 운수의 달입니다.

가인지소축家人之小畜

처음은 곤고하나 나중에는 장애가 사라지는 해입니다. 보고도 먹지 못하고 손으로 잡지도 못하니 하는 일이 허황하다. 물결 가는대로 배를 띄우니 위태함을 알지 못하도다. 비록 재물이 생기나 손에 쥐어지질 않는 운수입니다. 시작은 있으나 그 결과를 얻지 못하는 형국이니 마음만 허망한 운수로다. 금강산에 들어 신선을 구하나 신선이 옆에 있어도 보지 못하는 형국이라. 올해는 답답한 운수입니다. 명산에 기도하면 나중은 어려움이 사라지리라.

음력 월별 이달의 운수해설

1월
곤란한 일을 겪는 달입니다. 달을 등지고 어두운 곳으로 가니 좋은 달을 보지 못하는 형국의 운수입니다. 일에 임하여 결단력이 없으니 스스로 곤란함을 겪어 보는 운수의 달입니다. 먼저는 얻고 나중은 잃는 형국이니 한갓 마음만 상하는 운수의 달입니다.

2월
하는 일에 마장이 많은 달입니다. 날려 하나 날지 못하고 심신만 수고로운 달입니다. 남의 말을 들으면 반드시 그 피해가 잇는 달입니다. 하는 일마다 마장이 따르니 마음이 번거롭고 뜻이 산란한 형국의 운수입니다.

3_월 매사 막힘이 많은 달입니다. 집에 들어오면 근심이 있으나 나가면 마음이 한가한 형국의 운수입니다. 우물은 깊은데 두레박줄은 짧아 한갓 심력만 허비하는 형국의 운수입니다. 매사에 막힘이 있으니 이 운수를 어찌 하겠는가.

4_월 어려움이 해소되지 않는 달입니다. 유월염전지질에 구름은 끼었으나 비가 오지 않는 형국의 달입니다. 가문 때 비를 기다리니 맑은 바람이 비를 쫓는 형국의 달입니다. 힘겹게 떠도는 인생이 자유를 얻지 못한 형국의 운수입니다.

5_월 횡액을 조심해야 하는 달입니다. 음력 오월과 유월에는 횡액을 조심해야하는 달입니다. 비바람이 쓸쓸하니 떨어진 꽃은 말이 없는 형국의 운수입니다. 먼저는 길하고 나중은 흉하니 재물을 모으기 어려운 운수의 달입니다.

6_월 사람을 조심해야 하는 달입니다. 이달의 운수는 길흉이 상반한 운수의 달입니다. 금성(金姓)을 가까이 하면 도리어 해를 입는 운수의 달입니다. 화성(火姓)을 가까이 하면 성공과 실패가 많아 불길한 운수가 되는 달입니다.

7_월 재물은 들어오나 구설이 따르는 달입니다. 작은 것이 가고 큰 것이 오는 격이니 재물을 집안에 가득 쌓는 운수의 달입니다. 화성(火姓)이 와서 도와주니 천금을 가히 얻는 운수의 달입니다. 만일 구설수가 아니면 자손에 근심이 있는 운수의 달입니다.

8월 물 조심을 해야 하는 달입니다. 수살이 운명에 비치니 배 타는 것을 삼가야 하는 운수입니다. 물가에 가지 말라 반드시 해가 있는 운수의 달입니다. 만일 그렇게 하지 많으면 후회 막급한 일을 당하게 되리라.

9월 때를 기다려야 하는 달입니다. 음력 구월과 시월에는 원행함 이 불리한 운수의 달입니다. 시운이 불리하니 하는 일이 마음 과 같지 않은 달입니다. 신수가 이와 같으니 세상사가 뜬 구름 과 같은 형국의 운수입니다.

10월 고진감래의 달입니다. 이달의 운수는 열매를 얻는 운수의 달 입니다. 동쪽 고개에 달이 나오니 작은 빛이 다시 새로운 형국 의 운수입니다. 소망이 여의하니 하는 일마다 형통하는 운수 의 달입니다.

11월 막힘이 많은 달입니다. 이달의 운수는 일이 많고 분주한 운수 입니다. 해는 저물고 갈 길은 머니 발걸음이 황망한 형국의 운 수입니다. 산길에서 말을 달리니 길이 험하여 앞으로 나가지 못하는 형국의 운수입니다.

12월 횡액을 조심해야 하는 달입니다. 산길과 물길로 갈 길이 천리 인 형국의 운수입니다. 돌 위에 나무를 심는 격이니 수고로우 나 공이 없는 형국의 운수입니다. 이달의 운수는 횡액을 조심 하여야 하는 달입니다.

괘상해설

변괘　　본괘

가인지익家人之益

하는 일이 마음먹은 대로 되지 않으니 이익이 없는 해입니다. 힘없는 손으로 활시위를 당기니 과녁에 적중하지 못하는 형국입니다. 밑 빠진 독에 물을 부으니 독을 채우기 어려운 격이로다. 경영하는 일이 어긋나니 혼란한 형국입니다. 귀한 사람이 명예를 잃으니 천한 사람으로 변하는 운수입니다. 올해는 이사를 하지 않으면 직업을 바꾸어 볼 수도 있는 해입니다. 또한 올해는 물조심, 불조심을 반드시 하여야 하는 해입니다.

음력 월별 이달의 운수해설

1월
손재수가 따르는 달입니다. 토끼를 바다에서 잡으려하는 운수이니 마침내 소득이 없는 달입니다. 동쪽과 북쪽 양방향은 손재수가 가히 두려운 방향의 달입니다. 얕은 물에서 배를 행하니 수고만 있고 공은 없는 형국의 운수입니다.

2월
집안에 불화가 생기는 달입니다. 해와 달이 밝지 못하니 앞길에 험난함이 있는 운수의 달입니다. 송곳으로 재를 헤치는 격이니 한갓 심력만 허비하는 형국의 운수입니다. 상하가 불화하는 격이니 가정에 불평함이 있는 운수의 달입니다.

3월 관재구설 송사를 주의해야 하는 달입니다. 백호가 재성을 극하니 처궁에 액운이 있는 운수의 달입니다. 논쟁하여 다투면 송사가 끊이지 않는 운수의 달입니다. 상업을 경영하면 가히 천금을 얻는 운수의 달입니다.

4월 흥진비래하는 달입니다. 날려고 하나 날지 못하는 형국이니 하는 일 마다 이롭지 못한 운수입니다. 다른 일을 경영하면 마침내는 손해를 보게 되는 달입니다. 동쪽과 북쪽이 불리하니 길함이 변하여 흉함으로 바뀌는 운수의 달입니다.

5월 하는 일에 장애가 따르는 달입니다. 늙은 용이 여의주를 얻는 격이니 성공하기가 어려운 형국의 운수입니다. 뜻이 있어도 쫓지 못하는 격이니 열에 여덟아홉이 그러한 운수입니다. 한 집에 두 성씨가 생각하는 뜻이 맞지 않는 형국의 달입니다.

6월 분수를 지키면 재물을 얻는 달입니다. 옛 것을 지켜 편안한 격이니 하는 일에 허실함이 없는 운수의 달입니다. 재물이 어느 방향에 있는 고하니 남쪽에 있음을 가히 짐작하는 달입니다. 음력 유월의 운수는 공적인 일은 불리한 운수입니다.

7월 고진감래하는 달입니다. 해가 음지에 드는 격이니 먼저는 흉하나 나중은 길한 운수의 달입니다. 비가 봄풀에 내리는 격이니 근심이 흩어지고 기쁨이 생겨나는 운수의 달입니다. 천지 신명께 치성 드리면 수복이 면면한 운수의 달입니다.

8월 근심하면 길하고 이사수가 있는 달입니다. 가히 인정과 이별하면 소망이 여의한 운수의 달입니다. 근심을 하면 스스로 명리가 있는 운수의 달입니다. 만일 횡재가 아니면 이사할 운수의 달입니다.

9월 고진감래하는 달입니다. 가문 때에 비를 만난 격이니 먼저는 쓰고 나중은 달다 고진감래의 운수입니다. 수귀가 문을 엿보는 형국이니 물가에 가까이 가지 말아야 하는 운수입니다. 만일 출행하지 않으면 도리어 손재가 있는 운수의 달입니다.

10월 하는 일에 마장이 있는 달입니다. 밥상을 받고 젓가락을 잃은 격이요 물건은 있으나 주인 없는 형국의 달입니다. 액운이 시각에 달렸으니 마땅히 동쪽으로 가야 하는 달입니다. 나루터에 도착했으나 배가 없는 형국의 달입니다.

11월 친한 사람을 조심해야 하는 달입니다. 곤고한 나무가 자라지 못하는 형국이니 비와 이슬이 은혜가 없는 형국의 달입니다. 인심을 알지 못하는 격이니 친한 사람이 도리어 해가 되는 형국의 달입니다. 매사에 도모함이 없으니 뜻밖의 화가 생겨나는 운수의 달입니다.

12월 고진감래하는 달입니다. 좋은 기회를 잃지 않으면 가히 가산이 윤택해지는 달입니다. 쓴 것이 가고 단 것이 오는 격이니 이 모든 것이 하늘이 정한 운수입니다. 옛 정을 잊기 어려운 형국이니 새 물건이 어찌 있겠는가.

익지관益之觀

움직이면 길하고 움직이지 않으면 흉한 해입니다. 무슨 일이든지 지체하고 망설이면 낭패를 보는 해입니다. 할 일을 미루지 말고 속히 처리해야 낭패를 면하는 운수입니다. 삼십육계의 계책 중에서 달아나는 것이 상책인 격이니 움직이지 않고 버티면 버틸수록 손해가 커지는 형국입니다. 가무는 하늘에 비를 바라나 다시 해가 중천에 떠오르는 격이라. 올해는 자손을 얻지 않으면 식구가 늘어나 숟가락을 더하니 가정사가 곤고해 지는 형국입니다. 서두르는 것이 좋다고 하지만 억지로 구하면 반드시 낭패를 보는 운수입니다.

음력 월별 이달의 운수해설

1월
액운을 당하여 보는 달입니다. 하늘이 복을 주지 않으면 억지로 구하여도 얻지 못하는 운수의 달입니다. 남의 말을 듣지 말라 말은 옳으나 그 속은 아닌 형국의 운수입니다. 떨어지는 눈썹에 액운이 있는 격이니 범사에 신중을 기해야 하는 운수의 달입니다.

2월
출행하면 길한 달입니다. 깨끗한 길에서 향화 촌을 묻지 말아야 하는 형국입니다. 터가 발동하니 도리어 움직이면 형벌이 있는 운수의 달입니다. 집안에 있으면 불안한 운수요 나가면 성공하는 운수의 달입니다.

3월 출행하면 길한 달입니다. 험로를 이미 지났어도 다시 태산을 만나는 형국의 운수입니다. 비록 헛된 이름은 있으나 별로 소득이 없는 운수의 달입니다. 출행하면 길하고 집안에 있으면 마음만 상하는 형국의 운수입니다.

4월 출행하면 불리한 달입니다. 방계곡경으로 구사인생하는 운수의 달입니다. 북쪽이 불리하니 가까이 가면 해가 있는 운수의 달입니다. 북쪽 사람을 가까이 하지 말라 그 피해가 적지 않은 운수의 달입니다.

5월 횡재수가 있는 달입니다. 꿈에서의 재물은 오래가지 못하는 재물이니 헛된 꿈을 꾸지 말아야 하는 달입니다. 망상이 생겨나 허욕이 생기는 격이니 한갓 심신만 상해보는 운수의 달입니다. 재성이 몸에 따르니 반드시 횡재수가 있는 달입니다.

6월 어려운 가운데 이익이 있는 달입니다. 뱀이 용의 굴에 드는 형국이니 승부를 이미 판단할 수 있는 형국의 운수입니다. 굶주린 자가 밥을 얻는 격이나 젓가락이 없으니 이를 어찌 할까. 앉아서 지킨 즉 곤란할 것이요 출행하면 이익이 있는 운수의 달입니다.

7월 출행하여 재물을 얻어 보는 달입니다. 윗사람과 아랫사람이 서로 화순하니 기쁨이 가정에 가득한 형국의 달입니다. 만일 자손을 얻지 않으면 녹을 얻는 운수의 달입니다. 집에 있으면 이익이 없고 타향에 이익이 있는 형국의 운수입니다.

8월 인생무상의 달입니다. 겨울 갖옷과 여름 베옷은 당연한 이치이니 일 년이 하루 같이 지나는 세월 같구나. 서쪽은 불길하니 출행하지 말아야 하는 달입니다. 비록 재물의 이익은 있으나 별로 신기할 것도 없는 운수의 달입니다.

9월 운수는 평범하나 말조심을 해야 구설수를 면하는 달입니다. 신수는 평길하나 손재수가 있는 운수의 달입니다. 사방 중에서 북쪽이 가장 길한 방향의 달입니다. 남과 다투게 되면 구설수가 두려운 달입니다.

10월 물조심을 해야 하는 달입니다. 몸도 왕성하고 재물도 왕성하니 그 복록이 천종인 형국의 달입니다. 들어오면 마음이 상하고 나가면 성공하는 운수의 달입니다. 수신께 정성을 드리면 가히 수액을 면하는 운수의 달입니다.

11월 횡재수가 있는 달입니다. 좋은 때를 만나니 천금이 스스로 오는 형국의 운수입니다. 만일 횡재를 하지 않으면 자손에 경사가 있는 운수의 달입니다. 소를 팔아 밭을 사는 격이니 가도가 점점 융성하는 운수의 달입니다.

12월 경거망동을 삼가야 하는 달입니다. 푸른 산 그림자 속에 한 무리의 새들이 서로 즐겁게 노니는 형국의 운수입니다. 동쪽이 불리하니 가게 되면 해를 입는 운수의 달입니다. 경거망동을 삼가야 하니 움직이면 후회할 일이 생겨나는 운수의 달입니다.

괘상수
542

괘상해설

변과　　본과

익지중부益之中孚

남을 비방하거나 피해를 주면 관재구설이 따를 해입니다. 독한 마음을 먹고 남을 해치기로 작정하니 세상 무시운 줄 모르는 형국입니다. 남을 해치게 되면 반드시 관재수가 따르니 결코 그런 마음을 먹어서는 안 됩니다. 이리 저리 헤매어도 정작 내 것이 없으니 천지에 의지처가 하나도 없도다. 적막한 여관에 나그네가 처량하도다. 만약에 몸에 병이 없으면 구설이 따를 수이니 명산에 기도하여 관재구설을 면하도록 하라.

음력 월별 이달의 운수해설

1월
부모께 근심이 있는 달입니다. 사람을 해치는 아예 염두에 두지 말아야하는 달입니다. 만일 몸에 병이 없으면 부모에 근심이 있는 운수의 달입니다. 몸을 유지하기를 삼가지 못하여 죄 짓는 일에 발을 디딜까 염려되는 운수의 달입니다.

2월
주색을 멀리해야 하는 달입니다. 망령되게 움직이면 해가 있고 분수를 지키면 길한 운수의 달입니다. 만일 몸에 병이 없으면 관재구설을 겪는 운수의 달입니다. 만일 주색을 가까이 하면 그 손해가 적지 않은 운수의 달입니다.

3월 노력은 하나 소득이 없는 달입니다. 우레가 백 리를 놀래게 하니 소리는 있어도 형상은 없이 어려움을 겪어보는 달입니다. 구름과 비가 하늘에 가득하니 해와 달을 보지 못하는 형국의 운수입니다. 마음은 무쇠와 돌멩이처럼 단단히 가진다하나 운수는 어찌하지 못하는 달입니다.

4월 주색을 멀리해야 하는 달입니다. 집을 산자락에 지으니 사람으로서 편안함을 아는 형국의 운수입니다. 주색을 가까이 하지 않으면 백 가지 일들이 순조롭게 이루어지는 운수입니다. 서쪽에 해가 있으니 출행하지 말아야 하는 달입니다.

5월 횡재수가 있는 달입니다. 이달의 운수는 기쁨과 두려움이 상반하는 운수의 달입니다. 작은 것을 구하다 큰 것을 얻는 격이니 재물 운이 점점 오고 있는 운수의 달입니다. 만일 횡재함이 없으면 길한 것이 변하여 흉하게 되는 운수의 달입니다.

6월 선행을 하면 복이 오는 달입니다. 도처에 실패수가 있으니 신수를 한탄하는 운수의 달입니다. 옛 은혜를 잊지 말고 악으로 베풀지 말아야 하는 달입니다. 시비를 가까이 하면 불리한 일이 발생하는 운수의 달입니다.

7월 사기수를 조심해야 하는 달입니다. 이달의 운수는 겁살이 침범하여 재물을 파하는 운수입니다. 발을 저는 말이 길을 가는 격이니 걷고 싶어도 가지 못하는 형국의 달입니다. 수성(水姓)이 피해를 주니 거래를 하지 말아야 하는 운수의 달입니다.

8월 사람을 조심해야 하는 달입니다. 음력 오월에 서리가 내리는 격이니 초목이 견디기 어려운 형국의 운수입니다. 새로운 사람이 비록 좋기는 하나 옛 정만 같지 못한 형국의 달입니다. 서쪽 사람과 친하면 반드시 실패수가 따르는 운수의 달입니다.

9월 고진감래하는 달입니다. 천상이 복숭아가 드디어 천년의 열매를 맺는 형국의 운수입니다. 먼저는 흉하고 나중은 길한 격이니 만사가 여의한 운수의 달입니다. 주색을 가까이 하면 해는 있고 이익은 없는 운수의 달입니다.

10월 이사수가 있는 달입니다. 재수는 비록 길하지만 신수는 불리한 운수의 달입니다. 동쪽과 서쪽으로 떠나서 살면 가히 이 액운을 면하는 달입니다. 원행하는 것은 불리하니 집에 있느니만 못한 운수의 달입니다.

11월 근심해야 하는 달입니다. 도모하는 일을 삼가지 않으면 피해를 면하기 어려운 운수의 달입니다. 만일 질병이 없으면 자손에 우환이 있는 운수의 달입니다. 마음 같이 일이 같지 않으니 겉과 속이 다른 일을 하는 형국의 달입니다.

12월 고진감래하는 달입니다. 부부가 불순한 격이니 집안이 불안한 운수의 달입니다. 늦게나마 좋은 운을 얻으니 재복을 가히 받는 운수의 달입니다. 만일 물가에 가면 반드시 재물이 생기는 운수의 달입니다.

익지가인益之家人

비록 재물은 따르나 집안에 근심이 생길 해입니다. 신수가 불리하니 병마를 조심해야 하는 운수입니다. 앞으로 살아갈 길이 멀고 험하니 선을 취하고 악을 멀리하여 인생에 걸림돌이 없게 하여야 합니다. 먼저는 얻고 나중은 잃는 형국이니 노력한 대가를 얻지 못하는구나. 옛것을 버리고 새것을 취하는 형국이니 조업을 지키기 어려운 운수입니다. 새로운 것을 탐하기 보다는 옛것을 지키는 편이 유익한 운수입니다. 명산에 올라 조상님 전에 공을 들이면 가히 액운을 면하게 되리라.

음력 월별 이달의 운수해설

1월 이직과 이사수가 있는 달입니다. 정월과 이월에는 업을 바꿀 운수의 달입니다. 역마가 문에 이르니 분주한 운수의 달입니다. 옛것을 놓고 새것을 쫓으니 이익이 타향에 있는 형국의 운수입니다.

2월 구설수와 손재수를 주의해야 하는 달입니다. 조업은 인연이 없으니 자수성가해 보는 운수의 달입니다. 물가에서 만난 성씨는 반드시 피해를 주는 사람입니다. 만일 주색을 가까이 하면 손재수와 구설수가 따르는 운수의 달입니다.

3월 친한 벗을 주의해야 하는 달입니다. 범사가 불리하니 모든 일을 주의해야 하는 운수의 달입니다. 월로의 인연으로 우연히 좋아하는 사람을 얻는 운수의 달입니다. 친한 벗을 삼가지 않으면 의를 상할 수 있는 운수의 달입니다.

4월 고진감래하는 달입니다. 한 마음으로 게을리 하기 않으면 성공이 눈앞에 있는 형국의 운수입니다. 집에 있으면 심란하고 원행하면 길한 운수의 달입니다. 티끌모아 태산을 이루는 격이니 절대적인 노력이 성공을 이루는 운수의 달입니다.

5월 욕심을 버려야 평안한 달입니다. 꾀꼬리가 버들가지에 깃드는 격이니 일신이 스스로 편안한 형국의 달입니다. 쑥대가 삼밭에 나는 격이니 남으로 인하여 일이 이루어지는 형국의 달입니다. 남의 재물을 탐하게 되면 적게 얻고 크게 잃는 운수의 달입니다.

6월 고진감래하여 보는 달입니다. 구설수가 있는 운수이니 관재수도 가히 두려운 달입니다. 앞길에 험난함이 있는 격이니 수신제가하여 극복하여야 하는 달입니다. 재수가 서쪽에 왕성하니 천금을 희롱하는 운수의 달입니다.

7월 근신하여야 하는 달입니다. 가을을 당한 초목 격이니 한 번은 슬프고 한 번은 근심이 있어보는 운수의 달입니다. 물건의 주인이 서로 다른 격이니 이치에 어긋나는 일을 조심해야 하는 운수의 달입니다. 재물이 몸에 따르지 않으니 구하여도 얻지 못하는 운수의 달입니다.

8월
귀인이 돕는 달입니다. 물과 뭍에서 경영을 하는 격이니 손에 천금을 희롱하는 운수의 달입니다. 몸이 왕성하고 재물이 왕성하니 가히 천금을 얻는 운수의 달입니다. 목성(木姓)은 가히 친하고 금성(金姓)은 가히 멀리해야 하는 운수입니다.

9월
분수를 지켜야 하는 달입니다. 가을 산에 오르니 송죽이 청청한 형국의 운수입니다. 시운이 불리하니 옛것을 지키고 분수를 지켜야하는 운수의 달입니다. 수성(水姓)이 불리하니 항상 멀리해야 하는 운수의 달입니다.

10월
주색을 멀리해야 하는 달입니다. 남주에 유락하니 돌아갈 기약이 묘연한 형국의 달입니다. 주색을 가까이 하면 손재수가 따르는 운수의 달입니다. 몸가짐을 옥같이 하여야 하니 편안한 중에 위험이 있기 때문이리라.

11월
구설수를 조심해야 하는 달입니다. 만일 남으로부터 해가 없으면 구설수가 있는 운수의 달입니다. 만일 구설이 아니면 사람에게 해를 입어보는 운수의 달입니다. 비리를 탐하지 말라 도리어 허황한 꼴이 되는 달입니다.

12월
평안함을 찾는 달입니다. 착한 일을 쌓은 집에는 반드시 남아도는 경사가 있는 운수의 달입니다. 심산유곡에 잠자기 위한 새가 수풀에 깃들이는 형국의 운수입니다. 그 집안을 잘 다스리면 뜻밖에 성공을 하는 운수의 달입니다.

손지소축巽之小畜

자손에게 근심수가 있는 해입니다. 자손이 아니면 손아랫사람에게 근심이 있는 해입니다. 요사스런 마귀가 잎뜰에 들어서니 자손에게 액운이 닥치는 해입니다. 요사한 기운이 집안에 침범하니 가족 중에 질병이 걸리는 사람이 있을 운수입니다. 북쪽에 귀인이 있으니 그곳에서 액운을 물리치는 방법을 알아내야 합니다. 집안에 불안함이 가득하니 명산에서 칠성님께 기도하면 가히 액운을 면할 것입니다.

음력 월별 이달의 운수해설

1월 건강에 유의해야 하는 달입니다. 오래 가물고 비가 오지 않으니 초목이 자라지 못하는 형국의 달입니다. 심신이 쇠퇴하고 흩어지는 격이니 항상 헛것을 보는 일이 많은 달입니다. 하룻밤 광풍으로 꽃잎이 흩어져 떨어지는 형국의 달입니다.

2월 재물이 들어오는 달입니다. 작은 것으로 큰 것을 바꾸는 격이니 재운이 형통하는 운수의 달입니다. 재성이 문에 드는 격이니 우연히 재물을 얻는 운수의 달입니다. 만일 치성을 드리지 않으면 인구가 불리한 형국의 달입니다.

3월 귀인이 돕는 달입니다. 친한 벗을 삼가지 않으면 은혜가 도리어 원수가 되는 운수의 달입니다. 서쪽과 남쪽 양방향에 반드시 귀인이 있는 운수의 달입니다. 도모하는 일이 불리하니 안정하면 길한 운수의 달입니다.

4월 기도하여 액운을 막아야 하는 달입니다. 길한 날과 좋은 날을 가려 치성 드려 도액을 해야 하는 운수의 달입니다. 만일 서쪽이나 북쪽으로 가면 질병이 침노하는 형국의 달입니다. 성심으로 구하면 작은 이익을 가히 얻어 보는 운수의 달입니다.

5월 고진감래하는 달입니다. 고통스럽고 힘듦을 한탄하지 말라 처음은 곤고하나 나중은 태평한 운수의 달입니다. 동쪽과 남쪽을 향하지 말라 횡액을 만날까 두려운 운수의 달입니다. 만일 질병이 없으면 자손에 우환이 있는 운수의 달입니다.

6월 가정이 불안한 달입니다. 육친이 무덕한 격이니 도처에 해가 있는 운수의 달입니다. 운수가 이와 같으니 도액을 하면 흉한 것이 길한 것으로 변하는 운수의 달입니다. 가운이 불리하니 가정에 불안함이 있는 운수의 달입니다.

7월 관재수를 조심해야 하는 달입니다. 구설을 겨우 면하였지만 관재수를 만나는 형국의 운수입니다. 동쪽의 귀인이 반드시 나를 돕는 운수의 달입니다. 집에 우환이 있으니 옥황상제께 치성을 드려 액운을 면해야 하는 운수의 달입니다.

8월 시비수를 조심해야 하는 달입니다. 뜻 막기를 성벽을 막는 것 같이 하고 시비에 참여하지 말아야 하는 달입니다. 분수를 지키고 편히 안거하면 흉함이 변하여 길함이 되는 운수의 달입니다. 하극상의 운수이니 북쪽 사람을 조심해야 하는 달입니다.

9월 구설수를 조심해야 하는 달입니다. 눈 속을 나는 새가 서양에 집을 잃은 형국의 운수입니다. 만일 관록이 아니면 처궁에 기쁨이 있는 운수의 달입니다. 만일 영귀한 사람이 아니면 구설수가 분분한 운수의 달입니다.

10월 재물이 들어오는 달입니다. 목성(木姓)이 와서 도우니 우연히 횡재하는 운수의 달입니다. 음력 구월과 시월에는 반드시 재물이 왕성한 운수의 달입니다. 액운이 소멸하니 소망이 여의한 운수의 달입니다.

11월 손재수가 있는 달입니다. 눈이 가득한 창가에 차가운 매화가 홀로 서있는 형국의 운수입니다. 수성(水姓)을 조심하라 손재수가 가히 염려되는 운수의 달입니다. 큰 재물은 얻기 어렵고 작은 재물은 얻을 수 있는 운수의 달입니다.

12월 근심자중하고 지나야 하는 달입니다. 이달의 운수는 구사일생 하는 운수의 달입니다. 실물수가 두려우니 미리 기도하여 액운을 막아야 하는 달입니다. 금년의 운수는 별로 신기함이 없는 운수입니다.

손지점巽之漸

앞길이 험난치 않고 순조로운 해입니다. 심신이 편안하고 한가로우니 만사가 태평한 운수입니다. 네 신선이 한가로이 바둑을 두고 있으니 세상 근심사가 하나도 없는 격이로다. 복숭아꽃이 가득하니 벌 나비가 날아드는 형국입니다. 스스로 도를 구하니 세상사가 담백한 하도다. 뜻밖의 횡재를 하니 집안이 화기애애한 운수입니다. 동쪽에서 이익을 구하니 귀인이 스스로 돕는 형국입니다. 나중에는 재수도 있고 우환도 따르니 길흉이 서로 교차하는 형국입니다. 욕심을 버리면 신선이로다.

음력 월별 이달의 운수해설

1월
즐거움이 있는 달입니다. 달이 오동나무를 밝게 비추니 봉황이 새끼를 낳는 형국의 운수입니다. 꽃 수풀이 깊은 곳에서 음주하고 스스로 즐기는 운수의 달입니다. 금 술잔에 맛좋은 술이요, 옥 소반에 좋은 안주 격의 운수입니다.

2월
여유로운 운수의 달입니다. 봄 깊은 산창에 사람들과 더불어 즐거이 담소하는 격의 운수입니다. 순풍에 돛을 단 격이니 전도양양한 운수의 달입니다. 몸이 타향에서 노는 격이니 사람마다 나를 공경하는 운수의 달입니다.

3월 소원을 이루어 보는 달입니다. 복숭아가 때를 만나 먹음직한 격이요, 그 꽃이 화사한 형국의 운수입니다. 물고기와 용이 물을 얻는 격이니 그 활기가 도도한 형국의 달입니다. 만일 관록이 아니면 반드시 생남할 운수의 달입니다.

4월 근심이 생기는 운수의 달입니다. 비록 재물은 있으나 혹여 작은 작은 근심이 있는 운수의 달입니다. 때가 오고 운이 오는 격이니 자연히 성공하는 운수의 달입니다. 성심으로 일을 구하면 성공하는 운수의 달입니다.

5월 이별수를 조심해야 하는 달입니다. 이달의 운수는 실물수가 있는 달입니다. 만일 이와 같지 않으면 손재수를 면하기 어려운 운수의 달입니다. 집안이 불길하니 집안사람과 이별수가 있는 운수의 달입니다.

6월 소원을 성취해 보는 달입니다. 경치를 찾아 산에 오르니 꽃이 웃고 나비가 춤추는 형국의 달입니다. 옥수와 지란에 봄빛에 항상 머무는 형국의 달입니다. 재물 복이 몸에 따르니 금옥이 만당한 운수의 달입니다.

7월 분수를 지키면 길한 달입니다. 길성이 몸에 따르니 도처에 영화가 있는 운수의 달입니다. 옛것을 지키고 편안히 있으면 이익이 그 가운데 있는 운수의 달입니다. 높은 데 올라보니 바다가 삼천리나 넓어 보이는 형국의 달입니다.

8월 근심이 있는 달입니다. 구름 밖 만 리에 뜻을 얻어 고향에 돌아오는 형국의 달입니다. 높은 산 흐르는 물에 그 소리가 도도한 형국의 달입니다. 음력 칠월과 팔월에는 길한 가운데 근심이 있는 운수의 달입니다.

9월 분수를 지키면 길한 달입니다. 옛 업을 가히 지키니 새 공을 탐하지 말아야 하는 달입니다. 본성이 정직하니 반드시 길한 상서로움을 받는 운수의 달입니다. 분수를 지키고 도를 즐기니 봄바람이 집안에 가득한 형국의 달입니다.

10월 재복이 겸전하는 달입니다. 풀이 푸르고 붉은 가장자리에서 두 소가 서로 다투는 형국의 달입니다. 재물과 복록이 겸전하니 만일이 우러르는 운수의 달입니다. 이제야 좋은 운을 만나니 만사가 순조롭게 이루어지는 달입니다.

11월 명예가 따르는 달입니다. 짐승이 산속에 드는 격이요, 물고기가 물속에 드는 형국의 운수입니다. 일신이 스스로 편하니 많은 사람이 흠모하고 우러르는 운수의 달입니다. 노인은 배를 두드리고 아이는 기쁜 웃음을 웃는 형국의 달입니다.

12월 소원을 이루어 보는 달입니다. 단비가 내리는 때가오니 백곡이 풍요한 형국의 달입니다. 신수가 크게 통하니 하는 일마다 여의한 운수의 달입니다. 출행하면 이익을 얻는 격이니 어찌이 아름답지 않은가.

괘상해설

변괘   본괘

손지환巽之渙

광명이 부드럽게 비추니 복록과 재물이 가득하고 자손을 얻으며 집안이 화락한 해입니다. 청풍명월을 벗 삼아 미인과 대작하니 이 어찌 기쁘지 않으리오. 올해는 대길한 운수이니 반드시 영화가 따를 운수입니다. 즐거움에 근심도 잊어버리니 신선이 따로 없도다. 봄빛이 다시 찾아오니 복숭아꽃이 만개한 형국입니다. 부부가 화합하니 자손도 영귀하고 집안이 화기애애한 운수입니다. 귀인은 서쪽에 있으니 귀인의 말에 귀를 기울여야 합니다.

음력 월별 이달의 운수해설

1월 횡재수가 있는 달입니다. 물이 황금 연못에 따뜻하니 원앙이 물속을 들고나는 형국의 달입니다. 재앙이 소멸하고 복록이 오니 뜻밖의 재물을 얻는 운수의 달입니다. 수성(水姓)은 나를 이롭게 하고 토성(土姓)은 불리한 운수의 달입니다.

2월 집안에 경사가 있는 달입니다. 재물이 남쪽에 있으니 출행하면 가히 얻는 운수의 달입니다. 지초와 난초가 무성하니 자손에 경사가 있는 운수의 달입니다. 만일 혼인하지 않으면 생남할 운수의 달입니다.

3월 재물 운이 좋은 달입니다. 여러 사람이 나를 돕는 격이니 복록이 산과 같은 운수의 달입니다. 일월이 명랑하니 반드시 하는 일에 경사가 있는 달입니다. 재성이 명궁에 드니 재물이 샘처럼 솟아나는 형국의 달입니다.

4월 전화위복의 달입니다. 내외가 화합하는 격이니 만사가 여의한 운수의 달입니다. 길신이 명궁에 비치니 전화위복되는 운수의 달입니다. 주변에 사람이 왕성하게 따르니 이익이 전답에 있는 운수의 달입니다.

5월 횡재수가 있는 달입니다. 사방을 말달려 보니 가는 곳마다 경사가 있는 운수의 달입니다. 술을 마시고 소리 높여 노래하니 취흥이 도도한 형국의 운수입니다. 우연히 서쪽으로 가니 의외의 횡재를 얻어 보는 형국의 운수입니다.

6월 구설수가 있는 달입니다. 길한 중에 흉함이 있으니 한 번은 다툼이 있어보는 형국의 운수입니다. 흉살이 조용히 동하니 질액이 약간 있어 보는 운수의 달입니다. 목성(木姓)을 조심하지 않으면 구설을 면치 못하는 운수의 달입니다.

7월 자손에 경사가 있는 달입니다. 청조가 믿음을 전하니 우연히 좋은 인연을 맺어보는 달입니다. 봉황이 상서로움을 드리니 자손에 영귀함이 있는 운수의 달입니다. 가운이 이와 같으니 기쁨이 집안에 가득한 형국의 운수입니다.

8월 귀인이 돕는 달입니다. 귀인이 와서 도우니 복록이 산과 같은 운수의 달입니다. 해로운 성은 무슨 성인 고 하니 반드시 화성 (火姓)인 달입니다. 목성(木姓)을 가히 친하게 되면 의외의 성공을 하게 되는 운수의 달입니다.

9월 횡재수가 있는 달입니다. 이달의 운수는 문을 나서면 공이 있는 운수의 달입니다. 만일 관록이 아니면 횡재하는 운수의 달입니다. 몸이 왕성하고 재물이 풍부하니 기쁜 일이 중중한 형국의 달입니다.

10월 귀인이 나를 돕는 운수의 달입니다. 만일 생산하지 않으면 원행 할 운수의 달입니다. 백곡이 풍등하니 마음 또한 풍요로운 형국의 운수입니다. 뜻밖의 귀인이 우연히 와서 나를 돕는 운수의 달입니다.

11월 신수가 태평한 달입니다. 좋은 비가 때를 아니 곳곳이 뽕나무와 대마 밭으로 가득한 형국의 달입니다. 신수가 태평하니 도처에 봄바람인 형국의 달입니다. 마음의 본성이 물과 같으니 어찌 관액을 근심하겠는가.

12월 재물이 따르나 사람을 조심해야 하는 달입니다. 비온 뒤에 달이 나오는 격이니 경색이 다시 새로운 달입니다. 재물과 복록이 모두 갖추어졌으니 집안이 화평한 운수의 달입니다. 김가이가 양성은 멀리하여 친하지 말아야 하는 달입니다.

괘상해설

변괘   본괘

환지중부渙之中孚

매사가 풀리지 않고 재물이 흩어지는 해입니다. 현무 구진이 발동하니 뜻하지 않은 관재수와 실물수가 있는 운수입니다. 돌연 바람이 서북쪽에서 불어 닥치니 날아간 모자를 찾지 못하는 형국입니다. 서북쪽에서 바람이 불어오니 이른 봄과 늦가을에 액운이 있을 운수입니다. 경거망동하면 손재를 보는 운수이니 주의하여야 합니다. 남이 나를 어렵게 하는 형국이니 남의 말을 듣지 않는 것이 좋습니다. 십년공부를 하였으나 써 먹어 보지도 못하고 허송세월만 보내는 형국입니다. 명산에 기도하여 마음이라도 달래 볼까나.

음력 월별 이달의 운수해설

1월
허명무실한 달입니다. 눈이 봄 산에 가득하니 초목이 생하지 못하는 형국의 달입니다. 이름만 있고 실속이 없으니 경영하는 바가 허사인 달입니다. 하는 일에 두서가 없으니 소망을 이루기 어려운 운수의 달입니다.

2월
손재수가 있는 달입니다. 시중에 범이 있다고 전함은 오인된 사실인 형국입니다. 범사가 많이 거슬리는 형국이니 수심을 면하기 어려운 운수의 달입니다. 눈앞이 불리하니 결국에는 손재수가 따르는 운수의 달입니다.

3월 물 조심해야 하는 달입니다. 두 마음이 같지 아니하니 반드시 이별수가 따르는 운수입니다. 구설이 분분하니 무슨 연고인지 모르는 형국의 운수입니다. 물가에 가지 말아야 하는데 한 번은 놀라보는 운수의 달입니다.

4월 하는 일에 막힘이 많은 달입니다. 화풍설월에 높은 곳에 오르는 것을 삼가야 하는 운수입니다. 하는 일에 실마리가 없는데 근심과 곤고함은 무슨 일인가. 처궁에 살이 있으니 미리 도액하면 가히 그 액운을 면하는 운수입니다.

5월 동업을 피해야 하는 달입니다. 신운이 불길하니 또 무슨 구설수인가. 착한 마음으로 공을 들여도 덕이 없는 격이니 남을 탓한 들 무슨 소용이겠는가. 남과 동업하면 반드시 실패하는 운수의 달입니다.

6월 고진감래하는 달입니다. 날려 하나 날개가 없으니 보물 솥에 발이 꺾이는 형국의 운수입니다. 재물이 궁한 것을 한탄하지 말라 처음은 곤고하나 뒤는 통하는 운수의 달입니다. 신수가 불길하니 재물이 있어도 무슨 이익이 있겠는가.

7월 부모에 근심이 있는 달입니다. 비록 묘한 계교는 있으나 맞지 않으니 어찌 할까. 노심초사하여 경영한 것이 바람을 잡고 그림자를 잡은 형국인 달입니다. 근심이 부모에게 있느니 미리 치성하면 가히 그 액운을 면하는 운수입니다.

8월 주색을 멀리해야 하는 달입니다. 종로에서 뺨 맞고 한강에서 화풀이하는 형국의 운수입니다. 만일 여자가 가까이 한다면 뜻하지 않은 변화가 있어보는 달입니다. 김씨가 마시고 이씨가 취하는 격이니 가히 삼가지 않으면 안 되는 운수의 달입니다.

9월 건강을 잘 지켜야 하는 달입니다. 혹여 신액이 있으니 범사에 조심해야 하는 운수의 달입니다. 만일 횡액이 아니면 집안에 풍파가 있는 운수의 달입니다. 미리 도액을 하면 가히 이 운수를 면하는 달입니다.

10월 가운이 좋아지는 달입니다. 여름의 마른 풀이 비를 만난 형국의 달입니다. 가운이 이미 돌아온 격이니 이익이 전답에 있는 형국의 운수입니다. 정성으로 집터에 기도하면 복록이 스스로 오는 운수의 달입니다.

11월 근심과 손재수가 있는 달입니다. 창밖의 푸른 복숭아가 홀로 봄빛을 띤 형국의 달입니다. 비록 재물은 있으나 혹여 작은 근심이 있을 운수의 달입니다. 손재수가 있으니 친한 사람을 조심해야 하는 달입니다.

12월 원행을 삼가야 하는 달입니다. 망령되게 이동하지 말며 안정하면 길한 운수의 달입니다. 재산상 손해가 있는 운수이니 주고받는 일을 하지 말아야 하는 달입니다. 동쪽과 남쪽 두 방향은 출행함이 마땅치 않은 달입니다.

괘상해설

변괘 본괘

환지관渙之觀

모든 일을 능히 감당하니 우환이 사라지고 반드시 만족할 해입니다. 어려움을 극복하니 만인이 우러르는 형국입니다. 본분을 망각하고 분수이외의 것을 구한다면 낭패를 보는 운수입니다. 분수를 지켜 구하고자 한다면 반드시 복록이 따르고 재물도 손에 쥐게 되는 운수입니다. 해는 중천에서 비추고 창고는 금은보화가 가득한 형국이로다. 다만 역마가 동하니 앉은 자리가 불편하도다. 올해는 이사를 하면 이익을 얻는 형국입니다.

음력 월별 이달의 운수해설

1월
재물이 따르는 달입니다. 녹음 깊은 곳에 꾀꼬리가 아름답게 우는 형국의 달입니다. 백곡이 풍등한 격이니 부른 배를 두드리는 형국의 달입니다. 마음을 바로 하고 선을 쌓으니 재복이 진진한 형국의 달입니다.

2월
자손에 경사가 있는 달입니다. 이제 길운을 만난 격이니 소원을 성취해 보는 운수의 달입니다. 재물과 복록이 흥왕하니 좁쌀이 묵고 돈궤가 썩는 형국의 달입니다. 집에 경사가 있으니 자손에 영화가 있는 운수의 달입니다.

3월 손재수가 따르는 달입니다. 임금이 밝고 신하가 어지니 가히 태평함을 기약하는 운수의 달입니다. 옛것을 지켜 안정을 찾으면 흉한 것이 변하여 길한 것이 되는 운수의 달입니다. 서쪽으로 가지 말라 공연히 손재수가 있는 달입니다.

4월 귀인이 돕는 달입니다. 귀인이 와서 도우니 재물의 이익을 가히 얻는 형국의 달입니다. 서쪽의 재물이 우연히 집에 들어오는 운수의 달입니다. 명리가 온전하니 편안한 곳에서 태평하게 지내는 운수의 달입니다.

5월 원하는 재물을 얻는 달입니다. 재물이 언덕과 산 같으니 이외에 무엇을 바라겠는가. 재물이 중앙에 있으니 멀지도 가깝지도 않게 있는 형국의 달입니다. 만일 화성(火姓)을 가까이 하면 손재가 적지 않은 운수의 달입니다.

6월 재물이 들어오는 달입니다. 만일 재물이 생기지 않으면 새로 혼인을 해 보는 운수의 달입니다. 재성이 문에 비치니 도처에 재물이 있는 형국의 달입니다. 신운이 크게 통하니 나가서 이롭지 않음이 없는 운수의 달입니다.

7월 원하는 바를 성취하는 달입니다. 산 깊고 숲이 무성하니 뭇 새가 번성하는 형국의 달입니다. 남쪽이 불리하니 공연히 손재하는 운수의 달입니다. 가운이 흥왕하니 복록이 진진한 운수의 달입니다.

8월 입신출세해 보는 달입니다. 때가 오고 운이 합하니 물고기가 용문에 뛰어 오르는 형국의 운수입니다. 소망이 여의하니 금옥이 만당한 형국의 달입니다. 가운이 대길하니 우연히 재물을 얻는 운수의 달입니다.

9월 구설수를 조심해야 하는 달입니다 만일 횡재수가 없으면 자손에 영화가 있는 운수의 달입니다. 이름이 공문에 걸려 있는 형국이니 가히 액운을 면하는 운수의 달입니다. 남방이 불리하니 구설이 있는 운수의 달입니다.

10월 사람으로 인하여 울고 웃는 달입니다. 이달의 운수는 근심은 흩어지고 기쁨이 생겨나는 형국의 운수입니다. 만일 귀인을 만나게 되면 관록이 몸에 따르게 되는 운수의 달입니다. 화성(火姓)을 가까이 하지 말라 실패수가 있을까 두려운 달입니다.

11월 고진감래하는 달입니다. 만일 질병이 있으면 약을 쓰면 바로 나을 수 있는 달입니다. 가문 풀이 비를 만나 그 빛깔이 다시 푸르른 형국의 달입니다. 의외로 성공하는 격이니 의기가 양양한 운수의 달입니다.

12월 벼슬을 해 보는 달입니다. 정원에 핀 매화가 이슬을 머금고 웃고자 하는 형국의 달입니다. 만일 관록이 아니면 결혼하는 운수의 달입니다. 농사하면 이익을 얻고 벼슬하면 녹을 얻는 형국의 운수입니다.

괘상해설

변괘　　본괘

환지손渙之巽

올해는 도둑을 조심하고 손재가 따르는 해입니다. 나는 새가 날개가 부러지니 날려 해도 날지 못하는 형국입니다. 재성이 공망을 만났으니 재물 얻기는 힘든 형국입니다. 된서리가 강에 내리니 물고기와 용이 움츠려드는 형국이로다. 내가 재주를 부리려 해도 여건이 따라주지 않으니 답답한 운수로다. 남과 이것이 길다 저것이 길다하며 사소한 시비도 하지 말아야 합니다. 만일 시비가 있으면 반드시 관재수가 따르니 주의 하여야 합니다. 경거망동치 않고 명산에 들어가 마음 수양을 한다면 가히 액운을 물리치리라.

음력 월별 이달의 운수해설

1월 앞날을 예측하기 어려운 달입니다. 외로운 배가 바람을 만나니 안정될지 위태할지 분간하기 어려운 형국의 달입니다. 비록 재물은 있으나 얻어서 모으기 어려운 형국의 운수입니다. 남과 더불어 도모하면 하는 일에 청원이 많이 생기는 운수의 달입니다.

2월 재물이 따르지 않는 형국의 달입니다. 봄눈이 산에 가득하니 초목이 나지 못하는 형국의 달입니다. 잡고 놓지를 못하는 격이니 해만 있고 이익이 없는 운수의 달입니다. 재물 운이 공망을 만났으니 재물을 구려하나 불리한 형국의 달입니다.

3월 수고로움만 있고 이득이 없는 달입니다. 심산유곡에 길을 알려줄 사람이 누가 있겠는가. 비록 노력과 고생은 있으나 노고에 비하여 공이 없는 운수의 달입니다. 구하여도 얻지 못하니 이 운수를 어찌 하겠는가.

4월 분수를 지켜야 편안한 달입니다. 자손에 근심스런 병이 있으니 약을 써도 낫지 않는 형국의 달입니다. 편안히 분수를 지켜야 재해가 침범하지 않는 운수의 달입니다. 재물이 남쪽에 있으니 나가면 가히 얻는 운수의 달입니다.

5월 원행수가 있는 달입니다. 두 가지 고집스러움이 재앙이 되니 병마가 끊임없이 침범하는 운수의 달입니다. 아내의 질병이 불리하니 심신이 불안한 형국의 달입니다. 집에 있으면 마음이 상하니 원행해 보는 운수의 달입니다.

6월 원행으로 인하여 지키는 달입니다. 만 리 원정길에 쓰라린 고통을 견디기 어려운 형국의 달입니다. 이달의 운수는 흉함이 많고 길함이 적은 운수의 달입니다. 천리 타향에 멀리 그 집을 생각해 보는 형국의 달입니다.

7월 상복을 입을 수도 있는 달입니다. 만일 남과 다툼이 없으면 상처할 운수의 달입니다. 청산 위에 상주의 의복을 입은 처지의 형국입니다. 믿는 도끼에 발을 찍히는 격이니 남의 말을 믿지 말아야 하는 운수의 달입니다.

8월 구설수를 조심해야 하는 달입니다. 남의 재물을 탐하면 도리어 손재를 하게 되는 운수의 달입니다. 옛일을 생각하니 하룻밤 꿈과 같은 인생이로다. 무단한 일로 구설이 분분한 운수의 달입니다.

9월 위험이 곳곳에 있어 주의해야 하는 달입니다. 봄의 얼음을 디딤과 같고 호랑이 꼬리를 밟음과 같은 형국의 운수입니다. 신상에 곤고함이 있는 운수이니 한탄한들 무슨 소용이겠는가. 재물을 구하는 것이 불리하니 분수를 지켜 집안에 있어야 하는 운수의 달입니다.

10월 근심하고 기도해야 하는 달입니다. 발로 범의 꼬리를 밟는 격이니 신상이 위태한 운수입니다. 심신이 안녕치 못한 격이니 질병을 조심해야 하는 운수의 달입니다. 미리 액운을 막으면 가히 이 운수를 면하게 되는 달입니다.

11월 차분히 기도하고 출행하지 말아야 하는 달입니다. 무단히 손재수가 있으니 친구의 말을 믿지 말아야 하는 운수의 달입니다. 산신께 기도하면 액운이 소멸하고 복이 찾아오는 운수의 달입니다. 동쪽과 남쪽 두 방향은 출행하면 불리한 방향입니다.

12월 관재수를 조심해야 하는 달입니다. 하룻밤 광풍에 떨어지는 꽃잎이 눈 같은 형국의 운수입니다. 빈 산 한 밤의 달이 잔나비 소리만 처량한 형국의 운수입니다. 금년의 운수는 움직이면 손재를 보는 운수의 달입니다.

괘상해설

변괘   본괘

수지정需之井

뜻밖의 일을 당하여 마음이 불안한 해입니다. 평지에서 풍랑을 만난 격이니 어찌 할 바를 모르는 운수입니다. 용두사미라. 용을 그리려다 뱀을 그린 형국이니 경영하는 일에 결과를 얻지 못하는 형국입니다. 비견겁재(比肩劫財, 재물을 빼앗아가는 살)가 발동하니 재물을 파하기 쉬운 해입니다. 음력 사월과 오월 중에는 재물이 적게는 들어 올 운수입니다. 일이 마음대로 되지 않으니 마음이 심란한 해입니다. 경거망동하여 구설수가 발생하기 쉬우니 명산에 올라 참선하여 마음을 다스리라.

음력 월별 이달의 운수해설

1월 하는 일이 역부족인 달입니다. 음지의 능이요 달이 어두운 형국이니 장사가 방황하는 형국의 운수입니다. 세상사가 거슬림이 많은 운수이니 도처에 상함이 있는 형국의 달입니다. 험한 길에 말을 달리니 기운이 부족하여 나가지 못하는 운수의 달입니다.

2월 분수를 지켜야 하는 달입니다. 험한 길을 이미 지났는데 다시 태산을 만난 형국의 운수입니다. 손재수와 구설이 연달아 끊이지 않게 일어나는 운수입니다. 분수를 지키면 길하고 망동하면 흉한 운수의 달입니다.

3월 구설수가 따르는 달입니다. 토성(土姓)을 가까이 하면 일에 허망함이 많은 형국의 운수입니다. 우연한 일로 인하여 구설을 면하기 어려운 운수의 달입니다. 명산에 치성을 드리면 혹여 액운을 면함이 있는 달입니다.

4월 욕심을 삼가야 하는 달입니다. 의외의 재물을 허비하게 되는 운수이니 어디 하나 상하지 않은 곳이 없는 달입니다. 그러나 허욕의 마음이 생기는 것을 삼가야 하는 운수입니다. 만일 구설이 아니면 몸에 병이 가히 두려운 운수의 달입니다.

5월 들어온 만큼 나가는 형국의 달입니다. 바람이 뜬구름을 쓸어버리는 격이니 해와 달이 명랑한 형국의 운수입니다. 망령되이 행동하면 형벌을 받게 되는 운수이니 조심해야 하는 달입니다. 하여간 재물 운은 얻고도 잃어버리는 형국의 운수입니다.

6월 주색을 멀리해야 하는 달입니다. 하루아침 광풍에 떨어지는 꽃잎이 분분한 형국의 달입니다. 하는 일에 마음이 가지 않으니 운수라 어찌 하리오. 만일 다른 여색을 가까이 하면 불의의 운수가 되는 달입니다.

7월 고진감래하는 운수의 달입니다. 재앙이 사라지고 복이 흥하니 일신이 편안하고 한가로운 형국의 운수입니다. 만일 관록을 얻지 않으면 횡재를 하는 운수의 달입니다. 도둑을 조심해야 하니 실물수가 두려운 운수의 달입니다.

8월 근신해야 하는 달입니다. 집안에 경사가 있는 격이니 자손에 경사가 있는 달입니다. 재물의 근원이 깊지 못하니 밖에서 재물을 구하지 말아야 하는 운수의 달입니다. 모이고 흩어짐이 정해진 것이 없으니 득실의 운수입니다.

9월 히는 일을 비기이 보는 달입니다. 긴신이 명국에 드니 픽은 싱 공은 가히 기약해 보는 달입니다. 재물이 북쪽에 있으니 수산물이 가장 좋은 업종의 달입니다. 만일 목성(木姓)을 가까이 하면 반드시 실패수가 따르는 운수의 달입니다.

10월 다른 사람과 다투지 말아야 하는 달입니다. 흉함을 피하여 남쪽으로 가나 다시 흉화를 만나는 형국의 달입니다. 백화가 난만한데 광풍이 홀연 일어나는 형국의 달입니다. 두 사람이 서로 다투는 형국이니 승부를 판단하기 어려운 형국의 달입니다.

11월 재물이 들어오는 달입니다. 달이 동쪽 산마루에 나오니 사방이 밝은 형국의 달입니다. 흉함은 적고 길함이 많은 형국이니 길한 사람은 하늘이 돕는 달입니다. 재물 운이 왕성하니 반드시 재물이 생기는 운수의 달입니다.

12월 구설수를 주의해야 하는 달입니다. 푸른 강이 달을 머금으니 경치가 새로운 형국의 달입니다. 큰 재물은 얻기 어렵지만 작은 재물은 가히 얻는 운수의 달입니다. 주색을 가까이 하면 손재수와 구설수가 따르는 운수의 달입니다.

괘상해설

변괘　　본괘

수지기제需之旣濟

만사가 길하여 모든 사람들과 화합하는 해입니다. 청산에 난초를 심어 기쁜데 어찌 다시 옮겨 심으랴. 좋은 터를 잡고 안정을 하니 더 이상 바랄게 없는 운수입니다. 직장이 안정되고 하는 일이 순조로울 수입니다. 응달에도 봄이 오니 백화가 앞을 다투어 피어나는 형국입니다. 낚싯대가 없이 손으로 황금 잉어를 잡아 올리는 형국이니 의기가 충천하여 경영하는 일에 추진력이 생기는 해입니다. 올해는 재물을 얻고 이름을 알리는 해입니다.

음력 월별 이달의 운수해설

1월 귀인을 만나는 달입니다. 때를 따르는 풀과 나무가 꽃과 잎이 무성한 형국의 달입니다. 귀인이 동쪽에서 와서 우연히 힘을 돕는 형국의 운수입니다. 재물이 동쪽에서 왕성하니 날로 천 금을 취하는 운수의 달입니다.

2월 신수가 대길한 달입니다. 운수가 크게 통하니 의식이 스스로 족한 운수의 달입니다. 신수가 대길하고 가도가 흥왕한 운수의 달입니다. 이달의 운수는 흉함은 적고 길함은 많은 운수의 달입니다.

3월 근신하여야 하는 달입니다. 가신이 발동하니 집안에 불평함이 있는 운수의 달입니다. 복덕이 충을 만나니 근심 중에 기쁨을 바라는 운수의 달입니다. 자손에 근심이 있으니 미리 도액하여 넘겨야 하는 운수의 달입니다.

4월 기도하여 근심을 떨쳐버려야 하는 달입니다. 이달의 운수는 근심과 즐거움이 서로 반반인 운수의 달입니다. 바위위의 외로운 소나무요, 울타리 아래 노란 국화인 형국입니다. 명산대천에 기도하면 길한 운수가 되는 달입니다.

5월 작은 이익이 있는 달입니다. 뒤뜰의 푸른 복숭아가 봄이 도래하여 스스로 개화하는 형국의 달입니다. 길한 사람을 하늘이 도우니 스스로 복이 오는 형국의 운수입니다. 성심으로 구하면 작은 이익은 가히 얻어 보는 운수입니다.

6월 시비수를 조심해야 하는 달입니다. 분수를 지켜 편안하여야 재앙이 침노하지 않는 달입니다. 길성이 나를 도우니 수복이 면면한 운수의 달입니다. 남과 다투지 말라 송사가 가히 두려운 운수의 달입니다.

7월 근신 자중해야 하는 달입니다. 고독한 일신이 고단하여도 의지할 곳이 없는 형국의 운수입니다. 만일 삼가지 않으면 반드시 일을 그르치게 되는 운수의 달입니다. 봉황이 대나무 숲을 잃은 격이니 의지할 곳이 어느 곳인가.

8월 재물이 들어오는 달입니다. 작은 것을 쌓아 큰 것을 이루는 격이니 천금을 가히 얻는 운수의 달입니다. 재수가 흥왕하니 자수성가 하는 운수의 달입니다. 금옥이 만당한 운수이니 복록이 끊이지 않는 운수의 달입니다.

9월 기도하고 근신하여야 하는 달입니다. 먼저는 곤고하고 나중에는 왕성한 운수이니 때를 기다려 편안히 지내야 하는 운수입니다. 처궁에 액운이 있으니 미리 기도하여 막아야 하는 달입니다. 신수가 불리하니 밤에 꿈이 산란한 형국의 운수입니다.

10월 횡재수가 있는 달입니다. 피도 있고 기장도 있으니 농가에 즐거움이 있는 형국의 달입니다. 하늘은 단비를 내리고 땅에는 감천이 있는 형국의 운수입니다. 횡재가 있는 운수이니 손에 천금을 희롱하는 운수의 달입니다.

11월 손재수가 있는 달입니다. 비리를 탐하지 말라 도리어 허황함이 있는 운수의 달입니다. 나가면 몸이 수고롭고 들어오면 마음이 편안한 형국의 운수입니다. 친구를 믿지 말라 손재수가 있어 불리한 운수입니다.

12월 귀인이 돕는 달입니다. 꽃이 피고 열매 맺는 격이니 길한 일이 중중한 운수의 달입니다. 귀성이 문에 비치니 귀인이 와서 도와주는 운수의 달입니다. 만일 관록이 아니면 반드시 생남하는 운수의 달입니다.

괘상해설

변괘　　　본괘

수지절需之節

만일 인연이 있으면 귀인을 만나 관록을 얻을 해입니다. 올해는 군자는 관록을 얻고 소인은 허물이 있을 운수입니다. 집안이 화목하니 만사가 태평할 운수입니다. 백호살이 자식 궁에 임하니 슬하에 액운이 있을 운수입니다. 평소에 수신 적덕하니 그 덕으로 재산이 왕성하여지는 운수입니다. 시험 보는 사람은 합격할 운수요, 사업하는 사람은 재물을 얻을 운수요, 자식을 원하는 사람은 득자할 운수요, 결혼 못한 사람은 결혼하게 되는 운수입니다.

음력 월별 이달의 운수해설

1월 작은 것으로 큰 것을 얻는 달입니다. 가는 것 없이 크게 오는 격이니 이름이 사방에 전해지는 형국의 운수입니다. 덕을 쌓은 연고로 재산이 흥왕해지는 운수의 달입니다. 칠월의 개똥벌레의 빛이 십 리를 비추는 형국의 운수입니다.

2월 집안에 경사가 있는 달입니다. 귀인이 와서 도우니 의외의 성공을 하는 운수의 달입니다. 만일 관록이 아니면 자손에 경사가 있는 운수의 달입니다. 집에 경사가 있으니 만인이 치하하는 운수의 달입니다.

3월 작은 것으로 큰 것을 이루는 달입니다. 단비가 때때로 내리니 백초가 무성한 형국의 운수입니다. 작게 가고 크게 오는 격이니 스스로 영광이 있는 운수입니다. 하는 일에 반복됨이 많으니 다른 사람을 조심해야 하는 운수의 달입니다.

4월 고진감래하는 달입니다. 용을 타고 하늘을 오르는 격이니 구름이 가고 비가 오는 형국의 운수입니다. 처음은 비록 곤고하나 나중은 안락함을 보는 운수입니다. 봄 동산의 자두나무와 복숭아나무에 벌 나비가 향기를 찾는 형국의 운수입니다.

5월 여유가 생기는 달입니다. 저기 남산에서 사냥하니 한 번 쏘아 다섯을 맞추는 형국의 운수입니다. 재물이 언덕과 산과 같으니 이외에 무엇을 더 바라리오. 돈이 있고 곡식도 있으니 다시 무엇을 바라리오.

6월 구설을 조심해야 하는 달입니다. 산 깊은 사월에 녹음이 번성하는 형국의 달입니다. 비록 재물과 복록은 있으나 신상에 해가 있는 운수의 달입니다. 구설이 가히 두려우니 입을 병뚜껑 같이 닫아야 하는 운수의 달입니다.

7월 귀인이 돕는 달입니다. 취하고 버림을 살피지 않으면 이익과 피해를 끊고 맺음을 해야 하는 운수의 달입니다. 동쪽과 남쪽 두 방향에서 귀인이 와서 돕는 운수의 달입니다. 남아가 뜻을 얻으니 가는 곳마다 춘풍의 형국인 달입니다.

8월 이름을 떨치는 달입니다. 의외로 성공을 하니 이름이 사해에 떨쳐지는 운수의 달입니다. 만일 관록이 아니면 자손에 경사가 있는 운수의 달입니다. 이름이 원근에 퍼지는 격이니 사람들이 와서 축하하는 운수의 달입니다.

9월 건강을 유의해야 하는 달입니다. 심신이 물러나 흩어지니 항상 두려움이 많은 운수입니다. 재성이 몸에 따르니 횡재하는 운수의 달입니다. 이익이 금성(金姓)에 있으니 우연히 와서 돕는 운수의 달입니다.

10월 자손을 얻는 달입니다. 몸과 재물이 왕성하니 하는 일마다 여의한 달입니다. 매사가 여의로우니 이익이 그 중에 있는 운수의 달입니다. 나는 곰이 꿈에 든 격이니 반드시 생남할 운수의 달입니다.

11월 가정이 화목한 달입니다. 집안사람이 합심을 하니 반드시 하늘의 복을 받는 운수의 달입니다. 가정이 화평하니 기쁜 일이 중중한 운수의 달입니다. 재물이 스스로 밖에서 오는 격이니 이달이 가장 이익이 있는 달입니다.

12월 일확천금을 해 보는 달입니다. 작은 것으로 큰 것을 바꾸는 격이니 어찌 광명이 아니리오. 용이 명주를 얻은 격이니 조화가 무쌍한 운수의 달입니다. 하루아침에 부귀하니 만인이 우러르는 형국의 운수입니다.

절지감節之坎

험한 길을 고독하게 걸어가는 형국의 해입니다. 삼고초려를 하여 보아도 제갈공명을 만나기 어려우니 나의 정성이 부족한 형국이로다. 만사를 지극정성으로 하여도 일이 성사될까 말까한 운수입니다. 집안에 있어도 불안하고 밖에 나가도 이득이 없으니 마음만 허망한 운수입니다. 일이 될듯하면서 되지 않으니 속만 태우는 형국입니다. 잘 빚은 술과 맛있는 안주를 보고도 침만 삼키는 격이니 일을 하여 본들 남 좋은 일만 시키는 꼴이 되고 마는 운수입니다. 경거망동하지 말고 인내하여 때를 기다리라.

음력 월별 이달의 운수해설

1월 하는 일이 힘겨운 달입니다. 양원이 비록 좋으나 고향만 못한 운수입니다. 비리가 있는 재물을 탐하지 말라야 하는 운수입니다. 들어오면 몸이 고단하고 나가면 마음이 슬픈 형국의 운수입니다.

2월 동업을 하지 말아야 하는 달입니다. 오래 가물고 비가 오지 않으니 초목이 자라지 못하는 형국의 운수입니다. 험한 중에 순행하니 성심으로 일하면 신이 감동하는 형국의 운수입니다. 남과 동업을 하면 별로 이익이 없는 운수의 달입니다.

3월

원행을 주의해야 하는 달입니다. 잠깐 웃고 잠깐 찌푸리니 마음속이 편하지 못한 운수의 달입니다. 현무가 발동하니 출행하면 불리한 운수의 달입니다. 사고무친한 형국이니 어디 의지할 곳이 없는 처지의 운수입니다.

4월

답답한 형국의 달입니다. 얕은 물에 배를 행하니 나가고자 해도 나가지 못하는 형국의 운수입니다. 동쪽으로 가지 말라 반드시 손해가 있는 달입니다. 재물이 뜬구름과 같으니 얻고 모으기가 어려운 운수의 달입니다.

5월

하는 일에 공이 없는 달입니다. 성사되고 안 되고는 하늘에 있으나 일을 도모하는 것은 사람에 있는 형국의 달입니다. 하는 일에 미결함이 있으니 반드시 실패수가 있는 운수의 달입니다. 남쪽 햇볕 잘 드는 오월에 말을 땀나게 달려도 공이 없는 운수의 달입니다.

6월

욕심을 버려야 하는 달입니다. 처음은 있고 끝이 없는 격이니 하는 일에 허황함이 많은 달입니다. 옛것을 버리고 새것을 취하는 격이니 모든 일이 여의한 운수의 달입니다. 허황한 일은 삼가여 하지 말아야 하는 운수의 달입니다.

7월

근신해야 하는 달입니다. 신비한 용이 세력을 잃으니 미꾸라지가 희롱하는 형국의 달입니다. 비와 눈이 펄펄 내리는 격이니 나는 새가 그림자가 끊어진 형국의 운수입니다. 집에 있으면 평안하고 나가면 해가 있는 운수의 달입니다.

8월 남의 말을 믿지 말아야 하는 달입니다. 목성(木姓)이 불리하니 그의 말을 믿고 듣지 말아야 하는 운수의 달입니다. 목성(木姓)이 와서 부르거든 삼가 대답하여 말아야 하는 형국의 운수입니다. 음력 칠월과 팔월 두 달은 흉함은 많고 길함은 적은 운수의 달입니다.

9월 횡재하는 달입니다. 세업이 꿈과 같으니 자수성가하는 운수의 달입니다. 재물 운이 왕성하니 하루에 천금을 이루는 운수의 달입니다. 복성이 몸에 따르니 출입하면 광명이 있는 운수의 달입니다.

10월 가정에 불화가 있는 달입니다. 집 사람의 마음이 각각이니 집 안에 불평함이 있는 운수의 달입니다. 타인을 원망하지 말라 재앙은 집안에 있는 형국의 달입니다. 안정하면 길함이 있고 움직이면 재물의 손해가 있는 운수의 달입니다.

11월 고진감래하는 달입니다. 목마른 용이 물을 얻은 격이니 기쁜 일이 중중한 운수의 달입니다. 먼저는 곤고하고 나중은 태평한 격이니 먼저는 흉하고 나중은 길한 운수의 달입니다. 만일 관록이 아니면 자손에 경사가 있는 운수의 달입니다.

12월 실물수를 조심해야 하는 달입니다. 믿는 사람에게 해로움이 있으니 사람을 고용함에 주의해야 하는 운수의 달입니다. 금언을 듣지 않으면 후회막급한 일이 있을 운수입니다. 도둑이 길 위에 있으니 실물수를 조심해야 하는 운수의 달입니다.

괘상해설

변괘 　　 본괘

절지둔節之屯

험한 고비를 넘기나 다시 근심이 찾아올 해입니다. 물고기가 간신히 낚싯바늘의 유혹을 피했는데, 쳐 놓은 그물은 보지 못하는 형국입니다. 어려움이 게 속에서 밀려오는 운수입니다. 가까운 벗을 삼가야 나중에 낭패를 보지 않는 운수입니다. 봄은 왔으나 봄풀이 아직 눈 속에 있어 그 자태를 드러내지 못하 는 형국입니다. 나의 재주가 아무리 뛰어나도 그 재 주로 인하여 낭패를 보기 쉬우니 자기 재주나 꾀에 자기가 넘어가는 운수이기도 합니다. 경거망동을 삼간다면 큰 화는 면할 것입니다.

음력 월별 이달의 운수해설

1월 답답한 형국의 달입니다. 사방에 길이 없는 형국이니 나가지 도 물러서지도 못하는 형국의 달입니다. 공이 있어도 상이 없 는 격이니 한갓 심력만 허비하는 운수의 달입니다. 동쪽과 서 쪽 두 방향은 출행하면 불리한 운수의 달입니다.

2월 공짜를 바라지 말아야 하는 달입니다. 이달의 운수는 재물의 이익을 논하지 말아야 하는 운수입니다. 맑은 하늘에 달이 없 으니 도리어 건조무미한 운수의 달입니다. 복록이 가히 다시 오지 않으니 이치 아닌 것을 바라지 말아야 하는 운수입니다.

3월 손재수가 있는 달입니다. 비오는 밤에 길을 가는 형국이니 어렵고 고단함이 적지 않은 운수의 달입니다. 다른 사람을 들이지 말라 재물의 손해가 가볍지 않은 달입니다. 음력 삼월과 사월에는 공적인 일에 참여하지 말아야하는 운수입니다.

4월 물 조심을 해야 하는 달입니다. 나에게 이익을 줄 사람은 적고 나에게 해를 줄 사람은 많은 형국의 운수입니다. 물가에 가까이 가지 말라 횡액이 가히 염려되는 운수의 달입니다. 박씨와 이씨 두 성씨를 가까이 하면 피해가 있는 운수의 달입니다.

5월 근신 자중해야 하는 달입니다. 하는 일이 와해되는 격이니 손재가 적지 않은 운수의 달입니다. 친구를 가까이 하지 말라 공연히 손해를 보게 되는 운수입니다. 두문불출하라 길에 나가면 피해를 보는 운수의 달입니다.

6월 친한 사람에게 해를 당하는 달입니다. 새가 그 둥지를 태우는 격이니 즐거움이 극에 달해 슬픔이 생기는 형국의 운수입니다. 사람으로 인하여 불리하니 구하는 일에 허망함이 있는 운수의 달입니다. 친한 사람을 믿으면 반드시 그 피해를 받는 운수의 달입니다.

7월 구설수를 조심해야 하는 달입니다. 음력 칠월과 팔월에는 질병을 주의해야 하는 달입니다. 만일 관록이 없으면 반드시 몸에 근심이 있는 운수의 달입니다. 남과 다투지 말라 구설이 있을 운수의 달입니다.

8월 근신 자중해야 하는 달입니다. 게가 앞과 뒤를 살피다가 게 구 멍을 잃어버리는 형국의 운수입니다. 밖에 나가면 이익이 없고 집을 지키면 길한 운수의 달입니다. 도모하는 일을 이루기 어 려운 형국이니 구하는 재물에 이익이 없는 운수의 달입니다.

9월 횡액을 조심해야 하는 달입니다. 하는 일에 두서가 없으니 마 침내 실패하는 운수의 달입니다. 이익이 남쪽에 있는데 작은 재물은 반드시 얻는 운수의 달입니다. 만일 그렇지 않으면 의 외의 횡액을 당해보는 운수의 달입니다.

10월 고진감래하는 달입니다. 옥을 안고 구슬을 품었으나 이를 알 아주는 사람이 없어 한스러운 운수입니다. 비록 재물은 생기 나 작게 얻고 크게 잃는 형국의 운수입니다. 신고함을 한탄하 지 말라 고진감래하게 되는 운수입니다.

11월 재물이 들어오는 달입니다. 비가 순조롭게 오고 바람이 고르 게 부니 온갖 생물이 잘 자라는 형국의 달입니다. 금을 쌓고 옥을 쌓으니 당시의 석숭을 부러워하리오. 달 밝은 높은 누각 에 술 마시고 스스로 즐거운 형국의 운수입니다.

12월 고진감래하는 달입니다. 먼저는 가난하고 나중은 부유하니 지 난 일이 꿈만 같은 달입니다. 일신이 영화로우니 사람들이 우 러러 보는 운수의 달입니다. 친구 사이에 속내를 말하지 말아 야 하는 달입니다.

절지수節之需

때를 기다리면 반드시 좋은 결과를 얻는 해입니다. 내 몸을 운명에 맡기니 정승판서가 부럽지 않은 해입니다. 집안에 있어도 화목하고 출행을 하여도 이익이 생기는 운수입니다. 어디를 가나 환영받으니 세상만사가 태평할 운수입니다. 그러나 남과 다투거나 분수에 맞지 않는 일을 한다면 반드시 낭패를 볼 수 있는 운수입니다. 귀인이 동쪽에 있어 동쪽으로 가면 이익이 있을 운수입니다. 용이 여의주를 얻으니 조화가 무궁하고 반드시 기쁜 일이 있을 해입니다.

음력 월별 이달의 운수해설

1월
귀인이 돕는 달입니다. 마음이 어질고 덕을 쌓으니 복록이 스스로 오는 운수의 달입니다. 귀인이 와서 도우니 재물과 복록을 가히 얻는 달입니다. 재성이 문에 드니 횡재할 운수의 달입니다.

2월
도모하는 일에 성과가 있는 달입니다. 큰 봉황이 날개를 떨치니 구름길이 만 리가 열리는 형국의 달입니다. 이달의 운수는 출행하면 불리한 운수의 달입니다. 만일 관록이 아니면 가히 천금을 얻는 운수의 달입니다.

3월 황재수가 있는 달입니다. 서쪽과 남쪽 두 방향에 반드시 왕성한 재물이 있는 형국의 운수입니다. 귀인이 와서 도우니 우연히 횡재하는 운수의 달입니다. 사람과 더불어 누각에 올라 술과 안주가 풍족한 여흥을 즐기는 형국의 달입니다.

4월 밖에 나가면 재물을 얻는 달입니다. 재물 운이 크게 통하니 손에서 천금을 희롱하는 형국의 달입니다. 한 번 문 밖을 나가면 소망이 뜻과 같이 이루어지는 운수의 달입니다. 동쪽과 남쪽 두 방향이 가장 길한 방향인 달입니다.

5월 동업하면 길한 달입니다. 명리가 함께 길하니 수복이 끊이지 않고 이어지는 형국의 달입니다. 운이 도래하고 때가 되니 앞길이 양양한 형국의 운수입니다. 남과 더불어 동업하면 이익이 대단히 많은 운수의 달입니다.

6월 명예를 손상해보는 달입니다. 해가 중천에 아름다우니 금옥이 만당한 형국의 달입니다. 만일 이와 같지 않으면 명예에 손상을 입는 운수입니다. 만일 비리를 탐하면 한갓 명예만 상하는 운수의 달입니다.

7월 이름을 떨치는 달입니다. 가는 물줄기가 흘러 바다를 이루듯 작은 것이 쌓여 큰 것을 이루는 형국의 달입니다. 이름을 금방에 거니 만인이 우러르는 운수의 달입니다. 이익이 사방에 있으니 도처에 봄바람이 부는 형국의 달입니다.

8월 고진감래하는 달입니다. 재성이 왕성함을 만나니 손에서 천금을 희롱하는 운수의 달입니다. 먼저는 곤고하고 나중은 태평한 운수이니 이익이 그 중에 있는 달입니다. 가운이 대통하니 만사가 여의한 형국의 달입니다.

9월 집안이 화합하는 달입니다. 지혜가 있고 재주가 있으니 의외로 성공을 거두는 운수의 달입니다. 문을 고치고 바꾸니 만인이 우러르는 형국의 달입니다. 집안사람이 화합하니 백사가 순성하는 운수의 달입니다.

10월 사람을 믿지 말아야 하는 달입니다. 신수가 비색하여 이에 벗어나고자 하나 그렇게 하지 못하는 형국의 달입니다. 화성(火姓)을 가까이 하지 말라 겉은 친하고 속은 속된 사람이니라. 길신이 돕는 격이니 소원 성취하는 운수의 달입니다.

11월 가정이 평안한 달입니다. 한 사람의 영화로움이 만인에게 미치는 형국의 운수입니다. 고귀한 벗이 자리에 가득하니 술이 있고 잔에 가득한 형국의 운수입니다. 자손이 흥왕하니 일가가 태평한 형국의 운수입니다.

12월 벼슬을 해 보는 달입니다. 성공을 만 리 밖에서 이루니 남아가 뜻을 이룬 형국의 운수입니다. 분수를 지키고 평안히 있으면 우연히 복록이 들어오는 운수의 달입니다. 금년의 운수는 벼슬을 구하기가 가장 길한 해입니다.

괘상해설

변괘　　본괘

기제지건旣濟之蹇

좋은 시절이 지나갔지만 다시 좋은 시절이 찾아오는 해입니다. 계수나무에 꽃이 지니 다시 봄을 기다리는 형국입니다. 만약에 경사가 아니면 이사를 하여 이익을 보는 운수입니다. 서쪽과 남쪽에서는 친구를 얻는 방향이요, 동쪽과 북쪽에서는 친구를 잃는 방향이로다. 경거망동하여 분수를 지키지 않으면 반드시 어려움이 따르는 운수입니다. 올해는 반드시 좋은 기회가 찾아오니 때를 기다려야 합니다. 좋은 기회라 함은 동업할 수 있는 기회를 말합니다.

음력 월별 이달의 운수해설

1월
어려움이 찾아오는 달입니다. 물이 말라 돌이 드러나니 물고기와 용이 자취를 감추는 형국의 운수입니다. 이달의 운수는 흉함이 많고 길함이 적은 운수의 달입니다. 매사에 거슬림이 많으니 심신이 산란한 달입니다.

2월
앞길을 예측하기 어려운 달입니다. 구름과 안개가 공중에 가득하니 해와 달을 볼 수 없는 형국의 운수입니다. 만일 관재수가 아니면 반드시 손재수가 있는 운수의 달입니다. 하는 일에 때가 있으니 일에 임하면 서둘러 처리해야 하는 달입니다.

3월 주색을 멀리해야 하는 달입니다. 중무소주하니 하는 일에 걸림이 많은 운수의 달입니다. 여색을 가까이 하면 몸에 불리함이 있는 운수의 달입니다. 궁하고 통하고는 사람에 달려있고 부귀는 하늘에 있는 형국의 운수입니다.

4월 갈 길은 먼데 해가 저무는 형국의 달입니다. 뒤뜰의 푸른 복숭아가 개화하여 만발한 형국의 달입니다. 감언이설을 듣지 말라 하는 일에 진실함이 없는 운수입니다. 해가 강산에 저무는데 돌아가는 길손이 길을 잃은 형국의 달입니다.

5월 실물수를 조심해야 하는 달입니다. 작은 것을 탐내다 큰 것을 잃는 격이니 허욕을 삼가야 하는 운수의 달입니다. 만일 부모에 근심이 없으면 액운이 자손에 있는 운수의 달입니다. 도둑을 조심하라 실물수가 있을까 두려운 달입니다.

6월 손해를 보는 달입니다. 출행하면 불리하고 집에 있으면 길한 운수의 달입니다. 재성이 공망을 만나니 빈 것이 가고 빈 것이 오는 형국의 운수입니다. 원행함이 불리하니 손해는 있고 이익이 없는 운수의 달입니다.

7월 고진감래하는 달입니다. 칠년 큰 가뭄에 기쁜 단비를 만나는 운수의 달입니다. 목마른 자가 물을 얻는 운수요, 배고픈 자가 밥을 얻는 형국의 운수입니다. 재물의 운수는 흠이 없으나 몸에 근심은 가히 두려운 달입니다.

8월 정직하게 사람을 대해야 하는 달입니다. 집안사람이 화합하니 한 집안에 화기가 가득한 형국의 달입니다. 이익이 서쪽과 남쪽에 있으니 때를 기다려 취해야 하는 달입니다. 교묘하고 간사하게 남을 속이면 도리어 그 해를 받는 운수의 달입니다.

9월 고진감래하는 달입니다. 다른 재물을 탐하지 말아야 손재수를 면하는 운수의 달입니다. 화성(火姓)을 가까이 하지 말라 그렇지 않으면 구설수가 따르는 운수의 달입니다. 처음은 곤고하고 나중은 길한 운수이니 마침내 형통함을 보는 운수의 달입니다.

10월 시간을 헛되이 보내지 말아야 하는 달입니다. 낮은 데서 높은 데로 오르는 격이니 작은 것을 쌓아 큰 것을 이루는 운수의 달입니다. 세월이 흐르는 물과 같으나 허송세월한 것이 빛과 같이 지나간 형국의 달입니다. 이달의 운수는 흉함이 많고 길함이 적은 운수의 달입니다.

11월 재물이 들어오는 달입니다. 곡식에 이로운 비가 훨훨 내리니 봄꽃이 가지런히 피어나는 형국의 달입니다. 우연히 재물을 얻으니 가세가 점점 태평해지는 운수의 달입니다. 가산이 흥왕하니 식구가 더하는 형국의 운수입니다.

12월 근신 자중하는 운수의 달입니다. 동원에서 봄을 보내니 벌과 나비가 방황하는 형국의 달입니다. 기쁨과 근심이 서로 반반이니 먼저는 길하고 나중은 흉한 운수의 달입니다. 양씨, 박씨, 권씨, 이씨는 공연히 나에게 피해를 주는 달입니다.

기제지수旣濟之需

재운은 길하나 질병이나 몸이 다치는 해입니다. 분수를 지키면 길하나 경거망동하면 반드시 낭패를 보는 운수입니다. 사마귀가 수레바퀴와 싸우려고 달려드는 격이니 분수를 모르고 과분한 일을 추진하면 반드시 낭패를 보는 운이요, 심하면 몸도 다치는 운수입니다. 가뭄이 오래 지속되니 산천의 초목이 메말라가는 형국입니다. 내 의욕만 가지고 일에 임한다면 어려움을 당하는 형국이니 내 주변 상황을 잘 살펴서 능력에 맞는 일을 하여야만 뒤탈이 없는 운수입니다.

음력 월별 이달의 운수해설

1월
질병을 조심해야 하는 달입니다. 발로 범의 꼬리를 밟은 격이요 텅 빈 계곡에 메아리만 이는 형국의 달입니다. 병살이 침노하니 질고가 끊이지 않는 운수의 달입니다. 다른 재물을 탐하지 말라 그러면 반드시 소해를 보게 되는 운수입니다.

2월
경거망동을 삼가야 하는 달입니다. 쇠잔한 꽃이 서리를 만나니 자연히 떨어지는 형국의 운수입니다. 인정에 얽매이지 않으면 범사가 여의한 운수의 달입니다. 망령되게 행동하면 반드시 실패하는 운수의 달입니다.

3월 관재수를 조심해야 하는 달입니다. 요귀가 문을 엿보는 형국이니 질병이 가히 침노하는 운수의 달입니다. 터주 신께 치성을 드리면 재앙이 사라지고 복이 오는 운수의 달입니다. 남의 말을 들으면 혹여 관재수가 두려운 운수의 달입니다.

4월 횡액을 조심해야 하는 달입니다. 인생이 술 취함과 같고 꿈과 같으니 하는 일에 어두움이 많은 운수의 달입니다. 길에 나가지 말라 혹여 횡액이 있을까 두려운 운수입니다. 매사를 조심하지 않으면 큰 화가 당두하는 운수의 달입니다.

5월 분수를 지켜야 하는 달입니다. 비록 도모하는 일이 있으나 맞지 않으니 어찌할까. 움직이면 잃는 것이 있으니 옛것을 지키는 것이 상책인 운수입니다. 처궁에 액운이 있으니 미리 기도하여야 하는 운수의 달입니다.

6월 근신 수양해야 하는 달입니다. 마음을 속이는 일로 다른 사람에게 베풀지 말아야 하는 달입니다. 만일 목성(木姓)을 가까이하면 반드시 그 피해가 있는 운수의 달입니다. 스스로 지은 업보를 누구에게 탓을 하리오.

7월 고진감래하는 달입니다. 원행을 하여도 별로 소득이 없는 운수의 달입니다. 양을 얻고 소를 잃은 격이니 무슨 이익이 있겠는가. 재운이 형통하니 억지로 구하면 얻을 수 있는 운수의 달입니다.

8월 손재수를 조심해야 하는 달입니다. 다른 일을 경영하지 말라 도처에 불리함만 있는 형국의 운수입니다. 만일 혼인하지 않으면 반드시 득남할 운수의 달입니다. 주색을 가까이 하지 말라 손재수가 있는 운수의 달입니다.

9월 질병과 액운을 막아내는 치성을 해야 하는 달입니다. 매사를 이루지 못하고 또 질병을 얻는 운수의 달입니다. 심산유곡에 마음만 처량한 형국의 달입니다. 조왕신께 치성하면 가히 신액을 면하는 운수의 달입니다.

10월 재물 구하기가 어려운 달입니다. 이달의 운수는 재물의 이익을 논하지 못하는 운수의 달입니다. 바다에서 금을 구하는 격이요, 깊은 바다에서 토끼를 구하는 형국의 달입니다. 운수가 사나우니 분수를 지킴이 상책인 달입니다.

11월 분수를 지켜야 하는 달입니다. 비록 수고로우나 노력에 비하여 공이 없는 운수의 달입니다. 머리만 있고 꼬리가 없는 격이니 하는 일마다 이루어 지지 않는 운수의 달입니다. 운수가 비색함이 위와 같으니 분수를 지키는 것이 상책인 달입니다.

12월 머리를 어느 쪽으로 내놓을까 하나 어디 한 곳 의지처가 없는 형국의 운수입니다. 목성(木姓)이 해가 있으니 가까이 하면 피해가 있는 운수의 달입니다. 심가(沈家)가 피해를 주니 동업을 삼가야 하는 달입니다.

괘상해설

변괘   본괘

기제지둔旣濟之屯

만일 행하는 일이 올바르지 않으면 반드시 마음 상하는 일이 있는 해입니다. 일가친척이 불화하고 재물이 흩어지는 운수입니다. 골육상쟁하니 혈혈단신이 되는 격이로다. 노력은 많이 하나 그 결과를 얻지 못하는 운수입니다. 경영하는 일이 더디나 나아가려해도 나아가지 못하고 발만 동동 구르고 있는 형국입니다. 재성이 공망을 맞으니 재물을 모아도 밑 빠진 독에 물을 붓는 격입니다. 북쪽에 손재수가 있으니 이 방향은 피하도록 하라. 명산에 기도하면 몸 다치는 것만은 막아 주리라.

음력 월별 이달의 운수해설

1월
손재수를 조심해야 하는 달입니다. 가을 풀이 서리를 만나니 슬픈 마음을 견디기 어려운 형국의 달입니다. 만일 손재수가 없으면 처궁이 불리한 형국의 운수입니다. 북쪽에 가까이 가지 말라 반드시 손재수가 있는 운수입니다.

2월
관재구설이 있는 달입니다. 관재수와 구설수가 끊이지 않는 운수의 달입니다. 초가을에 서리를 만난 격이니 하는 일이 와해됨이 많은 운수의 달입니다. 심신이 불안한 격이니 또 무슨 쓰라린 고통이 찾아오는가.

3월 이사수가 있는 달입니다. 가을바람에 잎이 떨어지고 다시 광풍을 만나는 형국의 운수입니다. 만일 이사를 하지 않으면 원해하여 길한 운수의 달입니다. 다른 사람의 일로 횡액이 가히 침노하는 운수의 달입니다.

4월 귀인이 돕는 달입니다. 밤길에 등불을 잃으니 앞길이 캄캄한 형국의 운수입니다. 말을 조심하지 않으면 횡액을 당해보는 운수의 달입니다. 자기 힘으로 재물을 만드니 암암리에 돕는 사람이 있는 형국의 운수입니다.

5월 실물수를 조심해야 하는 달입니다. 시비를 가까이 하면 구설을 면하기 어려운 운수의 달입니다. 실물수가 있으니 출입을 삼가야 하는 운수입니다. 칠성님께 기도하면 가히 액운을 면하는 운수의 달입니다.

6월 번뇌가 많은 달입니다. 저물게 산길을 드니 그 누가 지시를 하리오. 매사에 막힘이 있으니 한갓 심력만 허비하는 운수의 달입니다. 주야로 생각이 많으니 마음먹은 일에 번뇌가 많은 운수의 달입니다.

7월 시비수를 조심해야 하는 달입니다. 가신이 발동하니 예방하면 그 액운을 면하는 달입니다. 사람들과 다투지 말라 손재하고 이름이 실추되는 운수의 달입니다. 시비를 가까이 말라 관재 송사가 두려운 운수의 달입니다.

8월 근신 자중해야 하는 달입니다. 도모하는 일이 불리하니 근심과 고통이 끊이질 않는 운수의 달입니다. 천리 타향에서 집안의 믿음을 얻지 못한 형국의 운수입니다. 어두운 구릉지에서 길을 잃으니 어리석은 농부에게 길을 묻는 형국의 운수입니다.

9월 관재수를 조심해야 하는 달입니다. 비록 분한 마음이 있더라도 참는 것이 상책인 달입니다. 남과 다투지 말라 관액이 가히 염려되는 운수의 달입니다. 적막한 여관 창가에서 공연히 탄식을 하는 형국의 운수입니다.

10월 귀인을 만나는 달입니다. 사람이 옛 인연으로 우연히 와서 도와주는 형국의 달입니다. 허욕을 탐하지 말라 낭패할 운수의 달입니다. 만일 관록이 아니면 자손을 얻는 운수의 달입니다.

11월 고진감래하는 달입니다. 의외로 성공을 하니 산업이 흥왕하는 운수의 달입니다. 액운이 사라지니 자연히 재물을 얻는 운수의 달입니다. 이제 사 길운을 만나니 편안함을 지나 태평한 운수의 달입니다.

12월 분수를 지켜야 하는 달입니다. 모래를 일어 금을 보는 격이요, 놀을 쪼아 옥을 얻는 형국의 운수입니다. 금년의 운수는 분수를 지켜야 길한 해입니다. 경거망동하면 피해가 있고 분수를 지키면 길한 운수가 됩니다.

괘상해설

변괘　　　본괘

둔지비屯之比

덕을 베풀고 신용을 지키면 종래에는 이득이 있을 해입니다. 마음은 겸손하고 베푸는 인정이 많으니 항상 안락한 운수입니다. 근신하고 자중하면 반드시 좋은 일이 있을 운수입니다. 아랫사람과 윗사람에게 근심이 있으니 집안이 편안하지 못한 형국입니다. 만약에 관재수가 없으면 구설수가 따르게 되는 해이기도 합니다. 그러니 덕을 베풀고 신용을 지켜서 훗날을 기약해야 하는 운수입니다. 산천초목에 봄이 찾아오니 서서히 봄빛을 띄는 격이로다. 급하게 서두르지 않는다면 반드시 좋은 기회가 찾아오리라.

음력 월별 이달의 운수해설

1월
헛된 욕심을 버려야 하는 달입니다. 집에 있으면 이익이 없고 나가면 갈 길을 몰라 하는 형국의 운수입니다. 허황한 일을 밤낮으로 생각하는 형국의 달입니다. 수복을 구비하였으니 하늘이 길한 사람을 돕는 형국의 운수입니다.

2월
귀인을 만나는 달입니다. 물속의 용이 하늘로 오르는 격이니 천하가 문명을 얻은 형국의 달입니다. 귀인이 와서 도우니 하는 일마다 여의한 운수의 달입니다. 분수를 지키면 편안하고 움직이면 피해가 있는 운수의 달입니다.

3월 사람을 조심해야 하는 달입니다. 하는 일에 두서가 없으니 도모하는 일을 이루지 못하는 운수의 달입니다. 이름을 공문에 거니 가히 이 액운을 면하는 운수입니다. 숨은 원수를 누가 알리요, 오히려 가까운 곳에 있는 형국의 달입니다.

4월 스스로 재물을 취하는 달입니다. 배에 재물보화를 가득 실으니 뱃사람이 즐거운 형국의 달입니다. 재복이 산과 같으니 집안 사람이 한 번 즐거운 형국의 달입니다. 산줄기 위에 고독한 소나무가 홀로 푸르고 푸른 형국의 운수입니다.

5월 근신하면 평안한 달입니다. 다른 경영을 하지 말라 반드시 손재수가 있는 운수의 달입니다. 이달의 운수는 출행하는 것이 불리한 달입니다. 한가로이 높은 집에 앉았으니 심신이 평안한 형국의 운수입니다.

6월 재물이 들어오는 달입니다. 금옥이 만당한 형국이니 자손에 경사가 있는 운수의 달입니다. 봄바람이 온화하니 만물이 스스로 나는 형국의 달입니다. 길일이나 좋은 날을 잡아 치성을 드리고 복을 빌어야 길한 달입니다.

7월 말조심을 해야 하는 달입니다. 나가면 후회할 일이 생기고 들어오면 마음이 편안한 운수의 달입니다. 마음속에 있는 후회를 남에게 말하지 말아야 하는 달입니다. 명산에 기도하면 신액이 별로 없는 달입니다.

8월 재물을 얻는 달입니다. 양으로 소를 바꾸는 격이니 작게 가고 크게 오는 운수의 달입니다. 시비를 가까이 하지 말라 관재수를 면하기 어려운 운수의 달입니다. 재성이 명에 비치니 수고하지 않고도 얻는 운수의 달입니다.

9월 구설수를 조심해야 하는 달입니다. 목마른 용이 물을 얻은 격이요, 굶주린 범이 먹이를 얻은 형국의 운수입니다. 운수가 형통하니 구하지 않아도 스스로 얻는 운수입니다. 구설을 삼가지 않으면 혹여 송사가 있을 운수입니다.

10월 고진감래하는 달입니다. 봄비가 기름 같은 형국이니 썩은 나무가 생기롭기는 어려운 형국의 운수입니다. 동쪽과 서쪽 두 방향은 도모하는 일이 불리한 방향의 달입니다. 고목이 봄을 만난 격이니 천리에 빛을 발하는 형국의 달입니다.

11월 원하는 바를 성취하는 달입니다. 물고기와 용이 물을 얻어 조화가 무쌍한 형국의 운수입니다. 동원의 봄빛이 반드시 모두 담을 수 없는 형국의 달입니다. 물고기가 봄에 물에서 노니니 그 꼬리가 양양한 형국의 운수입니다.

12월 분수를 지킨 덕을 보는 달입니다. 자월과 축월 두 달은 반드시 경사가 있는 운수의 달입니다. 재록이 왕성하니 사람으로 인하여 성공하는 운수의 달입니다. 금년의 운수는 분수를 지키는 것이 제일인 해입니다.

괘상수

642

괘상해설

변괘　　　본괘

둔지절屯之節

구하려 하여도 구하지 못하고 이익은 없고 어려움만 따르는 해입니다. 토끼를 바다에서 잡으려 그물을 치고, 물고기를 잡으려 나무위에서 옥무를 놓는 형국입니다. 좋은 시기가 오지 않았는데도 마음만 급하여 일을 서두르니 이루어지는 것이 하나도 없도다. 우연히 남의 말을 들어 일을 그르치고 마는 운수입니다. 남쪽과 북쪽으로 출행하면 낭패를 보는 운수입니다. 박가(朴家)와 송가(宋家)가 나에게 해를 끼치니 가까이 하지 말아야 합니다. 외나무 다리위에서 간신히 원수를 피하였더니 다시 사나운 호랑이를 만나는 격이로다.

음력 월별 이달의 운수해설

1월
재물을 얻기 어려운 달입니다. 음양이 불합하니 세월이 공을 이루지 못하는 운수의 달입니다. 재수를 말하자면 얻고도 오히려 잃는 형국의 운수입니다. 하는 일에 두서가 없으니 한갓 심력만 허비하는 운수의 달입니다.

2월
실물수를 조심해야 하는 달입니다. 남과 다투게 되면 재물로 인하여 마음을 상하게 되는 운수의 달입니다. 남쪽에서 북쪽으로 가니 다시 남쪽으로 감만 못한 형국의 달입니다. 만일 물건을 잃지 않으면 밖에 나가서 실패할 운수의 달입니다.

3월 하는 일이 여의치 않은 달입니다. 게를 잡아 물에 놓아주는 격이니 세상 일이 꿈만 같은 형국의 운수입니다. 하는 일이 여의치 않으니 재물을 얻지 못하는 운수의 달입니다. 하는 일이 마음에 어그러지니 재복을 이루기 어려운 형국의 운수입니다.

4월 길에 나가면 낭패하고 돌아오는 형국이니 주의해야 하는 달입니다. 망령되이 허욕이 생기니 한갓 심력만 허비하는 운수의 달입니다. 금성(金姓)을 가까이 하면 이해관계로 마음을 상하게 되는 운수의 달입니다.

5월 근신 자중하는 달입니다. 깊은 우물물을 길어 올리려 하나 두레박줄이 짧아 수고롭고 공이 없는 형국의 운수입니다. 미리 도액하라 자손에 근심이 있을 운수입니다. 급하게 하고자 하나 이루는 것이 없고 교모하게 하고자 하여도 소용이 없는 운수의 달입니다.

6월 움직이면 후회할 일이 있고 집에 있으면 항상 편안한 운수의 달입니다. 비록 헛된 이름은 있으나 빈손을 면하지 못하는 운수의 달입니다. 목성(木姓)을 가까이 하지 말라 구설이 가히 두려운 형국의 운수입니다.

7월 고진감래하는 달입니다. 마른 나무에 꽃이 피니 길하고 상서로운 일을 가히 아는 달입니다. 곤고함을 한탄하지 말라 먼저는 가난하고 나중은 부유한 운수의 달입니다. 다른 경영을 도모하지 말라 한갓 마음만 상하는 운수의 달입니다.

8월 역시 고진감래하는 달입니다. 좋은 비가 때를 아니 초목이 무성한 형국의 달입니다. 가는 물줄기가 바다로 돌아가는 격이니 티끌모아 태산을 이루는 형국의 운수입니다. 토성(土姓)이 나를 도우나 그 생색냄이 다섯 배는 되리라.

9월 질병이 있을 달입니다. 가운이 불리하니 질병을 조심해야 하는 운수의 달입니다. 초면인 사람과 삼가 동행을 하지 말아야 하는 운수의 달입니다. 명산에 기도하면 가히 질병을 면하는 운수의 달입니다.

10월 손재수가 있는 달입니다. 육친이 무덕한 운수이니 사면초가 당해보는 달입니다. 꽃이 지고 봄이 없는 계절이니 벌과 나비가 오지 않는 형국의 달입니다. 손재수가 가히 두려우니 동쪽을 가까이 하지 말아야 하는 운수입니다.

11월 분수를 지켜야 하는 달입니다. 하는 일이 복잡함이 있으니 도무지 이익이 없는 운수의 달입니다. 범사가 허황한 격이니 한갓 심력만 허비하는 운수의 달입니다. 헛된 욕심을 부리지 말라 도리어 허황함이 있는 운수의 달입니다.

12월 고진감래하는 달입니다. 먼저는 흉하고 나중은 길한 격이니 하는 일이 가히 여의한 달입니다. 천만 뜻밖으로 금성(金姓)이 와서 돕는 운수의 달입니다. 분수를 지키고 집에 거하면 가히 곤고한 액운을 면하는 운수의 달입니다.

괘상해설

변괘   본괘

둔지기제屯之旣濟

밤길을 가는 사람이 광명을 만나는 해입니다. 고진감래라. 고생이 다하면 반드시 기쁨이 오는 법이니 현재의 고생을 조금 더 참아야 합니다. 어두운 밤길을 가는 사람이 우연히 등불을 얻은 격이니 고생 끝에 낙이 찾아오는 해입니다. 가난한 사람이 우연히 재물을 얻는 형국입니다. 이익은 어디에 있는 고 하니 남쪽에 있도다. 친한 벗이 나를 속이니 한번은 낭패를 볼 수도 있는 운수입니다. 종래에는 관록이 따르고 재물이 따르니 만사가 여의하고 집안이 화평한 운수입니다.

음력 월별 이달의 운수해설

1월 귀인이 돕는 달입니다. 봄 동산에 복숭아와 자두나무의 꽃이 지고 열매를 맺는 형국의 달입니다. 동쪽이나 서쪽에서 백사가 대통하는 운수의 달입니다. 정월과 이월에는 가까운 사람이 나를 돕는 운수의 달입니다.

2월 역시 귀인이 와서 돕는 달입니다. 장안에 봄바람에 말을 타고 장안의 네거리를 구름을 가르며 달리는 형국의 달입니다. 길성이 문에 비치니 귀인이 와서 돕는 운수의 달입니다. 신령한 까치가 기쁨을 알리니 귀인이 방문하는 달입니다.

3월 벼슬을 하는 달입니다. 봄바람에 눈이 녹는 형국이니 초목이 무성한 형국의 운수입니다. 재효가 발동하니 출행하면 길함을 얻는 운수의 달입니다. 만일 관록이 아니면 자손에 영화가 있는 운수의 달입니다.

4월 진병은 주의해야 하는 달입니다. 흙 다루는 일을 하지 말라 몸에 병이 들까 두려운 운수의 달입니다. 신상에 근심이 없으니 무사태평한 운수의 달입니다. 수복이 온전하니 만인이 우러러 보는 운수의 달입니다.

5월 손재수를 조심해야 하는 달입니다. 의외로 영귀하니 많은 사람이 공경하고 우러르는 운수의 달입니다. 만일 액운을 예방하지 않으면 손재수를 면하기 어려운 운수의 달입니다. 신이 돕는 바가 있으니 백가지 일들이 순조롭게 이루어지는 형국의 운수입니다.

6월 자수성가 하는 달입니다. 비가 순조롭고 바람이 고르니 한 해의 하는 일이 크게 오르는 운수의 달입니다. 재운이 이미 돌아왔으니 자수성가하는 운수입니다. 정성을 게을리 하지 않으니 빈손으로 집을 일으키는 운수의 달입니다.

7월 재물이 들어오는 달입니다. 문서에 길함이 있으니 관록이 몸에 따르는 운수의 달입니다. 복성이 비치니 다른 재물이 문에 들어오는 운수의 달입니다. 천신이 스스로 도우니 백사에 길한 이익이 있는 운수의 달입니다.

8월 경사가 있을 달입니다. 상하가 화합하니 환성이 이웃에 통하는 운수의 달입니다. 만일 혼인의 경사가 아니면 자손에 경사가 있는 운수의 달입니다. 귀인이 와서 도우니 이름을 이루고 이익을 가지게 되는 운수의 달입니다.

9월 이름을 떨치는 달입니다. 의외로 공명을 얻으니 이름이 사해에 떨쳐지는 운수의 달입니다. 의식이 풍족하니 이외에 무엇을 바라리오. 백사가 여의로우니 세상 하는 일이 태평한 운수의 달입니다.

10월 태평한 달입니다. 강남 춘삼월에 들꽃이 다투어 피어나는 형국의 운수입니다. 두 사람이 한 마음인 형국이니 반드시 기쁜 일이 있는 운수의 달입니다. 마음이 어질고 덕을 쌓으니 만인이 칭찬하는 형국의 운수입니다.

11월 운세가 상승하는 달입니다. 빈 계곡에 봄이 돌아오니 곳곳이 꽃이 만발한 산이로다. 사람마다 와서 축하하는 형국이니 차마가 줄을 있는 형국의 달입니다. 동풍세우에 풀색이 청청한 형국의 달입니다.

12월 관재수를 조심해야 하는 달입니다. 몸도 왕성하고 재물도 왕성하니 반드시 경사가 있는 운수의 달입니다. 도처에 재물이 있으니 출행하면 가히 얻을 수 있는 운수의 달입니다. 남과 더불어 다투게 되면 관액이 가히 두려운 운수의 달입니다.

괘상해설

변괘   본괘

정지수井之需

심신을 안정하고 때를 기다리면 반드시 출세하는 해입니다. 새장에 갇혀있던 새가 문을 열고 하늘로 날아오르는 격이니 경영하는 일이 활로를 찾아 금전을 모으는 해입니다. 우물 속의 물고기가 바다로 나가는 형국이니 사업이 흥왕하고 내 이름을 사방에 알리는 운수입니다. 구름이 걷히고 달과 별이 나오니 어두운 밤에도 광명을 얻는 형국입니다. 다만 상복을 입어 볼 수도 있고, 그렇지 않으면 집안에 근심이 있을 수 있은 해입니다. 명산에 기도하면 가히 근심을 면하리라.

음력 월별 이달의 운수해설

1월
재물을 얻는 달입니다. 범의 꼬리를 밟음과 같으니 편한 중에 위태함을 막아야 하는 운수의 달입니다. 만일 관록이 아니면 반드시 재물을 얻는 운수의 달입니다. 만일 토성(土姓)과 친하면 재물의 이익이 대통하는 운수의 달입니다.

2월
경사가 있는 달입니다. 귀인이 나를 돕는 격이니 먼저는 곤고하고 나중은 태평한 운수의 달입니다. 만일 여색을 가까이 하면 신상에 피해가 있는 운수의 달입니다. 천신이 나를 도우니 반드시 경사가 남음이 있는 운수의 달입니다.

3월 귀인이 돕는 달입니다. 신수가 태평하니 사람들이 우러러 보는 형국의 달입니다. 허망한 중에 실속이 있는 격이니 손에 천금을 희롱하는 운수의 달입니다. 재물이 서쪽에 있고 귀인이 나를 돕는 운수의 달입니다.

4월 구설수를 조심해야 하는 달입니다. 부부가 화합하니 한 집안에 화기가 애애한 형국의 달입니다. 재수에 흠집이 없으나 적은 구설이 있는 운수의 달입니다. 미리 조왕신께 기도하면 혹여 질병이 두려운 운수의 달입니다.

5월 주색을 멀리해야 하는 달입니다. 봉황이 새끼를 낳고 기린이 상서로움을 올리는 형국의 운수입니다. 소망이 여의로우니 만사가 순조롭게 이루어지는 형국의 달입니다. 여색을 가까이 하지 말라 몸에 이롭지 못한 운수의 달입니다.

6월 풍류를 즐기는 달입니다. 어진 덕으로 노니니 날로 더욱 복록이 있는 달입니다. 세상 풍파에 골몰하다가 부귀를 편히 누리는 운수의 달입니다. 녹음이 우거지니 누각에 올라 즐기는 운수의 달입니다.

7월 자손에 영화가 있는 달입니다. 소가 푸른 풀밭에서 졸고 있는 격이니 식록이 천종이나 되는 운수의 달입니다. 의외로 성공을 거두는 격이니 기쁨이 가정에 가득한 운수의 달입니다. 자손에 자손이 차례로 영귀함을 얻는 운수의 달입니다.

8월 운수대통하는 달입니다. 사람 수도 늘어나고 금옥이 만당한 운수의 달입니다. 맹호가 바위를 등지니 광명이 크게 통하는 운수의 달입니다. 매사가 여의로우니 가산이 흥왕하는 운수의 달입니다.

9월 근신 자중해야 하는 달입니다. 신수가 대길하니 백사가 여의 한 운수의 달입니다. 소망이 여의하니 근심이 흩어지고 기쁨이 생겨나는 운수의 달입니다. 몸을 옥과 같이 유지하여야 가히 횡액과 화를 면하는 운수의 달입니다.

10월 집안이 화평한 달입니다. 뜰 앞의 매화가 때를 만나 꽃이 만발하는 형국의 달입니다. 길인을 하늘이 도와서 수고하지 않고 얻는 운수의 달입니다. 부부가 화합하고 순하니 한 집안이 화평한 운수의 달입니다.

11월 기쁨 가운데 슬픔이 있는 달입니다. 옥 같은 맑은 연못에 바람이 없으니 원앙이 한가로이 오르내리는 형국의 운수입니다. 만일 횡재가 아니면 관록이 몸에 따르는 운수의 달입니다. 미리 치성을 드리면 혹여 있을 처궁의 액을 면하는 달입니다.

12월 사람을 조심해야 하는 달입니다. 궁에서 쇠북을 치고 거문고와 비파를 타니 그 소리가 맑고 향기로운 형국의 달입니다. 재물 운이 왕성하니 큰 재물이 문에 들어오는 형국의 달입니다. 박씨, 오씨, 권씨를 가히 친하게 되면 피해가 있는 운수의 달입니다.

정지건井之蹇

혈혈단신 홀로 고독한 형국이지만 결국 마음을 안정하고 재물을 취하는 해입니다. 엄동설한 눈 속에 매화가 홀로 봄을 기다리는 형국입니다. 삼년 가뭄에 단비가 내리니 산천초목이 푸르게 되는 형국입니다. 비록 고난과 역경은 있으나 마음은 안정되니 하는 일이 서서히 순조롭게 이루어지는 운수입니다. 결국에는 귀인을 우연히 만나 공명을 얻고 재물도 얻는 운수입니다. 역마가 발동하니 밖에 나가 공명을 구하는 격이요, 밖에서 재물을 얻는 형국입니다.

음력 월별 이달의 운수해설

1월
집안이 화목한 달입니다. 봄이 화사하고 날이 따뜻하니 백가지 꽃들이 흐드러지게 피어 가득한 형국의 달입니다. 길신이 도우니 재물 운이 점점 통하는 운수의 달입니다. 집안사람이 화합하니 화기가 문에 이르는 운수의 달입니다.

2월
귀인이 돕는 달입니다. 낚시를 호수에 던져 금고기를 낚는 형국의 달입니다. 귀인이 와서 도우니 반드시 성공하는 운수의 달입니다. 마음을 전직하게 먹으니 하늘이 스스로 돕는 자를 돕는 형국의 운수입니다.

3월 횡재수가 있는 달입니다. 정신을 집중하니 무슨 일인들 이루지 못할 것인가. 동쪽과 북쪽을 출입하니 우연히 횡재를 하는 운수의 달입니다. 만일 재물이 생기지 않으면 자손에 영화가 있는 운수의 달입니다.

4월 곤고함이 있는 달입니다. 눈앞의 곤고함은 인내심보다 더 견디기 어려운 형국의 운수입니다. 목성(木姓)을 가까이 하면 횡액이 가히 침범하는 운수의 달입니다. 만일 그렇지 아니하면 도리어 불리함이 있는 운수의 달입니다.

5월 출행하면 길한 달입니다. 하늘에는 단비가 내리는 격이요, 땅에는 단샘이 솟아나는 형국의 달입니다. 농사일이나 상업이나 힘써 행하면 길한 달입니다. 이익이 타향에 있으니 출행하면 이익을 얻는 운수의 달입니다.

6월 물 조심을 해야 하는 달입니다. 한 번 뜻을 얻은 곳에 다시 가면 좋지 않은 달입니다. 집에 있으면 길하고 길에 나가면 흉한 운수의 달입니다. 물가에 행하지 말라 한 번은 놀랄 일이 있을 운수의 달입니다.

7월 사람을 조심해야 하는 달입니다. 재물 운이 왕성하니 재록이 몸에 따르는 운수의 달입니다. 동원의 붉은 복숭아가 꽃이 지고 열매를 맺는 형국의 달입니다. 목성(木姓)을 가까이 하면 손재하기 어려운 운수의 달입니다.

8월 재물이 들어오는 달입니다. 밭을 갈아서 먹을 것을 얻고 우물을 파서 물을 얻는 형국의 달입니다. 높은 누각에 소리가 들리니 가정에 기쁨이 가득한 형국의 운수입니다. 신수가 태평하니 재물이 언덕과 산 같이 쌓이는 형국의 운수입니다.

9월 고진감래하는 달입니다. 낚시를 창파에 던지니 마침내 많은 물고기를 얻는 형국의 운수입니다. 천년을 움츠리고 있던 복숭아가 비로소 그 열매를 맺는 형국의 달입니다. 문서에 재물이 있는 격이요, 문필에 빛이 있는 형국의 달입니다.

10월 재물이 들어오는 달입니다. 뗏목을 타고 바다를 건너는데 구름이 흩어지고 달이 밝은 형국의 운수입니다. 일신이 영귀하니 사람들이 우러러보는 형국의 달입니다. 재록이 흥왕한 형국이니 도모하는 일이 순조롭게 이루어지는 운수의 달입니다.

11월 고진감래하는 달입니다. 모래를 일어 금을 찾아내니 백가지 도모하는 일들이 진행되는 운수의 달입니다. 고진감래하는 운수이니 곤고함이 오래되면 형통하는 법이리라. 허욕을 갖지 않으면 일신이 스스로 편안한 형국의 달입니다.

12월 귀인이 돕는 달입니다. 하늘이 비를 내리니 만물이 새로움을 머금는 형국의 운수입니다. 남과 더불어 일을 도모하면 가히 천금을 얻는 운수의 달입니다. 귀인이 와서 도우니 앞길이 좋은 운수의 달입니다.

괘상해설

변괘　　본괘

정지감井之坎

출입함에 위험이 따르니 마음이 불안한 해입니다. 좋은 시절은 어디가고 마음만 허망한 형국이로다. 성공한 사람이 지 멀리 지니가니 잎시 세운 공이 아까운 형국입니다. 지난날의 부귀영화는 간 데 없고 한숨소리만 남아 있으니 경영하는 일이 부질없어 보이는 해입니다. 나그네가 묵는 여관의 등불이 처량하기만 하구나. 그 누가 나그네의 마음을 알아주랴. 혹여 동쪽으로 이사를 한다면 적은 재물이나마 취할 수 있을 운수입니다. 명산에 기도하여 허망한 마음을 달래 보는 운수로다.

음력 월별 이달의 운수해설

1월
구설수를 조심해야 하는 달입니다. 동쪽과 북쪽 두 방향은 반드시 길함과 이익이 있는 곳입니다. 친한 사람을 믿지 말라 은혜가 도리어 원수가 되는 운수의 달입니다. 시비를 가까이 하지 말라 구설이 가히 두려운 운수의 달입니다.

2월
관재구설수를 조심해야 하는 달입니다. 봉황이 날개를 드리우고 밝은 곳과 어두운 곳을 드나드는 형국의 달입니다. 동쪽을 가까이 말라 하는 일에 허황함이 있는 달입니다. 만일 구설수가 아니면 관재수가 가히 두려운 달입니다.

3월 구설수를 조심해야 하는 달입니다. 검은 구름이 공중에 가득하니 해와 달을 보지 못하는 형국의 운수입니다. 뜻과 같지 않은 것이 십중팔구의 운수입니다. 구설이 서로 형극하니 하는 일에 마음이 합하지를 못하는 형국의 달입니다.

4월 가정이 불편한 운수의 달입니다. 꽃이 피고 지니 봄빛이 머물지 않는 형국의 달입니다. 처와 자손에게 모두 불미한 운수의 달입니다. 주작이 발동하니 구설수를 조심해야 하는 운수의 달입니다.

5월 불조심을 해야 하는 달입니다. 천리를 순종하여 가는 형국이니 새로운 일을 가히 쫓는 운수의 달입니다. 화성(火姓)과 가히 친하게 되면 내가 하는 일이 순조롭게 이루어지는 운수의 달입니다. 무엇이든 녹여내는 불귀신이 침범하니 불조심을 해야 하는 운수의 달입니다.

6월 구설수를 조심해야 하는 달입니다. 육친이 무덕한 운수이니 은혜가 도리어 원수가 되는 운수의 달입니다. 직책에서 물러나지 말라 도리어 그 해가 있는 달입니다. 목성(木姓)과 친하지 말라 무단히 구설이 따르는 형국의 운수입니다.

7월 자손에 근심이 있는 달입니다. 늙은 용이 힘이 없으니 하늘에 올라도 이익이 없는 형국의 운수입니다. 두문불출하여도 하는 일 없이 비방을 듣는 운수의 달입니다. 만일 질병이 없으면 자손에 액운이 있는 운수의 달입니다.

8월 실패수가 있는 달입니다. 비바람이 몰아치는 가을바람이 세 겹으로 둘러싸는 형국의 운수입니다. 지금에야 길운을 맞으니 흉한 것이 변하여 길한 것으로 되는 운수의 달입니다. 하는 일에 실패가 있으니 심신이 불안한 형국의 달입니다.

9월 고진감래하는 달입니다. 집안에 있으면 길하니 우연히 재물을 얻는 운수의 달입니다. 때가 오고 운수가 도래하니 자연히 형통하는 운수의 달입니다. 해와 달이 서로 바라보니 그 빛이 창성한 형국의 운수입니다.

10월 분수를 지켜야 하는 달입니다. 돌 속의 옥도 세상에 나올 날이 있는 것이다. 토성(土姓)이 불리한 사람이니 길한 것이 변하여 흉하게 하는 사람인 것입니다. 분수를 지켜 편안히 있으면 가히 일신을 보전하는 운수의 달입니다.

11월 구설수를 조심해야 하는 달입니다. 곤궁함과 질병이 계속해서 이어지는 형국의 운수입니다. 천신에게 기도하면 가히 이 액운을 면하는 운수입니다. 화성(火姓)을 가까이 하면 구설이 분분한 형국의 운수입니다.

12월 질병을 조심해야 하는 달입니다. 만일 질병이 없으면 자손에 액운이 있는 운수의 달입니다. 옛것을 지켜 안정하면 길하고 경거망동하면 액운이 있는 달입니다. 운수가 길한 때를 만나니 질병이 날로 물러나는 형국의 달입니다.

괘상해설

변괘　　　본괘

감지절坎之節

부귀영화가 따르는 해입니다. 구중궁궐의 계수나무를 꺾어 머리에 꽂으니 관록이 몸에 임하는 격이요, 재물이 스스로 들어오니 부귀영화가 함께하는 운수입니다. 혹독한 겨울이 지나고 다시 봄이 돌아오니 만물이 회생하는 격이로다. 귀인이 스스로 찾아와 나를 도우니 만사형통하는 운수입니다. 자손을 바라는 사람은 득자할 운수요, 시험을 치르는 사람은 합격하는 운수요, 결혼하고자 하는 사람은 반드시 좋은 배필을 만나 혼인하는 운수입니다. 다만 남과 다투게 되면 송사가 발생할 수도 있으니 주의 하여야 합니다.

음력 월별 이달의 운수해설

1월 입신양명하는 달입니다. 용이 밝은 여의주를 얻은 격이니 반드시 공명을 얻는 운수의 달입니다. 복록이 중하고 권세가 높으니 입신양명하는 운수의 달입니다. 재수가 대길하니 우연히 재물을 얻는 운수의 달입니다.

2월 고진감래하는 달입니다. 군자는 덕이 적은 운수요, 관록을 먹는 사람은 불리한 운수입니다. 길신이 명궁에 비치니 도처에 이익이 있는 형국의 달입니다. 재수가 대길하니 의기가 남아다운 형국의 달입니다.

3월 재물을 얻는 달입니다. 만족할 줄 알면 욕됨이 없고 편안히 분수를 지키면 마음이 한가로운 달입니다. 남쪽에 길함이 없으니 출행하면 재물을 얻는 운수의 달입니다. 재물과 이익에 모두 길하니 만면에 화기가 도는 형국의 달입니다.

4월 사람 조심해야 하는 달입니다. 서로 다투지 말라 손해와 불리함만 있을 뿐인 운수입니다. 잠긴 용이 여의주를 얻으니 변화가 무쌍한 운수의 달입니다. 만일 목성(木姓)을 가까이 하면 공연히 해가 있는 운수의 달입니다.

5월 무역하여 돈을 버는 달입니다. 장안 길 위에서 남아가 뜻을 얻는 형국의 달입니다. 수성(水姓)을 가까이 하지 말라 공연히 피해가 있는 운수의 달입니다. 무역을 해서 있는 것을 없는 곳으로 옮기니 그 이익이 백배는 되는 형국의 운수입니다.

6월 귀인이 돕는 달입니다. 귀인이 항상 도우니 이익이 그 가운데 있는 형국의 달입니다. 목마른 자가 마실 것을 얻고 굶주린 자가 밥을 얻는 형국의 운수입니다. 신수가 평길하니 재물과 복록이 면면히 이어지는 운수입니다.

7월 자손에 근심이 있는 달입니다. 이달의 운수는 근심 중에 기쁨이 생기는 운수의 달입니다. 재록은 풍만하나 혹여 작은 근심이 있을 운수입니다. 자손에 근심이 있으니 이사하면 대길한 운수의 달입니다.

8월 호사다마한 달입니다. 집에 있으면 길하고 나가면 피해가 있는 운수의 달입니다. 만일 관록이 아니면 자손을 얻는 운수의 달입니다. 범사에 조심해야 하는 달이니 좋은 일에 마장이 있는 운수입니다.

9월 물 조심을 해야 하는 달입니다. 하는 일이 마음과 같지 않으니 심신이 삼대와 같이 엉켜있는 형국의 운수입니다. 물가에 가지 말라 수액이 가히 두려운 운수의 달입니다. 하는 일마다 마장이 많으니 삼가 조심함이 상책인 달입니다.

10월 귀인이 돕는 달입니다. 이달의 운수는 근심이 흩어지고 기쁨이 생겨나는 운수의 달입니다. 귀인이 항상 돕는 운수이니 가히 큰 재물을 얻는 달입니다. 이름과 이익을 이루어내니 복록이 무궁한 형국의 운수입니다.

11월 의외의 성공을 하는 달입니다. 허욕을 탐하지 말라 하는 일의 이익에 부당함이 있는 운수입니다. 의외로 성공을 거두니 재물과 비단이 진진한 형국의 달입니다. 북쪽을 향하지 말라 노고는 있으나 공이 없는 방향의 달입니다.

12월 의외의 재물을 얻는 달입니다. 축월의 운수는 반드시 경사스러움이 남는 운수의 달입니다. 험로 중에 순행을 하니 반드시 재물 운이 왕성한 달입니다. 만일 금성(金姓)을 만나면 의외의 재물이 생기는 운수의 달입니다.

괘상해설

변괘   본괘

감지비坎之比

길함과 영화로움이 함께하는 해입니다. 봄바람이 살랑살랑 부는 복숭아 꽃 향기 가득한 동산에 내 몸이 들어 있으니 신선이 따로 없는 격이로다. 부부가 화합하고 자손이 번성하니 만사가 태평할 운수입니다. 동서남북 사방팔방을 둘러보아도 이롭지 않은 곳이 한 곳도 없는 형국입니다. 어디를 가도 환영하는 형국이니 마음먹은 대로 이루어지는 해입니다. 관록과 재물이 중중하니 세상사가 남부럽지 않은 해입니다.

음력 월별 이달의 운수해설

1월 고진감래하는 달입니다. 구름 밖 만 리로 향하는데 순풍에 돛을 단 형국의 운수입니다. 한 집안이 화평하니 자손이 영귀한 형국의 달입니다. 처음은 비록 곤고하나 결국은 태평함을 보는 운수의 달입니다.

2월 동업하면 길한 달입니다. 재물이 풍족한 격이니 생활이 스스로 만족스러운 운수입니다. 남과 더불어 도모하면 백사가 길한 운수의 달입니다. 만일 관록이 아니면 몸에 근심이 있는 운수의 달입니다.

3월 소원을 이루는 달입니다. 뜰 나무에 까치가 둥지를 트니 길경사가 문에 이르는 형국의 달입니다. 봄 정원의 복숭아와 자두 나무에 벌 나비가 와서 기뻐하는 형국의 달입니다. 소망이 여의하니 도모하는 일이 순조롭게 이루어지는 운수의 달입니다.

4월 고진감래하는 달입니다. 목마른 용이 물을 얻은 격이니 자수성가하는 운수의 달입니다. 뜻하지 않은 일로 문밖의 재물이 들어오는 운수의 달입니다. 정성이 지극하니 액운이 점점 사라지는 형국의 운수입니다.

5월 근심이 사라지는 달입니다. 때가 오고 운수가 다다르니 물고기가 용문에 뛰노는 형국의 달입니다. 작게 가고 크게 오니 가히 천금을 이루는 운수입니다. 높은 누각에 한가로이 앉아있는 격이니 몸에 근심이 없는 형국의 달입니다.

6월 때를 기다려야 하는 달입니다. 창 앞에 노란 국화가 때를 만나 만개한 형국의 달입니다. 바깥은 부유하고 안은 가난하니 일시적으로 곤고함이 있는 달입니다. 비록 지혜는 있으나 때를 기다림만 못한 운수입니다.

7월 질병을 조심해야 하는 달입니다. 달이 어두운 삼경에 친한 벗이 어질지 못한 형국의 달입니다. 만일 질병이 아니면 자손에 근심이 있는 운수입니다. 비록 지혜와 꾀는 있으나 때를 기다려 행해야 하는 운수의 달입니다.

8월 근신 자중해야 하는 달입니다. 초승달이 몸을 비추니 상복을 입을 운수의 달입니다. 상가 근처에 가지 말고 산신과 불전에 기도하여야 하는 달입니다. 만일 관록이 아니면 도리어 재화가 따르는 운수의 달입니다.

9월 역시 근신 자중해야 하는 달입니다. 물을 거슬러 배글 행하는 격이니 하는 일이 여의치 않은 달입니다. 흉한 중에 길함이 있으니 죽을 곳에서 살기를 구하는 형국의 운수입니다. 신상에 액운이 있으니 모든 일에 조심해야 하는 달입니다.

10월 고진감래하는 운수의 달입니다. 해가 동천에 떠오르니 천문이 활짝 열리는 형국의 운수입니다. 신운이 대통하니 길사가 중중한 형국의 달입니다. 고진감래하니 마침내 형통하는 운수의 달입니다.

11월 귀인이 돕는 달입니다. 물고기가 큰 바다에서 노니니 그 꼬리가 양양한 형국의 운수입니다. 남과 다투지 말라 구설이 가히 두려운 형국의 달입니다. 귀인이 와서 도우니 자연히 성공하는 운수의 달입니다.

12월 전화위복하는 달입니다. 오랜 가뭄에 비가 오지 않으니 초목이 점점 메말라가는 형국의 달입니다. 재앙이 굴러 복으로 변하니 어찌 아름답지 않으리오. 금년의 운수는 길함이 많고 흉함이 적었던 한 해입니다.

감지정坎之井

심신이 안정되고 복록을 누리는 해입니다. 구월 단풍이 쉽게 피고 지는 모란꽃보다 나은 격이 처음은 때를 기다리면 반드시 계속되는 부귀영화를 누리게 되는 운수입니다. 올해는 이사수가 들어 있으니 만일 이사를 하지 않으면 물 건너 출행을 해보는 해입니다. 재물은 여유로우나 경영하는 일은 마음과 같이 순조롭지는 못한 운수입니다. 그러나 처음은 곤고하나 나중에는 순조로울 운수이니 크게 상심하지 않아도 됩니다. 나보다 못한 사람이 나를 질책하여도 겸손한 마음으로 충언이라 여기며 받아들이면 낭패는 없을 운수입니다.

음력 월별 이달의 운수해설

1월
가정을 안락하게 해야 하는 달입니다. 먼저는 곤고하고 나중은 곤고함이 물러나는 격이니 일신이 안락한 형국의 달입니다. 재복이 모두 온전하니 집안이 화평한 형국의 달입니다. 만일 아내에게 근심이 없으면 부부가 불순한 운수의 달입니다.

2월
주색을 삼가야 하는 달입니다. 향기로운 풀이 자라는 제방에 소와 양이 무리를 이루는 형국의 달입니다. 여색을 가까이 하지 말라 길함이 변하여 흉함으로 되는 형국의 운수입니다. 길신이 도움을 베푸니 만사가 여의한 달입니다.

3월 귀인이 돕는 달입니다. 굶주린 자가 풍년을 만났으니 식록이 풍부한 형국의 운수입니다. 귀인이 와서 도우니 손에 천금을 희롱하는 형국의 달입니다. 이익이 농토에 있으니 매매하는 것으로 이익을 보는 달입니다.

4월 질병은 조심해야 하는 달입니다. 번소에 사는 늙은 쥐가 널려서 큰 창고에 드는 형국의 운수입니다. 만일 몸에 병이 없으면 처의 질병을 못 면하는 운수의 달입니다. 꽃이 피고 열매를 맺으니 자손에 경사가 있는 운수의 달입니다.

5월 이름을 떨치는 달입니다. 때를 만나 움직이니 성공이 가장 빠른 운수의 달입니다. 이름이 원근에 퍼지니 만인이 우러르는 운수의 달입니다. 본성이 충직하니 부귀를 겸전하게 되는 운수의 달입니다.

6월 근신 자중하는 달입니다. 집안에 있으면 근심이 있고 나가면 길한 운수의 달입니다. 봄 동산에 복숭아와 자두나무요, 가을 산의 송백인 형국의 운수입니다. 허욕을 부리지 말라 도리어 그 해를 받는 운수의 달입니다.

7월 때를 기다려야 하는 달입니다. 한가로이 높은 집에 누워 심신이 스스로 편안한 형국의 달입니다. 수시로 변통하여 좋은 운을 기다려야 하는 달입니다. 가운이 왕성하니 가히 천금을 얻는 운수의 달입니다.

8월 사람 조심을 해야 하는 달입니다. 가을 국화와 봄 복숭아는 각 각 그 때가 있는 법입니다. 금성(金姓)을 가까이 말라 도리어 불미함이 있는 운수의 달입니다. 만일 관록이 아니면 자손에 영화가 있는 운수의 달입니다.

9월 허욕을 삼가야 하는 달입니다. 매사가 순조롭게 이루어지니 이익이 그 중에 있는 형국의 달입니다. 봄에 밭을 갈고 여름에 김을 매니 이익이 농사에 있는 형국의 달입니다. 허황한 일을 삼가여 행하지 말아야 하는 운수입니다.

10월 고진감래하는 달입니다. 정성이 이르는 곳에 쇠와 돌도 뚫는 힘이 생기는 것입니다. 이익이 남쪽에 있으나 억지로 구한 뒤 에 얻는 형국의 운수입니다. 도모하는 일이 사람에게 있으니 늦게나마 성취하는 운수의 달입니다.

11월 귀인이 돕는 달입니다. 귀인이 와서 도우니 반드시 재물이 왕 성한 운수의 달입니다. 작은 것을 쌓아 큰 것을 이루는 운수이 니 도주를 부러워하지 않는 달입니다. 도모하는 일이 많으니 분주한 형국의 운수입니다.

12월 원행을 해 보는 달입니다. 역마살이 문에 이르니 한 번은 원행 을 해 보는 운수의 달입니다. 매사를 급하게 하지 말라 급하게 하다보면 후회하고 뉘우칠 일이 있는 달입니다. 먼저는 곤고 하고 나중은 왕성한 격이니 어찌 아름답지 않겠는가.

괘상해설

변괘　　　본괘

대축지고大畜之蠱

마침내 메마른 초목이 단비를 만나 꽃을 피우는 해입니다. 꽃을 찾는 중에 우연히 활짝 핀 꽃을 발견하는 격이로다. 좋은 일이 문 앞에 다다르니 일신이 태평할 운수입니다. 재물도 따르고 권세도 따르니 만사가 형통하는 운수입니다. 우연히 귀인이 스스로 찾아와 도우니 재물과 복록이 진진한 운수입니다. 제비가 봄바람에 지저귀니 그 새끼들이 화합하는 격입니다. 결혼을 앞둔 사람은 좋은 배필을 만나며 자손을 바라는 사람은 득자할 운수입니다.

음력 월별 이달의 운수해설

1월
재물이 왕성한 달입니다. 가문 때 초목이 기쁜 단비를 만나는 형국의 운수입니다. 재물이 흥왕하고 자손에 영화가 있는 운수의 달입니다. 길한 사람은 하늘이 도우니 마침내 반드시 크게 형통하는 운수입니다.

2월
길한 경사가 있는 달입니다. 토끼를 잡으려다 사슴을 잡은 격이니 구하는 바가 가히 넘치는 형국의 달입니다. 경영하는 일은 반드시 성공을 하는 운수의 달입니다. 때를 타서 덕을 쌓으니 몸이 길하고 경사스러움을 받는 운수의 달입니다.

3월
소원 성취하는 달입니다. 천마가 무리에 나서니 적은 것으로써 무리를 항복받는 형국의 운수입니다. 이익이 어디에 있는고 하니 반드시 농사일에 있는 달입니다. 하는 일은 반드시 성공하는 운수의 달입니다.

4월
액운이 있는 달입니다. 재물과 몸이 모두 왕성하니 한 집안이 화평한 형국의 달입니다. 길운이 장차 도래하니 비록 곤고하여도 근심하지 말아야 하는 달입니다. 만일 몸에 병이 아니면 자손에 액운이 가히 두려운 운수의 달입니다.

5월
횡재수가 있는 달입니다. 귀인이 와서 도우니 반드시 기쁜 일이 있는 운수의 달입니다. 출입하는 데에 이익이 있으니 반드시 횡재하는 운수의 달입니다. 재효가 극제를 받으니 처궁이 불리한 운수의 형국입니다.

6월
이름을 떨치는 달입니다. 꽃이 지고 열매를 맺는 격이니 자손에 영귀함이 있는 달입니다. 벼슬이 높고 권세가 중하니 이름이 사해에 떨쳐지는 형국의 달입니다. 항상 덕을 쌓으니 재화를 만나지 않는 운수의 달입니다.

7월
귀인을 만나는 달입니다. 운수가 형통하니 하는 일마다 여의한 운수의 달입니다. 부부가 화순하니 기쁨이 가정에 가득한 운수의 달입니다. 다행히 귀인을 만나는 운수이니 도모하는 일이 여의한 운수의 달입니다.

8월 친구를 조심해야 하는 달입니다. 심신이 안락하니 귀인을 상대하는 운수의 달입니다. 손재수가 있으니 친구를 믿지 말아야 하는 달입니다. 춘풍 삼월에 백화가 다투어 피는 형국의 운수입니다.

9월 이성이 생기는 달입니다. 때가 오고 운이 도래하니 만나기 어의한 운수의 달입니다. 만일 재물이 생기지 않으면 좋아하는 사람을 만나게 되는 달입니다. 혹여 질병이 있으면 목성(木姓)이 주는 약을 쓰면 효과가 좋은 달입니다.

10월 원행을 해보는 달입니다. 몸이 명산에 드는 격이니 눈앞에 별천지가 펼쳐지는 달입니다. 수성(水姓)을 가까이 하지 말라 구설이 가히 두려운 운수의 달입니다. 집안에 있으면 심란하니 마땅히 남쪽으로 가야하는 달입니다.

11월 고진감래하는 달입니다. 용이 얕은 물에 잇는 격이니 만물이 비로소 생겨나는 형국의 운수입니다. 가도가 흥왕하니 편안하고 태평하게 지나는 운수의 달입니다. 작은 것을 구하다 큰 것을 얻는 격이니 어찌 아름답지 않으리오.

12월 재물과 식록이 풍부한 달입니다. 유월 염천지절에 단비를 만나 기쁜 형국의 달입니다. 재물을 천만이나 얻었으니 일신이 편안하고 한가로운 운수의 달입니다. 식록이 풍부하니 이밖에 무엇을 더 구하리오.

괘상해설

변괘 　 본괘

대축지분大畜之賁

하고자 하는 일을 달성하지 못하는 해입니다. 물속의 용이 여의주를 얻지 못하여 하늘로 승천하지 못하니 조화를 부릴 수 없는 형국입니다. 이무기가 용처럼 은비늘을 가졌으나 사슴뿔을 얻지 못하여 용이 되지 못하는 형국이로다. 다행히 귀인을 만나 간난신고 끝에 일을 성취하나 그 결과에 만족하지 못하는 운수입니다. 만일 부귀영화를 누리지 못하면 도리어 관재와 구설을 만날 수 있을 운수입니다. 명산에 찾아가 진심으로 기도하면 일부는 성취하리라.

음력 월별 이달의 운수해설

1월
사람을 조심해야 하는 달입니다. 봄빛이 도래하지 아니하니 초목이 나지 않는 운수의 달입니다. 출행하지 말라 동쪽이 이롭지 못한 운수의 달입니다. 사람 말을 믿지 말라 말은 달콤하지만 일은 위배됨이 있는 운수의 달입니다.

2월
욕심을 버리고 구하면 얻는 달입니다. 교묘한 욕심을 부리다가 쓸모없는 것이 되는 격이니 하는 일이 여의치 않은 운수의 달입니다. 비록 어려운 일이 있으나 하는 일에 성취를 하는 운수의 달입니다. 성심으로 구하면 이루어지지 않음이 없는 달입니다.

3월 이사수가 있는 달입니다. 터주신이 발동하니 이사하면 길한 운수의 달입니다. 동쪽 사람은 해롭고 서쪽 사람은 이로운 달입니다. 목성(木姓)을 가까이 말라 반드시 그 피해를 보는 운수의 달입니다.

4월 인내가 필요한 달입니다. 비록 실수로 어지러운 형국이 있으나 꼬이지 않는 운수의 달입니다. 천 번이든 만 번이든 참는 것이 덕이 되는 달입니다. 만사 중에서 참는 것이 상책인 운수의 달입니다.

5월 헛된 욕심을 버려야 하는 달입니다. 사람을 해치고 이익을 취한다면 도리어 그에 대한 그 해를 받는 운수의 달입니다. 때가 오히려 아직 이르니 허욕을 부리지 말아야 하는 운수의 달입니다. 달이 구름사이에 가리니 그 색을 보지 못하는 운수의 달입니다.

6월 사람을 조심해야 하는 달입니다. 목성(木姓)이 불리하니 가까이 하면 그 피해가 있는 운수의 달입니다. 수성(水姓)은 길하고 토성(土姓)은 불리한 달입니다. 심신이 불쾌하니 거주하는 것이 항상 불안한 형국의 달입니다.

7월 역시 사람을 조심해야 하는 달입니다. 재운이 공망을 만났으니 이익을 취하는 것은 불리한 형국의 달입니다. 길성이 명궁에 드니 근심이 흩어지고 기쁨이 생겨나는 운수의 달입니다. 시운이 불리하니 나를 해치는 사람이 끊이질 않는 운수의 달입니다.

8월 고진감래하는 달입니다. 범의 굴에 들지 않으면 어찌 범의 새끼를 얻을 수 있겠는가. 만일 횡재가 아니면 반드시 새 혼인을 하는 운수의 달입니다. 금이 풀무 속에 드는 격이니 결국 큰 그릇을 만드는 형국의 운수입니다.

9월 분주하기만 한 달입니다. 집안사람이 불화하니 심신이 평안하지 못한 운수의 달입니다. 감언이설을 듣지 말라 피해만 있고 이익은 없는 운수의 달입니다. 동서로 분주한 격이니 노력만 있고 공은 없는 운수의 달입니다.

10월 귀인이 돕는 달입니다. 신명이 돕는 바, 백사가 여의한 운수의 달입니다. 달 밝은 사창에 한가롭게 지내며 즐기는 운수의 달입니다. 남으로 인하여 성공하는 격이니 반드시 명리가 따르는 운수의 달입니다.

11월 마음이 산란한 달입니다. 모든 일에 도모하는 바가 없으니 뜻을 이루지 못하는 운수의 달입니다. 관성이 길함을 띠니 영화가 중중한 운수의 달입니다. 진퇴를 알지 못하니 심란하고 일이 어긋남이 많은 달입니다.

12월 시비를 삼가야 하는 달입니다. 앉아서 담소하는 중에는 뽕나무와 거북이를 삼가야 하는 달입니다. 시비를 가까이 말라 구설과 소송으로 다투는 일이 있을 운수입니다. 이후에는 반드시 남는 경사가 있는 운수의 달입니다.

괘상해설

변괘   본괘

대축지손大畜之損

뜻한 바를 얻는 해입니다. 용은 똬리를 틀고 호랑이가 좌정하니 풍운이 모여드는 격이로다. 바람과 구름이 모이니 반드시 일에 성패가 따르는 운수입니다. 내가 자리를 잡고 앉으니 천리타향에서도 친구가 찾아오는 형국입니다. 심신이 안정되니 경영하는 일에 박차를 가하여 백 천 만 배의 성과를 거두는 해입니다. 재수가 몸에 따르니 재물 구하기가 어렵지 않은 운수입니다. 비록 겉은 초라하나 내실이 있으니 가정이 화목하도다. 한걸음 한걸음을 차분히 내딛으니 일에 실패가 없을 운수입니다.

음력 월별 이달의 운수해설

1월 귀인이 돕는 달입니다. 우물을 파서 물이 생겨나고 흙을 쌓아 산을 이루는 형국의 운수입니다. 귀인이 와서 도우니 발신할 때가 있는 운수의 달입니다. 창 앞에 매화가 때를 만나 개화하는 운수의 달입니다.

2월 주색을 조심해야 하는 달입니다. 동원의 복숭아와 자두나무를 옮겨 심으니 숲을 이루는 형국의 운수입니다. 만일 재물을 얻지 못하면 반드시 혼인을 하는 운수의 달입니다. 화류 촌에 가지 말라 재물의 손해를 보고 이름이 땅에 떨어지리라.

3월 횡재수가 있는 달입니다. 만일 공명이 아니면 가히 큰 재물을 얻는 운수의 달입니다. 재물이 스스로 하늘에서 오는 격이니 횡재를 가히 기약하는 운수의 달입니다. 운명에 권위가 있으니 도처에 춘풍인 형국의 달입니다.

4월 가정이 화평한 달입니다. 영지와 난초가 무성하게 자라는 격이니 자손이 진진한 운수의 달입니다. 가운이 왕성하니 액운이 스스로 물러나는 형국의 달입니다. 자손과 부모에 반드시 길한 경사가 있는 운수의 달입니다.

5월 의외의 성공을 하는 달입니다. 음력 오월과 유월에는 백사가 여의한 운수의 달입니다. 재물도 있고 경사도 있으니 사람들이 치하하는 운수의 달입니다. 의외로 성공을 하니 공명을 가히 얻는 운수의 달입니다.

6월 이사수가 있는 달입니다. 가정이 화평하니 복록이 스스로 오는 형국의 달입니다. 만일 자식을 얻지 않으면 반드시 재물을 얻는 운수의 달입니다. 땅을 택하여 옮겨 사니 복록이 무궁한 운수의 달입니다.

7월 부모에 근심이 있는 달입니다. 먼저는 어렵고 나중에는 부유한 격이요, 먼저는 천하고 나중에는 귀한 형국의 운수입니다. 금성(金姓)을 가까이 하지 말라 손재수를 면하기 어려운 운수의 달입니다. 눈 속에서 죽순을 구하니 하늘이 낸 효자의 명이로다.

8월 고진감래하는 달입니다. 범의 꼬리를 밟은 것과 같으니 편한 중에 위태함을 막아야 하는 운수의 달입니다. 봉황이 상서로움을 주니 늦은 때에 광명이 깃드는 형국의 운수입니다. 만일 관록이 아니면 자손에 영화가 있는 운수의 달입니다.

9월 귀인이 돕는 달입니다. 귀인이 서로 돕는 격이니 복록이 가볍지 않은 운수의 달입니다. 사방 중에서 남쪽이 길한 방향의 달입니다. 먼저 큰 재물을 얻으나 손재수가 서로 반반인 운수의 달입니다.

10월 원행하는 달입니다. 양지를 향한 꽃나무는 봄을 맞이하기가 쉬운 형국의 달입니다. 원행하여 길함이 있으니 사방에 해가 없는 운수의 달입니다. 구름 밖 만 리로 순풍에 돛을 단 형국의 운수입니다.

11월 고진감래하는 달입니다. 동짓달과 섣달에는 반드시 경사가 있는 운수의 달입니다. 금을 쌓고 옥을 쌓으니 금곡을 부러워하지 않는 운수의 달입니다. 지성껏 노력하면 결국에는 길함이 있는 달입니다.

12월 자손에 경사가 있는 달입니다. 농업을 근본으로 다스리면 의식이 스스로 족한 형국의 달입니다. 춘풍삼월에 방초가 가히 아름다운 형국의 달입니다. 제일가는 금방은 자손의 남은 경사인 달입니다.

손지몽損之蒙

하는 일을 속히 처리하여야 이익이 있는 해입니다. 음양이 화합하니 만물이 다시 되살아나는 격입니다. 남녀가 화합하는 격이니 결혼할 사람은 좋은 혼처를 만나는데, 서둘지 않으면 놓치기 쉬운 운수입니다. 이름이 높고 권리가 있으니 차차 형통하여 지는 형국입니다. 역마성이 문 앞에 드니 출행하여 성공하는 운수입니다. 굶주린 사람이 밥을 얻는 격이요, 메마른 나무가 단비를 만난 격이로다. 처음은 비록 어려움이 따르나 나중은 반드시 성취하는 운수입니다.

음력 월별 이달의 운수해설

1월
이성이 생기는 달입니다. 산 그림자가 강에 비치니 물고기가 산에서 노니는 풍경입니다. 만일 관록이 아니면 장가들 운수의 달입니다. 도모하는 일이 순조롭게 이루어지니 의기가 양양한 운수의 달입니다.

2월
고진감래하는 달입니다. 벼슬로 인하여 재물을 얻으니 한 집안이 화기애애한 운수의 달입니다. 귀인이 와서 도우니 하루아침에 크게 통하는 운수의 달입니다. 고진감래하니 갈수록 아름다운 풍경의 운수입니다.

3월 낭패를 보는 달입니다. 남과 더불어 동업을 하니 도리어 허황한 달입니다. 소망하는 일은 반드시 낭패를 보는 운수의 달입니다. 힘을 써도 공이 없으니 한탄하여도 어찌할 수 없는 운수의 달입니다.

4월 재물이 들어오는 달입니다. 길성이 문에 비치니 반드시 성공하는 운수의 달입니다. 작은 것을 쌓아 큰 것을 이루니 도주도 부럽지 않은 운수의 달입니다. 티끌 모아 태산을 이루니 재물이 풍족한 운수의 달입니다.

5월 뜻밖의 일을 만나는 달입니다. 가문 싹이 비를 만나고 소가 푸른 풀에서 잠자는 형국의 운수입니다. 범사를 급히 도모하지 않으면 지체되어 불리한 형국의 달입니다. 꾀꼬리가 버들가지에서 우니 여름 구름에 겨울 눈이 내리는 형국의 달입니다.

6월 재물이 들어오는 달입니다. 길에 나가지 말라 질병이 가히 두려운 운수의 달입니다. 한 해가 풍요롭고 무르익으니 만민이 배를 두드리고 태평한 형국의 운수입니다. 재물이 몸에 따르니 사람이 더 늘어나는 형국의 달입니다.

7월 고진감래하는 운수의 달입니다. 인내하고 때를 기다리면 자연히 형통하는 운수의 달입니다. 가정이 안락하니 만사가 태평한 운수의 달입니다. 근심도 없고 염려함도 없으니 땅위의 신선이로다.

8월 가정이 화합하는 달입니다. 재물 운이 왕성하니 우연히 재물을 얻는 운수의 달입니다. 서쪽에서 오는 나그네가 내 재물을 손해 보게 하는 운수의 달입니다. 음양이 화합하니 만사가 여의한 운수의 달입니다.

9월 사람을 조심해야 하는 달입니다. 한 가지 매화가 홀로 봄빛을 내는 형국의 달입니다. 만일 목성(木姓)을 만나면 그 생색냄이 다섯 배나 되는 달입니다. 동쪽에 가지 말라 반드시 곤욕 치를 일이 있는 운수의 달입니다.

10월 하는 일이 순조로우나 뜻밖에 가정에 근심이 있는 달입니다. 높은 산 송백의 색깔이 청청한 형국의 달입니다. 가정이 태평하고 만사가 여의한 형국의 달입니다. 처자에게 근심이 있으니 마음을 상하지 말라.

11월 실물수를 조심해야 하는 달입니다. 꽃피고 열매 맺으니 길한 일이 중중한 운수의 달입니다. 식구를 더하고 토지를 더하니 가도가 중흥하는 운수의 달입니다. 실물수가 있으니 도적을 조심해야 하는 운수의 달입니다.

12월 이름을 세상에 알리는 달입니다. 신상에 근심이 없으니 가히 신선이라 하리오. 수복이 겸전하니 이름이 원근이 들리는 운수의 달입니다. 매사에 도모함이 있으니 하는 일마다 여의한 운수의 달입니다.

괘상해설

변괘　　본괘

손지이損之頤

매사 처음은 잘 진행이 되는 것 같으나 결말을 얻지 못하는 해입니다. 해가 서산에 지는데 아직도 결말을 얻지 못하니 좋은 일에는 마(魔)가 끼는 격이로다. 올해는 불리한 운수이니 좋은 일 가운데 흉함이 있는 형국입니다. 적게 얻고 많이 잃는 격이니 분수를 지켜 있는 것만이라도 지켜야 하는 형국입니다. 관귀(官鬼)가 발동을 하니 관록을 얻기 어렵고, 벼슬하는 사람은 직위를 유지하기 어려운 형국입니다. 올해는 다른 일을 경영하지 말라. 결실 맺기가 어려운 운수로다.

음력 월별 이달의 운수해설

1월
손재수가 있는 달입니다. 행하려 하나 이루지 못하고 노력은 하나 공이 없는 형국의 운수입니다. 뜻은 있으나 이루지 못하니 한갓 심신만 상하는 운수의 달입니다. 친구를 믿지 말라 손재수가 있는 운수의 달입니다.

2월
구설수를 조심해야 하는 달입니다. 때를 만나도 하지 못하니 좋은 기회를 얻기 어려운 운수의 달입니다. 지성으로 상제님께 기도드리니 반드시 성공하는 운수의 달입니다. 남과 다투지 말라 공연히 구설수에 오르는 운수의 달입니다.

3월 사슴을 피하려다가 범을 만나는 격이니 도리어 흉화를 당하는 운수의 달입니다. 집안에 상서롭지 못한 일이 있으니 미리 기도하여야 하는 달입니다. 만일 수성(水姓)을 만나면 반드시 피해가 없는 운수의 달입니다.

4월 질병을 조심해야 하는 달입니다. 목마른 사람이 마실 것을 얻고 굶주린 사람이 밥을 얻는 운수의 달입니다. 작은 것을 구하다가 큰 것을 잃고 하늘을 보고 큰 웃음을 웃는구나. 상가 근처를 가지 말라 질병을 얻을까 가히 두려운 달입니다.

5월 고진감래하는 달입니다. 각 사람이 각각의 마음이니 하는 일이 서로 마음이 다른 형국의 운수입니다. 북쪽에 해가 있으니 출입을 하지 말아야 하는 달입니다. 처음의 곤고함을 한탄하지 말라 늦은 때에 빛을 발하는 운수의 달입니다.

6월 구설과 손재수가 있는 달입니다. 범이 무너진 산에 드니 여우와 삵이 침범하여 오는 형국의 달입니다. 만일 횡재함이 없으면 반드시 생남하는 운수의 달입니다. 목성(木姓) 근처에 가지 말라 손재수와 구설수가 있는 운수의 달입니다.

7월 사람을 믿지 말아야 하는 달입니다. 술집에 가지 말라 반드시 손재할 운수입니다. 매사 하는 일에 실패가 있으니 도처에 손해가 있는 형국의 운수입니다. 서쪽 사람을 가까이 말라 말은 달콤하나 배에 칼을 숨기고 있는 형국입니다.

8월 시비 구설수가 있는 달입니다. 만족함을 알면 욕됨이 없는 것이니 편안하면 마음이 한가한 운수의 달입니다. 동분서주하는 운수이니 반드시 분주한 일이 있는 달입니다. 시비를 가까이 하지 말라 구설수를 면하기 어려운 운수의 달입니다.

9월 작은 풀은 봄을 만난 격이요, 연꽃은 가을을 만난 격인 달입니다. 만일 길한 경사가 아니면 손에 천금을 희롱하는 운수의 달입니다. 임하는 일을 해결하지 못하면 스스로 그 피해를 취하여 곤고한 운수입니다.

10월 손재수와 구설수를 주의해야 하는 달입니다. 마신이 희롱하니 하는 일에 공이 없는 운수입니다. 가정이 불안하니 다시 풍파가 있는 운수의 달입니다. 목성(木姓)을 가까이 말라 손재수와 구설수가 따르는 운수의 달입니다.

11월 질병을 조심해야 하는 달입니다. 문을 나가면 불리하니 집에 있는 것만 못한 운수의 달입니다. 남과 더불어 다투지 말라 반드시 손실을 보는 운수의 달입니다. 만일 질병이 아니면 실물수가 가히 두려운 운수의 달입니다.

12월 마음을 크게 갖아야 하는 달입니다. 옛것을 버리고 새것을 쫓으니 반드시 길한 일이 있는 달입니다. 여우처럼 의심하고 미리 예측함은 오히려 일을 그르치는 근본인 달입니다. 큰 재물을 바라기 어려우나 작은 재물은 가히 얻는 운수의 달입니다.

손지대축損之大畜

큰 위험을 피하니 다시 작은 위험이 기다리는 해입니다. 한 번 큰 파도를 피했으나 다시 강을 건너야 하는 격이로다. 어려움이 끊이지 않는 형국이니 갈수록 태산이로다. 목성(木姓)과 함께 경영을 하면 낭패 볼 운수입니다. 다행히 집안에는 현모양처가 지키고 있으니 큰 화를 면하는 형국입니다. 우연히 귀인이 도와주니 어려운 고비는 넘길 운수입니다. 복덕은 비록 감추어졌으나 작은 재물은 손에 들어오는 운수입니다.

음력 월별 이달의 운수해설

1월
고진감래하는 운수의 달입니다. 몸은 동쪽에서 왕성하고 재물은 남쪽에서 왕성한 형국의 운수입니다. 처음의 곤고함을 한탄하지 말라 결국 형통함을 보게 되는 운수의 달입니다. 흉한 중에 길함이 있고 손해 보는 자가 도리어 성함이 있는 운수의 달입니다.

2월
근면하게 일해야 길한 달입니다. 날이 따뜻하고 바람이 서로 응하니 문득 꽃 피는 것을 보게 되는 형국의 달입니다. 만일 성공이 아니면 도리어 손재수가 있는 운수의 달입니다. 만일 부지런하게 일하지 않는다면 수복을 어찌 기약하리오.

3월 관재수를 조심해야 하는 달입니다. 음력 삼월과 사월 두 달은 기쁨과 근심이 서로 반반인 달입니다. 운수가 어찌 어긋나고 멈추나 도처에 피해가 있는 운수의 달입니다. 시비를 가까이 하지 말라 관액이 가히 두려운 운수의 달입니다.

4월 새로운 인연을 만나는 달입니다. 봄이 추운 골짜기에 들어오니 고목이 다시 살아나는 형국의 운수입니다. 그간의 꽃다운 인연이 있는 중에 한 여인이 길하고 아름답다네. 서로 다투지 말라 시비와 구설수가 있는 운수의 달입니다.

5월 귀인이 돕는 달입니다. 서쪽 사람을 가까이 하지 말라 재물로 인하여 마음이 상하는 운수의 달입니다. 입을 병뚜껑처럼 하라 구설이 가히 두려운 운수입니다. 동쪽의 귀인이 나를 돕는 운수의 달입니다.

6월 근신 자중해야 하는 달입니다. 바람이 연못에 일어나니 원앙이 서로를 잃고 흩어지는 운수의 달입니다. 화성(火姓)을 가까이 하지 말라 하는 일없이 비방을 듣는 운수입니다. 남쪽에 가지 말라 횡액이 가히 두려운 달입니다.

7월 손재수가 있는 달입니다. 만일 귀인을 만나면 뜻밖에 성공을 하는 운수입니다. 재수는 비록 왕성함을 만나나 몸은 근심과 이별하지 못하는 운수의 달입니다. 만일 손재수가 아니면 육축에 피해가 있는 운수의 달입니다.

8월 동업으로 이익이 있는 달입니다. 파리가 말꼬리에 붙어 하루에 천리를 가는 형국의 운수입니다. 재물의 이익은 항상 있고 이름을 사방에 떨치는 형국의 달입니다. 재물이 풍부하고 몸이 편안하니 이 밖에 무엇을 바라겠는가.

9월 사람으로 마음이 상하는 달입니다. 귀인을 얻지 못한 격이니 하는 일에 미결됨이 있는 운수의 달입니다. 서쪽 사람을 가까이 말라 재물로써 마음을 상해 보는 달입니다. 결단하고자 하나 결단을 하지 못하니 한갓 마음만 상하는 형국의 달입니다.

10월 주색을 조심해야 하는 달입니다. 여섯용이 아침 하늘에 오르니 만인이 우러르는 형국의 운수입니다. 집안에 길한 경사가 있으니 자손을 얻는 경사로다. 주색을 가까이 말라 혹여 횡액이 있을까 염려되는 달입니다.

11월 고진감래하는 달입니다. 청산의 송백은 항상 그 절개를 지키도다. 성심으로 부지런하게 고단함을 이겨내니 반드시 성공하는 운수의 달입니다. 한 마음으로 게을리 하지 않으면 반드시 큰 공을 이루어 성공하는 운수의 달입니다.

12월 진실한 마음으로 인내하는 달입니다. 바위위의 푸른 솔은 빛나고 푸른 기상이 있도다. 운수가 형통하니 진인이 서로 만나는 형국의 달입니다. 금년의 운수는 상업이 불리한 운수의 달입니다.

괘상해설

변괘　　본괘

분지간賁之艮

만사형통하는 해입니다. 앞길이 훤하게 열리고 부귀 복록이 날로 새로운 형국입니다. 길성이 몸에 비추고, 물고기가 용문에 이르니 반드시 관록을 얻는 운수입니다. 시험 보는 사람은 합격할 운수요, 결혼 할 사람은 좋은 혼처를 만나는 격이요, 자식을 원하는 사람은 득자할 운이요, 사업하는 사람은 재물이 중중할 운수입니다. 다만 음력 삼월, 유월, 구월, 동짓달은 구설수가 따르리니 명산에 기도하면 가히 액운을 면할 것입니다.

음력 월별 이달의 운수해설

1월　가정이 평안한 달입니다. 봄이 고국에 돌아오니 백화가 난만한 형국의 달입니다. 천종의 복록을 누리는 격이니 만사가 여의한 운수의 달입니다. 가정에 경사가 있고 소망이 뜻과 같이 이루어지는 운수의 달입니다.

2월　귀인이 돕는 운수의 달입니다. 길신이 운명에 드니 근심이 흩어지고 기쁨이 생기는 운수의 달입니다. 동쪽과 남쪽 두 방향에서 귀인이 와서 돕는 운수의 달입니다. 하늘이 스스로 도우니 길하지 않은 것이 없는 운수의 달입니다.

3월 재물 운이 좋은 달입니다. 물고기가 변하여 용이 되니 조화를 예측하기 어려운 운수의 달입니다. 재물 운이 형통하니 날로 천금을 얻는 운수의 달입니다. 하루아침에 공명을 얻는 격이니 금옥이 만당한 운수의 달입니다.

4월 손재수가 있는 달입니다. 성심으로 치성하고 움직이면 허물이 없는 운수의 달입니다. 만일 횡재함이 없으면 길함이 변하여 흉함이 되는 운수의 달입니다. 금성(金姓)으로 피해가 있으니 손재가 적지 않은 운수의 달입니다.

5월 원행은 불리한 달입니다. 귀인이 와서 도우니 손에 문권을 희롱하는 운수의 달입니다. 동쪽과 남쪽 두 방향으로 출행하면 불리한 운수의 달입니다. 집을 지키면 길하고 원행하면 불리한 운수의 달입니다.

6월 새 사업을 하는 달입니다. 백 개의 하천이 바다로 돌아가는 격이니 작은 것을 쌓아 큰 것을 이루는 운수의 달입니다. 뜻밖의 귀인이 우연히 와서 힘써 돕는 운수의 달입니다. 만일 새 사업이 아니면 일시적으로 곤고한 운수의 달입니다.

7월 다른 사람과 비밀을 지켜야 길한 달입니다. 무단한 비와 바람이 꽃떨기를 어지럽게 흔드는 형국의 달입니다. 두 마리 새가 둥지를 놓고 다투는 격이니 누가 승부를 알겠는가. 비밀스러운 일을 누가 있어 알겠는가.

8월 주색을 조심해야 하는 달입니다. 만일 여자를 가까이 하면 구설을 면하지 못하는 운수의 달입니다. 만일 관록이 아니면 자손을 얻는 운수의 달입니다. 화성(火姓)을 가까이 말라 반드시 그 피해를 받는 운수의 달입니다.

9월 분수를 지켜야 히는 달입니다. 꽃이 지고 봄이 가니 벌과 나비가 오지 않는 형국의 달입니다. 질병이 가히 염려되니 미리 도액하여 면하라. 만일 경거망동하면 후회하고 이익이 없는 운수의 달입니다.

10월 원행해 보는 달입니다. 지루한 장마가 하루아침에 청명해지는 형국의 달입니다. 먼저는 흉하고 나중은 길한 격이니 복록이 스스로 오는 형국의 운수입니다. 만일 이사가 아니면 한 차례 원행하는 운수의 달입니다.

11월 입단속을 잘해야 하는 달입니다. 의외의 재물이 나의 집으로 날아들어 오는 형국의 달입니다. 입신양명하고 복록이 면면한 운수의 달입니다. 만일 구설수가 아니면 혹여 관재수가 있을 운수의 달입니다.

12월 신상에 위험이 있는 달입니다. 이달의 운수는 신운이 조금 비색한 운수의 달입니다. 친한 사람을 믿지 말라 은혜가 도리어 원수가 되는 운수의 달입니다. 매사에 신중을 기해야 하는 운수이니 신상의 위태함을 주의해야 하는 달입니다.

괘상수
732

괘상해설

변괘　　본괘

분지대축賁之大畜

권세가 날로 커지는 해입니다. 천둥소리 한 소리에 만인이 놀라는 격이로다. 사나운 호랑이가 바위위에 올라 포효하니 산천초목이 떠는 형국입니다. 재성이 몸이 비추니 날로 재물이 늘어나는 운수입니다. 올해는 가히 공명을 이루는 상이니 관록이 중중하여 등과할 운수입니다. 물속에 있던 옥이 세상 밖으로 나오니 만인이 탐을 내는 형국이로다. 몸이 귀히 되는 운수이니 경거망동하지 말고 행동거지를 진지하게 하여야 뒤탈이 생기지 않는 것입니다. 선량한 장인이 돌 속의 옥을 다듬으니 금과옥조를 만들어 내는 격이로다.

음력 월별 이달의 운수해설

1월
고진감래하는 달입니다. 화가 가고 복이 오니 마침내 형통하는 운수의 달입니다. 목성(木姓)을 가까이 말라 반드시 손재를 하는 형국의 달입니다. 남쪽에 있는 사람이 우연히 와서 돕는 형국의 달입니다.

2월
이사수가 있는 달입니다. 속히 하려하면 못 미치고 기교를 부리면 오히려 쓸모없이 되는 형국의 달입니다. 비리를 탐하지 않으면 반드시 큰 재물을 얻는 운수의 달입니다. 만일 이사하면 반드시 길한 일이 있는 운수의 달입니다.

3월 동업하면 불리한 달입니다. 다른 사람과 더불어 일을 도모하면 반드시 불리한 형국의 달입니다. 복성이 명궁에 비치니 길성이 모두 모이는 형국의 운수입니다. 재물이 서쪽에 있으니 억지로 구하면 조금은 얻는 운수의 달입니다.

4월 작은 욕심을 버리면 큰 것을 얻는 달입니다. 동편 언덕과 서편 언덕에 향기로운 풀이 연기처럼 피어나는 형국의 달입니다. 손재수가 있으니 북쪽을 가까이 하지 말아야 하는 달입니다. 작은 재물을 탐하지 말라 큰 재물을 가히 얻는 운수의 달입니다.

5월 친한 사람을 조심해야 하는 달입니다. 만일 치성을 드리지 않으면 집안에 큰 액운이 있는 운수의 달입니다. 재물을 얻기 어려운 격이니 유명무실한 운수의 달입니다. 친한 사람을 가까이 말라 길한 중에 흉함이 있는 운수의 달입니다.

6월 분수를 지켜야 하는 달입니다. 물가에 비친 국화와 달을 잡으려는 형국이니 빈손을 면하기 어려운 운수의 달입니다. 경거망동하지 말라 도모하는 일이 불리한 운수의 달입니다. 얻고 잃음이 때가 있어 분수를 지킴이 상책인 달입니다.

7월 자손에 경사가 있는 달입니다. 흉함이 가고 복이 오니 한 집안이 화평한 형국의 달입니다. 자손에 영화가 있으니 금옥이 만당한 운수의 달입니다. 집에 있으면 이익이 없으니 밖에 나가 구하는 운수의 달입니다.

8월 횡액을 조심해야 하는 달입니다. 화성(火姓)을 가까이 말라 의외의 피해를 받는 운수의 달입니다. 횡액수가 있으니 기도하면 가히 면할 수 있는 운수입니다. 이달의 운수는 길함이 많고 흉함이 적은 달입니다.

9월 이성을 만나는 달입니다. 가문 때의 초목이 단비를 만나 기쁜 형국의 달입니다. 밝은 달 숲속에 우연히 아름다운 여인을 만나는 운수의 달입니다. 작게 구하고 크게 얻으니 기쁨이 집안에 가득한 형국의 달입니다.

10월 지위가 상승하는 달입니다. 낚시를 바다에 드리우니 은빛 고기를 낚는 운수의 달입니다. 만일 과거급제가 아니면 반드시 재물을 얻는 운수의 달입니다. 재물이 길 가운데 있는 격이니 출행하면 가히 얻는 운수의 달입니다.

11월 고진감래하는 달입니다. 옛것을 지키고 안정하라 경거망동하면 낭패함이 있는 운수의 달입니다. 만일 그렇지 아니하면 관재수를 면하기 어려운 달입니다. 먼저는 잃고 나중은 얻는 운수이고 하는 일이 안전함을 갖는 달입니다.

12월 어려움을 이겨내고 일이 순조롭게 진행되는 고진감래의 달입니다. 단, 친한 사람과 여인을 가까이 하지 말아야 합니다. 손재수가 있고 이름에 손상이 가는 일이 생길 수 있으니 주변을 경계하는 것을 잊지 말아야 합니다.

괘상해설

변괘　　본괘

분지이賁之頤

올해는 신변에 변화가 있는 해입니다. 고기가 변하여 용이 되는 형국이니 그 변화가 무궁한 해입니다. 공부하던 사람은 관록을 먹을 수요, 사업 경영하는 사람은 재물을 크게 얻는 수요, 자식을 원하는 사람은 득자할 운수요, 결혼하고자 하는 사람은 좋은 배필을 만나는 운수입니다. 맑은 물이 강에 가득하니 큰 고기는 깊은 물에 노니는 형국입니다. 오랜 기다림 끝에 비로소 때를 만났으니 부귀영화가 몸에 따르는 운수입니다. 용이 구름을 타고 호랑이가 바람을 타고 유유자적 조화를 부리니 세상 권세와 재물이 내 손안에 들어오는 운수입니다.

음력 월별 이달의 운수해설

1월
관록이 있는 달입니다. 청룡이 여의주를 얻은 격이니 반드시 경사가 있는 운수의 달입니다. 작게 가고 크게 오니 스스로 영광이 있는 운수입니다. 머리에 계화를 꽂으니 관문에 출입을 하는 운수의 달입니다.

2월
귀인이 돕는 달입니다. 스스로 낮은 곳에서 높은 곳에 오르는 격이니 작은 것을 쌓아 큰 것을 이루는 운수의 달입니다. 꽃이 지고 열매를 맺으니 반드시 남아를 생산하는 운수의 달입니다. 귀인이 와서 도우니 재물의 이익이 무궁한 운수의 달입니다.

3월 명진 사해하는 달입니다. 의외의 성공으로 가도가 흥왕하는 운수의 달입니다. 한 번 불러 백 명이 대답하는 형국이니 이름이 사해에 떨쳐지는 운수의 달입니다. 도가 높고 이름이 이로우니 이름이 사방에 떨쳐지는 운수의 달입니다.

4월 사물이 극에 달하면 변하는 법이니 처음은 천하지만 나중은 귀한 형국의 운수입니다. 다투어 소송하지 말라 구설수로 불리한 운수의 달입니다. 토성(土姓)이 불리하니 삼가 가까이 하지 말아야 하는 달입니다.

5월 재물이 들어오는 달입니다. 동원의 푸른 복숭아가 꽃피는 봄을 맞아 기쁜 형국의 달입니다. 좋은 비가 때를 아니 오곡이 풍등한 형국의 운수입니다. 재성이 몸에 따르니 경영하는 일이 여의한 운수의 달입니다.

6월 소원 성취하는 달입니다. 봉황은 천 길을 날아오르는 기상이 있으니 굶주려도 좁쌀은 쳐다보지 않는 형국의 달입니다. 집안사람이 화목하니 소원을 성취하는 운수의 달입니다. 운수가 형통하니 백사가 순조롭게 이루어지는 운수입니다.

7월 베풀어야 길한 달입니다. 천신이 나를 도우니 수복이 면면한 운수의 달입니다. 부귀하고 베풀지 않으면 비단 옷을 입고 밤길을 걷는 것과 같은 형국입니다. 동쪽과 서쪽 두 방향에 반드시 기쁜 일이 있는 운수의 달입니다.

8월 처궁에 근심이 있는 달입니다. 닭 울음소리 산 아래 초나라 병사의 마음을 감동시키는 형국의 달입니다. 우물 속의 물고기가 바다에 나가는 격이니 의기가 양양한 형국의 운수입니다. 신수가 대길하나 혹여 처에게 우환이 있을 운수의 달입니다.

9월 초상집을 삼가야 하는 달입니다. 만일 과거급제가 아니면 자손에 영화가 있는 운수의 달입니다. 공문에 인연이 있으니 성심으로 구해야 하는 운수의 달입니다. 조객이 몸에 침범하니 초상집 근처에 가지 말아야 하는 달입니다.

10월 입신양명하는 달입니다. 사람들이 추켜세우는 격이니 관록을 가히 바라는 운수의 달입니다. 입신양명하니 하는 일마다 여의한 운수의 달입니다. 가도가 왕성하니 명성이 현양한 운수의 달입니다.

11월 재물이 들어오는 달입니다. 물과 뭍에서 경영하니 손에 천금을 희롱하는 운수의 달입니다. 만일 때를 잃으면 도리어 손해를 보는 운수의 달입니다. 재성이 길함을 만나니 가히 천금을 얻는 운수의 달입니다.

12월 지위가 상승하는 달입니다. 비단 옷과 옥 허리띠를 두르니 금궐에 절을 하는 형국의 달입니다. 십년 권고하니 하루의 영화로다. 재물과 복록이 왕성하고 자손에 영화가 있는 운수의 달입니다.

이지박頤之剝

출행하여 공을 세우는 해입니다. 현재 활동하는 곳이 아닌 타 지역이나 타국에서 이익을 보는 운수입니다. 여섯 마리가 끄는 마차에 올라타니 대장부가 뜻을 펼쳐보이는 형국입니다. 큰 바다로 나가 순풍에 돛을 다니면 이국땅에서 공명을 얻는 운수입니다. 천희성(天喜星, 하늘로부터 부여 받는 복록) 비추니 길경사가 틀림없는 운수로다. 달도 차면 기우는 법이요, 호박잎도 서리를 맞으면 시드는 법이니, 부귀공명이 아무리 좋다하여도 오래가지는 않는 법이니 부귀공명을 얻으면 반드시 수신하고 적덕하여 훗날 탈이 없게 하여야 합니다.

음력 월별 이달의 운수해설

1월
귀인을 만나는 달입니다. 떨어지는 물방울로 강을 이루고 흙을 떠서 산을 이루는 형국의 운수입니다. 봄이 화목하고 날이 따뜻하니 만물이 비로소 생겨나는 형국의 달입니다. 홀연히 은인을 만나니 일을 만듦이 여의한 운수의 달입니다.

2월
이성을 만나는 달입니다. 꽃이 피어 봄을 희롱하는 격이니 가히 공명을 얻는 운수의 달입니다. 먼저는 곤고하나 나중은 태평하고 백사가 여의한 형국의 달입니다. 손에 기쁜 소식을 잡으니 반드시 연인을 만나는 운수의 달입니다.

3월 고진감래하는 달입니다. 쇠북을 궁에서 치는 격이니 금슬이 고르지 못한 형국의 달입니다. 근면하고 곤고한 덕으로 우연히 성공을 거두는 운수의 달입니다. 재물이 서쪽에 있으니 구하려 하면 가히 얻을 수 있는 운수의 달입니다.

4월 지수성가하는 달입니다. 목마른 용이 물을 마시는 격이니 기쁜 일이 중중한 형국의 운수입니다. 조업과 인연이 없는 운수이니 자수성가하는 달입니다. 집안에 길한 경사가 있으니 반드시 생남하는 운수의 달입니다.

5월 원행하여 재물을 얻는 달입니다. 옛것을 버리고 새것을 쫓으니 이익이 타향에 있는 형국의 달입니다. 가운이 크게 통하니 하는 일마다 형통하는 운수의 달입니다. 선행으로 범사를 행하면 반드시 성공함이 있는 운수의 달입니다.

6월 운수가 형통하는 달입니다. 하늘이 돕고 신이 도우니 반드시 성사하는 운수의 달입니다. 작게 가고 크게 오니 그 영광을 비할 데가 없는 형국의 달입니다. 매사를 신속히 도모하라 지체하면 불리한 형국의 운수입니다.

7월 관록이 있는 달입니다. 좋은 비가 때를 아니 고목이 다시 일어나는 형국의 달입니다. 만일 관록이 아니면 자손에 영귀함이 있는 운수의 달입니다. 구름이 하늘에서 흥하니 계화가 웃고자 하는 격이니 벼슬을 해 보는 형국의 달입니다.

8월 고진감래하는 달입니다. 덕을 쌓음이 산과 같으니 큰 목이 스스로 오는 형국의 달입니다. 십년 부지런하게 힘쓰니 금의환향하는 운수의 달입니다. 재물과 복록이 진진하니 기쁜 일이 중중한 운수의 달입니다.

9월 복록이 진진한 달입니다. 뛰어난 장인이 옥을 쪼아 다듬으니 결국 좋은 그릇을 만들어내는 형국의 달입니다. 이익이 농사에 있는데 동쪽과 남쪽 두 방향의 달입니다. 착한 것을 유지하고 악한 것을 피하니 복록이 항상 있는 형국의 운수입니다.

10월 이름을 떨치는 달입니다. 금관 옥대를 하니 황제의 은혜를 스스로 입는 운수의 달입니다. 복록이 천종을 이루니 하는 일마다 여의한 운수의 달입니다. 신수가 대길하니 공명이 먼 곳까지 퍼지는 형국의 운수입니다.

11월 대기 만성하는 달입니다. 양으로써 소를 바꾸는 격이니 그 이익의 득실을 가히 아는 달입니다. 도모하는 일이 사람에게 있으니 늦게 성취하는 운수의 달입니다. 몸이 꽃들 사이에 있으니 나비가 향기를 탐하는 것 같은 형국의 운수입니다.

12월 소원 성취하는 달입니다. 단비가 때를 알아서 내리니 백곡이 풍등한 형국의 달입니다. 길신이 도움을 베푸니 소원 성취하는 운수의 달입니다. 다른 사람으로 인하여 일이 성사되니 반드시 집안을 일으키는 운수의 달입니다.

괘상수

742

괘상해설

변괘 본괘

이지손頤之損

내 몸에 길성이 비추니 이익이 따르는 해입니다. 앞
날을 일찍이 예측하니 영귀함의 때를 알아 움직이
는 운수입니다. 강에서 물고기를 구하니 배에 물고기
가 가득할 형국입니다. 하는 일마다 때를 아니 마음
이 여유롭도다. 땅을 파서 금을 얻는 격이니 처음은
고단하나 나중은 태평한 운수로다. 부모 형제가 서로
화목하고 아랫사람과 윗사람이 마음을 합하니 세상
에 안 되는 일이 없는 형국입니다. 세상이치가 티끌
모아 태산을 이루는 것이니 일확천금의 허황한 꿈만
꾸지 않는다면 반드시 관록과 재물을 얻는 해입니다.

음력 월별 이달의 운수해설

1월
귀인이 돕는 달입니다. 만일 재물을 구할 것 같으면 마땅히 서
쪽으로 가야하는 달입니다. 신수가 대길하니 재물과 복록이
왕성한 운수의 달입니다. 길성이 몸에 따르니 귀인이 와서 돕
는 형국의 달입니다.

2월
고진감래하는 달입니다. 춘풍에 이르는 곳마다 꽃이 만발하는
형국의 달입니다. 먼저는 손해이나 나중은 이익이 있으니 고
진감래하는 운수의 달입니다. 재물과 곡식이 곳간에 가득한
형국이니 태평하고 편안하게 지내는 운수의 달입니다.

3월 구설수가 있는 달입니다. 신령한 까치가 기쁨을 보답하니 귀인이 와서 돕는 운수의 달입니다. 꽃이 동산에서 웃는 형국이니 벌과 나비가 와서 기쁜 형국의 달입니다. 친한 사람을 가까이 말라 혹여 구설이 두려운 형국의 달입니다.

4월 재물이 들어오는 달입니다. 재성이 나를 도우니 반드시 큰 재물을 얻는 운수의 달입니다. 길한 날 좋은 때에 미리 먼저 도액을 해야 하는 운수의 달입니다. 금풍이 이미 돌아왔으니 황금 국화가 가득 피어있는 형국의 운수입니다.

5월 큰 재물을 얻는 달입니다. 구름이 흩어지고 천지가 맑은 형국의 달입니다. 남쪽으로 가면 가히 큰 재물을 얻는 운수의 달입니다. 크게 밝은 하늘 가운데에 금옥이 만당한 형국의 달입니다.

6월 주색을 멀리해야 하는 달입니다. 미리 도액하라 질병이 가히 두려운 달입니다. 주색을 가까이 하지 말라 하는 일에 불리함이 있는 운수의 달입니다. 목성(木姓)을 가까이 말라 손재하고 놀랄 일이 있는 운수의 달입니다.

7월 집안에 경사가 있는 달입니다. 귀인이 와서 도우니 하는 일이 모두 여의한 운수의 달입니다. 백사가 여의하니 재물과 비단이 진진한 운수의 달입니다. 선을 쌓고 덕을 베푸는 집안은 반드시 남는 경사가 있는 형국의 달입니다.

8월 고진감래하는 달입니다. 청룡이 하늘에 오르니 조화가 무궁한 운수의 달입니다. 고통스럽고 고단함을 한탄하지 말라 하루아침에 크게 형통하는 운수의 달입니다. 복록이 몸에 임하니 세상이 태평한 형국의 달입니다.

9월 옛 친구를 만나보는 달입니다. 재문이 스스로 하늘에서 오는 격이니 도주를 부러워하지 않는 운수의 달입니다. 재물이 농업에 왕성하니 서쪽으로 가서 구하는 달입니다. 새로운 사람이 비록 좋다하나 옛 정든 사람만 못한 형국의 달입니다.

10월 사람을 조심해야 하는 달입니다. 용이 맑은 구슬을 얻은 격이니 하는 일마다 여의한 운수의 달입니다. 목성(木姓)을 가까이 말라 손재하고 놀랄 일이 있는 달입니다. 남의 말을 믿지 말라 달콤한 말은 하는 일에 어긋나는 형국의 달입니다.

11월 실물수를 조심해야 하는 달입니다. 비록 때는 늦었으나 반드시 귀한 자식을 얻는 운수의 달입니다. 남의 재물을 탐하지 말라 반드시 허황함이 있는 운수의 달입니다. 겁살이 침범하니 실물수를 조심해야 하는 운수의 달입니다.

12월 새로운 일을 해보는 달입니다. 다른 사람으로 인하여 일이 이루어지니 재물을 가히 얻는 운수의 달입니다. 만일 하는 일을 바꾸지 않으면 새로운 업을 얻기 어려운 형국의 달입니다. 목성(木姓)과 친하게 지내지 말라 반드시 실패수가 있는 달입니다.

이지분頤之賁

먼저는 길하고 나중은 흉한 운수의 해입니다. 자기 자신으로 인하여 피해를 보는 형국입니다. 자기 꾀에 자기가 넘어가는 운수입니다. 이른 아침에 길을 나서는데 집안에서 상복을 입어보는 형국이로다. 만약 구설이 아니면 집안에 근심이 있을 운수입니다. 음력 정월, 이월, 삼월은 좋지 않을 운수입니다. 남을 속이려다 오히려 낭패를 보는 운수이니 절대로 남을 속이려하거나 기만하지 말아야 합니다. 간신히 재물을 얻었으나 다시 손에서 재물이 떠나는 해입니다. 명산에 기도하면 자기 자신은 지킬 수 있으리라.

음력 월별 이달의 운수해설

1월
관재수와 구설수를 조심해야 하는 달입니다. 청산에 돌아가는 객이 길을 잃고 방황하는 형국의 운수입니다. 내가 하고 싶지 않은 것을 남에게 베풀지 말아야 하는 달입니다. 만일 관재수가 아니면 구설수가 가히 두려운 운수의 달입니다.

2월
분수를 지켜야 하는 달입니다. 날고자 하나 날지 못하고 뜻이 고통스럽고 마음이 고간한 운수의 달입니다. 운수가 불길하니 옛것을 지키고 안정을 취해야 하는 운수의 달입니다. 시운이 불리하니 안정과 분수를 알고 옛것을 지켜야 하는 달입니다.

3월 친한 사람을 조심해야 하는 달입니다. 비밀스러운 일을 다른 사람에게 말하지 않아야 하는 달입니다. 세 사람이 가는데 그 중 한 사람이 어질지 못한 형국의 달입니다. 친한 사람을 삼가라 도리어 허황함이 있는 달입니다.

4월 고진감래하는 달입니다. 만 리 장점에 옛 사람을 만나 기쁜 달입니다. 몸을 삼가고 분수를 지키라 길한 중에 화가 있는 운수의 달입니다. 재성이 몸에 따르니 마침내 재물의 이익을 얻는 운수의 달입니다.

5월 이성을 만나는 달입니다. 다른 말을 듣지 말라 손해를 면하기 어려운 운수의 달입니다. 파랑새가 믿음을 전하니 연인과 인연을 맺는 운수입니다. 편안한 중에 액운이 있으니 범사를 조심해야 하는 운수의 달입니다.

6월 집안에 우환이 있는 달입니다. 재효가 공망을 만나니 공연히 분주하기만 한 달입니다. 남산에 치성하면 가히 이 운수를 면하는 달입니다. 만일 손재하지 않으면 상처할 운수의 달입니다.

7월 자손에 근심이 있는 달입니다. 서쪽과 북쪽 두 방향으로 출행하지 말아야 하는 달입니다. 이달의 운수는 자손의 우환이 가히 염려되는 운수의 달입니다. 사방 가운데에 동쪽과 남쪽에 길함이 있는 운수의 달입니다.

8월 근신 자중해야 하는 달입니다. 진짜와 가짜를 측량하기 어려우니 매사에 의심이 지나쳐 일을 전하기 어려운 운수의 달입니다. 물귀신이 문을 엿보니 강물을 건너지 말아야 하는 운수의 달입니다. 착한 일은 잊지 말고 악한 일은 베풀지 말라

9월 역시 근신해야 하는 달입니다. 악귀가 해를 만드니 도모하는 일을 이루기 어려운 형국의 운수입니다. 남을 위하여 도모하지 말라 도리어 그 피해를 받는 운수의 달입니다. 심신이 산란하니 세상 하는 일이 꿈과 같도다.

10월 실물수를 조심해야 하는 달입니다. 마음 깊은 곳에 근심이 가득하니 항상 울울함을 품어보는 운수의 달입니다. 실물수가 있으니 도적을 조심해야 하는 운수의 달입니다. 움직이면 피해가 있으니 집에 있음만 같지 않은 운수의 달입니다.

11월 구설수를 조심해야 하는 달입니다. 운수가 불리하니 수고로움을 면하기 어려운 운수의 달입니다. 혹여 그렇지 아니하면 구설수를 면하기 어려운 운수의 달입니다. 친한 사람을 삼가지 말라 우연히 피해가 있는 운수의 달입니다.

12월 낙상수를 조심해야 하는 달입니다. 수신제가하면 화가 굴러 복으로 변하는 운수의 달입니다. 집을 새로 짓지 말라 불리한 운수의 달입니다. 높은 데 오르지 말라 떨어져 상처 입을까 염려되는 운수의 달입니다.

괘상해설

변괘　　본괘

고지대축蠱之大畜

이리저리 분주히 뛰어다니나 얻는 것이 별로 없는 해입니다. 사흘 밤낮을 가야하는 길을 하루아침에 내달으니 심신이 몹시 지치는 형국입니다. 백척간두에 있다가 간신히 살길을 찾는 운수입니다. 음력 섣달에 가야 조금의 재물을 얻을 운수입니다. 소를 잃고 양을 얻은 격이니 크게 잃고 적게 얻는 형국입니다. 활에 맞아 본 새가 굽은 나무를 보고도 놀라는 형국이니 지난 과거에 실패한 것을 교훈 삼아 대비하다가 도리어 낭패를 보는 운수입니다. 그러나 처음은 비록 곤고하나 나중은 풍족한 운수입니다.

음력 월별 이달의 운수해설

1월　분수를 지켜야 하는 달입니다. 속히 하려고 하나 이루지 못하고 나루터에 다다르나 배가 없는 형국의 운수입니다. 시운이 다다랐으니 그대는 분수를 지킴이 마땅하리라. 성공하는 것 같으나 성공을 이루지 못하고 한갓 마음에 상처만 받는 운수의 달입니다.

2월　마음과 같이 이루기 어려운 달입니다. 깊은 곳에 물을 뜨려하나 줄이 짧아 마음만 타들어가는 형국의 운수입니다. 동쪽과 남쪽 두 방향으로 출행하면 불리한 달입니다. 만일 재물을 구하고자 한다면 마땅히 서쪽으로 행해야 하는 달입니다.

3월 관재수와 손재수를 조심해야 하는 달입니다. 말을 삼가야 하니 망언은 해가 되는 운수의 달입니다. 관재수가 가히 염려되니 시비에 참여하지 말라야 하는 운수의 달입니다. 금성(金姓)을 가까이 말라 손재수를 면하기 어려운 운수의 달입니다.

4월 횡재수가 있는 달입니다. 물고기와 용이 물을 만나니 반드시 경사가 있는 운수의 달입니다. 만일 관록이 아니면 횡재하는 운수의 달입니다. 백 가지 일들이 여의하니 도처에 이익이 있는 운수의 달입니다.

5월 귀인이 돕는 달입니다. 신수가 대길하니 기쁜 일이 중중한 달입니다. 길한 사람은 하늘이 돕는 것이니 수고롭지 않고 얻는 형국의 운수입니다. 분수를 지켜 한가로이 살고 있으면 도 닦는 맛도 점점 아름다워지는 운수의 달입니다.

6월 주색을 삼가야 하는 달입니다. 이익을 탐내는 것이 지나치면 후회 막급한 형국의 달입니다. 동분서주하여도 별로 소득이 없는 운수의 달입니다. 여색을 가까이 하지 말라 불리한 일이 있을 운수의 달입니다.

7월 고진감래하는 달입니다. 만 리길 원정에 갈수록 태산인 형국의 달입니다. 착한 사람은 친하게 지내고 악한 사람은 멀리해야 하는 운수의 달입니다. 무너진 집을 재건하니 늦게 빛이 나는 형국의 달입니다.

8월
도모한 일을 신속히 행해야 하는 달입니다. 눈 속에 곡식을 심으니 그 공을 거두기 어려운 형국의 운수입니다. 세월이 유수와 같으니 매사를 신속히 도모해야 하는 운수의 달입니다. 재물이 남방에 있으니 구하고자 하면 가히 얻는 운수의 달입니다.

9월
집안에 운환이 있는 달입니다. 하는 일마다 형통하는데 이익은 서쪽에 있는 형국의 달입니다. 처궁에 액운이 있으니 미리 도액해야 하는 운수의 달입니다. 춘풍이 도처에 있으니 만물이 회생하는 형국의 달입니다.

10월
귀인이 돕는 달입니다. 만일 관록이 아니면 토지가 증가하는 운수의 달입니다. 귀인이 서로 도우니 재물과 복록이 진진한 운수의 달입니다. 옛것을 버리고 새것을 쫓으니 작은 것을 쌓아 큰 것을 이루는 형국의 달입니다.

11월
원행을 삼가야 하는 달입니다. 부지런하고 고단한 덕으로 의외의 성공을 하는 운수의 달입니다. 만사 중에 참는 것이 상책인 달입니다. 원행하면 불리하고 집안에 있으면 길한 운수의 달입니다.

12월
고진감래하는 달입니다. 양으로 소를 바꾸는 격이니 작게 가고 크게 오는 형국의 운수입니다. 주색을 가까이 하지 말라 손재수가 있는 달입니다. 몸이 왕성하고 재물도 왕성하니 즐거움이 그 중에 있는 형국의 달입니다.

괘상해설

변괘　　본괘

고지간蠱之艮

어두운 밤길에 광명을 얻는 형국의 해입니다. 적덕지가(積德之家)는 필유여경(必有餘慶)이라. 평상시 많은 덕을 쌓았으니 하는 일에 막힘이 없고 집안이 화목한 운수입니다. 용이 구름을 얻고 호랑이가 바람을 얻으니 앉아서 대군을 지휘하는 형국입니다. 올해는 운수가 대길하니 하는 일마다 성취를 하는 운수입니다. 처음은 가난하고 나중은 부귀하니 마음은 넉넉하고 몸은 건강한 운수입니다. 귀인이 찾아와 도우니 천금을 희롱하는 운수입니다.

음력 월별 이달의 운수해설

1월
소원을 성취하는 달입니다. 운수가 대길하니 백 가지 일들이 순조롭게 이루어지는 형국의 달입니다. 하는 일에 신속함이 귀중하니 좋은 기회를 놓치지 말아야 하는 운수의 달입니다. 재성이 몸에 따르니 구하는 재물이 뜻과 같은 운수의 달입니다.

2월
불조심을 해야 하는 달입니다. 고목과 썩은 나무에 다시 새싹이 돋아나는 형국의 운수입니다. 사업이 성취되고 재물과 비단이 진진한 형국의 운수입니다. 백 가지 일들에 흠이 없으나 화재를 조심해야 하는 달입니다.

3월 집안에 근심이 있는 달입니다. 가정에 근심이 있는 운수이니 혹여 자손에 있을 운수의 달입니다. 흉신이 발동하니 처궁에 액운이 있는 운수의 달입니다. 길한 날과 좋은 날을 골라 가신에게 치성을 드려야 하는 달입니다.

4월 손재수가 있는 달입니다. 기러기가 남쪽으로 나니 그 그림자가 쓸쓸한 형국의 달입니다. 북쪽으로 향하지 말라 손재수를 면하기 어려운 형국의 운수입니다. 미리 도액하여야 하니 처궁에 액운이 있음이라.

5월 비리를 삼가야 하는 달입니다. 뜻밖에 공명을 하니 이름을 사방에 떨치는 운수의 달입니다. 물건의 주인이 각각 다르니 비리를 탐하지 말아야 하는 운수의 달입니다. 재물이 풍부하니 많은 사람이 나를 공경하는 운수의 달입니다.

6월 귀인이 돕는 달입니다. 물고기가 깊은 연못에 잠겨있는 형국이니 낚시하는 사람이 무엇을 바라리오. 귀인이 와서 도우니 반드시 성공하는 운수의 달입니다. 일을 급하게 도모하면 길한 일이 도리어 해가 되는 운수의 달입니다.

7월 집안이 화평한 달입니다. 운수가 대통하니 백 가지 일들이 여의한 운수의 달입니다. 근심이 흩어지고 기쁨이 생기니 일신이 편안하고 한가로운 운수의 달입니다. 만일 관록이 아니면 자손에 영화가 있는 운수의 달입니다.

8월 고진감래하는 달입니다. 곤고함이 오래가면 형통하는 것이니 그것은 인생의 순환하는 이치인 것이리라. 의외로 공명하니 도처에 권세가 있는 형국의 달입니다. 동쪽을 출입하면 하는 일마다 영광이 있는 운수의 달입니다.

9월 하는 일에 발전이 있는 달입니다. 운명에 권위가 있으니 허리에 황금 띠를 두르는 형국의 달입니다. 가뭄에 단비가 남음이 있으니 초목을 적셔주는 형국의 운수입니다. 물고기가 푸른 바다에서 노니니 의기가 양양한 형국의 운수입니다.

10월 길한 경사가 있는 달입니다. 하얀 달이 하늘에 뜨니 가히 맑은 빛을 움켜쥐는 형국의 운수입니다. 하는 일마다 여의하니 경사가 빛나는 형국의 달입니다. 꽃이 피고 달이 밝으니 수복이 면면한 형국의 달입니다.

11월 친한 사람을 조심해야 하는 달입니다. 하루아침의 광풍에 떨어지는 꽃잎이 흩어지는 형국의 달입니다. 미리 도액하면 이 운수를 가히 면하는 달입니다. 친한 사람을 가까이 말라 실패수가 있는 운수의 달입니다.

12월 고진감래하는 달입니다. 가뭄에 단비가 남음이 있으니 초목을 적셔주는 형국의 운수입니다. 재물이 밖에 있으니 출입하면 가히 얻는 운수의 달입니다. 자게 얻고 많이 쓰니 이것도 한 해의 운수입니다.

괘상해설

변괘   본괘

고지몽蠱之蒙

밖에서는 길한 것만 있고 흉한 것은 없으니 앉은 자리가 편안한 해입니다. 큰마음 먹고 장강을 건너려고 뛰어드니 깊지도 않고 얕지도 않아 건너기 적당한 형국의 해입니다. 달은 기울고 차오르며, 황하는 맑았다가 흐렸다하는 것이니 아무리 좋은 일만 있다하여도 근심이 없을 수 있으랴. 다만 형제자매 사이에 우환이 있을 운수입니다. 그리고 올해는 집을 짓지 말아야 하는 해입니다. 세 마리 독충이 한 그릇에서 서로 싸우니 그 독기가 밖으로 새어 나오는 형국입니다. 밖은 평화로워 보이지만 집안에는 근심이 있는 운수입니다.

음력 월별 이달의 운수해설

1월
구설수를 조심해야 하는 달입니다. 깊은 물에 잠긴 용을 쓰지 못함은 때가 이르지 않았기 때문이리라. 목성(木姓)을 가까이 말라 불리한 운수의 달입니다. 뜻 막기를 성과 같이 하고 입 단속하기를 병뚜껑 닫는 것처럼 해야 하는 운수의 달입니다.

2월
귀인 돕는 달입니다. 험한 길은 이미 지났으니 앞길이 순조로운 형국의 운수입니다. 비록 재물의 이익은 있으나 별로 신기함은 없는 형국의 달입니다. 다행히 귀인을 만나니 가히 큰 재물을 얻는 운수의 달입니다.

3월 사기수를 조심해야 하는 달입니다. 주작이 발동하니 반드시 구설수가 있는 운수의 달입니다. 달콤한 말을 듣지 말라 은인이 도리어 원수가 되는 형국의 달입니다. 만자와 천홍이 모두 봄빛을 띠는 형국의 달입니다.

4월 재물이 들어오는 달입니다. 마음이 흥하고 일에 합이 드니 모든 일을 이루는 운수의 달입니다. 때가 오고 운이 합하니 천금을 가히 모으는 운수의 달입니다. 동산에 꽃이 피니 벌과 나비가 향기를 탐하는 형국의 달입니다.

5월 관재수를 조심해야 하는 달입니다. 게를 잡았다 놓아주는 격이니 세상 일이 구름과 같은 형국의 달입니다. 재수를 말하자면 처음은 길하고 나중은 흉한 운수의 달입니다. 다른 사람과 다투지 말라 관재수가 가히 두려운 운수의 달입니다.

6월 근신 자중해야 하는 달입니다. 집안에 있으면 길하고 출행하면 해가 있는 운수의 달입니다. 물을 거슬러 배를 행하니 수고롭기만 하고 공이 없는 형국의 운수입니다. 동쪽은 불리하니 출행하지 말아야 하는 달입니다.

7월 집을 짓지 말아야 하는 달입니다. 하는 일에 허망함이 많으니 결국 공도 효과도 없는 운수의 달입니다. 재물은 북쪽에 왕성하고 일은 서쪽에 있는 형국의 달입니다. 집을 짓지 말라 불리한 운수의 달입니다.

8월 질병을 조심해야 하는 달입니다. 혹여 질병이 있으나 즉시 물러나는 운수의 달입니다. 신명께 치성을 드리면 가히 이 액운을 면하는 달입니다. 서쪽 사람을 삼가라 이름만 있고 실속이 없는 형국의 사람입니다.

9월 분수를 지키면 편안한 달입니다. 하는 일마다 여의하니 집안이 태평한 운수의 달입니다. 허욕을 탐하지 말라 재물이 불리한 운수의 달입니다. 순조로운 물살에 배를 행하니 만사가 여의한 형국의 운수입니다.

10월 고진감래하는 달입니다. 장사 길에 재물을 얻으니 반드시 이는 미곡을 판매로 인한 것입니다. 처음은 비록 곤고하나 마침내 길한 이익을 보는 운수의 달입니다. 조용히 있으면 이익이 없으나 움직이면 이익이 가득한 운수의 달입니다.

11월 근신 자중해야 하는 달입니다. 물고기가 창파에 노니니 그 기운이 양양한 형국의 운수입니다. 범사를 가히 삼가라 혹여 재화가 있을 운수입니다. 만일 삼가지 않으면 복이 지나고 재앙이 생겨나는 운수의 달입니다.

12월 귀인이 돕는 달입니다. 꽃이 봄 나무에 피는 격이니 생산할 운수의 달입니다. 서쪽에서 오는 사람을 잘 사귀면 이익을 얻을 수 있는 운수입니다. 재수가 형통하니 흉한 중에 길함이 있는 운수의 달입니다.

괘 상 수

761

괘상해설

변괘   본괘

몽지손蒙之損

먼저는 얻고 나중은 잃으니 결국 아무런 이익이 없는 해입니다. 올해는 한 사람으로 인하여 여러 사람이 피해를 보는 형국입니다. 경거망동하지 말아야 낭패를 면할 수 있는 해입니다. 여러 사람이 힘을 합하여도 아무런 성과를 보지 못하는 형국입니다. 또한 실물수가 따르니 도둑에 대한 근심을 하여 보는 해입니다. 밖에서는 이익을 구할 수 없으니 차라리 집안에 있는 것이 나은 운수입니다. 여하튼 금년의 운수는 재물과 이익이 없는 해입니다.

음력 월별 이달의 운수해설

1월
집안에 우환이 있는 달입니다. 뜻은 있으나 이루지 못하고 한갓 마음만 상하는 운수의 달입니다. 스스로 만든 첩의 자식이니 다시 누구를 원망하리오. 만일 상복을 입지 않으면 자손의 액운을 면하기 어려운 형국의 달입니다.

2월
손재수가 있는 달입니다. 물에 잠긴 용이 세력을 잃으니 미꾸라지가 희롱을 하는 형국의 달입니다. 물가로 가지 말라 손재수가 있는 운수의 달입니다. 비록 일을 구하나 빈손이라 어찌하겠는가.

3월 사람을 조심해야 하는 달입니다. 시운이 불리하니 수고함은 있으나 공은 없는 운수의 달입니다. 도모하는 일은 의심스러운 일이고 가는 길은 의심스러운 길인 형국의 달입니다. 남에게 피해를 입을 것이니 이를 피하려면 북쪽으로 출행해야 하는 운수의 달입니다.

4월 일조심을 해야 하는 달입니다. 초당에 봄이 깊으니 날이 세는 줄 모르는 날들이 가는 형국입니다. 경솔한 말을 하면 불리한 운수의 달입니다. 작은 일을 참아내지 못하면 반드시 큰 계획을 이루기 어려워지는 운수의 달입니다.

5월 이사수가 있는 달입니다. 만일 이사하지 않으면 근심과 고통을 면하기 어려운 형국의 운수입니다. 순리로 행하면 하는 일이 가히 여의한 운수의 달입니다. 가신께 치성을 드리면 마침내 형통함이 있는 운수의 달입니다.

6월 횡재수가 있는 달입니다. 쌓인 눈이 아직 없어지지 않았으니 꽃 소식이 멀기만 한 형국의 운수입니다. 하는 일이 마음에 들지 않으니 항상 번민이 있는 형국의 달입니다. 먼저는 잃고 나중에 얻는 격이니 반드시 횡재하는 운수의 달입니다.

7월 다른 사람으로 횡액이 있을 달입니다. 길에 나서지 말라 가히 질병이 두려운 운수의 달입니다. 맹호가 함정에 빠진 격인데 용맹함만 있을 뿐 어찌할까나. 다른 사람을 믿지 말라 횡액수가 있는 운수의 달입니다.

8월 고진감래하는 달입니다. 하는 일에 두서가 없으니 마음이 삼대와 같이 어지러운 형국의 운수입니다. 근신하고 안정하면 반드시 성공하는 운수의 달입니다. 소복을 입을 운수이니 초상집에 가지 말아야 하는 운수의 달입니다.

9월 질병을 주의해야 하는 달입니다. 다른 사람과 더불어 동업을 하면 피해가 적지 않은 운수의 달입니다. 출행하면 이득이 있으니 남쪽에 길함이 있는 운수의 달입니다. 초상집을 가까이 말라 질병이 있을까 불리한 형국의 달입니다.

10월 친구를 조심해야 하는 달입니다. 실물수가 있느니 물건 숨기기를 게을리 함을 삼가라. 친한 사람을 가까이 말라 불리한 운수의 달입니다. 밝은 곳에 나갔다 어두운 곳에 드는 격이니 하는 일마다 지체됨이 많은 운수의 달입니다.

11월 말조심을 해야 하는 달입니다. 몸이 길 위에 있으니 노고를 견디기 어려운 형국의 운수입니다. 친한 벗을 조심하라 은혜가 도리어 원수가 되는 형국의 달입니다. 시운이 불리하니 도모하는 일이 불리한 운수의 달입니다.

12월 구설수를 조심해야 하는 달입니다. 주작이 모르는 사이에 동하니 구설이 가히 두려운 운수의 달입니다. 하는 일이 남쪽과 북쪽에 있으니 근심과 기쁨이 서로 섞여 있는 운수의 달입니다. 사람과 이별하고 재물이 흩어지니 한 손바닥으로 소리내기가 어려운 형국의 운수입니다.

몽지박蒙之剝

때에 맞추어 길한 일이 벌어지니 도처에서 영화가 따르는 해입니다. 귀인을 만나 공영을 떨치며, 남과 함께 경영하여 도처에서 활약하며 이익을 얻는 운수입니다. 운수가 길하니 하늘에서 도와 마침내는 만사형통하는 운수입니다. 단비가 내리고 바람이 고르게 부니 만물이 순조롭게 성장하는 형국이로다. 가마솥에다 음식을 만듦에 장작불이 힘 있게 타니 다섯 가지 맛이 고른 형국입니다. 다만 음력 삼월, 유월, 구월, 섣달에는 구설수가 따르니 입 조심을 하여야 합니다.

음력 월별 이달의 운수해설

1월　관록이 있는 달입니다. 허한 중에 실함이 있으니 거짓을 희롱하고 진실을 이루는 형국의 달입니다. 가히 공명을 얻으니 관록이 몸에 임하는 운수의 달입니다. 복이 스스로 하늘에서 오니 재물과 비단이 상자에 가득한 형국의 운수입니다.

2월　재물과 명예가 모두 길한 달입니다. 명리가 모두 길하니 손에 천금을 희롱하는 운수의 달입니다. 도모하는 일이 여의하니 자수성가하는 운수의 달입니다. 좋은 벗이 집에 가득하니 술과 안주가 풍만한 형국의 달입니다.

3월 소원 성취하는 달입니다. 작은 이익을 탐하지 말라 큰 재물을 가히 얻으리라. 일신이 영귀한 운수이니 소망이 뜻과 같이 이루어지는 운수의 달입니다. 서쪽과 북쪽 두 방향에 반드시 재물이 왕성한 형국의 달입니다.

4월 분수를 지켜야 하는 달입니다. 동원의 붉은 복숭아가 꽃이 떨어지고 열매를 맺는 형국의 달입니다. 만일 횡재함이 없으면 처궁에 기쁨이 있는 운수의 달입니다. 허황한 일은 삼가 행하지 말아야 하는 달입니다.

5월 귀인이 돕는 달입니다. 범을 그리는데 가죽은 그려도 뼈는 그리기 어려운 형국의 달입니다. 노고함을 한탄하지 말라 먼저는 고단하나 나중은 길한 운수의 달입니다. 서쪽과 북쪽의 귀인이 우연히 와서 나를 돕는 운수의 달입니다.

6월 근신 자중해야 하는 달입니다. 구설이 많고 관재수가 가히 두려운 운수의 달입니다. 화와 복의 이치는 미묘하여 발견하기 어려운 것입니다. 사람들이 모두 치하하나 이름만 있고 실속이 없는 운수의 달입니다.

7월 고진감래하는 달입니다. 이달의 운수는 재앙은 사라지고 복이 오는 형국의 달입니다. 먼저는 곤고하고 나중은 길한 운수이니 가히 큰 재물을 얻는 달입니다. 경영하는 바 하는 일은 그림 속의 닭이 새벽을 알림과 같은 형국의 달입니다.

8월 집안이 화평한 달입니다. 연못의 고기가 바다에 나가니 의기가 양양한 형국의 달입니다. 몸이 편안하고 마음이 태평하니 백가지 일들이 모두 길한 운수의 달입니다. 재물과 비단이 집안에 가득하니 한 집안이 화기애애한 형국의 달입니다.

9월 관재수를 조심해야 하는 달입니다. 재물의 샘이 양양하니 화기가 집안에 가득한 형국의 달입니다. 재물이 풍만하니 가도가 중흥하는 형국의 달입니다. 관귀가 몰래 동하니 출행하면 피해가 있는 운수의 달입니다.

10월 근신 자중해야 하는 달입니다. 신상에 근심이 없으니 편한 곳에서 태평한 형국의 달입니다. 이달의 운수는 관재수를 조심해야 하는 달입니다. 술집으로 향하지 말라 횡액이 가히 침노하는 운수의 달입니다.

11월 이사수가 있는 달입니다. 음양이 화합하니 만물이 스스로 생겨나는 형국의 달입니다. 만일 과거급제가 아니면 반드시 생남하는 운수의 달입니다. 만일 이와 같지 않으면 외방으로 이사하는 운수의 달입니다.

12월 분수를 지켜야 하는 달입니다. 흉한 중에 길함을 얻는 운수이니 전화위복하는 달입니다. 시운이 불리하니 분수를 지킴만 같지 아니한 운수입니다. 남쪽에 해가 있으니 장씨, 이씨가 나에게 피해를 주는 사람인 달입니다.

몽지고蒙之蠱

올해는 크게 이익을 보는 해입니다. 나는 용이 하늘에 있으니 덕과 위엄을 갖춘 큰 인물을 만나야 형통하는 운수입니다. 음력 칠월과 팔월에 좋은 기회가 오리니 놓치지 않아야 합니다. 올해는 사람으로 인하여 일이 성취되는 형국이니 겉모습만 가지고 사람을 판단하지 말아야 좋은 결과를 얻을 수 있은 운수입니다. 가을 청명한 하늘에 해가 중천에 걸린 격이니 세상 모든 것들이 빛을 발하는 형국입니다. 올해는 고목 회춘하는 형국이기도 하니 어려운 고비를 넘기고 반드시 성공하는 해입니다.

음력 월별 이달의 운수해설

1월
다른 사람이 돕는 달입니다. 관록과 재물을 얻는 격이니 장사하면 이익을 얻는 형국의 달입니다. 다른 사람의 힘을 얻으니 하는 일은 절반이나 공은 갑절이 되는 운수의 달입니다. 재물은 어디에 있는 고 하니 반드시 서쪽에 있는 운수의 달입니다.

2월
고진감래하는 달입니다. 작은 것을 쌓아 큰 것을 이루는 격이니 먼저는 가난하고 나중은 부유한 형국의 운수입니다. 황제의 은혜를 스스로 얻었으니 관록이 몸에 따르는 운수의 달입니다. 밖에는 이슬이 쌓여 있고 안에는 영화가 있는 운수의 달입니다.

3월 횡재수가 있는 달입니다. 재물 운이 왕성하니 이 기회를 잃으면 안 되는 운수의 달입니다. 황금과 비단이 상자에 가득하니 만일이 우러러보는 형국의 운수입니다. 만일 횡재가 아니면 자손에 영화가 있는 운수의 달입니다.

4월 어려움이 해소되는 달입니다. 구름이 걷히고 비가 개이니 북두성이 하늘에 가득한 형국의 달입니다. 재물이 남쪽에 있으니 반드시 큰 재물을 얻는 운수의 달입니다. 이익이 먼 곳에 있으니 박씨, 김씨에 길함이 있는 운수의 달입니다.

5월 귀인이 돕는 달입니다. 가운이 왕성하니 기쁜 일이 중중한 운수의 달입니다. 길신이 돕는 격이니 만사여의한 운수의 달입니다. 그 성품이 정이 있으니 귀인이 와서 도와주는 운수의 달입니다.

6월 치성을 드려 액운을 막아야 하는 달입니다. 지아비가 노래 부르고 지어미가 뒤를 다르니 가도가 흥왕한 운수의 달입니다. 가신께 치성을 드려라 혹여 몸에 근심이 있는 운수입니다. 신액이 가히 두려우니 신명께 정성으로 기도하여야 하는 달입니다.

7월 귀인이 돕는 달입니다. 복록이 중하고 이름이 높으니 만인이 우러러 보는 형국의 달입니다. 귀인이 와서 도우니 이름을 이루고 이익이 따르는 운수의 달입니다. 집에 있으면 불안하고 밖에 나가면 마음이 편안한 운수의 달입니다.

8월 문서 잡을 달입니다. 많은 황금을 가지고 막내가 금의환향하는 형국의 운수입니다. 이익이 문서에 있으니 손에 천금을 희롱하는 형국의 운수입니다. 하는 일이 가히 도모함과 같으니 재물이 여의한 운수의 달입니다.

9월 자손에 근심이 있을 달입니다. 재물 운은 있으나 얻기 어렵고 안정하면 길한 달입니다. 재운이 대통하니 손에 천금을 희롱하는 형국의 운수입니다. 만일 이와 같지 아니하면 혹여 자손에 근심이 있는 운수의 달입니다.

10월 동업하여 이익을 얻는 달입니다. 이달의 운수는 자손에 액운이 있는 운수의 달입니다. 길한 운수가 점점 돌아오니 출행하면 가히 얻을 수 있는 운수의 달입니다. 다른 사람과 더불어 도모하면 그 이익이 열 배나 되는 운수의 달입니다.

11월 귀인이 돕는 달입니다. 권위가 사방에 떨쳐지니 반드시 재물의 이익을 얻는 운수의 달입니다. 귀인이 와서 도우니 소망하는 것이 여의한 운수의 달입니다. 불전에 기도하면 반드시 경사가 있는 운수의 달입니다.

12월 소원을 성취하는 달입니다. 순풍에 돛을 다니 천리가 지척인 형국의 달입니다. 일신이 영귀하니 세상 일이 태평한 형국의 운수입니다. 일 년 중에서 이달이 가장 길한 운수의 달입니다.

괘상해설

변괘   본괘

태지승泰之升

만사가 형통하고 세상사에 통달하는 해입니다. 드넓은 하늘에 일월이 밝게 비추는 형국입니다. 모든 재앙이 시리지고 복록과 긘세기 무궁힌 운수입니다. 호랑이가 바위위에 우뚝 서서 세상을 호령하고, 신검이 화하여 청룡이 되는 형상이로다. 재산은 늘어나고 명예와 지위는 높아지며, 식구가 늘어나며 혼기를 앞둔 사람들은 좋은 배필을 만나 결혼하게 되는 해입니다. 구하고자 하는 것은 속히 구해지며 재앙은 봄눈 녹듯이 일시에 사라지는 운수입니다. 임금과 신하가 서로 화합하니 백성들이 평안한 격이로다.

음력 월별 이달의 운수해설

1월 재복이 흥하는 달입니다. 머리에 계화를 꽂으니 뜻을 얻어 양양한 형국의 운수입니다. 복록이 함께 흥하고 자손이 영귀한 운수의 달입니다. 재앙이 소멸하고 복이 흥하니 하는 일마다 여의한 운수의 달입니다.

2월 소원을 성취하는 달입니다. 용이 밝은 구슬을 얻으니 조화를 예측하기 어려운 운수의 달입니다. 길성이 비치니 이롭지 않은 곳이 없는 운수의 달입니다. 시운이 흥왕하니 반드시 성공하는 운수의 달입니다.

3월 관록을 얻는 달입니다. 관성이 길함을 띠니 영화가 중중한 운수의 달입니다. 의외로 공명을 하니 영화로운 운수의 달입니다. 동쪽과 남쪽에 길함이 있으니 기쁜 일이 중중한 운수의 달입니다.

4월 부귀하는 달입니다. 하는 일마다 여의하니 넓게 논밭을 장만하는 형국의 달입니다. 만일 관록이 아니면 자손에 경사가 있는 운수의 달입니다. 작은 것을 구하다 큰 것을 얻는 격이니 반드시 부귀하는 운수의 달입니다.

5월 근신해야 하는 달입니다. 만일 삼가지 않으면 반드시 구설이 있는 운수의 달입니다. 가산이 흥왕하니 심신이 안락한 운수의 달입니다. 목성(木姓)을 조심하라 피해가 적지 않은 운수의 달입니다.

6월 손재수를 조심해야 하는 달입니다. 신수는 왕성하나 신상에 재앙이 없는 운수의 달입니다. 만일 그렇지 아니하면 반드시 손재를 하는 운수의 달입니다. 모든 일을 가히 이루니 이익이 농사에 있는 형국의 달입니다.

7월 고진감래하는 달입니다. 근심을 동풍에 깨끗하게 날려버리니 복숭아와 자두나무가 봄을 다투는 형국의 달입니다. 만일 이와 같지 아니하면 허송세월만하는 운수의 달입니다. 서쪽의 사람을 가까이 하면 손재를 하는 운수의 달입니다.

8월 귀인이 돕는 달입니다. 만일 생남하지 않으면 반드시 횡재하는 운수의 달입니다. 길한 사람은 하늘이 도와 마침내 반드시 형통하는 운수의 달입니다. 재물이 북쪽에 있으니 마땅히 북쪽으로 가야하는 운수의 달입니다.

9월 고진감래하는 달입니다. 이달의 운수는 바깥의 재물을 가히 얻는 운수의 달입니다. 초목이 비를 만난 격이니 근심이 흩어지고 기쁨이 생겨나는 운수의 달입니다. 하는 일마다 여의하니 재물이 스스로 찾아오는 운수의 달입니다.

10월 초상집을 가지 말아야 하는 달입니다. 동풍 가랑비에 온 산이 꽃이 만발하는 형국의 운수입니다. 가문 싹이 비를 만나고 소가 풍요로운 풀 속에서 졸고 있는 형국의 달입니다. 초상집을 가까이 말라 소복을 입을까 두려운 운수의 달입니다.

11월 구설수를 조심해야 하는 달입니다. 목마른 사람이 물을 얻은 격이요, 굶주린 사람이 풍년을 만난 형국의 달입니다. 길신이 나를 도우니 만사가 길한 운수의 달입니다. 토성(土姓)을 친하게 지내지 말라 구설을 면하기 어려운 운수의 달입니다.

12월 원행을 삼가야 하는 달입니다. 길성이 항상 비추니 반드시 길한 경사가 있는 형국의 달입니다. 우연히 귀인을 만나니 소망이 여의한 운수의 달입니다. 먼 곳에 가지 말라 질병이 가히 두려운 운수의 달입니다.

태지명이泰之明夷

모든 일이 순조롭게 이루어지고 운수가 대통하는 해입니다. 물에 들어가도 젖지 않고 불에 들어가도 데지 않는 형국이니 아무리 어려운 상황이라도 모든 난국이 저절로 극복되는 형국이요, 마음먹은 일들이 순조롭게 이루어지는 형국입니다. 횡재수가 몸에 들어오니 재물이 중중한 운수입니다. 다만 금년은 이성을 탐하게 되면 낭패를 보게 되니 색을 멀리하여야 합니다. 만일 어물장수를 하는 사람이라면 북쪽에서 이익을 구하면 좋은 결과를 얻게 될 것입니다.

음력 월별 이달의 운수해설

1월
대기 만성하는 달입니다. 도처에 피해가 없으니 신수가 태평한 운수의 달입니다. 들 밖에 봄이 저무니 꽃을 찾다가 열매를 얻는 형국의 운수입니다. 마음을 급히 하지 말라 지체하면 일이 이루어지는 형국의 달입니다.

2월
순조로운 성공을 하는 달입니다. 농사로써 다스림의 근본을 삼으니 흉년에도 굶주리지 않는 형국의 달입니다. 동풍 가랑비에 초목이 무성한 형국의 달입니다. 문을 나서서 재물을 구하니 서쪽이 가장 길한 방향인 달입니다.

3월 친구를 조심해야 하는 달입니다. 사람들이 많이 도와주니 반드시 성공하는 운수의 달입니다. 사람들과 교제 하는데 잘 살피지 않으면 도리어 그 해를 받는 운수의 달입니다. 중심이 단단하니 무슨 일인들 이루지 못하겠는가.

4월 횡재수가 있는 달입니다. 묵은 것을 바꾸고 고치니 만인이 우러러 보는 운수의 달입니다. 그러나 목성(木姓)은 삼가 가까이 하지 말아야 하는 운수입니다. 의외의 횡재를 하니 많은 사람이 흠모하고 우러르는 운수의 달입니다.

5월 마음이 산란한 달입니다. 봄이 이미 지났으니 꽃을 찾는 것이 무의미한 형국의 달입니다. 비리가 있는 물건은 삼가 마음을 먹지 말아야 하는 달입니다. 중심이 단단하지 못하니 매사에 막힘이 많은 운수의 달입니다.

6월 다른 사람의 잘못을 내가 짊어지는 달입니다. 길가에 집을 짓는 형국이니 가히 이룰 날이 없는 운수의 달입니다. 길한 사람이 도리어 피해를 주는 격이니 좋은 일에 마장이 많은 운수의 달입니다. 하는 일에 임하여 결말을 맺지 못하니 스스로 그 곤란함을 떠안는 형국의 달입니다.

7월 하는 일에 마장이 많은 달입니다. 연못이 말라 물이 없으니 연못 속의 물고기가 곤란함을 겪는 형국의 달입니다. 하는 일마다 마장이 많으니 조심함이 상책인 운수의 달입니다. 어느 방향에 이익이 있는 고 하니 동쪽과 서쪽이 길한 곳인 달입니다.

8월 귀인이 돕는 달입니다. 바람이 화순하고 날이 따뜻하니 백화가 다투어 피어나는 형국의 달입니다. 남쪽에서 귀인이 우연히 와서 나를 돕는 형국의 운수입니다. 옛것을 고쳐 새것을 쫓으니 큰 재물은 얻기 어려운 운수의 달입니다.

9월 밖에서 재물을 얻는 달입니다. 집에 있으면 이익이 없고 밖에 나가면 길한 운수의 달입니다. 복은 다시 오지 않는 법이니 분수 밖의 것을 바라지 말아야 하는 운수입니다. 한가로운 곳에 재물이 있으니 산 좋고 물 좋은 곳에서 이익을 보는 형국의 달입니다.

10월 주색을 멀리해야 하는 달입니다. 재물이 멀리 있으니 여행하여 구하면 가히 얻는 운수의 달입니다. 요귀가 몰래 움직이니 질병이 떠나지 않는 운수의 달입니다. 여색을 가까이 말라 음사가 불리한 운수의 달입니다.

11월 친한 사람을 조심해야 하는 달입니다. 신수가 태평하고 한 집안이 평안한 운수의 달입니다. 재물이 왕성하고 복이 흥왕하니 식구와 가산이 더 느는 운수의 달입니다. 친한 사람을 조심해라 피해를 면하기 어려운 운수의 달입니다.

12월 집안이 화평한 달입니다. 한 사람이 경사가 있으니 만인이 의지하는 형국의 달입니다. 한 집안이 화평하니 자손에 영귀함이 있는 운수의 달입니다. 큰 재물은 바라기 어렵고 작은 재물은 가히 얻는 운수의 달입니다.

태지임泰之臨

괘상해설

변괘   본괘

길함이 있으니 반드시 만사형통하는 해입니다. 흉한 방위를 마땅히 피해야 하고 길한 방위는 마땅히 따라야 하는 것이 정해진 이치이니 올해는 좋은 방위를 찾아 가면 반드시 이익이 있을 운수입니다. 재물은 북쪽에 있으나 길한 방위는 현명한 지사를 찾아 물어 볼 것이라. 올해는 이사수가 들어오는데, 이사하면 이익이 있을 운수입니다. 재물과 곡식이 창고에 가득한 형국이니 부족함 없이 풍요한 생활을 누리리라. 비록 복록이 진진하다하나 근면하지 않으면 언제까지 기약을 하겠는가.

음력 월별 이달의 운수해설

1월
고진감래하는 달입니다. 선함을 유지하고 악을 멀리하라 흉한 사람이 가까이 있는 형국의 달입니다. 나감과 물러남을 아니 가히 재화와 액운을 면하는 운수의 달입니다. 때를 기다려 움직이면 마침내 길한 이익을 얻는 운수의 달입니다.

2월
분수를 지켜야 하는 달입니다. 이달의 운수는 편안한 가운데 위태함이 있는 운수의 달입니다. 화성(火姓)을 잘 사귀면 내가 하는 일에 귀함이 있는 운수의 달입니다. 허욕을 부리지 말라 도리어 손재하는 운수의 달입니다.

3월 놀음을 하지 말아야 하는 달입니다. 재물이 동쪽에 있으니 나가서 구하면 많이 얻는 운수의 달입니다. 만일 이사하지 아니하면 원행하면 길한 운수의 달입니다. 놀음판에 가지 말라 성패를 알기 어려운 형국의 운수입니다.

4월 분수를 지켜야 하는 달입니다. 목마른 용이 물을 얻은 격이니 기쁜 일이 중중한 운수의 달입니다. 만일 부지런하지 않으면 성공함을 얻지 못하는 운수의 달입니다. 다른 일을 경영하지 말라 반드시 실패수가 있는 달입니다.

5월 주색을 멀리해야 하는 달입니다. 하던 일을 바꾸지 말라 반드시 허황한 운수의 달입니다. 친한 벗을 믿지 말라 남모르는 피해가 가히 두려운 운수의 달입니다. 주색을 가까이 말라 반드시 큰 피해가 있는 운수의 달입니다.

6월 하는 일에 변화가 있는 달입니다. 때를 따라 변통하니 재물을 모으고 몸이 편안한 운수의 달입니다. 재물도 있고 권세도 있으니 어진 소리가 이웃에 통하는 형국의 달입니다. 때를 기다려 움직이면 길하여 불리함이 없는 운수의 달입니다.

7월 이사수가 있는 달입니다. 길한 땅으로 이사를 하면 반드시 이익을 얻는 운수의 달입니다. 위아래가 화목하니 봄바람이 집안에 가득한 형국의 달입니다. 동쪽에 길함이 있으니 구하는 것을 반드시 얻는 운수의 달입니다.

8월 고진감래하는 달입니다. 땅을 가려 옮겨 사니 복록이 면면한 운수의 달입니다. 남쪽에 피해가 있으니 출행하면 불리한 운수의 달입니다. 음력 칠월과 팔월은 먼저는 곤고하고 나중은 길한 운수의 달입니다.

9월 귀인이 놉는 달입니다. 귀인이 와서 도우니 재물과 복록이 스스로 오는 형국의 달입니다. 화성(火姓)은 이익이 있고 목성(木姓)은 불길한 사람인 운수입니다. 경영하는 일이 순조롭게 이루어지니 재물을 산같이 이루는 운수의 달입니다.

10월 집안이 화평한 달입니다. 동쪽을 가까이 말라 반드시 손재하는 운수의 달입니다. 재물의 이익이 흥하니 심신이 화평한 형국의 달입니다. 몸도 왕성하고 재물도 왕성하니 태평한 운수의 달입니다.

11월 좋은 벗을 만나는 달입니다. 나루터에 임하여 배가 없으니 어찌 강을 건너겠는가. 주색을 가까이 말라 반드시 큰 피해가 있는 운수의 달입니다. 밝은 달 창가에 좋은 벗이 와서 나를 찾는 형국의 달입니다.

12월 귀인이 돕는 달입니다. 작은 것으로써 큰 것을 바꾸는 격이니 잃고 얻음을 가히 아는 형국의 달입니다. 여색을 가까이 말라 여인이 나에게 피해를 주는 운수의 달입니다. 귀인이 항상 도우니 영화가 빛나는 형국의 달입니다.

임지사臨之師

마음이 바르고 깨끗하여 모든 일을 꿰뚫어 보니 만사가 형통되는 해입니다. 용을 타고 호랑이 등에 올라타니 세상사가 내 손안에 있는 격이로다. 우물을 파서 물을 얻는 격이니 처음은 수고로우나 나중에는 후하게 얻는 운수입니다. 고목이 봄을 만났으니 그 화려함이 천리를 비치는 격입니다. 어느 자리에 있건 자신의 능력이 빛을 발하여 공명을 얻는 운수입니다. 다만 남과 다투게 되면 관재수가 따르니 삼가야 합니다. 우연한 자리에서 이성을 만나니 화류춘풍의 세월이로다.

음력 월별 이달의 운수해설

1월
귀인이 돕는 달입니다. 재앙이 사라지고 복이 흥하니 집안에 화기가 가득한 형국의 달입니다. 집안사람이 화합하니 복록이 스스로 오는 형국의 달입니다. 귀인이 와서 도우니 재물의 이익을 가히 기약해 보는 운수의 달입니다.

2월
재물이 들어오는 달입니다. 날아오는 복이 우연히 집에 들어오는 운수의 달입니다. 도처에 길함이 있으니 큰 재물이 손에 들어오는 운수의 달입니다. 춘풍이 온화하니 사방이 꽃 산인 형국의 달입니다.

3월 고진감래하는 달입니다. 십년을 부지런하게 고단함을 견디어 금의환향하는 운수의 달입니다. 일신이 영귀하니 재물과 복록이 흥왕한 운수의 달입니다. 황제의 은혜를 스스로 받는 격이니 반드시 관록이 있는 운수의 달입니다.

4월 허욕을 부리지 말라야 하는 달입니다. 운수가 흥왕하니 음모하는 일도 길함이 있는 형국의 달입니다. 사람과 옛 인연이 있어 우연히 와서 돕는 운수의 달입니다. 뜬 구름 같은 재물을 탐하지 말라 작은 것을 구하려다 큰 것을 잃는 형국의 운수입니다.

5월 근신 자중해야 하는 달입니다. 집에 있으면 불리하니 문을 나가 어디로 향할까나. 다른 사람을 가까이 말라 손해를 면하기 어려운 운수의 달입니다. 운수가 불리하니 하는 일에 지체됨이 있는 운수의 달입니다.

6월 소원을 성취해 보는 달입니다. 길운이 점점 돌아오니 하는 일마다 성취하는 운수의 달입니다. 착한 사람은 복을 받고 음란한 사람은 화를 부르니 항상 하늘의 이치인 것이리라. 물고기가 푸른 바다에서 노니니 의기가 양양한 형국의 달입니다.

7월 구설수를 조심해야 하는 달입니다. 이달의 운수는 몸에 근심이 떠나지 않는 운수의 달입니다. 금성(金姓)을 조심하라 우연히 구설이 있는 운수의 달입니다. 만일 출행하지 않으면 이사를 하면 길한 운수의 달입니다.

8월 집안에 우환이 있는 달입니다. 집안 형제지간에 우환이 있는 운수의 달입니다. 마음속에 근심이 가득하니 항상 울화를 품고 있는 형국의 달입니다. 이달의 운수는 상복을 입을까 두려운 운수의 달입니다.

9월 동업을 해 보는 달입니다. 운수가 형통하니 태평한 운수의 달입니다. 사람이 늘고 논밭을 넓게 늘리는 운수의 달입니다. 금성(金姓)과 마음을 합하면 하는 일이 모두 여의한 운수의 달입니다.

10월 귀인이 돕는 달입니다. 경영하는 일이 반드시 성사되는 운수의 달입니다. 귀인이 나를 도우니 재물의 이익을 가히 얻는 운수의 달입니다. 만일 동쪽으로 행하면 범사가 여의한 운수의 달입니다.

11월 자중해야 하는 달입니다. 연못의 물고기가 바다로 나가니 활기가 양양한 형국의 달입니다. 나는 용이 하늘에 있으니 구름이 가고 비가 오는 형국의 운수입니다. 비록 재물과 복록은 있으나 신상에 피해가 있는 운수의 달입니다.

12월 주색을 멀리해야 하는 달입니다. 마음 굳게 덕을 닦으니 마침내 허물이 없어지는 형국의 달입니다. 주색을 가까이 하지 않으면 범사를 가히 이루는 운수의 달입니다. 집을 지키는 것은 이익이 없고 출타하면 이익이 있는 달입니다.

괘상수
822

괘상해설

변괘　　본괘

임지복臨之復

운수가 대통하니 반드시 광명을 보는 해입니다. 삼양이 기운을 같이하여 점차 생생하여지니 모든 일에 생기가 있는 형국입니다. 하는 일이 순조롭고 활기차니 복록이 집안에 가득한 운수입니다. 구름이 걷히고 달이 나오니 마침내 기쁜 일이 있는 운수입니다. 적게 주고 크게 받는 형국이니 적은 것으로 큰일을 이루어 내는 형국입니다. 올해는 재효를 만났으니 반드시 재물이 왕성할 운수입니다. 육지와 땅을 오가며 경영을 하는 형국이니 사방의 천금을 모두 희롱하는 운수입니다. 봄꽃이 만발한 상입니다.

음력 월별 이달의 운수해설

1월　만사여의한 달입니다. 위아래가 화합하는 격이니 태평한 운수의 달입니다. 몸이 편안하고 마음이 평안하니 백 가지 일들이 모두 길한 운수의 달입니다. 운수가 대길하니 만사가 여의한 운수의 달입니다.

2월　운수가 형통하는 달입니다. 푸른 풀과 풀 향기가 꽃 핀 때보다도 나은 형국의 달입니다. 작은 것을 구하다가 큰 것을 얻는 격이니 반드시 형통하는 운수의 달입니다. 사람을 더하고 모든 일을 가히 이루는 운수의 달입니다.

3월 귀인이 돕는 달입니다. 다행히 귀인을 만나면 복록이 중하고 이름이 높은 형국의 달입니다. 토성(土姓)을 가까이 말라 반드시 손실이 있는 운수의 달입니다. 자손에 영화가 있고 재물이 흥왕한 운수의 달입니다.

4월 횡재수가 있는 달입니다. 가운이 대길하니 모든 일이 이루어지는 운수의 달입니다. 봄바람이 온화하니 도처에 꽃이 만발하는 형국의 운수입니다. 서쪽과 남쪽으로 출행하다가 우연히 횡재하는 운수의 달입니다.

5월 선한 마음을 가지면 성공하는 달입니다. 눈 속에서 죽순을 구하는 격이니 하늘이 내린 효자로다. 꽃을 찾다가 열매를 얻는 격이니 이름이 사해에 떨쳐지는 형국의 달입니다. 신령께서 나를 도우니 복록이 항상 왕성한 형국의 달입니다.

6월 관록이 있는 달입니다. 때가 오고 운이 합하니 물고기가 용문에 뛰는 형국의 달입니다. 만일 관록이 아니면 자손에 영화가 있는 운수의 달입니다. 농사나 장사에 힘써 행하면 길한 운수의 달입니다.

7월 자손에 근심이 있는 달입니다. 이름이 크고 몸이 왕성하니 한가한 곳에서 재물을 구하는 형국의 달입니다. 이달의 운수는 자손에 액운이 있는 운수입니다. 음양이 화합하니 사방에 봄이 돌아오는 형국의 달입니다.

8월 분수를 지키면 경사가 있는 달입니다. 모래를 일어 금을 채취하니 작은 것으로 큰 것을 바꾸는 형국의 달입니다. 옛것을 지키고 안정을 취하면 재해가 침범하지 않는 운수의 달입니다. 축하객이 문에 드니 화기가 집안에 가득한 형국의 달입니다.

9월 손재수를 조심해야 하는 달입니다. 위아래가 서로 친하니 가도가 중흥하는 운수의 달입니다. 비가 순조롭고 바람이 고르니 집이 넉넉하고 사람이 만족하는 운수의 달입니다. 수성(水姓)을 조심하라 공연히 손재수가 있는 운수의 달입니다.

10월 역시 손재수를 조심해야 하는 달입니다. 보옥이 돌에서 나와 따뜻하고 윤택하니 가히 사랑스럽도다. 작은 것으로 큰 것을 바꾸는 격이니 모든 일을 이루는 운수의 달입니다. 다른 사람의 말을 듣지 말라 손재수가 가히 두려운 운수의 달입니다.

11월 고진감래하는 달입니다. 해가 서산에 저무는데 저녁 새가 숲에 드는 형국의 달입니다. 이름을 공문에 거는 격이니 몸이 높은 벼슬에 오르는 형국의 달입니다. 고목이 봄을 만나니 가문 싹이 비를 만나 형국의 달입니다.

12월 재물이 들어오는 달입니다. 천한 사람이 관록을 얻고 굶주린 사람이 풍년을 만난 형국의 달입니다. 반드시 천복을 받으니 재물을 심히 많이 모으는 형국의 운수입니다. 이익이 서쪽 사람에게 있고 피해는 동쪽에 있는 형국의 달입니다.

임지태臨之泰

큰 뜻을 품고 최선을 다하니 종래에는 복록을 얻는 해입니다. 만추에 서리가 내리니 낙엽의 기운이 뿌리로 돌아가는 격이로다. 고향을 떠나온 귀한 나그네가 성공을 하여 다시 고향으로 돌아오는 형국입니다. 그러므로 고난과 역경을 딛고 마침내 성공을 이루는 운수입니다. 의외의 재물을 얻어 부귀와 복록을 누리는 해입니다. 십년공부를 하여 이제 사 뜻을 펼치는 운수입니다. 다만 경거망동하면 구설과 관재수를 면하기 어려우니 입 조심을 하고 남과 다투지 말아야 합니다. 길함이 극에 달하면 도리어 흉함으로 변하는 것이니 항상 정도를 걸으라.

음력 월별 이달의 운수해설

1월 불조심을 해야 하는 달입니다. 천신이 나를 도우니 기쁜 일이 중중한 운수의 달입니다. 백 가지 일들이 흠이 없으나 불조심을 해야 하는 운수의 달입니다. 금성(金姓)을 가까이 말라 우연히 나를 해치는 운수의 달입니다.

2월 귀인이 돕는 달입니다. 선한 사람은 친하게 지내고 악한 사람은 멀리해야 하는 달입니다. 귀인이 와서 도우니 이익이 그 가운데 있는 운수의 달입니다. 가문 하늘에 마른 싹이 비를 만나 형국의 달입니다.

3월 하는 일이 순조로운 달입니다. 곡식에 이로운 비가 흩날리니 봄꽃이 바르게 피는 형국의 달입니다. 신운이 크게 통하니 재물이 가히 여의한 운수의 달입니다. 한 집안이 태평하니 백 가지 일들이 순조롭게 이루어지는 운수의 달입니다.

4월 사람을 조심해야 하는 달입니다. 운이 낚쪽에 이르고 범에 날개가 나는 형국의 달입니다. 재물도 왕성하고 몸도 왕성하니 금의환향하는 운수의 달입니다. 금성(金姓)을 조심하라 손해는 있고 이익은 없는 운수의 달입니다.

5월 상복을 입어 볼 달입니다. 길성이 나를 도우니 반드시 집을 일으키는 운수의 달입니다. 선을 쌓은 집에 반드시 경가 남음이 있는 운수의 달입니다. 길한 중에 흉함이 있으니 상복을 입을까 가히 두려운 운수의 달입니다.

6월 고진감래하는 운수의 달입니다. 이달의 운수는 자손의 액운이 가히 염려되는 운수의 달입니다. 명산대천에 미리 기도하여 도액하여야 하는 운수의 달입니다. 백 가지 일들이 길하니 날로 천금을 이루는 운수의 달입니다.

7월 재물이 들어오는 달입니다. 집안사람들이 한 마음으로 뭉치니 도모하는 일을 가히 이루는 운수의 달입니다. 재물이 하늘에서 오니 도주(중국의 갑부)를 부러워하지 않는 운수의 달입니다. 목성(木姓)과 금성(金姓)은 공연히 나를 해치는 사람들입니다.

8월
횡재수가 있는 달입니다. 새벽녘 까치가 기쁨을 알리니 귀인이 문에 임하는 운수의 달입니다. 만일 횡재하지 않으면 자손에 영화가 있는 운수의 달입니다. 길신이 도움을 주니 기쁜 일이 중중한 운수의 달입니다.

9월
원행을 조심해야 하는 달입니다. 의외의 재물을 얻으니 넓게 논밭을 두는 형국의 달입니다. 재물과 복록을 겸전하니 만인이 우러러 보는 운수의 달입니다. 관귀가 길을 지키니 원행하면 흉한 운수의 달입니다.

10월
하는 일이 순조로운 달입니다. 봄 동산의 풀이 날로 푸름을 더하는 운수의 달입니다. 순조로운 물살에 배를 행하니 물결이 잔잔해지고 파도가 평평하게 가라앉는 운수의 달입니다. 이익이 밖에 있으니 움직이면 재물을 얻는 운수의 달입니다.

11월
귀인이 돕는 달입니다. 금관 옥대로 황제의 은혜를 스스로 얻는 형국의 운수입니다. 만일 귀인을 만나면 관록이 몸에 임하는 운수의 달입니다. 군자는 복록을 얻고 소인은 허물만 있는 운수의 달입니다. 소인은 재물을 탐하기 때문이리라.

12월
집안에 우환이 있는 달입니다. 봉황이 아침 햇살에 우니 태평한 기상이 있는 형국의 달입니다. 만일 재물을 얻지 아니하면 생남할 운수의 달입니다. 만일 부모께 근심이 없으면 자손의 액운을 면하기 어려운 운수의 달입니다.

괘상해설

변괘　　본괘

명이지겸明夷之謙

남을 해치고자 하면 좋은 일도 나쁜 일로 변하는 해입니다. 올해는 부정한 마음을 버리고 정도를 걸어야 낭패가 없는 운수입니다. 명산 들어가 도를 닦으니 나의 진실한 본성을 깨닫는 형국입니다. 사람들이 힘을 합하여 나를 도우니 소원성취를 하는 해입니다. 봉황이 오동나무에 깃드는 형국이니 길경사가 집안에 가득한 운수입니다. 집안사람이 화합하여 화목하니 태평성대를 만난 형국입니다. 비록 뗏목을 타고 망망대해에 나왔으나 상서로운 순풍이 목적지까지 불어주는 형국입니다.

음력 월별 이달의 운수해설

1월 고진감래하는 달입니다. 길에 나가 수레를 얻으니 날로 만 리를 가는 형국의 달입니다. 백 가지 일들이 여의하니 마침내 큰 이익을 보는 운수의 달입니다. 재물 운은 흠이 없으나 작은 구설수는 있는 운수의 달입니다.

2월 분수를 지켜야 하는 달입니다. 한 집안이 태평하니 백 가지 일들이 순조롭게 이루어지는 운수의 달입니다. 분수를 지켜 편안히 지내면 가히 평안함을 얻는 운수의 달입니다. 남산의 네 노인들이 꿈에 금강산을 들어가는 형국의 운수입니다.

3월 구설수를 조심해야 하는 달입니다. 남산의 붉은 복숭아가 홀로 붉은 빛을 띤 형국의 달입니다. 동쪽과 남쪽 두 방향으로 이사하면 길한 운수의 달입니다. 시비를 가까이 말라 혹여 구설수가 있을 운수의 달입니다.

4월 동업하면 이익이 있는 달입니다. 차가운 계곡에 봄이 돌아오니 도처에 길함이 있는 형국의 달입니다. 한 마음으로 일을 구하면 반드시 성공하는 운수의 달입니다. 남과 더불어 동업하면 반드시 이익이 있는 운수의 달입니다.

5월 정직이 최상인 달입니다. 쥐가 겨울 곳간에 있는 격이니 의식이 스스로 풍족한 운수의 달입니다. 마음을 정직하게 가지면 재앙이 복으로 화하는 운수의 달입니다. 한가한 곳에서 재물을 구하는 형국이니 남과 다투면 피해를 보는 운수의 달입니다.

6월 재물이 들어오는 달입니다. 재물이 흥왕하니 가히 부귀를 기약하는 운수의 달입니다. 이름이 높고 권세가 높으니 사람마다 우러러 보는 형국의 달입니다. 하는 일을 성취하니 날로 큰 재물을 얻는 운수의 달입니다.

7월 불조심을 해야 하는 달입니다. 재수를 묻지 말라 얻고도 도리어 잃는 형국의 운수입니다. 길한 가운데 흉함이 있으니 상복을 입을까 가히 두려운 운수의 달입니다. 만일 이와 같지 아니하면 화재가 가히 두려운 달입니다.

8월 일시적으로 흉함이 해소되는 달입니다. 여름날 마른 풀이 비를 만나는 형국의 달입니다. 꽃이 웃는 동산에 벌과 나비가 스스로 찾아드는 형국의 달입니다. 밖의 재물을 탐하지 말라 도리어 손재하는 운수의 달입니다.

9월 고진감래하는 달입니다. 나는 새가 둥지를 잃고 공연히 하는 가운데를 헤매는 형국의 달입니다. 만들어서 사용하지 아니하면 못 만들 물건이 없는 형국의 달입니다. 고생과 고단함을 한탄하지 말라 마침내 길운을 얻는 달입니다.

10월 귀인이 돕는 달입니다. 귀인이 나를 도우니 생활이 태평한 운수의 달입니다. 재물이 바깥에 있으니 움직이면 재물을 얻는 운수의 달입니다. 물고기와 용이 물을 얻으니 의기가 양양한 운수의 달입니다.

11월 재해를 조심해야 하는 달입니다. 출행하면 불리하니 옛것을 지키고 안정을 해야 하는 달입니다. 시운이 불리하니 영웅도 어찌할 수 없는 운수입니다. 물과 불을 조심하라 뜻 밖에 한 번 놀랄 일이 있는 운수의 달입니다.

12월 입단속을 해야 하는 달입니다. 귀인이 와서 도우니 하는 일마다 여의한 운수의 달입니다. 길한 사람은 무슨 성씨인 고 하니 이씨, 박씨 두 성씨인 달입니다. 신수에는 흠이 없으나 혹여 구설이 있는 운수의 달입니다.

괘상해설

변괘   본괘

명이지태明夷之泰

하는 일이 순조롭고 재수가 대통하여 부귀영화를 누리는 해입니다. 연못에 낚시를 드리우니 황금물고기가 저절로 올라오는 격이로다. 뜻하지 않은 횡재를 하는 운수입니다. 고목이 회춘하는 형국이니 부진하던 일들이 서서히 자리를 잡고 성취되는 해입니다. 자식을 원하는 집에서는 득자할 운수요, 시험을 보는 사람은 합격하여 출세할 운수요, 사업하는 사람은 재물이 날로 진진할 운수입니다. 남쪽이 길하고 북쪽은 불리한 방위입니다. 명산에 찾아가 기도하면 작은 액운도 사라지리라.

음력 월별 이달의 운수해설

1월
경사가 있는 달입니다. 동원의 붉은 복숭아가 때를 만나 꽃이 만발한 운수의 달입니다. 만일 혼인이 아니면 아들 낳을 경사가 있는 달입니다. 복록을 쫓아 하늘에서 내려오는 격이니 도모하는 일이 점점 새로워지는 운수의 달입니다.

2월
고진감래하는 달입니다. 작은 것을 쌓아 큰 것을 이루니 백 가지 일들이 가히 이루어지는 운수의 달입니다. 풍진에 골몰하다가 부귀를 편안히 누리는 운수의 달입니다. 이익이 어느 성씨에 있는 고 하니 반드시 금성(金姓)에 있는 달입니다.

3월
전화위복하는 달입니다. 봄 언덕에 양지의 버들가지가 때를 만나 서로 돕는 형국의 달입니다. 우연히 재물을 얻으니 가히 부자의 이름을 기약하는 운수의 달입니다. 목성(木姓)이 와서 도우니 전화위복하는 운수의 달입니다.

4월
부귀 겸전하는 달입니다. 비록 재물은 왕성하나 자손에 근심이 있는 운수의 달입니다. 명산대천에 미리 도액하는 기도를 해야 하는 운수의 달입니다. 명리가 모두 흥왕하니 부귀를 겸전하는 운수의 달입니다.

5월
분수를 지켜야 하는 달입니다. 이름을 이루고 이익을 만나니 축하객이 문전성시를 이루는 운수의 달입니다. 안정하면 길하고 출행하면 불리한 운수의 달입니다. 이달의 운수는 동기간에 액운이 있는 운수의 달입니다.

6월
귀인이 돕는 달입니다. 정씨와 이씨 두 성씨가 우연히 와서 돕는 운수의 달입니다. 재성 괘 효가 왕기를 만나니 천금을 얻기가 어렵지 않은 달입니다. 도처에 영화로움이 있으니 의기가 남자다운 달입니다.

7월
복록과 재물을 얻는 달입니다. 몸이 황금 계곡에 드니 구리 산이 높다 하겠는가. 길성이 나를 도우니 반드시 기쁜 일이 있는 운수의 달입니다. 군자는 록을 얻고 소인은 재물을 얻는 운수의 달입니다.

8월 큰 재물을 얻는 달입니다. 나는 용이 하늘에 있으니 이익이 대인을 보는 형국의 달입니다. 마음을 맑고 욕심을 작게 하면 자연히 몸이 편안해지는 달입니다. 재물을 모은 것이 산과 같으니 반드시 큰 일가를 이루는 운수의 달입니다.

9월 자손을 얻는 달입니다. 재물이 나를 도우니 반드시 큰 재물을 얻는 운수의 달입니다. 가도가 흥왕하니 반드시 귀자를 낳는 운수의 달입니다. 봄빛이 꽃을 희롱하는 격이니 이에 보배로운 영화를 얻는 운수의 달입니다.

10월 사람을 조심해야 하는 달입니다. 내가 만일 남을 속인다면 남도 역시 나를 속이는 형국의 달입니다. 신수가 불리하니 횡액을 조심해야 하는 달입니다. 만일 목성(木姓)을 가까이 하면 손재수가 적지 않은 운수의 달입니다.

11월 고진감래하는 달입니다. 재수는 어떠한 고 하니 얻고 오히려 잃는 형국의 운수입니다. 여색을 조심하라 손재수를 면하기 어려운 운수의 달입니다. 곤고함을 한탄하지 말라 먼저는 가난하고 나중에는 부유한 운수의 달입니다.

12월 금옥만당한 달입니다. 가운이 대길하니 화기가 만당한 형국의 운수입니다. 시운이 길함을 만나니 천금을 얻기가 어렵지 않은 운수의 달입니다. 만세 풍류에 재물과 복록이 남음이 있는 운수의 달입니다.

괘상해설

변괘　　본괘

명이지복明夷之復

나에게 허물이 없으니 심신이 안정되는 해입니다. 고요한 가운데 큰 뜻을 품고 있는 형국입니다. 장부가 뜻을 세우니 그 누기 그 속미음을 알아보겠는가. 봄바람이 불어오니 꽃들이 만발하는 형국이로다. 위태한 중에 안정을 찾으니 처음은 곤고하나 나중은 태평한 운수입니다. 귀인이 서로 돕는 형국이니 종래는 성공하는 운수입니다. 결혼 하려 하는 사람은 좋은 배필을 만나는 해입니다. 명산에 들어가 기도하면 가히 신선을 만날 수 있도다.

음력 월별 이달의 운수해설

1월 분수를 지켜야 하는 달입니다. 분수를 지켜 편안히 있으면 신상에 근심이 없는 운수의 달입니다. 분수 밖의 일을 행하면 도리어 그 손해를 부르는 운수의 달입니다. 달이 구름 속에 드니 그 빛을 보지 못하는 형국의 달입니다.

2월 손재수와 구설수를 조심해야 하는 달입니다. 귀인이 서로 도우니 복록이 가볍지 않은 운수의 달입니다. 만일 관록이 아니면 반드시 귀자를 낳는 운수의 달입니다. 만일 그렇지 아니하면 손재수와 구설수가 있는 운수의 달입니다.

3월 재물을 얻는 달입니다. 땅을 파서 황금을 얻으니 마침내 큰 이익을 얻는 운수의 달입니다. 동쪽과 남쪽의 재물을 수고하지 않고도 얻는 운수의 달입니다. 일신이 편안하니 이밖에 무엇을 바라리오.

4월 자손에 영화가 있는 달입니다. 눈 속에서 꽃향기를 찾다가 문득 핀 꽃을 발견하는 운수의 달입니다. 슬하의 자손이 차례로 영귀함이 있는 운수의 달입니다. 재물이 왕성하니 이때를 놓치지 말아야 하는 달입니다.

5월 매매 운이 있는 달입니다. 다투어 옳고 그름을 따지지 말라 구설이 가히 침노하는 운수의 달입니다. 길한 경사가 문에 이르니 화기가 만당한 운수의 달입니다. 재물은 매매하는데 있는데 반드시 논밭에 있는 달입니다.

6월 길흉이 상반하는 달입니다. 금성(金姓)을 가까이 말라 하는 말은 달콤하나 배에 칼을 품고 있는 형국입니다. 매매하는 데에 피해가 있으니 반드시 수산물에 있는 운수의 달입니다. 이달의 운수는 길함과 흉함이 서로 반반인 달입니다.

7월 일편단심으로 일에 임해야 하는 달입니다. 재물이 나를 따르니 반드시 큰 재물을 얻는 운수의 달입니다. 때가 오고 운이 이르니 만사가 여의한 운수의 달입니다. 푸른 솔과 푸른 대나무가 그 빛이 변하지 않는 형국의 달입니다.

8월 집안에 근심이 있을 달입니다. 굶주린 사람이 풍년을 만난 격이니 식록이 진진한 운수의 달입니다. 재물이 풍만하나 혹여 처에게 근심이 있을까 염려되는 달입니다. 최씨, 이씨 두 성씨를 가까이 하면 피해가 있는 운수의 달입니다.

9월 손재수가 있는 달입니다. 집안에 있으면 불안하고 다른 곳에 가면 길한 운수의 달입니다. 만일 재물의 손해를 보지 않으면 횡액이 가히 두려운 운수의 달입니다. 만일 이와 같지 않으면 손재수를 면하기 어려운 운수의 달입니다.

10월 구설수가 있는 달입니다. 이름을 공문에 거니 재해가 사라지는 운수의 달입니다. 다른 사람의 말을 믿지 말라 반드시 손해가 있는 운수의 달입니다. 화성(火姓)을 가까이 말라 구설수를 면하기 어려운 운수의 달입니다.

11월 여유를 가지고 일해야 하는 달입니다. 청룡이 물을 얻은 격이니 반드시 경사가 있는 운수의 달입니다. 귀인이 와서 도우니 때가 받아 성공하는 운수의 달입니다. 급하게 서둘지 말라 지체하면 길한 운수의 달입니다.

12월 고진감래하는 달입니다. 처음은 비록 곤고하나 마침내 태평함을 얻는 운수의 달입니다. 정씨(鄭氏), 김씨 두 성씨는 공연히 나를 시기하는 운수의 달입니다. 금년의 운수는 안정하면 길한 운수였습니다.

괘상수

841

괘상해설

변괘   본괘

복지곤復之坤

처음은 곤고하나 나중은 안정을 찾는 해입니다. 고생고
생하며 살아온 인생이라, 어떤 것이 편안한 것인지 알
지 못하는 형국입니다. 재물은 들어오나 이미 나갈 곳
이 정해져 있는 형국이로다. 나물 먹고 물마시니 인생
의 즐거움이 그 속에 있도다. 농사짓는 사람은 길하고
장사하는 사람은 불리한 운수입니다. 꽃잎이 떨어지니
벌과 나비가 갈 곳을 모르고 헤매는 형국입니다. 가을
에는 귀인이 찾아와 도우니 가히 소원을 이루는 운수입
니다. 명산에 기도하면 마음의 안정을 찾으리라.

음력 월별 이달의 운수해설

1월
분수를 지켜 인내해야 하는 달입니다. 비록 경영함은 있으나
손해만 있고 성공이 어려운 운수의 달입니다. 이익을 탐하느라
주저함을 만나면 후회 막급한 운수의 달입니다. 재수를 말하자
면 먼저는 얻고 나중은 잃는 운수의 달입니다.

2월
분수를 지켜야 하는 달입니다. 이달의 운수는 안정하고 있음이
길한 달입니다. 환자가 짝을 얻으니 오래가지 않아 이별을 하
는 운수의 달입니다. 여자를 가까이 말라 손재수와 구설수가
따르는 운수의 달입니다.

3월 모든 일이 이루어지지 못하니 하나도 소득이 없는 형국의 달입니다. 토성(土姓)을 가까이 말라 공연히 구설이 있는 운수의 달입니다. 집에 있으면 곤란하고 나가면 희망이 있는 운수의 달입니다.

4월 일신이 수고로운 달입니다. 소색실이 심밈하니 심상치 않은 운수의 달입니다. 가정은 평안하나 일신이 괴롭고 고단한 운수입니다. 다행히 금성(金姓)을 만나면 일시적으로 평안한 운수의 달입니다.

5월 손재수가 있는 달입니다. 봄이 이미 지났으니 벌과 나비가 오지 않는 형국의 달입니다. 하루살이 인생이니 아침에 저녁을 걱정하지 않는 운수입니다. 만일 손재하지 아니하면 자손에 우환이 있는 운수의 달입니다.

6월 귀인이 돕는 달입니다. 귀인이 나를 도우니 때를 만나 성공을 하는 운수의 달입니다. 문서에 기쁨이 있으니 글로써 재물을 얻는 운수의 달입니다. 처음은 비록 재물이 궁하나 늦게 재물의 이익을 얻는 운수의 달입니다.

7월 횡재수가 있는 달입니다. 재성이 몸에 따르니 문필로써 재물이 생기는 운수의 달입니다. 다른 사람 말을 듣지 말라 해는 있고 이익은 없는 운수의 달입니다. 만일 횡재가 아니면 귀자를 낳는 운수의 달입니다.

8월 귀인이 돕는 달입니다. 귀인이 와서 도우니 몸으로 천금을 이루는 형국의 달입니다. 큰 재물을 바라기 어려우나 작은 재물은 가히 얻는 운수의 달입니다. 신수가 대길하니 재수가 형통하는 운수의 달입니다.

9월 출행해 보는 달입니다. 집에 있으면 심란하고 출행하면 이익을 얻는 운수의 달입니다. 편한 중에 위태함이 있는 형국이니 특히 몸을 옥과 같이 해야 하는 달입니다. 서쪽과 남쪽 두 방향에 반드시 재물이 왕성한 운수의 달입니다.

10월 분수를 지켜야 하는 달입니다. 어둠을 등지고 밝음으로 향하는 격이니 출입함에 있어 광채가 있는 형국의 달입니다. 분수를 지키고 안정하면 평범한 운수의 달입니다. 도모하는 일이 불리한 운수이니 집에 있으면 길한 달입니다.

11월 주색을 멀리 해야 하는 달입니다. 경영하는 일은 손재만 하고 이루지 못하는 달입니다. 강가의 단풍나무와 물고기 굽는 불이 묵는 손님의 시름만 가득하게 하는 형국입니다. 만일 술집을 가까이 하면 손재수와 구설수가 있는 운수의 달입니다.

12월 분수를 지켜 경거망동하지 말아야 하는 달입니다. 공을 이루면 몸이 물러남은 이치에 당연한 것입니다. 가운이 이와 같으니 손재수가 있는 운수입니다. 집에 있으면 길하고 원행하면 불리한 운수의 달입니다.

괘상수

842

괘상해설

변괘　　본괘

복지임復之臨

운수는 길하나 이익을 얻지 못하는 해입니다. 경거망동하지 않고 분수를 지켜야 하는 해입니다. 재물은 들어오니 이미 나갈 곳이 정해져 있는 형국이로다. 나중에는 길성이 명궁에 비치니 근심이 흩어지고 기쁨이 생겨나는 해입니다. 올해는 원행을 하면 반드시 후회할 일이 생겨나는 해이니 출행을 자제해야 합니다. 호랑이를 잡으려면 함정을 먼저 파놓아야 하는 것처럼 일을 함에 요행수를 바라지 말고 철저한 계획을 세워서 한다면 낭패는 없을 것입니다. 명산에 들어가 도를 닦아 악행을 멀리한다면 훗날을 가히 기약하리라.

음력 월별 이달의 운수해설

1월
실물수를 조심해야 하는 달입니다. 고목이 봄을 만나니 반드시 빛이 생겨나는 형국의 달입니다. 범사가 순조롭게 이루어지는데 이익은 논밭에 있는 형국의 달입니다. 만일 그렇지 아니하면 실물수가 있는 운수의 달입니다.

2월
관록이 따르는 달입니다. 분수를 지키고 편안히 지내면 즐거움이 그 중에 있는 형국의 달입니다. 시기를 놓치지 아니하면 관록이 몸에 휘감기는 형국의 달입니다. 봄 동산의 복숭아꽃에 벌과 나비가 와서 기쁜 형국의 운수입니다.

3월 귀인이 돕는 달입니다. 모래를 일어 황금을 보고 흙을 쌓아 산을 만드는 형국의 달입니다. 성심으로 노력하면 도모하는 일을 가히 이루는 운수의 달입니다. 동쪽의 귀인이 뜻 밖에 나를 돕는 운수의 달입니다.

4월 사람들이 우러러 보는 달입니다. 부부가 화합하니 기쁨이 집안에 가득한 운수의 달입니다. 수복이 면면하니 만인이 우러러 보는 형국의 달입니다. 재물과 비단이 진진하니 사람마다 우러러 보는 운수의 달입니다.

5월 이사수가 있는 달입니다. 게를 잡아 물에 놓아 주고 길 위에서 크게 웃어보는 형국의 달입니다. 서쪽과 북쪽 두 방향에 출행하면 불리한 운수의 달입니다. 가신이 발동하니 이사하면 길한 운수의 달입니다.

6월 귀인을 보는 달입니다. 여간 재수는 먼저는 얻고 나중은 잃는 운수의 달입니다. 비록 구설수는 있으나 재수는 흠이 없는 운수의 달입니다. 만일 귀인을 만나면 마침내 길한 이익을 얻는 운수의 달입니다.

7월 큰 재물을 얻는 달입니다. 안으로는 기쁘고 밖으로는 순조로우니 출입에 재앙이 없는 달입니다. 재물과 토지가 있으니 의식이 풍족한 운수입니다. 동쪽과 북쪽 두 방향에서 반드시 큰 재물을 얻는 운수의 달입니다.

8월 뜻밖의 성공을 거두는 달입니다. 재물이 풍만하니 한 집안이 태평한 운수의 달입니다. 낮은 데서 높은 데로 오르니 작은 것을 쌓아 큰 것을 이루는 형국의 달입니다. 의외의 성공을 하니 의기가 남아다운 형국의 달입니다.

9월 고진감래하는 달입니다. 민사 중에서 인내하는 것이 상책인 달입니다. 재앙이 가고 복이 오니 편안한 곳에 태평한 형국의 달입니다. 만일 집안에 근심이 아니면 도리어 관록이 있는 운수의 달입니다.

10월 기쁨과 근심이 교차하는 달입니다. 집안에 작은 근심이 있으니 반드시 처에게 근심이 있는 운수의 달입니다. 재물의 괘효가 왕기를 만났으니 도처에 이익이 있는 운수의 달입니다. 기쁨이 흩어지고 근심이 생기니 기쁨과 근심이 서로 반반인 운수의 달입니다.

11월 구설수를 조심해야 하는 달입니다. 버들가지는 어둡고 꽃은 밝으니 만화방창한 형국의 운수입니다. 만일 혼인이 아니면 반드시 생남하는 운수의 달입니다. 재물 운은 평길하나 혹여 구설이 있을 운수의 달입니다.

12월 사람이 따르는 달입니다. 재물과 곡식이 있으니 즐거움이 그 가운데 있는 형국의 달입니다. 사람이 있어 많이 도우니 기쁜 일이 중중한 운수의 달입니다. 술이 있고 안주가 있으니 귀한 벗이 집안에 가득한 형국의 달입니다.

괘상해설

변괘　　　본괘

복지명이復之明夷

다른 사람의 도움을 받을 해입니다. 과거에 인연이 있던 사람이 우연히 찾아와 도움을 주는 형국입니다. 청룡이 발동하여 용이 천문에 드니 구름을 얻어 조화를 부리는 격입니다. 좋은 문서를 잡으니 백사가 원망한 형국입니다. 좋은 벗들이 사방에서 도움을 주니 하는 일이 순조로운 운수입니다. 올해의 운수는 많이 얻고 많이 잃는 운수이기도 합니다. 덕을 베푸는 마음으로 행한다면 반드시 이익이 몸에 따르는 운수입니다.

음력 월별 이달의 운수해설

1월
분수를 지켜야 하는 달입니다. 운수가 대길하니 백 가지 일들이 순조롭게 이루어지는 운수의 달입니다. 나아가고 물러남을 알면 가히 재액을 면하는 운수의 달입니다. 만일 식구를 더하지 않으면 생남하는 운수의 달입니다.

2월
귀인이 돕는 달입니다. 옛것을 지키고 분수를 지키면 가히 재액을 면하는 달입니다. 남쪽에 길함이 있으니 귀인이 와서 돕는 운수의 달입니다. 부부가 서로 반목하니 가정에 불화가 있는 운수의 달입니다.

3월 복록이 풍만한 달입니다. 하늘은 기름진 이슬을 내리고 땅에는 단 샘물을 내는 형국의 달입니다. 오곡이 풍등하니 풍년이 집 안에 가득한 형국의 달입니다. 귀인이 항상 도우니 복록이 항 상 있는 운수의 달입니다.

4월 고진감래하는 달입니다. 안정하여 옛것을 지키면 이익이 그 가 운데 있는 형국의 달입니다. 남의 말을 믿지 말라 피해가 적지 않은 운수의 달입니다. 먼저는 가난하고 나중은 부유하고 처음 은 천하나 나중은 귀하게 되는 운수의 달입니다.

5월 횡재수가 있는 달입니다. 운수가 형통하니 집안에 길한 상서로 움이 있는 운수의 달입니다. 재물이 스스로 하늘에서 오니 도 처에 재물이 있는 운수의 달입니다. 만일 혼인이 아니면 횡재 하는 운수의 달입니다.

6월 원행수가 있는 달입니다. 노인은 배를 두드리고 아이는 노래를 부르는 형국의 달입니다. 재물이 바깥에 있으니 원행하면 이익 을 얻는 운수의 달입니다. 만일 경사가 아니면 반드시 횡재하 는 운수의 달입니다.

7월 집안이 태평한 달입니다. 도가 높고 명리가 있으니 이름이 사 방에 떨쳐지는 형국의 달입니다. 만일 관록이 아니면 반드시 횡재하는 운수의 달입니다. 금옥이 만당하니 한 집안이 화평한 형국의 달입니다.

8월 고진감래하는 달입니다. 분수 밖의 것을 탐하지 말라 도리어 손해가 있는 운수의 달입니다. 미리 도액하라 질병이 가히 두려운 운수의 달입니다. 재해가 점점 사라지고 길운이 당도하여 오는 운수의 달입니다.

9월 자수성가하는 달입니다. 봄바람이 화창하고 꽃이 떨어져 열매를 맺는 운수의 달입니다. 신운이 크게 통하니 영화가 중중한 운수의 달입니다. 길운이 이미 돌아오니 자수성가하는 운수의 달입니다.

10월 재앙이 사라지고 복록이 흥하니 하는 일마다 여의한 운수의 달입니다. 다른 사람과 더불어 동쪽으로 가면 반드시 성공하는 운수의 달입니다. 황금을 쌓고 옥을 쌓는 격이니 당시의 석숭을 부러워하지 않는 달입니다.

11월 성공을 기약하는 달입니다. 어둠 속을 가는 사람이 우연히 밝은 등불을 얻은 형국의 달입니다. 길운이 오니 재앙과 화가 점점 사라지는 형국의 운수입니다. 성심으로 노력하라 성공하기가 가장 길한 운수의 달입니다.

12월 분수를 지켜야 하는 달입니다. 분수 밖의 것을 탐하지 말라 도리어 불리함이 있는 운수의 달입니다. 목성(木姓)을 조심하라 손재수가 많은 운수의 달입니다. 안정하면 길하고 경거망동하면 피해가 있는 운수의 달입니다.

괘상수
851

괘상해설

변괘　　본괘

승지태升之泰

길함이 많고 흉함은 적으니 결국에는 만사가 형통하는 해입니다. 처음에는 만사가 불리하나 나중은 만사형통하는 운수입니다. 독충이 가슴을 파고드니 심신이 안정을 찾지 못하는 형국입니다. 운수가 불리하니 처음 하는 일에 막힘이 많은 형국입니다. 경거망동 하게 되면 반드시 후회할 일이 생기는 운수입니다. 실업자는 분수를 지키고, 경영하는 일이 있는 사람은 다른 사람과 시비를 하지 말고 입 조심을 하여야 낭패를 면할 수 있는 해입니다. 먹구름이 해를 가리니 음양이 서로 불화하도다. 만일 명산에서 진심으로 기도 한다면 만사형통하리라.

음력 월별 이달의 운수해설

1월　흥하면 슬픔이 기다리는 달입니다. 해도 중천에 오면 기울고 달도 꽉 차면 기우는 것이 세상의 이치입니다. 동분서주하나 성사되는 일은 하나도 없는 운수의 달입니다. 집안에 있으면 심란하고 나가면 마음을 상하는 운수의 달입니다.

2월　구설수를 조심해야 하는 달입니다. 삼 년을 경영한 일이 물거품으로 돌아가는 운수의 달입니다. 범사를 조심하라 구설수가 가히 두려운 운수의 달입니다. 구설수가 가히 두려우니 입단속을 병뚜껑 닫듯이 해야 하는 운수의 달입니다.

3월 고진감래하는 달입니다. 길운이 점점 돌아오니 자연히 부귀하게 되는 운수의 달입니다. 이달의 운수는 처궁에 길함이 있는 운수의 달입니다. 위태한 중에 편안함을 얻고 먼저는 흉하고 나중은 길한 운수의 달입니다.

4월 재물이 들어오는 달입니다. 표범이 변하여 범이 되는 격이니 옛것을 고쳐 새것을 쫓는 운수의 달입니다. 신수가 태평하고 재수가 흥왕한 운수의 달입니다. 하는 바 일은 날로 재물을 더하는 운수의 달입니다.

5월 분수를 지켜야 하는 달입니다. 집안이 불안하고 질병이 끊이지 않는 운수의 달입니다. 시운이 불리하니 분수를 지켜 편안히 있는 것이 상책인 달입니다. 만일 자손에 근심이 아니면 손재수를 면하기 어려운 운수의 달입니다.

6월 주색을 멀리해야 하는 달입니다. 시비를 가까이 말라 구설이 분분한 운수의 달입니다. 여색을 가까이 말라 도처에 해로움이 있는 운수의 달입니다. 신상에 위험이 있으니 범사를 조심해야 하는 운수의 달입니다.

7월 허욕을 버려야 하는 달입니다. 그루터기를 지키며 토끼가 와서 부딪히기를 기다리고 나무에 올라가 물고기를 구하는 형국의 달입니다. 이익이 어느 방향에 있는 고 하니 반드시 남쪽에 있는 형국의 달입니다. 헛된 욕심을 탐하지 말라 불리한 운수의 달입니다.

8월
분수를 지켜야 하는 달입니다. 강물을 건너지 말라 손재수가 많은 운수의 달입니다. 작은 일을 참지 못하면 반드시 큰 계획을 어지럽히게 되는 운수의 달입니다. 안정하면 길하고 경거망동하면 피해가 있는 운수의 달입니다.

9월
이사수가 있는 달입니다. 나는 새가 날개를 상하니 날려고 하나 날지 못하는 형국의 운수입니다. 길한 땅을 택하여 살면 수복을 가히 기약하는 운수의 달입니다. 화성(火姓)을 가까이 말라 반드시 불리함이 있는 운수의 달입니다.

10월
얕은 물에서 배를 행하니 수고로움과 괴로움이 있는 운수의 달입니다. 해가 떨어지고 구름이 생기니 마음과 생각이 처연한 형국의 달입니다. 토성(土姓)을 가까이 말라 피해가 적지 않은 운수의 달입니다.

11월
횡재수가 있는 달입니다. 초목이 가을을 만나니 그 마음이 처량한 형국의 달입니다. 도모하는 일은 사람에게 달려 있으니 성사됨은 하늘에 달려있는 형국의 달입니다. 금성(金姓)이 나를 도우니 자연히 횡재하는 운수의 달입니다.

12월
이사수가 있는 달입니다. 밖에는 노적가리요, 안에는 영화가 있는 운수의 달입니다. 역마가 문에 드니 서쪽이나 북쪽으로 이사하는 운수의 달입니다. 의외의 성공을 하니 재물과 비단이 진진한 형국의 운수입니다.

괘상해설

변괘　　본괘

승지겸升之謙

내가 품은 뜻은 비록 크다 하나 세상 사람이 이를 몰라주는 해입니다. 처음으로 명산에 들어가니 사람이 신선을 알아보지 못하는 형국입니다. 적막한 강산에 의지할 곳이 없으니 외롭기 그지없도다. 세상일이 모두 부질없으니 마음만 허망한 운수입니다. 집안에 우환이 찾아드니 몸과 마음이 모두 편치 않은 해입니다. 만약 동쪽으로 출행하면 반드시 손재수가 있으니 동쪽은 피해야 합니다. 남과 다투거나 시비를 하게 되면 반드시 관재수가 따르게 되는 해입니다. 올해는 은인자중하는 마음으로 지내야 합니다.

음력 월별 이달의 운수해설

1월
사람을 조심해야 하는 달입니다. 운수가 형통하니 집안에 길하고 상서로움이 있는 달입니다. 산이냐 물이냐 이익은 그 가운데 있는 운수의 달입니다. 금성(金姓)을 조심해라 손재수가 적지 않은 운수의 달입니다.

2월
고진감래하는 달입니다. 때를 따라 행하니 그 도를 넘지 않는 형국의 달입니다. 옛것을 버리고 새것을 취하니 재앙이 사라지고 복록이 오는 운수의 달입니다. 고통과 고단함을 한탄하지 말라 마침내 편안함을 보게 되는 운수의 달입니다.

3월 안정을 찾아야 하는 달입니다. 문을 나서서 서족으로 향하니 혹여 은인이 있겠는가. 재수는 어떠한 고 얻어서 반은 잃는 형국의 운수입니다. 이익은 어느 곳에 있는 고 하니 한가한 곳에서 이익이 있는 형국의 달입니다.

4월 분수를 지켜야 하는 달입니다. 출행히지 말라 손해가 많은 운수의 달입니다. 남쪽을 가까이 하지 말라 하는 일마다 불리한 형국의 달입니다. 경거망동하지 말라 이익은 안정을 취하는데 있는 형국의 달입니다.

5월 횡재를 하는 달입니다. 마음잡기를 한 결 같이 하면 자연히 이익을 얻는 운수의 달입니다. 의외의 재물을 얻으니 마침내 집안을 이루는 운수의 달입니다. 우연히 횡재를 하는 형국이니 널리 논밭을 두는 운수의 달입니다.

6월 원행을 해보는 달입니다. 먼저는 길하고 나중은 흉하니 범사에 신중을 기해야 하는 달입니다. 남쪽으로 피신하면 이 액운을 가히 면하는 운수의 달입니다. 신상에 근심은 없으나 재수는 불리한 운수의 달입니다.

7월 분수를 지켜야 하는 달입니다. 다른 사람이 천거해 주면 반드시 영귀함을 보게 되는 운수의 달입니다. 다른 사람을 업신여기지 말라 도리어 그 피해가 있는 운수의 달입니다. 분수를 지키고 집안에 있으면 자연히 복록이 있게 되는 운수의 달입니다.

8월 선한 마음으로 지내야 하는 달입니다. 동산에 푸른 솔을 옮겨 심으니 숲을 이루는 형국의 달입니다. 굶주린 사람이 풍년을 만나고 바깥의 재물이 문에 들어오는 운수의 달입니다. 만일 음한 일을 도모하면 도리어 그 피해를 받는 운수의 달입니다.

9월 덕을 쌓는 달입니다. 까치가 뜰 나무 둥지에 드니 귀인이 와서 돕는 운수의 달입니다. 덕을 쌓은 집안은 경사가 남음이 있는 형국의 달입니다. 덕을 쌓고 은혜를 베풀면 복록이 오래가는 운수의 달입니다.

10월 가정이 편치 않은 달입니다. 재수는 대통하나 자손에 근심이 있는 운수의 달입니다. 관재수와 구설수가 있으니 반드시 자손으로 말미암음이라. 가정이 불안하니 심신도 불안한 운수의 달입니다.

11월 고진감래하는 달입니다. 악귀가 해를 끼치는 격이니 하는 일에 공이 없음이 많은 달입니다. 우연한 일로 인하여 구설수가 가히 두려운 운수의 달입니다. 이후부터는 점점 좋아지는 형국의 달입니다.

12월 귀인이 돕는 달입니다. 재물 운이 왕성하여 글로써 재물을 생하는 형국의 달입니다. 귀인이 와서 도우니 기쁜 일이 중중한 운수의 달입니다. 명리가 마음에 맞으니 구하지 않아도 스스로 얻게 되는 운수의 달입니다.

괘상해설

변괘　　본괘

승지사升之師

능력이 부족한 사람이 능력 발휘를 하려하니 소원을 이루기 어려운 해입니다. 분수를 모르고 일을 추진 히디기 냉패를 보는 운수입니다. 산에 들어가 사나운 호랑이를 잡으려하니 생사를 판단하기 어려운 형국이로다. 해가 구름에 가려 빛을 잃은 형국이니 내 뜻을 그 누가 알아 주리요. 집에 있어도 불안하고 밖에 나가도 불안하니 신수가 불리함이로다. 십년 가뭄에 초목이 시들어 버린 형국이니 내 한 몸 의지할 곳을 찾지 못하는 형국입니다. 활은 있으나 화살이 없으니 눈앞의 토끼를 잡을 수 없는 형국입니다.

음력 월별 이달의 운수해설

1월
분수를 지켜야 하는 달입니다. 가운이 대길하니 한 집안이 태평한 운수의 달입니다. 귀한별이 나를 도우니 관록이 몸에 임하는 형국의 달입니다. 분수 밖의 것을 탐하지 말라 도리어 불리한 운수의 달입니다.

2월
다른 일에 관여하지 말아야 하는 달입니다. 만 리 창파에 일엽편주의 형국인 달입니다. 괘청이 주관하는 일에 참여하지 말라 불리한 운수입니다. 공적인 일이나 사적인 일이나 삼가여 간섭하지 말아야 하는 운수의 달입니다.

3월 집안에 근심이 있는 달입니다. 재성이 몸에 따르니 재물을 구하면 가히 얻는 운수의 달입니다. 재물 괘효가 살을 띠니 처궁에 근심이 있는 운수의 달입니다. 다른 사람과 같이 도모하면 그 피해가 적지 않은 운수의 달입니다.

4월 원행을 해 보는 달입니다. 뜻은 있으나 이루지 못하고 한갓 심신만 상하는 운수의 달입니다. 집에 있으면 불리한데 나가면 어느 곳으로 갈까나. 들어오면 곤고하고 나가면 길한 운수의 달입니다.

5월 귀인이 돕는 달입니다. 산에 들어 범을 만난 격이니 진퇴 양난한 운수의 달입니다. 귀인이 와서 도우니 기쁜 일이 중중한 운수의 달입니다. 다른 일을 경영하지 말라 손재수를 면하지 못하는 운수의 달입니다.

6월 집안에 근심이 사라지는 달입니다. 화기애애함이 무르익으니 집안이 단란한 형국의 달입니다. 만일 화성(火姓)을 만나게 되면 가도가 창성하는 운수의 달입니다. 자손에 근심이 있으나 별로 피해는 없는 달입니다.

7월 근신 자중해야 하는 달입니다. 산길을 가는 사람이 길을 잃고 방황하는 형국의 달입니다. 이달의 운수는 편안한 가운데 위험을 막아내는 운수의 달입니다. 마음이 위태하니 이것을 또 어찌하겠는가.

8월 부모께 근심이 있는 달입니다. 심신이 흩어지고 물러나니 항상 두려움이 있는 운수의 달입니다. 만일 손재수가 없다면 부모에게 근심이 있는 운수의 달입니다. 관청의 일에 참여하지 말라 불리한 징조가 있는 달입니다.

9월 천지신명께 지성 드리는 달입니다. 미음이 불안하고 마음이 뜬 구름인 것 같은 형국의 달입니다. 신명께 치성을 드리면 가히 이 액운을 면하게 되는 운수의 달입니다. 분수 밖의 것을 탐하지 말라 도리어 손재가 있는 운수입니다.

10월 구설수를 조심해야 하는 달입니다. 해가 서산에 지니 앞길이 어두운 형국의 달입니다. 금성(金姓)이 불리하고 서쪽에 피해가 있는 운수의 달입니다. 적은 구설이 있으니 시비에 참여하지 말아야 하는 달입니다.

11월 시비수를 조심해야 하는 달입니다. 적막강산의 창가에서 공연히 탄식하는 형국의 달입니다. 다른 사람의 죄로 인하여 액운이 미간에 있는 형국의 달입니다. 서로 다투지 말라 구설이 분분할 운수의 달입니다.

12월 횡재수가 있는 달입니다. 길한 사람은 하늘이 도우니 스스로 질병과 고통이 없는 형국의 달입니다. 재성이 나를 따르니 의외의 재물을 얻는 운수의 달입니다. 만일 이와 같지 아니하면 자손에 근심이 있는 달입니다.

861

변괘　　본괘

사지임師之臨

때를 잃었으니 소망을 이루기 어려운 해입니다. 그러나 잘못을 깨닫고 지성으로 기도하면 다시 소망을 이룰 수 있는 해입니다. 석양에 나그네의 발걸음이 바쁘기만 하여라. 십년공부가 하루아침에 물거품이 되는 형국이니 경거망동치 말아야 낭패를 줄일 수 있습니다. 타고 다니는 말을 잃은 격이니 어찌 원행을 하겠는가. 세 사람이 동행을 함에 두 사람은 스승이요, 한 사람은 원수로다. 남에게 속을 수 있는 해이니 마음의 중심을 잘 잡아야 하는 운수입니다.

음력 월별 이달의 운수해설

1월　일 하는 만큼 소득이 없는 달입니다. 사방으로 분주하니 고달픈 운수의 달입니다. 하는 일은 많으나 이루지 못하니 별로 소득이 없는 운수의 달입니다. 다른 일을 경영하지 말라 손재만 있고 이익이 없는 운수의 달입니다.

2월　분수를 지켜야 하는 달입니다. 우뢰가 백 리를 흔들지만 소리는 있으되 형상은 없는 형국입니다. 안정하여 옛것을 지키면 재앙이 침범하지 않는 운수의 달입니다. 목성(木姓)을 가까이 말라 손재수를 면하기 어려운 운수의 달입니다.

3월 집안이 안정되는 달입니다. 목마른 사람이 물을 얻은 격이요, 굶주린 사람이 풍년을 만난 형국의 달입니다. 만일 이와 같지 않으면 자손에 경사가 있는 형국의 달입니다. 재성이 나를 도우니 재물을 얻어 가정을 일으키는 운수의 달입니다.

4월 횡재수가 있는 달입니다. 재물이 동쪽에서 왕성하고 남쪽에 길함이 있는 운수의 달입니다. 횡재수가 있으니 이 기회를 놓치지 말아야 하는 달입니다. 재물과 복록은 흠이 없으나 적은 구설이 있는 운수의 달입니다.

5월 집안에 근심이 있는 달입니다. 부부가 불안하니 집안이 편안치 않은 형국의 달입니다. 만일 친한 사람이 불안하지 아니하면 형제지간의 불안함인 형국의 달입니다. 서쪽에 길함이 있으니 서쪽으로 가는 것이 마땅한 운수의 달입니다.

6월 사람을 조심해야 하는 달입니다. 시운이 불리하니 공연히 마음만 상하는 운수의 달입니다. 사방에서 분주하나 별로 이해는 없는 형국의 달입니다. 서쪽 사람은 반드시 해가 있는 사람인 달입니다.

7월 근신 자중해야 하는 달입니다. 이달의 운수는 복록이 지나쳐 재앙이 생겨나는 형국의 달입니다. 신수가 불리하니 도적을 조심해야 하는 운수의 달입니다. 친한 사람을 가까이 말라 우연히 손재하는 운수의 달입니다.

8월 주색을 멀리해야 하는 달입니다. 비록 재수는 있으나 얻고도 오히려 잃는 운수의 달입니다. 희살(삶을 희롱하는 살)이 와서 침노하니 하는 일에 장애가 많은 운수의 달입니다. 만일 여자를 가까이 하면 손재가 적지 않은 운수의 달입니다.

9월 집안에 근심이 있는 달입니다. 이달의 운수는 근심 가운데 기쁨을 바라보는 운수의 달입니다. 하는 일이 여의치 않으니 한탄함을 버리지 못하는 운수의 달입니다. 부부가 불안하니 집안에 불안함이 있는 형국의 달입니다.

10월 주색을 멀리해야 하는 달입니다. 마음에 번민이 많으니 수심을 풀기가 어려운 형국의 달입니다. 여인을 가까이 말라 명예를 손상할까 두려운 운수의 달입니다. 만일 목성(木姓)을 만나면 우연히 재물을 얻는 운수의 달입니다.

11월 귀인이 돕는 달입니다. 용이 천문에 있으니 변화가 비상한 형국의 운수입니다. 서쪽과 북쪽 두 방향에서 귀인이 나를 돕는 운수의 달입니다. 만일 묘한 계책이 없으면 도리어 곤란함만 있는 운수의 달입니다.

12월 횡재수가 있는 달입니다. 재수를 말하자면 적게 얻고 많이 쓰는 운수의 달입니다. 만일 조심하지 않으면 구설수가 끊이지 않는 운수의 달입니다. 횡재수가 있으니 이때를 놓치지 말아야 하는 운수의 달입니다.

괘상해설

변괘　　본괘

사지곤師之坤

하는 일을 서두르지 말고 때를 기다려야 이익이 있는 해입니다. 무조건 일을 추진 한다면 반드시 낭패를 보는 해입니다. 한 밭의 포선이 온 숲을 울리게 하는 형국이니, 한 사람의 잘못으로 많은 사람들이 놀라는 형국입니다. 처음은 곤고하나 나중은 길하니 이것이 올해의 운수로다. 한 번은 웃고 한 번은 우니 모두 구설 때문에 생기는 일입니다. 항상 입 조심을 하고 시비를 가리지 말아야 합니다. 특히 횡액을 당할 수도 있는 운수이니 원행을 삼가야 합니다. 풍랑 속에서 배를 타니 위험이 도처에 있는 형국입니다. 물러남과 나감의 때를 알아 행동하여야 합니다.

음력 월별 이달의 운수해설

1월 관록이 있는 달입니다. 이름을 공문에 거니 관록이 길게 이르는 운수의 달입니다. 비록 노력은 있으나 한갓 심력만 허비하는 운수의 달입니다. 꽃바람 녹음에 벌과 나비가 서로 희롱하는 운수의 달입니다.

2월 먼저는 길하고 나중은 흉한 달입니다. 동풍이 해동을 하는 격이니 근심 가운데 기쁨이 생겨나는 운수의 달입니다. 목성(木姓)이 해로우니 이 사람과 함께 이익을 취하지 말아야 하는 운수의 달입니다. 동쪽과 서쪽은 크게 길하고 북쪽은 불리한 운수의 달입니다.

3월 구설수를 조심해야 하는 달입니다. 뜰의 난초가 푸르고 푸르니 가지 위에 가지를 더하는 형국의 달입니다. 만일 구설수가 아니면 횡액이 가히 두려운 운수의 달입니다. 문서가 극을 만나니 소복 입을까 가히 두려운 운수의 달입니다.

4월 허욕을 버려야 하는 달입니다. 남쪽으로 가고 북쪽으로 가나 하는 일이 여의하지 못한 운수의 달입니다. 재물이 서쪽에 있으니 마땅히 서쪽으로 행해야 하는 달입니다. 이달의 운수는 재물의 이익을 말하지 말라.

5월 집안에 우환이 있는 달입니다. 배를 타고 바다에 뜨니 심신이 상쾌한 형국의 달입니다. 만일 질병과 고단함이 아니면 처궁이 불리한 운수의 달입니다. 십 주 삼산에 옥녀가 나를 부르는 형국의 달입니다.

6월 사람을 조심해야 하는 달입니다. 좋은 새는 나무를 가려 앉고 어진 선비는 벗을 가려 사귀는 법입니다. 친한 사람을 믿지 말라 손재수가 있고 이름에 손상이 가는 운수의 달입니다. 동갑내기를 믿지 말라 이름이 손상이 가고 손재수가 따르는 운수의 달입니다.

7월 구설수를 조심해야 하는 달입니다. 관귀가 길을 지키고 있으니 출행하는 것이 이롭지 못한 운수의 달입니다. 논쟁하지 말라 구설이 가히 침범하는 운수의 달입니다. 입단속을 병뚜껑 닫듯이 하라 구설이 침범하는 운수의 달입니다.

8월 고진감래하는 달입니다. 잠깐의 춘몽에 천 리를 행하는 형국의 달입니다. 의외의 재물을 얻는 격이니 늦게 빛을 보는 운수의 달입니다. 큰일을 도모하지 말라 이름만 있고 실속이 없는 운수의 달입니다.

9월 분수를 지켜야 하는 달입니다. 높이 날고 있는 새가 더 높게 나니 좋은 활을 가히 감추는 형국의 달입니다. 마음이 헛되게 움직이니 불길한 징조의 운수입니다. 공은 있으나 상은 없으니 한갓 심력만 허비하는 형국의 달입니다.

10월 손재수를 조심해야 하는 달입니다. 화가 집안에서 일어나니 길게 쌓은 성이 헛되게 되는 형국의 달입니다. 앞길이 험악하니 미리 도액하여야 하는 운수의 달입니다. 다른 사람을 들이지 말라 손재가 가볍지 않은 운수의 달입니다.

11월 분수를 지켜야 하는 달입니다. 이달의 운수는 나무에 올라 물고기를 구하는 형국의 달입니다. 옛것을 지키고 안정을 하면 별로 재앙과 액운이 없는 운수의 달입니다. 편안히 있고 분수를 지키면 재해가 침범하지 않는 운수의 달입니다.

12월 집안에 경사가 있는 달입니다. 바다에 들어가 구슬을 구하는 격이니 근심 가운데 기쁨이 있는 운수의 달입니다. 길성이 나를 도우니 집안에 길한 경사가 있는 운수의 달입니다. 밖에는 곡식이 남고 안으로는 영화가 있는 운수의 달입니다.

괘상해설

변괘　　본괘

사지승師之升

올해는 경영하는 일이 발전하고 부귀영화가 따르는 해입니다. 동풍이 담백하게 불어오니 봄꽃이 앞을 다투어 자태를 뽐내는 형국입니다. 집안의 창고에 금옥이 만당하니 태평성대를 누리는 운수입니다. 복록과 명예가 무궁하니 치하하는 하객이 문전성시를 이루는 형국입니다. 모든 부귀영화가 땅을 파서 금을 얻는 격이니 모두 노력의 대가입니다. 가는 곳마다 권세가 있으니 재록이 진진한 운수입니다. 명산에 찾아가 기도하면 작은 액운도 소멸되리라.

음력 월별 이달의 운수해설

1월
재물과 명예가 따르는 달입니다. 목마른 용이 물을 얻으니 구름을 행하고 비를 베푸는 형국의 달입니다. 재물도 있고 권세도 많으니 많은 사람이 흠모하고 우러르는 운수의 달입니다. 자리가 높고 황금이 많으니 만인이 우러러 보는 운수의 달입니다.

2월
질병을 조심해야 하는 달입니다. 봄이 지초와 난초에 깊으니 기린 발로 상서로움을 올리는 형국의 달입니다. 도처에 재물이 있으니 의기양양한 운수의 달입니다. 몸의 근심이 가히 염려되니 칠성에 정성으로 기도하여야 하는 운수의 달입니다.

3월 구설수를 조심해야 하는 달입니다. 초나라를 도모하니 구설이 분분한 형국의 달입니다. 식구가 늘고 토지를 더하니 가도가 창성한 운수의 달입니다. 남의 말을 듣지 말라 은혜가 도리어 원수가 되는 운수의 달입니다.

4월 귀인이 돕는 달입니다. 신령한 까치가 날아와서 나에게 기쁜 소식을 전하는 운수의 달입니다. 귀인이 나를 도우니 반드시 기쁜 일이 있는 운수의 달입니다. 귀인이 와서 도우니 기쁜 일이 중중한 운수의 달입니다.

5월 실물수를 조심해야 하는 달입니다. 하는 일이 있고 계획이 있으니 벼슬을 가히 기약하는 운수의 달입니다. 집안에 경사가 있으니 집안사람이 화목하고 기뻐하는 운수의 달입니다. 음력 오월 화왕지절에 실물수를 조심해야 하는 운수의 달입니다.

6월 일신이 태평한 달입니다. 복록은 갓 분양 같고 부유함은 석숭 (고전에 나오는 갑부)과 같은 운수의 달입니다. 신상에 근심이 없으니 일신이 스스로 편안한 운수의 달입니다. 한가로이 물러나 산림과 샘물에서 노니니 지상의 신선이로다.

7월 분수를 지켜야 하는 달입니다. 도모하는 것은 의심스러운 계획이요, 길도 의심스러운 길인 형국의 달입니다. 만일 동쪽사람을 만나면 반드시 재물을 얻는 운수의 달입니다. 밖에 나감이 불리하니 옛것을 지키고 안정을 해야 하는 운수의 달입니다.

8월 정성으로 기도하여야 하는 달입니다. 흉살이 와서 범하니 초상집을 가지 말아야 하는 운수의 달입니다. 소망이 여의하니 하는 일을 성취하는 운수의 달입니다. 만일 이렇지 아니하면 손가락을 자르는 것 같은 정성을 드려야 하는 운수의 달입니다.

9월 득남하는 운수의 달입니다. 금당옥서에 원앙이 물위에서 뜨고 잠기며 노니는 형국의 달입니다. 반드시 경사가 있으니 집에 득남할 운수의 달입니다. 나는 범이 꿈에 보이니 반드시 생남하는 운수의 달입니다.

10월 재물을 얻는 달입니다. 용이 얕은 물에 살고 있으니 만물이 비로소 생겨난 형국의 달입니다. 재물이 길 가운데 있으니 나가서 구하면 얻는 운수의 달입니다. 만자천홍이 모두 봄빛을 띠는 형국의 달입니다.

11월 고진감래하는 달입니다. 만일 관재수가 없으면 반드시 구설수가 있는 운수의 달입니다. 가도가 점점 창성하니 한 집안에 화기애애함이 있는 운수의 달입니다. 길한 날에 명산에 올라 지성으로 복록을 비는 달입니다.

12월 명진 사해하는 달입니다. 새가 하늘 높이 날고 물고기가 큰 바다에서 노니는 형국의 달입니다. 재물이 있고 토지가 있으니 하는 일마다 형통하는 운수의 달입니다. 수복을 겸전하니 이름을 사해에 떨치는 형국의 운수입니다.